JN071580

戦略的経営のための
政策ゲーム

未来との対話

リチャード D. デューク／ジャク L.A. ガーツ　著
市川　新／市川　学　訳

流通経済大学出版会

Policy Games for Strategic Management
© Richard D. Duke & Jac L.A. Geurts, 2004
Original English edition published
by Dutch University Press, Amsterdam, The Netherlands,
Japanese translation rights arranged with Dutch University Press, and
Japanese edition published
by Ryutsu Keizai University Press, Ibaraki, Japan.

未来の秘密を知ることになる子供たちと孫たちに

訳者序文

　本書の原題は *Policy Games for Strategic Management* であり，研究指導書として書かれている。原著者の Richard D. Duke 名誉教授と Jac L.A. Geurts 名誉教授は，ゲーミング・シミュレーションの研究と実践に関する経験を本書に集大成された。両教授の接点は原著序文に記載されている。一言でいえば第二次世界大戦が両教授の接点であろう。

　1969 年にフルブライト奨学金を得て，Duke 教授はドイツでゲーミングの研究を行っている。このときに現地で ISAGA の創設に尽力されている。一方，1983 年にフルブライト奨学金を得て，オランダの Geurts 教授は Duke 教授を訪れて 1 年間の共同研究を行っている。これ以後の両教授の所産が本書になる。

　本書の翻訳にあたり両教授から励ましの電子メールをいただいた。Geurts 教授からは日本の読者向けに補足説明する内容があった。

> 　　Ha, BANS!!!　それは日本の読者には疑いなく未知語であろう。BANS は，オランダ語のいわば記憶を助ける短い語句で，英語の意味は *Policy Analyst New Style* である。これは BANS ゲームが設計された研修プログラムの名前であった。第 6 章で紹介しているが，公務員はより「対話型」になるように訓練された。つまり，事務机の後ろに座ったままの政策決定が少なくなり，社会の集団や個人と直接接触（相互作用）をすることが求められた。長期的な目的は，公的機関の技術官僚主義を低下させて，民主主義を高めることにあった。

　特に原著の 6.4.3 項に BANS という用語が多用されていた。オランダ語から英語の意味に，さらに英語から日本語の意味に翻訳した。本書では**新形式政策分析ゲーム**という訳語を採用している。

　それから，原書に *snow card* という語彙が使われている。このカードは，ゲーム設計時に数百枚から千枚程度まで使われており，重要事項になっている。語源については 8.2.2 項に紹介しているが，おそらく，冬の寒風に飛ばされる前は *flip charting card* あるいは *backward analysis card* と呼ばれていたであろう。様々な利用法が様々な名称を生み出しているようである。単純な分類ではないので，本書では**紙切れカード**という訳語を採用している。日本ではいくつかの方法が知られているので，一度，関係書の一読が必要かもしれない。

　本書の特徴は政策ゲーミングに関する総合書ともいえる。しかも，戦略の立案支援から具体案作成支援まで網羅している。本書を順番に読むと，研究の創始，未知の領域，事例研究，主要基準と事例研究，多重話，実証研究と政策演習，政策ゲーム構造の理解，政策演習の設計と続き，政策演習の潜在力で終わる。途中の議論は広範囲に及ぶ。

　この中で，多重話の理論を提案していることが大きい。ゲーミングはある組織を援助する卓越した手法である。多重話は，コミュニケーションの一形態と考えられるが，抽象化された現実世界のなかで行動することを経験させて，認識の枠組みの再構築を経て現実世界の課題をより深く理解するのに役立つ。資源の限界どころか地球環境の保全さえも人類共通の概念になっている今日，持続

可能な発展をいかに実践するかが地球社会の永続性を左右しよう。ここにおいて，システムの細分化による接近法では，私たちが直面する課題を解決できないであろう。総体的コミュニケーションの場であるゲーミングの必要性がここにある。そしてゲーミングの中核が多重話である。

　ゲーミング研究者は第 4 章を読まれることを勧める。この章では主要基準として，**複雑さ，コミュニケーション，創造性，合意，責任**が議論されている。各項目の中身は本文を読んでいただくとして，それぞれが大きな課題である。これらの基準の共通項は現在の人工知能の苦手とする分野である。つまり人間の英知の発散と収束が話題の中心である。そうすると，人工知能の利用が普及すればゲーミングの使い道も広く知られることになるのではないかと思っている。

　ゲーミング研究者以外の読者は原著序文の**本書の 4 通りの読み方**を参照していただきたい。本書は有効な戦略の策定法を狙っているが，ここに目的別の読み方が書かれている。院生と指導教授の関係にある場合は第 6 章が役立つであろう。上記の BANS は院生の研究計画と深く関わっており，研究指導が含まれている。

　実は 10 年ほど前に一度翻訳を試みたことがあるが，日常的な教育研究に携わりながらに翻訳するには時間がなかった。かなり込み入った内容の部分があり相当の時間が必要であった。そうしている間に，ようやく，自由な立場になり翻訳に専従できるようになった。最初に市川新が全体を翻訳して，次に市川学が対照を行い，これを繰り返した。そうしている間にコロナ禍 (COVID-19) が世界に蔓延して，市川学は医療従事者に関わるシミュレーションに従事せざるを得なくなった。

　翻訳してみると本書は文章に濃淡があり，意気込みが感じられてこれまでの研究を集大成したものであることが再確認できた。その分やや冗長性があるが，これからゲーミング研究をする若手や中堅には，戦略の構築に向けてどのように処理すればよいかが示されている。研究指導書ではあるが警鐘的表現も散見される。文書構造に若干の乱れがあり可能な限り補正を行っている。なお，索引には本文にないが関係項目が含まれるので注意されたい。

　本書には総力戦研究所に関する記述があり（1.4.3 項），関心のある方は下記の文献を参照されたい。

市川新（2020）「日本における社会システム・ゲーミングの創始：総力戦研究所の演練」，『シミュレーション&ゲーミング』，30(1), 11-22.

　本書の翻訳と出版は，公益財団法人科学技術融合振興財団から出版助成を受けたことによって初めて可能になった。助成いただいた財団には感謝したい。出版に関しては流通経済大学出版会に感謝したい。

2023 年　正月　訳者代表　市川　新

原著序文

将軍のいない戦略ゲーム

　時は 1702 年，歴史的に非常に成功した貴族であり，ピョートル大帝として後に記憶されることになるロシアの若い王子が，居城の近くで戦争ゲームをしている場面を思い浮かべてみよう。戦場は印象的で，ディノ・デ・ラウレンティス，あるいはスティーヴン・スピルバーグの戦争映画における大戦闘のような光景であろう。火薬の臭いが周囲の空気を満たしており，弾幕の下を突撃する小隊を鼓笛隊の少年たちが鼓舞している。将軍たちには晴れ晴れしした場面であろう。富裕層にとっては最高の娯楽といえる。王子は特別に制作されており，よく訓練された模倣軍隊を所有して，いつでも指揮することができる。戦略的な才能を試行して仮想の戦争を喚起するために，王子が一番好む玩具であった。今日の戦争ゲームがまさにそれなのである。王子の高名なゲームの仲間は上流家族と高級士官学校の出身者である。自分たちの好きな娯楽として，王子と貴族階級の若い仲間は何度も農場や森林を吹き飛ばすことに躊躇しなかった（Massie, 1991）。

　ピョートル大帝が遷都して自分自身の名前をつけた都市で，250 年後の 1932 年に関連する開発が行われた。工学経済学研究所の若きロシア人である Maria Birhstein 教授は驚くべき発想を行った。私たちが知っている限り，ゲーミングを最初に産業応用に発展させた。振り返ってみると，教授の創作はゲーミングの歴史において重要な日付を印している。この技術は軍隊から流出して，学校，企業，病院，市議会などで非軍事的訓練と意思決定の道具になっている。私たちの同僚の Gagnon（1987）と Wolf（1993）は学術誌 *Simulation and Gaming* にこの画期的な開発の歴史を報告した（この学術誌は，Sage 社によって出版されており，この分野のすぐれた情報源である）。

　1932 年までには，もう一人の皇帝の名前から，サンクトペテルブルグはレニングラードに改名されていた。ソビエト連邦は工場の管理者を必要としており，教授はリゴボ・タイプライター工場の組立ラインの管理に対応するゲームを作成した。目的は，この業界の豊富な熟練労働者をどうしても必要である管理職に育てることであった。この構想には，さらに多くのゲーミング・プロジェクトが続き，8 年間で 40 以上のゲームが制作された。

　第二次世界大戦後，将軍のいないゲーミングの話題は発展することになる。重要な触媒はコンピュータの出現である。この技術を発見した大規模多国籍企業は上級管理職向けの戦略室を設けた。そこでは，戦略を試行するために特別に開発された現代的ゲームを使用した。

　1960 年代後半になると，ミシガン大学で共同研究していた Richard D. Duke は，大教室をほぼ占有する 8K ワードのコンピュータを使用して，ミシガン州ランシング市の都市計画問題を模倣するゲームを試行した。最初のゲームである Metropolis は長期間にわたる資本整備予算を策定するために市議会によって使用された。このゲームの後継は Metro-Apex と呼ばれた。これは 100 余人を動員して非常に忙しく数日間にわたり実施された（Duke, 1966）。ほぼ半世紀後の現在でも使用されている。当然ながら，現代のパーソナル・コンピュータと多くのソフトウェアの革新が演

習の形態に革命をもたらしている。

　オーストリアのウィーン近郊には，冷戦の真っただ中にあっても，東西の科学者が生態学的研究を行ったシステム分析の研究所がある。International Institute for Applied Systems Analysis（IIASA）と呼ばれている。IIASA は，洗練されたコンピュータ・モデルと国際環境政策の非常に難しい問題のシナリオを利用して，様々な政治システムの第一線の研究者や政策立案者が参加した戦争ゲーミング会合を開催している（Toth, 1988ab）。これらの会合を特徴づけるために IIASAは政策演習として紹介している（Brewer, 1986）。政策演習とは非軍事戦略ゲームを参照する際に本書でも使用する呼称である。主に教育や訓練ではなく，政策プロセスを支援するために使う。

　しかし，コンピュータはマルチメディア分野で登場した全ての非軍事政策ゲームの最重要要素とはならなかった。第 3 章において，公共セクターの政策ゲームを運営する企業を設立したロンドンの若手専門家の話題に触れる。画期的なプロジェクトの一つはマーガレット・サッチャー首相と市場主義的政策に関係していた。首相在任の中期に市場メカニズムを公的医療サービスに導入する抜本的な提案を発表した。ケンブリッジ市では，実際に提案を採用することになる 40 人余の管理者，臨床スタッフ，政策立案者が憂慮していた。地方の健康管理システムに精通していたために，潜在的な問題を予見していた。

　3 日間連続して，これらの参加者が 2 地区の健康管理を扱う非コンピュータ・シミュレーションに参加した。提案された新たなシステムの下で，全ての交渉を行い契約を締結した。しかし，その結果は破局的であった。市場は崩壊して効率性も効果性も達成できなかった。参加者と評論家はシミュレーションの現実性に納得していた。この会合で起こることが実際にも起こりうると考えていた。このプロジェクトの結果は地域的にも全国的にも大きな注目を集めた。ゲームはまだ開発中であったが，政治と報道機関の一部からは「ケンブリッジシャー州の戦争ゲーム」と揶揄の声があがった。しかし，完成すると，このシミュレーションの結果は首相が緊急に求めていたものであり，論議はイギリス国会の場に持ち込まれた。

　本書はこれらの冒険の話題とその背後にある方法論に関するものである。ゲーミング・シミュレーションは成熟した専門分野として確立されてきた。組織が深刻な戦略的政策の問題を解決するために効果的である。ゲーミング分野に関する優れた文献が国際的専門誌に掲載されている。訓練や教育におけるゲーミングの多様な用途を扱った優れた出版物もある。しかし，私たちが判断できる限りでは，戦略的政策立案の意思決定支援としてゲーミングの利用は，今日まで体系的には取り上げられていない。本書はこの欠如を橋渡しするために私たちの努力の所産である。

レゴ ®・ブロック，世界的問題，マーケット・ガーデン作戦

　本書はアメリカとオランダの両国の学問的な友情の産物である。それは 25 年前のオランダのヘルダーラント州都アーネムに始まる。さらに数十年前に遡るが，マーケット・ガーデン作戦として知られるアメリカの落下傘隊員が悪名高いアーネムの戦いに参戦するために降下した場所でもある。

　Jan Klabbers 教授は Social Systems Research Group（SSRG）をオランダに設立した。研究の主な焦点は，科学と政策の境界域における様々なプロジェクトに使える対話型シミュレーション法の開発と利用にあった。ローマ・クラブの国際プロジェクト・チームに協力していた教授は，ナイメーヘン（訳注 - ヘルダーラント州基礎自治体）の近くの小さな村であるベルグ・エン・ダルで研究発表会を開催した。この研究会合の議事録が公開されている（Klabbers, Geurts & Heijden, 1977）。

　1974 年に著作 *Gaming: The Future's Language* を出版した Duke は，ゲーミング・ミュレーションと呼ばれる技術を紹介するように招かれた。Duke が発表したゲームでは，コンピュータを使わず，むしろ，ボール紙，レゴ ® ・ブロック，サイコロを積極的に使用していた。Klabbers 教授のチームでコンピュータによる訓練を受けていた研究者である Jac L.A. Geurts には，Duke のゲームは真剣さに欠け驚くほど低技術に見えた。しかし，教授は，モデル構築者とゲーム専門家を一つのホテルに留めてお互いの仕事を探求することに対して，専門的な洞察と度量を持っていた。しぶしぶ，Geurts は，Duke の Hexagon ゲームに参加したのであるが，ゲームをすぐに購入した。「今日，ゲームをしてきた。コンピュータ・モデルよりも，人間にとって 500 ％以上の効果があることを認めなければ」と当日の夕方に妻に語っている。

　Duke と Geurts はこの会合で談笑を始めながらこの一帯を散策した。私たちには意外な共通の過去があった。1940 年に Geurts の父親の小隊がドイツ進行軍によって襲われたのがオーフェラッセルト村であった。その村は 1944 年に Duke の兄の J. Paul がオランダを開放するために落下傘で降下した場所でもあった。そこで凶弾に倒れたが，グロースベーク戦争博物館の記念礼拝堂には今なお祭られていた。

　このような記述は学術研究書には場違いであることを承知している。しかし，私たちにとっては肯定的であり非常に象徴的な話題である。アメリカ・アナーバー（訳注 - ミシガン州ミシガン大学所在地）とオランダ・ナイメーヘンの間には 4,000 マイルの距離があるが，それは私たちの家族間の因縁といえるであろう。

　1983 年，フルブライト奨学金を得て，Geurts はミシガン大学の Duke と共同活動ができた。1 年間にわたり毎日ともに仕事ができた。その年から，大西洋を挟んで仕事をしてきたにもかかわらず，お互いのプロジェクト，大学の教室，経営者研修で一緒に活動を行い，協力する機会を見つけられないことはほとんどなかった。私たちは学生を共に指導して，可能であれば，成長する仲間の国際ネットワークを刺激していた。私たちは楽しかったのである。

　しかしながら，ともに著作するのを忘れていたかもしれない。おそらく，執筆の時間を見つけられなかったともいえるだろう。ゲーミング研究者にとっては，執筆よりも緊急性のある仕事があり，ゲーミングの冒険のためにさらなる魅力的な成果があったためであろう。しかし，私たちの仕事は今や最終段階にあり本書を書き上げた。私たちの手元にありそれを読者に届ける以外のことは何も残っていない。私たちは，自分自身を執筆に専念した大部分の専門家と同じく，誇りと不安を同時に感じている。私たちは最善を尽くしてきたが，成果については読者の判断を待ちたい。

シミュレーションと新グレート・ゲーム

2001 年秋，本書の執筆の最中であった。2001 年 9 月 11 日は決して忘れられない日付になっている。ニューヨークとワシントンのテロ行為は多くの人々に個人的な喪失と苦しみをもたらした。それは未来に脆弱性と不確実性の精神的ショックを作り出した。私たちは，他の人たちが未来に向けて準備することを手助けすることによって職歴を磨いてきた専門家である。かなり長期間にわたって，過去の経験について執筆するために利用した楽観的な口調が場違いと感じることになった。可能な未来へのプロセス研究領域における大いなる進歩は，この悪から私たちを守っていなかった。それどころか，テロリストが攻撃の準備のために，私たちが執筆中の種類の手段を使用していたことは残念なことに皮肉なことであった。報道記事が正しいとすれば，優れたパイロット訓練シミュレータが利用可能であったために，テロ攻撃は準備されて実行されたともいえる。

この事件の余波であろうか，アフガニスタン戦争が始まった。驚くべきことに，この文脈で取りあげられる私たちの専門的職業に関わる名称を見つけた。歴史家や報道記者の中には連合軍の行動を新グレート・ゲームと呼ぶようになり始めた。ほとんどの人々と同様に，この戦争や他の戦争にゲーミングの要素を見つけることはなかった。本来の「グレート・ゲーム」は 19 世紀のかなりの期間において中央アジアの覇権をめぐるイギリスとロシアの間の紛争であった（Hopkirk, 1990）。スポーツを想像させる名称にもかかわらず，この紛争は残酷であり勝者はいなかった。

これらのひどい事件が恐れを抱かせるのではなく，ゲーミング・シミュレーションの分野の積極的な側面に関わる人々を動機付けることを理解するには，少し時間と議論が必要であった。私たちの分野が古い時代から人間ドラマの原点である戦争にあるのは事実である。第 1 章で詳細に説明しているが，アジアの戦略家が最初の戦争ゲームを開発した可能性が高い。それは 1000 年以上の過去の事件であるが，地理学な観点からすれば，現代のグレート・ゲームを試行することとは無関係ではなかった。

そして，次の戦争がイラクで始まった。ここでもう一度，ゲーミングがこの戦争の準備とその余波の両方に重要な役割を果たした。この意味で最大級の戦争ゲームが 2002 年に開催された。その名称は Millennium Challenge であり，シナリオは青軍が赤軍に対峙するもので，後者はサダム・フセインのイラクに非常によく似ていた。ポール・ファン・リパー中将（ベトナム退役軍人）はサダムの役割を演じて勝利を判定された（日刊紙 *Guardian*，2002 年 9 月 6 日号，Julian Borbger の記事参照）。私たちは，イラクにおける実際の戦闘の結果が異なっていること，そして連合軍が予期せぬ非常に難しい役割，すなわちイラクの都市や村への秩序と安全をもたらすことになったことを知っている。旧政権の主要将軍を逮捕するために古臭いゲームが必要であった。古典的なカード状にイラク旧政権の顔写真を印刷してイラク全土に大量に配布された。このゲームは成功に終わり，これらの容疑者の多くは逮捕された。

軍事戦争ゲーミングは他の軍事活動と同様に思える。必要性が認識された場合は，可能な限り公共に知られることなく実施される。結果として，私たちは現在の利用法よりも，戦争ゲーミングの

過去の歴史について知ることになる。しかしながら，これらのゲームが効果のない行動を防いで，結果的に生命を救うことができることを十分に理解している。つまり，道具の使い方に依存している。攻撃の武器になるのと同じように，金槌を大工あるいは彫刻家が芸術作品を作り出すために使う。このように，シミュレーションは人々の善あるいは悪を訓練することができる。本書では，戦争ゲームに現れるプロセスが，企業，政府，非営利団体により良い業績をもたらして，社会で肯定的な役割を果たしていくことについて示す。正しく使うとゲームのいろいろな形式が勝者になる。

音符が多すぎないかね，モーツァルト君

　有名なハリウッド映画「アマデウス」では，モーツァルトのオペラの最中に，意地の悪いサリエリにとっては大喜びではあるが，オーストリア皇帝の欠伸をもらしている様子を見ることができる。あまりにも繊細で，細部にこだわった若くて偉大な作曲家の音楽は，皇帝の貧しい耳に届いてはいなかった。皇帝の「音符が多くすぎないかね，モーツァルト君」は失望した新星への皇帝の厳しい言葉であった。

　私たちは，本書の各頁を注釈と文献で埋めつくすという抑えがたい気持ちを避けようとしてきた。長年にわたって，私たち二人は同じ学問分野を研究してきた。多くの他の専門家の刺激的な支持を受けて幸運であった。過去の学生や若い同僚たちの研究論文を集中して読んだら，ゲーミングについて「誰が何を書いたのか，そして何時，何処で」を明らかにすることは難しくないであろう。しかし，私たちは，歴史的なものではなく，説得力のある研究書として執筆を始めた。

　この接近法には欠点がある。長年にわたって，世界各地の多くの同僚がゲーミングや戦略的経営の考え方に貢献してきた。例えば，Society for the Advancement of Games and Simulations in Education and Training（SAGSET）や Association for Business Simulation and Experiential Learning（ABSEL）の研究発表会，あるいは，学術誌 *Simulation and Gaming* に研究論文が投稿されている。これらの全ての影響を再構築することもなく，彼らの研究を参考にした個々の貴重な洞察を尊重することもできていない。その結果，ゲーミングや政策決定に関する多くの重要でよく検証された論文についても参照されていない。私たちは，すぐれた着想を吸収しながら，本書では紹介できない個々の方々にお詫び申したい。人間の脳には一定の限界があり，無意識の知識交換が演じた役割について，後悔が残る。

　私たちは，ゲーミングを愛して，自分の経験を共有するために国際会議に参加し続けるこの分野の全ての果敢な研究者に感謝している。ゲーミングとは，大前提として，コミュニケーションの一形態であり，本書で実証している主張である。私たちは，ゲーミング研究者が他のゲーミング研究者とのコミュニケーションを渇望している事実を常に噛みしめてきた。これがなければ，私たちの分野は新人にはほとんど開かれてないことになる。本書が，私たちの分野におけるコミュニケーションの連鎖に有益で刺激的な絆となることが証明されるであろう。それと同時に，他の場所でも触れているが，この研究書が潜在的な価値を強化するのみならず，特に政策と戦略の領域とゲーミング研究者との現在の疎結合を改善することを望んでいる。

謝辞

　本書の執筆者として，本書に掲載されているプロジェクトに共に参加した同僚や学生に感謝を申し上げることは，栄誉と喜びである。地理的現実からアメリカとオランダの二つの人脈を挙げることができる。以下に，かなりの数の同僚の名前を挙げて感謝したいが，各個人とともに活動した詳細を述べない。そうしないとオーストリア皇帝は欠伸をもらして深い眠りに落ちてしまう。

オランダ・オレンジ軍団

　上記の原則を逸脱するが，オランダ側の私たちの友人であり同僚である Cisca Joldersma 博士を紹介したい。同氏の溢れるエネルギーと熱意は，政策やゲーミングに取り組む続ける私たちの動機となった。友人として容赦ないが的を射た批判も忘れられない。さらに経験豊かなゲーミング研究者に育てるために指導されたティルブルフ大学の学生も忘れられない。私たちの分野に加えて，政策とゲームにおける高く評価された実績は，オランダ議会下院の一員として新たな役割に貢献することになる。

　オランダのゲーミング仲間として，Frank Bongers, Piet Biemans, Leon de Caluwé, Janneke Ewals, Gerton Heyne, Robert Hooyberg, Peter de Klerk, Hans van Kuppevelt, Igor Mayer, Vincent Peters, Rob Pranger, Ellie Roelofs, Pieter van der Hijden, Juliette Vermaas, Geert Vissers, Pieter van Wierst の各氏に感謝したい。

　サッカー・イギリス代表に対する応援感情を害するかもしれないが，Laurie McMahon 博士をオランダ国チームに加えたい。ロンドンにある Office for Public Management の創設者の一人であり，公的医療サービスに関する優れた事例研究を提供していただいた。大学病院プロジェクトのチームの一員でもあった（第3章を参照）。

　ティルブルフ応用社会学研究院とティルブルフ大学社会科学科には，本書の出版を財政的に支援していただいたことに感謝したい。

　オランダにあるクラースワール・トラピスト男子修道院とスペインにあるスティチュティング財団は，美しい建物と魅力的な施設において本書の執筆を認めていただいた。

アメリカ・ミシガン大学軍団

　さらに原則を逸脱するが，アメリカ側としては，本書で取りあげたいくつかの事例（創薬施設演習，国防長官室演習，国際共同委員会五大湖演習）の提供に貢献した Steve Underwood 氏をあげたい。同氏の指導の下で，シミュレーション・ソリューション社において企業文化演習を開発した Mark LeBay, Andre Frank, Tom Reed の各氏の名前をあげたい。

　また，各演習の中心的なチームの一員の名前をあげることは適切であろう。創薬施設演習の Hemalata Dandekar と Nancy Frost の両氏である。コンレールの政策演習の Gery Williams と

Kathryn Rickard の両氏である。国防長官室の職員として，Lorranie Atoui と Tom Gerschik の両氏である。国際共同委員会五大湖の政策演習を率いた Steve Underwood 氏に加えて，Mark LeBay, Andrea Frank, Jim Nicita, Tom Reed の各氏を含めたい。

本書で紹介した事例研究の各チームには学生が含まれている。個々の貢献について述べることはできないが，アメリカ側の学生として，Rob Cary, Chris Davis, Lynda Duke, Charles Hall, Pat Sweet, Ivo Wenzler の各氏に感謝したい。

ミシガン大学でゲーミング・シミュレーションの認定プログラムを長年にわたって支援いただいた Moji Navvab 教授に感謝を述べたい。この認定プログラムはプロジェクトの設計チームともに作業したこれらの学生に多くの機会を提供した。

中村美枝子教授と市川新教授には特別の感謝を申し上げたい。先にあげた私の著作を日本語の『ゲーミングシミュレーション　未来との対話』に翻訳していただいた。第 5 章において，このプロジェクトに関する議論を述べている。

2001 年から 2002 年にかけて，アナーバーを訪れた中村教授に負うところがある（忍耐強く原稿を批評して多くの優れた提案をいただいた）。Richard D. Duke, Jr. は全原稿を詳細に批評した。

特別な感謝の気持ちをアートワークに細心の準備をいただいた Andrea Frank 氏にささげたい。同氏に手助けした Bea van Wijk 氏にも感謝したい。土谷茂久教授には付録に掲載した都市予算概念図にご協力いただいた。Tina Sergi 氏には原稿の最終の編集について一連のプロセスを通して忍耐強く作業していただいた。Ria Lap 氏には表紙に使用したアートワークの原本を提供していただき，特に感謝する。

最後に，完成した原稿を編集して真の貢献をした Marie Alice Duke に感謝したい。本書を執筆するために共同作業の中心が彼女の使っていた地下室であった。素晴らしい料理は私たちを元気づけてコレステロールを低く保った。そして，世界中のどこにもなく，ましてトラピスト男子修道院でもなく，笑顔はこの地下室を明るく照らした。

本書の主な目標

本書は次の目標を達成するために書かれている。

- 戦略的問題を解決する方法としてゲーミング・シミュレーション分野のさらなる普及と発展に貢献
- この分野と関連する政策分野とのコミュニケーションを改善

これらの目標は，多様な読者を暗に示すことになるが，主として専門家，学者，学生を対象にしている。具体的には，以下の範疇の読者層に，関連する理論，着想，手掛かり，方法論を提供したい。

- 政策立案者および支援要員だけでなく，重要な「組織を賭けた」意思決定のために戦略的プ

　　ロセスを助言または決定するコンサルタント

- 組織内および組織間における政策分析と戦略的経営のプロセスを研究する学者
- 政策プロセスを設計して促進する専門家
- 政策設定におけるゲーミングの使用について理解を広げたいゲーミング分野の専門家
- 経営，意思決定，戦略と政策，組織改革を扱う学問分野の学生
- この方法論を適用したい専門家

本書の構成

　本書は，戦略的プロセスと政策分析の理論，ゲーミング・シミュレーションの理論と方法論，政策ゲームの詳細な説明と分析を集約している。本書の構成は次の通りである。

■第1部　研究の目的

　第1章の「研究の創始」では，私たちの前提，目標，主要な概念について説明する。社会問題ゲーミングの簡単な歴史を示して関連する経営技術の中で，政策ゲームを位置付ける。

　第2章の「未知の領域」では，マクロ問題の特性を概観して，マクロ問題を扱う方法に関する政策と戦略の文献について歴史的概要を示す。

■第2部　事例研究の実際と分析

　第3章の「事例研究」では，組織内および組織間の政策演習について説明する。組織内事例の場合，依頼者は大規模な組織であり，参加者はその組織内から派遣される。研究する事例は公共組織と民間組織から選ばれている。組織間の事例は公共と民間の接合に重点を置いている。どちらの事例もヨーロッパとアメリカの事例である。

　第4章の「主要基準と事例研究」では，分析的であり評価的なものである。五つのC（Complexity, Communication, Creativity, Consensus, Commitment to Action）によって定義されたプロセス基準の適用を検討する。五つのCを考察して，これらの基準を組織が理解することを容易にする政策ゲームの特性を確立する。さらに成功に導く未知の領域に入るゲームの設計について説明する。

■第3部　理論と研究

　第5章の「多重話 - 複雑さのための言語」では，ゲーミング・シミュレーションに特有な基本的コミュニケーション様式に着目する。未来を語る言語である多重話（multilogue）について説明する。

　第6章の「実証研究と政策演習」では，実証研究と政策ゲームの間の三つの非常に重要な連携，すなわち，ゲーミングに向けて準備する研究，ゲーミングを評価する研究，個人や集団の行動を研究する環境として政策ゲームを使用する研究を探求する。

■第4部　戦略指向のゲーム設計

　第7章の「政策ゲーム構造の理解」では，政策ゲームを構成する要素を特定して定義する。これ

らの構成要素の理解はこの分野における生産的な使用に不可欠である。

　第8章の「政策演習の設計」では，基本的に技術的なものである。事例研究の大部分に適用される政策演習の設計プロセスを説明する。この章は読者が政策演習を設計するためには完全な指針になっていない。本書の範疇を超えるためである。しかし，主な設計の着想といくつかの技術的な詳細を説明する（補足事項を付録に示す）。

■第5部　研究の結論

　第9章の「政策演習の潜在力」では当初の関心事と定義を振り返る。私たちが政策ゲームと呼んできた現象の戦略的役割とは何か。政策ゲームの未来はどのようなものか。これらの質問に対する私たちの考え方の核心は，読者にはすでに明らかと思われる。私たちは政策ゲームの有望な未来を見ており，第9章はその理由を要約する。

■付録　付録には，設計の段階，用語解説，参考文献，索引が含まれる。

本書の4通りの読み方

　本書を読むにあたって，個々の読者が異なる目的を持っていると思われる。目的に応じて読むべき章の選定には次の提案が役立つであろう。

- 政策と戦略のためにゲーミング・シミュレーションの実践的な応用に焦点を当てると，第1章，2.5節，第3章から関連する事例の選定，特に4.7節と第9章を読むこと。
- ゲーミング・シミュレーションと政策と組織の理論と研究の間に確立した連携を理解するためには，第1章と第2章，第3章から関連する事例の選定，第4章，第5章，第6章と第9章を読むこと。
- 専門分野としてのゲーミングの理論と基本的な概念を批評するためには，第1章，第3章から関連する事例の選定，第5章，第6章，第9章を読むこと。
- 政策演習を設計するために必要な事項を理解するには，第1章，第3章から関連する事例の選定，第7章，第8章と付録を読むこと。

目次

第 1 部

研究の目的

読者のための指針

　第 1 部は第 1 章の「研究の創始」と第 2 章の「未知の領域」で構成される。

　第 1 章はゲーミング・シミュレーションを戦略と政策の世界に結びつけることから始める。ある意味で，戦略開発と戦略的能力の教育の手段としてゲーミングの軍事的側面を記述しているために，この連係を再確立することになる。さらに第 1 章では，私たちがゲーミング・シミュレーションを適切な意思決定の手段であると考えるために，戦略的問題の議論の場に読者を導く。これらを「マクロ問題」あるいは「戦略的爆発」と定義して，その内容を説明する。

　マクロ問題に関するこれらの情報とゲーミング・シミュレーション技法との間の概念的連係は，確立された 5C の概念によって要約される。複雑さ（complexity）を克服して，コミュニケーション（comunication）を最適化して，創造性（creativity）を刺激して，合意（consensus）を先導して，行動への責任（commitment to action）を同時に確立するプロセスだけが，未知の領域に組織を導いて，戦略的爆発に対応することを可能にする。

　第 2 章ではこれらのマクロ問題に関する読者の理解を深める。マクロ問題の多くの事例を示して，共通の特徴を分析する。さらに，政策と戦略に関する文献を批評して，過去と現在のマクロ問題に対応する方法から洞察を引き出す。

　第 1 部全体として，第 3 章で説明されて分析される事例研究の理解のために，適切な概念的枠組みを読者に提供する。

第 1 章

研究の創始

1.1　概要

　本章では，前提条件，目標，重要な概念について説明する。社会課題ゲーミングの小史を提示して，関連する経営技術における政策ゲームの位置を示す。

1.2　前提と目標

　この節では四つの課題を議論する。すなわち，緊急な組織的危機の現象，指導者が直面する課題，安全な環境の創造，本書の基本的な目標に関する提示になる。私たちは組織的危機について戦略的爆発と名付けている。指導者が直面するとは未知の領域あるいは未知の世界に入るときであり，安全な環境とは未知に立ち向かう組織を支援する場を意味する。

1.2.1　戦略的爆発

　各組織の存続において，組織の歴史にまったくなかった新たな状況が起こる。これらの状況は，複雑であり，驚きであり，緊急であり，刺激的であり，脅威であり，場合によっては耐え続けることになる。統率者は未知の領域に組織を導かねばならない。通常の事業の漠然とした状況後に多いのであるが，このような状況に直面して，統率者は画期的な対応がこれまでの未踏の（この組織にとって革新的な）戦略プロセスからしか出現しないことを認識しなければならない。競争相手からの新規技術が組織全体の存続の脅威になるときに，当該ハイテク企業の困惑について考えてみよ。カリフォルニア電力危機後の 2002 年の事例がある。問題を過度に単純化して，主要な選択肢を特定して評価することができなかったことにより，州政府自体が危機の真っただ中に陥った。利害関係者（例えば，供給業者，規制当局，流通業者，消費者）の間で，この複雑システムに関する適切なコミュニケーションが行われていれば，実施された意思決定が満足できないとはならなかったであろう。さらにもう一つの事例は，国有化された鉄道または郵便業務が直面する難題であり，規制緩和が機会となるか脅威となるかである。新たな規制緩和法の採択に反対するか，大きな機会とと

らえて賛成するかの陳情をすることになる。

　25 の大手企業を研究して，最先端の戦略計画立案を評価した Halal（1984, p.252）は次の事項を指摘している。

　　　課題は，組織とその周囲で継続的に変化する環境との間の衝突によって生じる緊張点と考えることができる。変化の規模は社会的秩序が過去と不連続になるほど大きい。それは，漂流している大陸プレートのように環境が組織を支えることを可能にして，大部分の企業とそれらの周囲との間に溝を作り出す。課題は，緊張の多い境界面で発生する社会の紛争点で構成されており，企業に日常的におこる摩擦を浴びせて社会的爆発を形成することになる。

　このような変化のいくつかの事例が以下の章で引用される。この段階では，組織の存続を賭ける決定に繋がり，未踏の領域におけるマクロ問題があることを指摘しておく。

1.2.2　未知の大地にどのように踏み入れか

　激動と変革の状況に直面したときに，戦略的意思決定の質を向上させる必要性について，組織の指導者のために多くのことが書かれてきた。意思決定は，より迅速に行われなければならず，より創造的でなければならず，多くの知恵を引き出せねばならず，さらに内外の利害関係者の参加が必要でなければならない。戦略と政策に関する学術的に知られた研究者は，環境の複雑さと混乱の増大，組織の相互関係の増大，利害関係者の参加と組織的責任の重要性の高まりについて記述している。知識の密度が高まり，業務の専門的技術も高まるために，経営層は組織構造を平坦にする必要性を認識しなければならない。

　戦略的経営の方法とプロセスを飛躍的に変える必要性の根底にある要因をあげてみよう。未知の領域に入るときに，統率者は，政策開発に携わる者に，一貫性があり，実行可能で，関連性が高く，創造的な戦略を作り出すことを保証しなければならない。これらは，状況と全体の共通理解，未来に刺激を与える心象，明確な価値の二律背反，十分に試行されて探索された行動の代替案に基づいていなければならない。これらの全ての要求をどのように気付くのが最善であろうか，典型的な会合でどのように実現するのであろうか，これらは本書が取り組む課題である。私たちは，ゲーミング・シミュレーションと呼ばれる分野が，これらの目的を実現するために組織を支援することを示したい。

　しかし，このような説明に接するとやや悲観的になるざるを得ない理由がある。賢明な個人や最良の組織の能力における多くの制限要因は，いま必要とされる意思決定の基準に応えようとすることさえも，非常に困難になる。常に時間と資源の制約があり，複雑さを単純化するのが人間の基本的傾向である。個々の大規模な社会構造に存在する多くの分野や作用に関連する異なる（しばしば矛盾する）全体像のために，組織は頻繁に深刻なコミュニケーションの問題に直面する。組織内や組織間では，価値観や利益における実質あるいは知覚された差異のために，協力の多くの機会が探究されることはない。多くの場合に戦略的な課題を徹底的に分析する才能，想像力，忍耐力が欠け

ていることになる。そして，既存の権限の均衡の下で，最も容易に実施できる最も明白な選択肢が採用される。

1.2.3　政策演習 - 未知への準備

　本書では，未知の領域における戦略的問題の構造を分析して，これらの問題を取り扱うために必要な方法を探索する。私たちは，ゲーミング・シミュレーションの分野に基づいた政策演習の方法論を使って，特定の組織が成功裏に処理した方法を詳細に示すことにする。この方法論の経験が豊富な責任ある依頼者および観察者は，この接近法を非常に効果的かつ実用的であると評価している。一般的な方法に従って，形式上の理由から政策演習と政策ゲームという用語を同意語として使用する。

　本書に紹介している政策ゲームは「安全な環境」として作られた。そこでは，重要な問題に直面して中心的な役割を担う人々に，戦略的議論の最前線に知識と技能をもたらすことができる。中核的能力を動員して，未来に必要になる技術を試行するために，「可能な限り現実性のある経験学習」の場となる。さらに，確実性と責任感を育んで，未知に対する恐怖を減らすことに役立つ。ゲームには，行為者の観察の場として，戦略が実行可能であることを確認する上で重要な役割がある。本書の基本的な前提と意義として，未知の領域に入ることが必要になる組織に，ゲーミング・シミュレーションが強力な戦略的な方法であることを伝えたい。

　ゲーミングの分野と戦略的経営の文献には断絶がある。政策，戦略，組織変革に関する専門誌および学術誌には，成功したゲーミング応用事例はほとんど掲載されていない。適切に構築されたゲーミング・シミュレーションが参加者の先端性を強化することからすると，残念なことである。この技術は次の状況に対して極めて有効である。すなわち，ゲーミングの目的が，統合的な経験を提供すること，経験的方法で経営技術を説明すること，集団に団結心を育てること，概観またはシステム・ゲシュタルト（全体像）を伝えること，集団プロセスを改善するための環境を提供することである。ゲーミング・シミュレーションは多くの技能を融合させる有益な可能性を提供する。

1.2.4　本書の目標

　本書を執筆する動機には二つの目標がある。これらは密接に絡み合っているが，適切に取り扱うために独立した論理が必要である。

- 私たちは，戦略的問題を解決する方法として，ゲーミング・シミュレーションの分野のさらなる発展に貢献したい。
- 私たちは，この分野と関連する政策分野との間のコミュニケーションの改善を図りたい。

　ゲーミング・シミュレーションの分野の現状は，この技法が世界中で採用されているプロジェクトの幅広い形態によって表されている。この卓越した多様性（有効範囲，目的，主題，技法，作品

の特性など）はゲーミング・シミュレーションが八方美人であることを言外に表してる。しかしこの様な印象はこの分野の信頼性には寄与しない。

　皮肉なことに，政策，戦略，組織変革の関連分野はゲーミング・シミュレーションの確立された利用者である。この違いは，これらの分野のそれぞれがゲーミング利用を必要性に応じて選択する傾向があることにある。結果として，これらの分野の研究者は，ゲーミング・シミュレーションの分野の広範な範囲，歴史，方法論によく慣れていない。

　複雑な状況下で，政策課題はますます解決されなければならないが，これらの状況に対応する有効な技術はほとんどない。本書では，組織が時には遭遇する固有の意思決定に合わせた政策ゲームを創作するために，よく理解されて明確であり，複製が可能で実用的な方法が存在することを示したい。

1.3　主要な概念

　本書の概念的な各章ではゲーミング・シミュレーションの接近法を分析する。この接近法は戦略的問題解決に直結している。うまく構造化されて透過的かつ効果的な方法という意味で，マクロ問題の解決に取り組む文献から浮かび上がった多数の知見を活用することになる。これらの知見を具体的な形態で取り込むために，マクロ問題あるいは組織の存続を賭けた決定を処理する五つの主要プロセス基準を定義する。私たちは，これらの基準を五つの C（Complexity, Communication, Creativity, Consensus, Commitment to action）で表している。以下にこれらの重要な概念について簡単に紹介する。基準の個々の詳細な分析は第 4 章に示す。

1.3.1　複雑さ（Complexity）

　マクロ問題を認知的な観点から分析すると複雑である。このような問題を正確に表現することは困難である。多くの変数が関わっており，重要な変数と何か，その数はどの程度かは分かっていない。変数間の関係についても同様のことがいえる。問題の発生はしばしば不明確であり，未来の傾向も同様である。問題の向き合い方に関する過去の知識はない。通常，多くの潜在的に関連する知識が利用可能であるが，既存の知識の所在は散在して，不完全であることもあり，要素は多くの場合において同じ質ではない。意思決定に役立つ形態でもなく，関連する人々も共有することはない。

　国際共同委員会の五大湖政策演習では，政策演習の設計者は千件に近い変数を特定して対応しなければならなかった。この演習は，関係者が複雑な問題の全体的な理解を得ることを目的としていた。最善の行動を追求して議論しながら，100 人の（あるいはそれ以上の）政策決定者の明らかな多数によって「現実の共有像」が本物と見なされた場合に，このことが起こった（詳細は第 3 章を参照）。

　マクロ問題の未知の領域に入る最初の基準は，そのような問題の複雑さを処理する方法の適用で

ある。次に示すように、ゲーミング・シミュレーションは、多くの異なる情報源とデータ形式を、さらに洞察と暗黙の知識を特定の知識の所在に統合できるような政策演習を生み出すことができる。さらに、これらの政策演習は、未知の領域に入るために可能な戦略を探究する環境を準備することになり、事前に戦略を試行する安全な環境を提供する。可能な未来を創造して、その未来から「振り返る」ことを許して、意思決定者を支援する。私たちは、このゲーミングの能力を「未来を回想する」と呼ぶ（Duke, 1974）。

1.3.2 コミュニケーション（Communication）

重要な意思決定を行うときはコミュニケーションが不可欠である。個人が戦略的決定を行う権限を持つ組織はあまりない。個人や限られた人数の人々が最終決定を行うときでも、最高意思決定者は、組織境界の内外の多くの人々の知恵を信頼して収集する必要がある。集団が複雑化する課題を解決しなければならない複雑な状況では、伝統的なコミュニケーション方式はうまく機能しない。概観力が得られて、全体的コミュニケーションを刺激する新たな方法が必要である。本書は、適切に応用されれば、政策ゲームがコミュニケーションの混成形式であることを示す。異なる視点を持つ多くの人々が、異なる形式のコミュニケーションを並行的に使用して、互いにコミュニケーションを得ることができるという意味で混成体である。私たちは、この特性について政策ゲームの多重話と呼ぶ（Duke, 1974）。この現象については第 5 章で詳しく述べる。

1.3.3 創造性（Creativity）

多くの場合、実証されて十分に検証された行動の新たな組み合わせとともに、問題に接近できる。問題の分析が新たな状況と身近な状況との間の類推を認識する「なるほど」（aha）効果に繋がる場合に、これを行うことができる。類推を発見することは基本的に創造性のプロセスである。それには、面白い意見交換と直観的あるいは暗黙の知識の検索を必要とする。一人の人間やチーム、あるいは組織における経験の蓄積は、多くの異なる課題に対する応答の一覧集の開発に繋がる。Mintzberg（1994）が指摘しているように、挑戦的な課題に対する適切な対応を見つけることは科学ではなく技能である。経験を創造性に結びつけて、新たな最初の刺激を与えて適切な未知への経路を見つけることである。科学が完全な解答をもっていない限り、政策演習は既知と未知との対決を必要とする政策決定のために規律ある接近法を提供することができる。マーク・トウェイン（訳注 - 『トム・ソーヤーの冒険』の著者）は次のように述べている。

科学は、事実のわずかな投資から、健全な推測を得る努力である。

オランダの哲学者ホイジンガは遊戯と創造性との間の基本的な関係の理解に大きな貢献を残している。遊ぶ人として人間に関する有名な研究『ホモ・ルーデンス』において、革新は遊戯によってしか達成できないという論文を提出している（Huizinga, 1955）。遊戯の自由で安全な活動におい

て，結果的に遊び心のある自由な精神において，個人は日常生活の制限された活動の境界を超えることができる。Schumpeter（1934）によれば，遊戯を通して新たな組み合わせを開発することができると，それは革新を意味することになる。政策演習は，シミュレーションの現実的要素とゲーミングの遊び心の要因を組み合わせたものである。役割を演じる人々は，自由で刺激が豊富な環境で，利用可能な知識ベースの動的な因果を探求する。お互いの反応を分析して，新たな反応を誘発して，潜在的な可能性を秘めているような着想を試して行動する。

1.3.4 合意（Consensus）

新たな挑戦は，価値観が古いものと時には予期せぬ競合を引き起こすことが多い。定常状態にある組織は「蓋」を被した競合に平衡させて発展することが多い。大部分の組織では価値観と利害の対立が継続されている。既存の権限の均衡を反映した妥協案で実行可能な案になる。要するに，実行可能な程度の合意が存在する。混乱した時代の移行期に重要な課題の強い圧力の下で，この合意は試行されることになる。

新たに突然の関連性が出てきた資源（技能，知識，人脈，資本など）の所有者が課題に利害関係を主張すると，この力関係は変わるかもしれない。新たな影響を受けた当事者が登場して，従来の支援してきた利害関係者が末端に押しやられるか，あるいは敵対する可能性がある。その結果，「ゲームの新たな規則」を定義しなければならなくなる。新たな合意が必要になるが，願わくは，戦略が選ばれた後に，長々と犠牲をもたらす内紛という結果にならないことである。大きな問題に対応するには，多くの利害関係者の協調的な行動と支援が必要である。理解を得ること（複雑さに関して），斬新な行動を見つけること（創造性に関して），合意を乗り越えることの全てが，戦略の採用と実施に進むコミュニケーションのプロセスの要素でなければならない。内紛が多発して膠着した実施プロセスよりも，手間がかかり対立が多発する集団的思考実験の方がはるかに望ましいことになる。

政策ゲームにおけるシミュレーションの特性は，合意を見つけるために他の形態に関わっており，主要な脅威を回避するのに役立つ。適切な分析なしに，あるいは伝統的な視点がもつ境界を超えることなく，人々の集団が合意に至る時点で，政治的に可能であり実行しやすい戦略が議論されるという本質的な危険性がある。文献ではこのことを「集団思考」と呼んでおり，組織の意思決定の歴史にはこの現象の致命的な事例が溢れている。

政策ゲームは，課題を中心に取り巻く社会的組織をモデル化するという意味で，「社会シミュレーション」である（Meer, 1983）。現実の人々を，現実世界の特定の利益と地位を持ちながら，資源を割り付ける人々として，役割につける。そして，参加者として，既存の構造と規則の中で，課題の結果を手近に探索できる。ゲームでは，特定の戦略の利益と便益が，予想とは完全に異なる方法で当事者に影響を及ぼす発見に驚かされる。最終的に有益な選択肢が発見される可能性があり，政策の採用についてなお議論できるときに，ゲームの「早期警鐘」の特性が潜在的な成否の状況の是非になる可能性がある。

1.3.5　行動への責任（Commitment to Action）

　人間は行動指向の存在といえる。「事を起こす」という職歴が長い個人にとって特に当てはまる。当然ながら行動なき戦略はまったく戦略ではない。成功を目指す起業家精神を欠いている新たな取り組みは，善意の積み重ねに終る。従って，未知の領域に参入する優れたプロセスは，戦略の成功のために不可欠な実行力と持久力を持つ人々に「行動への責任」を作り出さなければならない。カリスマ的で献身的な指導力は重要ではあるが，これで十分とはいえない状況にある。現代の階層化されて知識が集中したより専門的で変化の激しい組織では，雇用者や他の利害関係者との相互作用点において，被雇用者の多くの個人やチームの日々の意思決定によって戦略が実現される。相対的に自立的な意思決定者として，多くの人々が戦略を実現することに取り組む。ここで不可欠なことは，集団の全ての成員が未知の領域に同時に参入することである。全ての個々の参加者が，問題を理解して，新たな行動方針の妥当性を理解して，基本計画におけるそれぞれの役割を理解することを前提にする。そして，古い技能やそのうちに獲得される技能が，待ち受ける障害を克服して機会を獲得するために，生きてこよう。

1.4　政策ゲーミングの小史

　紙面が限られるので，ここでは簡単に振り返ることにする。あえて言えば，ゲーミング活動の豊富な歴史があり，多くは政策に関連がある。この節の目的は，非常に古い伝承から出現した比較的新たな現象として，政策演習の起源と発展を記述することである。ゲームは人類史と同じくらい古い。ゲームは常に文化に基づいた学習機能をもっていた。部族の儀式，中世の若い騎士のゲーム，青春時代のゲームは規則を内面化して重要な技能を習得するゲームである。

1.4.1　学習のためのゲーム

　ゲーミングは軍事戦略の演習として何世紀にもわたって使用されてきた。この技法は他の真剣な学習目的にも広く使われている。第二次世界大戦後，個々の可能な分野において，ゲーミングは理論的かつ実践的な試みの範囲を広げている。経営計画の訓練ゲームの出現を皮切りに，現代社会の社会科学と教育的な要請を取り入れて，ゲーミングの適用分野が広がっている。情報通信技術はゲーム実践者の道具箱を根本的に変えている（変えていくことになろう）。新たな技術はゲーミング分野の拡大に寄与している。改良された計算，グラフィック，コミュニケーションの手法により，より動的で現実志向，より短い制作時間，より簡単な手順でゲームを実現できる。

　シミュレーションの要素は過去のゲームにもみられる。ゲームと遊戯の歴史を幅広く研究した結果，紀元前 2450 年の「バックギャモン」が世界最古のボード・ゲームであることを発見した（Gyzicki & Gorny, 1979）。世界各地に多くの変種が存在するバックギャモンはいわば陸上競技の競争を模倣する。

1.4.2　初期の戦争ゲーム

　戦争ゲームの起源は不明である。しかし，チェスはこの活動の最初の原型の一つであった可能性
が高い。チェス・ゲームは，15 世紀前後のインドの軍隊を模倣したものであり，王国間の戦争を模
倣する。駒の形状だけでなく，個々の駒の階層と移動が，その時代の軍隊の構造を表現している。
Shubik（1975ab）は，ゲーミングの概念と戦略的ゲーミングの理論の要素が，中国の偉大な軍事
天才である孫子の著作物（原作は紀元前約 500 年，その後再出版されており，例えば，Sun Tzu,
1963）に書かれているのを発見した。この兵法書は『孫子』として現代でも広く読まれている。
　確かに，武力衝突に対する記号的な同等物として，ボード上で対戦されたその後の戦争ゲームと
チェスの間に大きな類似点がある。軍隊の敵対関係を抽象化しており，18 世紀末までに，規則と
標準化された罰則によって管理されて，勝負の一貫性を保証するために形式化された。実際の地図
（格子型ゲーム盤に替えて）を使うという重要な改善がドイツの新たな戦争ゲームに導入された。
さらに意思決定構造に相応の複雑さも導入された。19 世紀までに，遊戯のゲームに対して，現実
のゲームに異なる要件が求められるために，「厳格ゲーム」と「自由ゲーム」の異なる系列に構造
が分割された。どちらの形式もさらに洗練されたが，厳格ゲームはゲームを管理する定型の手続き
（地図，図表，サイコロ，広範な計算）に依存した。自由ゲームはゲームの進行を促進させる経験
豊富な審判の判断を利用した。両方の形式とも，軍事的戦術，装備，手順の分析と評価の技法とし
て採用されている。
　Casimir（1995）は，ゲッティンゲン大学の図書館において，19 世紀に発行された戦争ゲーミン
グに関するドイツの教科書 2 冊を調査した。Aretin（1830）に，1664 年から 1825 年の戦争ゲー
ムの開発に関する論議を見つけだした。同書には，抽象化水準の一定の低下とゲームの複雑さの増
大が記述されていた。訓練のための道具として，戦争ゲームの価値が現代に繋がる評価になってい
た。時間がかかり退屈であり半分程度の理解ですぐに忘れ去る講義，あるいは何時間にわって頁を
めくる書籍よりも，ゲーム上での対戦は優れている（Casimir, 1995）。Meckel（1873）も，命令
を授受する訓練などの他の形態の学習と比較して，戦争ゲームの多くの利点の要約を見つけだし
た。これは，チームワークを訓練するためにゲームを使用している現代の経験に相当する（Geurts,
Caluwé & Stoppelenburg, 2000）。
　いずれにしても，戦争ゲームの二つの主要な形態，自由形式と厳格形式は現代に使われている。
両方とも，軍事的戦術，装備，手順などを分析して評価する技法として使用されている。自由形式
ゲームは，戦術と戦略の複雑な問題に対応する多用途性と，さまざまな訓練，計画，評価の容易さ
から，支持者を得ている。厳格形式ゲームは，規則構造と計算の厳密性，さらに一貫性から，支持
者を得ている。さらに，高性能コンピュータの開発により，高速で詳細な計算が可能になり，様々
な場面で同一形式のゲームの実践ができる。これらの発展により戦争ゲームの総数と種類が増えて
いる。
　これらの開発と並行して，戦争ゲームの人気が高まり，この技法は他の国にも広まっている。当

初，アメリカ陸軍士官学校は様々な英国版を複製して戦争ゲームの開発を行っており，今日では陸軍は独自の開発を継続している。第二次世界大戦直前，山本五十六海軍大将は，海軍参謀らを説得して，年次海軍戦争ゲームの最中に真珠湾への仮想の攻撃を実施した。真珠湾の攻撃から約50年後の湾岸戦争の初期に，各新聞は，ノルマン・シュワルツコフ陸軍大将がクウェートとイラクでの任務の実施責任を任されたと報じた。同陸軍大将は，戦争ゲーミング演習において，この任務の新たな驚くべき戦略を準備していたために選ばれた。これらは，訓練と問題解決の両方の目的で，軍指導者がゲームを利用した多くの事例のうちの二つに過ぎない。戦争ゲーミングは本書で説明する政策ゲーミングの重要な先行形式であることを明確にしておきたい。

1.4.3　現代の戦争ゲーム

3,000年以上にわたり，戦争ゲームの主要な活用は教育にある。しかし，戦争ゲームは分析（真珠湾の攻撃のように）に使われている。特に戦争計画の代替案の試行に使用されている。枢軸軍は，第二次世界大戦に至るまでの間に，連合軍よりも戦争ゲームをより広範に利用した。

前述の日本海軍戦争ゲームに加えて，日本の総力戦研究所は広範なゲームを行った。日本の未来行動（内政と外政，軍事と外交）ゲーミングのために，陸海軍と政府は統合した。ゲームが記録されており，1941年8月に，1941年8月中旬から1943年中頃までの2年間が速められた速度でゲーム化された。参加者は，ドイツとイタリアの枢軸国，ロシア，アメリカ，イギリス，タイ，オランダ，東インド，中国，韓国，満州，フランス領インドシナを代表していた。日本は，単一体ではなく，民間の要求と重工業の要求などが異なり，陸軍と海軍と政府の開戦日の決定のX日に一致が見られず，不安定な連合体として演練された。意見の不一致が起きたが，午後には，多くの議論を主導した積極的な軍事集団が決着させた。日本国内で実施される方策は，経済的，教育的，財政的，心理的要因として詳細にゲーム化された。ゲームには消費財の統制計画さえも含まれていたが，それは偶然にも1941年12月8日（日本時）に実際に発効したものと同じあった。戦後の軍事ゲーミングの洗練度は高度化されており，空想科学小説の作家の創造物にもなっている。

コンピュータが出現して以来，他の戦争ゲーミングの開発は広範囲に及んでいる。戦争ゲーミングについては，Shubik（1975ab），Brewer & Shubik（1979），Osvalt（1993），Boer & Soeters（1998）を参照のこと。第3章に示されている事例研究のように，ゲーミングの開発は非軍事の追求に向けられており，喜ばしいことである。

1.5　政策ゲームの位置

上記の節において，ゲーミング・シミュレーションには長い歴史があり，ゲームには多様な形態と機能があることが明らかになった。政策演習の批評については後述のいくつかの章でより詳しく説明するが，本節では政策ゲームの初期の定義と存在位置について取り上げる。1.5.1項では演習する主要な特性を扱い，1.5.2項ではシミュレーションとゲーミングを比較する。1.5.3項では政策

演習の意義について最初の定義を扱い，1.5.4 項では他の多くのゲーミング応用との間で政策ゲーミングの存在位置を扱う。政策演習はゲーミング・シミュレーション分野の一つの具現体であることを示唆する。

1.5.1　遊戯の意味 – 中心となる特性

遊戯（play）は，人間の中心的な特性であり，人生そのものの基本的な対比点である。オランダの哲学者ホイジンガは，おそらく，遊戯の概念の系統的分析と哲学的解釈に最も貢献している。人間をゲームで遊戯する動物と見なして，「遊戯は生物学的現象ではなく文化的現象として理解される」と主張している（Huzinga, 1955, p.1）。科学的ではなく歴史的な接近法である。動物はすべからく遊戯するので，遊戯は人間の活動だけではないことを指摘している。ゲームは幼児期から我々の生活の基本的な姿である。遊び的な遊戯と真剣な遊戯（例えば，戦闘の前線の兵士が行うロシアン・ルーレットによる気晴らし）がある。遊戯には神話と儀式に由来する文化の基礎があると主張する。ホイジンガの研究書である『ホモ・ルーデンス』にはゲームを定義する以下のいくつかの要素を示している（Geurts et al., 2000 を参照）。

- 自発的で余分な活動であるか（人は自由な意志から入り込む）。
- 実生活から一時的な活動圏に踏み出しているか。
- 時間と場所の面で制限されているか。
- 固定された規則があり，秩序あるプロセスに従うか。
- 新らたな異なる社会的集団の形成を促進するか。
- それ自体が目標であるか。
- 緊張と喜びの感覚と活動が日常の生活とは異なることの自覚が伴っているか。

ここには矛盾があるようである。活動自体が目標であれば，ゲームはただのゲームになるかである。ホイジンガにとっては，ゲームと遊戯は文化の変革と革新の主要な原動力である。日常生活の中で踏み出すだけで，個人は新たな経路と視点を発見する。「文化は遊びの形に生まれる」と述べている（p.46）。遊戯と真剣の間にはぼやけた境界線がある。人類が歓喜と娯楽のために多くのゲームを開発できると同様に，創造的で学習効果が意識的に選ばれた「ゲームの外側」の目標に向けられるゲームを作成するときは，人々の想像力に限界がないようである。

1.5.2　シミュレーションとゲーミングの比較

ゲーミングは，人間の必要性に対応するために価値がある。人々は情報を切望して，探求して，発見して，学習を楽しむ。何かを言われるのは好まない。具体的な事例や画像の強い情報から最も容易に学ぶ。一般にシミュレーションにはコンピュータの現実の詳細な表現を含むが，ゲームでは参加者がモデル構築の中心的部分になる。ゲーミングには次の貴重な機能がある。

- 統合的な構造に参加者の戦略を埋め込んだ枠組みを提供する明確な提示
- 参加者はこれらの戦略を集団活動に採用することが可能
- 古い解釈の枠組みを打ち破る機会を提供
- 手元の問題に関りがある多くの着想を提示

シミュレーションとは何であろうか。ラテン語動詞「simulare」は「模倣する」あるいは「振る舞う」である。Duke（1980）は，「目的のシステムの挙動を理解して，実験して，予測するためにシステムの主要な特性を再現する意識的な努力」をシミュレーションとして定義している。システムの挙動を模倣できるためには，システムのモデルを作成または使用する。Apostel（1960, p.160）はモデルを「システム A に関する情報を得るために，システム A と直接的でもなく間接的にも相互作用してないシステム B を使用する人は，システム A のモデルとしてシステム B を使用する」として定義している。シミュレーション・モデルは，埋め込まれているシステムを依頼者が理解するように特別に作られる。

モデルは，道路地図，建物の 3 次元図，数学のアルゴリズム，図形表示の可能な複雑なコンピュータ・プログラムといった多くの異なる形式を有することができる。ゲーミング・シミュレーションは，特別な形式のモデルであり，ゲーミング技術を使用してシステムのモデル化と模倣を行う。ゲーミング・シミュレーションは，現実のシステムの操作モデルであり，役割を与え

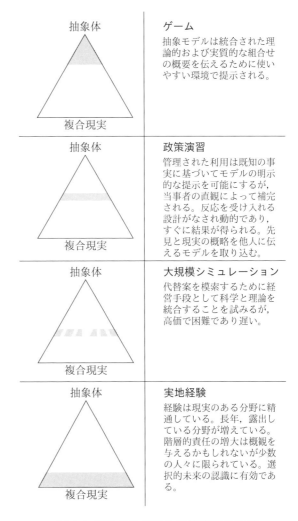

図 1.1 複雑さの伝達と政策演習の位置

られた参加者がシステムの振る舞いを部分的に再現する。「部分的」という語彙は，システムを模倣する際に，地図，ゲーム小道具（例えば，ポーカ・チップ），コンピュータ・ソフトウェアなどを内蔵して，多くの他の要素をゲームに含むことを示す（第 7 章を参照）。

最初の段階から，ゲームは未来を共同して創造するように参加者を誘う。共同または個人の洞察と選好に基づいて，少しずつ着実に決定を行って，協調的または競争的な関係を変更して，ゲーム

の規則内で行動する。政策演習は，小集団問題解決技法と考えられて，複雑な環境の経営を実験する手段を提供する（「悪構造問題」と呼ばれることが多い）。この接近法は，問題を明確にして，経営者が意思決定をする前に様々な解決法を積極的に探索する必要があることを示している。

　シミュレーションはシステムの中心的な機能の運用モデルである。すなわち，機能的関係と構造的関係を示している（Greenblat & Duke, 1975）。いくつかのシミュレーションはコンピュータ内で動作して，他の形式は人間の参加者によって遂行される。これは心理学的な前提のもとで構築する必要性を排除する。ゲーム内の参加者の行動は，多くの制約を有する制限的な状況において，目標を達成することを目的とした一連の活動から成り立つ。

　この時点で用語の明確化は重要であり，ゲーミング・シミュレーションの定義は広範な演習を網羅している。ビジネス・ゲーム，戦争ゲーム，運用ゲーミング，マネジメント・ゲーム，その他様々な接頭辞を含む演習が，この範疇に該当する。これらのゲーミング・シミュレーションの機能は多様であろう。集団を動機付ける演習，アイス・ブレーキング活動，学校や組織における教育と訓練のゲーム，政策決定のゲームがある。私たちは後者に焦点をあて，次章でそれらを探求する。図 1.1 はこれらの三つの異なる接近法の特性を図示する。この図では，政策演習に適した抽象化の水準を，非常に抽象的ゲームと，よく理解された分野の運用計画に役立つ非常に詳細な大規模シミュレーションとの間に置いている。

1.5.3　政策ゲーム – ゲーミング・シミュレーションの一形態

　政策演習は，戦略的経営の具体的な課題を抱えた政策立案者を支援するために明示的に創造されたゲーミング・シミュレーションである。政策演習は，政策の探索と実行を行う集団を支援するために，ゲーミング・シミュレーションを利用する経営支援プロセスとして機能する。多くの専門家が，ゲーミング・シミュレーションの効果的な決定の手段の利用を目指して，相当な努力を充てている。個々の新たな状況において，専門家は基本的に次の一連の活動を完了しなければならない。

- この接近法を使う決定の検証
- 依頼者の要求の明確化
- 問題の効果的な構造化
- 演習の試作品作成
- 試作品の試行と修正
- 依頼者に演習を提供
- 最終作品の評価

　政策演習の接近法の主要な特徴は，参加者が戦略上の問題とその環境の複雑さを経験できることにある。参加者が，計画や意思決定の問題に内在する社会的，経済的，技術的，環境的，政治的な圧力の相互作用を理解できる。政策ゲームの目的は全体的で構造的な問題環境の運用モデルを作成することである。ゲームの活用には参加者にモデルを論議することを可能にするプロセスを採用

する。さらにモデルを鮮明にすると参加者はプロセスを保持するようになる。結果として，事実や
個々の項目がよりよく理解されるようになる（細かい事柄は今や論理的に記憶に保存される）。ス
ポーツと娯楽，教育ゲーム，政策演習，人間・機械系シミュレーション，純粋シミュレーションか
らゲーム理論まで，関連付けた現象の連続体に収まるように考えるとよい（図1.2）。

Meier（1962）はゲーミング・シミュ
レーションを「逆転の創意」と表現し
た。マクロ現象を実行可能な演習に変
えている。時間と規模の圧縮の程度は
桁違いの縮小または拡大を実現しなけ

教育	ビジネス	**政策**	人間・機械系	ゲーム
ゲーム	・ゲーム	**演習**	シミュレーション	理論

◀- -▶

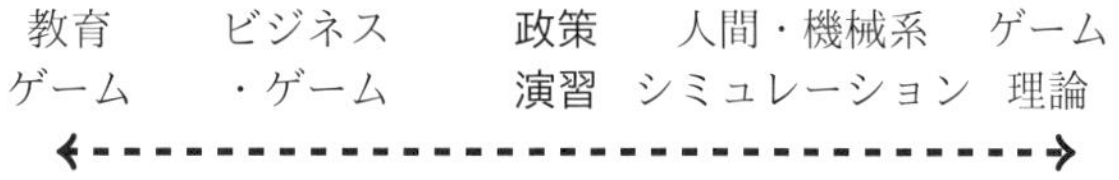

図1.2 関連現象の連続体

ればならない。多くの場合に，技術に経験を組み合わせて試行錯誤を用いる。ここには，百万分
の一を選択しながら真実性を維持しなければならないという大きな課題がある。この種の課題は
Meier & Duke（1966, p.12）が次のように述べている。

> 現実の大きな課題は複雑なシステムの本質的な特徴を小さな体裁に再現することである。
> 一連の地図類では十分でない。年間は数時間，場合によっては数分に圧縮しなければなら
> ず，参加者の数も演習室に収容できるほどの少数に減らさなければならない。物理的構造は
> 会議机程度に再現しなければならず，歴史的背景と法律は数日または数週間で慣れるように
> 要約しなければならない。相互作用は一人の頭脳によって理解できるように単純でなければ
> ならない。この最後の課題は最も難しい挑戦である。

政策演習の手法は，最終作品の滑らかな統合を確保するために，多様な設計技術を使用する。
Meier（1962）とGuetzkow（1963）の両者はシミュレーションを「現実性の中心的特徴の操作表
現」として強調した。技法の一覧は長くなるが，次に主要なものあげておく。

- 決定的な変数の選択
- 対面形式集団の企画
- 役割演技
- 時間の圧縮
- 現象の規模縮小
- 英数字データの記号表現置換と逆形式
- 単純化
- 類推の使用
- 複製

政策演習では，特に対象になっているシステムの準備と広範囲の分析を行う。研修会の場を設定
して，多様な利害関係者の視点から，熟練した参加者がシナリオに取り組む。このゲームは組織内
の現在の状況を表すように作られる。多くの場合に政策演習は一度だけ使用される。ここで，妥当
性，確実性，信頼性の各特性に高度な注意を払う必要がある。政策演習は探求中の複雑システムの

共有像を与えるように設計される。これにより，参加者らは，課題，適切な戦略，政策決定がもたらす起こりそうな影響について，伝達できる。

　これらの機能を依頼者に提供するためには，ゲーム設計者は良構造化された設計プロセスを使用しなければならない。政策ゲームの特性を考慮すると，設計プロセスには次のものが含まれる必要がある。

- モデル構築の基づく技法（システムを表現するために）
- 戦略理論に基づく概念（戦略的な「空間」のモデル化法）
- 臨機応変な作業環境の設計技法（人間工学 - 例えば，参加者は用具類を扱いながら規則や演習の段階の習得が出来なければならない）
- 美術や工芸に関する技法（例えば，視覚化表現の作成）

　Armstrong & Hobson（1973）は有益な図を作成している（図1.3）。複雑さに対する合理的な反応としてシミュレーション（区分Ⅰ）があるとすれば，複雑さに対する直観的な反応としてゲーミング（区分Ⅳ）がある。

　シミュレーション（区分Ⅰの数学的シミュレーション）は新たな様式を創出する複雑システムの合成の基盤として使用することはできない。シミュレーションというのは歴史の繰り返しである。シミュレーションでは新たな着想を集団が「遊ぶ」ことを認めないが，ゲームでは集団が未来を「創造」することができる。シミュレーションは組み込む変数に排他的でなければな

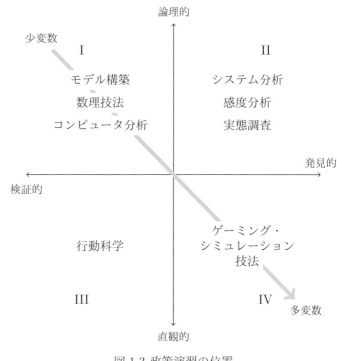

図 1.3 政策演習の位置

らない。ゲームは，包括的であり，参加者が漠然としているにもかかわらず要因に向き合う必要がある。シミュレーションは純粋に科学的な環境（例えば，月に人類を送るなど）において優れている。環境にはデータが豊富であり，解決策が数学的に正しいものでなければならない。

　しかし，区分Ⅳの特性を持つ問題に対応するには，複雑さを過度に軽減して，問題を過度に単純化する危険がある。区分Ⅰの技法を区分Ⅳの環境で使用するとすれば，物事は合理化されて，測定されて，論理的に構造化されて，定量化されて，さらに論理的な結果にいたる論理的プロセス

を通過しなければならない。誤用された区分Ⅰの技法は自己達成的預言を生み出す。一方で，適切に使用された政策演習は，多くの場合に，核心を突いて経験にそぐわない結果を生み出すことができる。

1.5.4 政策ゲーミングの枠組み

本書で説明する戦略的問題解決のゲーミング・シミュレーション接近法は，学際的かつ多岐にわたるモデリング方法論である。専門家と学問の幅広い分野の理論と技法を使用することによって育成される。人類は専門知識の多くの分野を創造してきた。多くの専門分野が，それぞれの固有な知識，道具，方策，特殊な技能を創造してきた。それらは，複雑な戦略問題を分析する戦略的ゲームを設計する際に潜在的な関連性をもつ。

図 1.3 では，モデリング技法の連続体に政策演習を位置付けており，読者が本書で遭遇する主な学問や専門の分野を反映しているだろう。本書は

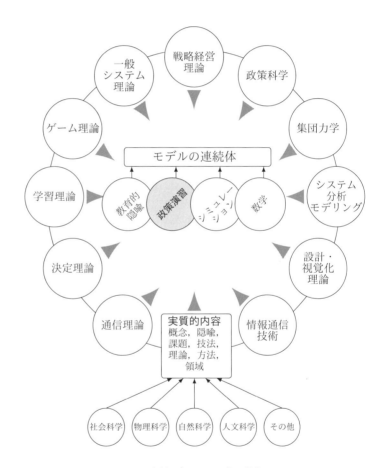

図 1.4 政策ゲーミングの枠組み

大胆な付加価値を読者に確信させることを望んでいる。図 1.4 に示すように，成熟して急速に発展する分野に交わる冒険心を刺激したい。

学際的指向の研究者は，啓発，関連性，科学の統合の強い理想によって動機付けられている。しかしながら，学問的な傲慢，もっと悪いことに自己の学問分野ではない領域の中途半端な理解，あるいは陳腐化した知識を広めて利用した罠に陥る危険を冒す。このような虚偽を避ける行為は一つしかない。専門的な同僚との対話であり，私たちの場合は組織と戦略の分野の専門家との対話であ

る。「概要」で述べたようにこれが本書の効用の一つになることを心から願っている。

第 2 章

未知の領域

2.1 概要

　本章では，マクロ問題の特徴と，問題の扱い難い理由を説明している現行の文献を探索する。次に，問題に対処する積極的な提案として，組織的政策的な文献が何を提示しなければならないかについて，理解を深める。時には避けられない悪構造問題を伴った苦闘から，組織が抜け出す経路を提示する多くの関連する着想があることを示す。意思決定プロセスの質を向上させる方法に関して，多くの着想にいくつかの構造を提示する。文献から五つの中心的な設計基準を導き出しているが，実現することが困難であり，場合によっては対立することになる。1.3 節で説明したように，私たちはこれらの基準にマクロ問題に接近するための 5C（Complexity, Communication, Creativity, Consensus, Action to Action）と名付けた。基準は第 4 章でさらに議論されて定義される。

　本章には四つの節がある。すなわち，マクロ問題の事例，マクロ問題の特徴の論議，マクロ問題に対処する戦略的プロセスの文献の検討，マクロ問題の課題に関する節である。

2.2 マクロ問題の事例

　マクロ問題の概念を説明する最善の方法として，いくつかの実際の事例を引用する。ここで引用される事例では，マクロ問題が多様性をもつことを示すことになる。基本的な構造は状況から状況へと相当に異なる。様々な程度の差はあるが，複雑な環境の特徴は個々の事例で明らかであろう。より重要な意味があるのは，事例が次の追加的な特徴を共有することにある。

- 経営層は引用した問題を組織における中心的な重要性と見なした。
- 伝統的な方法が試されて使い果たされていた。
- 問題の解決法を求める緊急性があった。
- 経営層は問題を解決する試みに政策演習の利用を選択した。

　第3章では，演習の的確な役割，構造，結果を含めて，八つの事例研究を詳しく説明する。依頼者の利益を保護するために，いくつかの事例研究は匿名であり，正確な歴史的文脈が除かれている。以下に事例研究を簡単な要約形式で説明する。

　新たな国民健康保険制度について振り返ってみたい（3.2節と3.9節を参照）。西ヨーロッパのいくつかの国々は，健康保険が提供されて収入を得る方法を劇的に変える政策に着手した。例えば，20年前のイギリス政府の報告書「患者のために働く」には，国民健康保健制度における急激な変革について記載されている。この提案は，主に健康保険の地域市場の創設に関するもので，医療を授受する外部機構が互いに交渉することになっていた。新たな状況に対応して地方組織が出現すると予想されており，内部市場の輪郭を描くことになっていた。介護提供者，受益者，競合者，地方の福祉の新たな市場における相互関係の結果は不明であった。どのような問題を発生する可能性があるのかを明確に理解することなく，地域で調整が行われる危険性があった。オランダでは，政府は法的根拠を改正して，健康保険を運営する新たな規制を公布した。これにより，先例がなく，結果として，古い方法の取引を無視して，利害関係者は新制度のもとで管理可能な取り決めを交渉する状況が生まれた。イギリスとオランダの両国は，新たな法律が施行されたときに，これらの問題を実時間で解決する現実に直面した。両国のそれぞれの責任機関は，利害関係者が，制度がどのように機能するかをよりよく理解できる公開形式として，政策演習を実施することを選択した。政策演習が様々な利害関係者とともに利用されて，新たな規制の特定の要素が実行不可能であることが明らかになった。証拠が示されたために，法律がさらに修正された。アメリカでは，同様な健康保険の問題が政策演習の形態を用いて対応された。

　グローバル企業における研究と開発について振り返ってみたい（3.3節を参照）。国際的な市場環境の変化に対応して，アメリカを中心にした大手製薬企業は，競争上の地位を守り強化するために採用される一連の選択肢を開発した。戦略における新たな重要な事項はヨーロッパで研究開発施設を立ち上げる提案であった。R&Dの経営陣は戦略を実施に移す作業を行っていた。多くの重要な疑問があった（拡大すべきか，そうであれば何処に，求められる新たな技能など）。多くの課題が意思決定を複雑にした。ヨーロッパにおける健康管理の未来像，ヨーロッパの進出先候補国の相違，新技術の出現，R&Dの分散化の結果など，その他の多くの事項であった。問題には議論の余地があり，どの選択肢が選ばれても，戦略は費用がかかり危険が伴った。R&Dの上級担当者および取締役会は，現実的かつ正当な提案を受け入れるように，決定する必要があった。企業は，最高経営層が，課題と選択肢を探求する模倣環境が必要な政策演習を使用することを選択した。

　鉄道の規制緩和について振り返ってみたい（3.4節を参照）。事例は規制緩和を扱っており，鉄道会社にとってそれが脅威であろうか機会であろうか。主要な東部鉄道が破綻した後，アメリカ連邦議会は残部を統合して，代わりに実現可能な鉄道システムを設立する新たな組織である統合鉄道公社（コンレール）を設立した。統合鉄道公社は成功したが，大量の公的資金が継続的に注入された。レーガン政権の間，規制緩和が中心的な政策になり，統合鉄道公社には厳しい視線が注がれた。この脅威に直面した統合鉄道公社経営陣は，いくつかの目標を掲げて政策演習を採用した。最初に規制緩和の影響をよく理解する必要があった。さらに係争中の訴えに対応する政策を策定する

必要があった。最後に，可決される法律の種別を考慮すると，鉄道公社は様々な利害関係者に影響を与える可能性があった。演習に参加することにより，改正規制緩和法の下で，新たな機会を予測できた。演習は，連邦議員に陳情するために，さらに競合する交通システムの経営の支援に使用された（トラック運送と航空運送）。

連邦政府のある省の再編成について振り返ってみたい（3.5 節を参照）。1980 年代半ばに，アメリカ国防総省は予算削減と再編に直面していた。国防総省内に所在している国防長官室はその構造と組織の見直しを迫られていた。再検討プロセスは国防長官室の機能の適正化に取り組むことになった。これには組織構造の代替形態も検討された。三大軍務拠点（陸軍，海軍，空軍）が，どのように再編成を実施すべきかについて自らの展望を反映させた計画を作成して提出した。それらの間に重複はほとんどなかった。これらの計画は，厚い文書であり，何か新たな組織体系を想定するよりも，古い位置付けを保護する基本的必要性を反映していた。政策演習が採用されて，三つの提案を比較できた。各軍は，政策演習を通して，計画を提示する機会を得た。さらに議論の後，演習はただ一つの譲歩案を協議するために再利用された。

工業系部品産業における文化的変化について振り返ってみたい（3.6 節を参照）。大規模工業系部品企業が新たな別会社に分離する主要な部門を選択した。一言で表現すれば，歴史的に親会社の一部であった該当部門が非効率であり，希少資源の損失元になっていた。一企業として自立すれば，該当部門が他の主要な供給企業と競争できると信じられていた。新たな構造を内蔵した企業が設立された。これは，経営層の高位から下位まで再構築や新たな設備の購入が必要な大事業であった。さらに，従業員は現企業に残る人々と新たな企業の一部になる人々に分割された。新たな経営様式の構想を企画して伝達する経験はなかった。依頼者はこの部分に関して政策ゲームを委託した。

政府主管の社会福祉制度の情報管理を振り返ってみたい（3.7 節を参照）。1986 年，オランダ社会福祉雇用省内の補完的社会規定理事会は社会雇用プログラムを委託されていた。このプログラムには，200 以上の社会施設を組織化して，約 70,000 人の障害者が働いていた。プログラムは資金の流れを制限して，総合的国家政策優先事項の変化にプログラムを適応させなければならなかった。管理者は，プログラム実施の効率と有効性を評価して，社会保障分野の他のプログラムに諸活動を関連付ける報告を行った。補完的社会規定理事会は，根本的に異なる予算資金調達システムの導入を支援する情報システムを維持した。このシステムの質は常に繰り返し議論されて問題になっていた。中央政府は，過去に十分に達成されてない事柄に関して，この分野の代表者と公開討論を開始することにした。依頼者は新たな利用可能な情報システムの構築を説得された。政策演習がこの目的を達成するために選択された。

五大湖生態系に関する科学政策について振り返ってみたい（3.8 節参照）。五大湖はカナダとアメリカの間に位置して，世界の淡水の宝庫になっている。これらの湖は，セントローレンス航路と水源の他の接続路の集合体であるが，広範囲に重要な意味をもつ。プロジェクトの依頼者は，カナダ政府とアメリカ政府の協力機関である五大湖に関する国際共同委員会であり，研究方針を推薦するのが責任である。国際共同委員会は研究の優先事項を確立するために生態系の研究方法を採用した。これには，優先度の評価，すなわち，人間系と自然系のシステムの両方を含んだ学際的な科学

政策の対話のために討論と評価の枠組みを必要とした。国際共同委員会は，これらの懸念に最良の対応を決定することを目指して，一連の会合を開催した。その結果，国際共同委員会は以下の二つの要素を含む政策演習を委託することを決めた。すなわち，生態系ゲーミング・シミュレーションと政策専門家会議であった。両者は提携して，二つの政策集団間のコミュニケーションを改善することと，五大湖生態系内の必要性に関する研究者社会を強化することを目指した。適切な利害関係者に受け入れられて効果的なプロセスとして，研究方針の策定が伝達されることを確実にすることにあった。

2.3　マクロ問題の特性

2.3.1　政策問題とは何か

本節の主題は些細な問題のように思えるが，事実ではない。本書は，政策と戦略に関するものであり，従って経営者や政策決定者が時には対応する異なる形式の問題を扱っている。全ての問題が政策問題ということでもない。全ての政策課題が「問題」の価値があると皮肉家は指摘するかもしれない。

それでは，問題と政策問題の違いはどこにあるのか。問題とは，望ましくない事件，あるいは期待した未来の開発を示す。問題は，政策問題になるかもしれないし，ならないかもしれない。組織の指導者が問題を深刻な脅威と見なしたときに，問題は政策問題になる。政策問題として問題を見ている人々は，望ましくない事件について何かを行うか，魅力のない開発を防止するか，あるいは反対するかを仮定する。従って，政策問題の背後の仮定はそれが影響を受ける可能性がある。この特徴とは別に，政策問題は以下の五つの重要な特徴が指摘されている（Dunn, 1981）。

- 問題は，人為的であり，人間が作り出したものであり，認識のプロセス後に存在する。
- 問題は主観であり多形態である。何かを問題として定義するには，それらに強く依存しており，それ故に，人間の価値観，規範，知覚とともに変化することになる。
- 問題は変わりやすく不安定である。社会や組織における問題が変化したものとして発見されることと，価値観や規範が問題の定義を変化させることの両方が原因である。留意しておきたいことは，問題の当初の解決法が永遠に有効でないこともある。さらに，問題の解決法が問題の定式化に時間がかかり過ぎて，問題自体がすでに変化していることもある。
- 問題は相互に依存していることが多い。一つの職能分野あるいは政策分野の問題は，多くの場合に，他の部門や職能の問題と深く関わっている（例えば，R&D と製造，生態系と経済）。
- 政策問題は，問題を定義する関係者が見ている選択肢の観点から，選択的に問題を再定義することが多い。経営者や公共的政策立案者は，容易に通用する理由で攻撃できる問題に定義する傾向がある（例えば，環境問題が課税の対象なる場合や公的教育問題など）。

2.3.2　マクロ問題の特徴

　マクロ問題には上述の全ての特徴がある。本章の他の節を読むときは，これらのことを記憶しておくが重要である。マクロ問題を厳密に定義することは困難であるが，次のような特徴を頻繁に思い出すことである。次の一覧は典型的なものであり，2.2 節で説明した複雑化して扱い難くい問題に関して，多くの要因を示している。当然ながら，該当する問題は次の特徴の部分集合になるであろう。

- 問題の環境
    - 技術革新の加速
    - 複雑であり混乱した煩わしい制度的環境
    - 実績の質に対する継続的な懸念
    - 経済と資源の依存性の増加
    - 人口動態の転換
    - 意思決定の社会的政治的文脈の変化

- 問題の定義または理解
    - 複雑さと相互接続性
    - 概念を容易に定義できないか数学的に表現できず
    - 多次元性
    - 満足できるモデルが存在せず（概念的にも実用的にも）
    - 遭遇する変数の定性的性質
    - 定量データが入手できず収集の費用が増大
    - 変数間の関係が曖昧で不明
    - 主観性（例えば，人々は中立的な情報処理装置や認知機械にあらず）

- 関係する当事者
    - 参加者の多様性と相互交流
    - 心象を外部の集団に伝える必要性
    - 人々の集団間に対立の予期

- 目標と目的
    - 多義であり目標の明確さの欠如
    - 価値の板挟み
    - 競合する目的

- 必要なあるいは潜在的な行動

- – 未来への方向性
- – 危険性が高いが報酬も大きい
- – 行動の明確な範例がなし
- – 唯一の正解がなし
- – 前例と過去の教訓には限界
- – 行動の手順が不明
- – 問題解決様式を学習する必要性

- 所産
  - – 予測が不可能または予測能力が低い
  - – 意思決定の所産が不確実

2.3.3 マクロ問題の位置

　マクロ問題は一般的に上述の特徴をいくつかの組み合わせたものになる。マクロ問題とは何かを定義する試みであり，この種の問題を理解する最も生産的な接近法として，多くの著者は他の問題とどのように異なるのかを明確にすることを発見している。これは政策問題のいくつかの分類または類型化に帰着する。

　本書で使用されているマクロ問題という用語は，Cartwright（1987）の研究から得られたものである。問題を 4 分類に区別することによって，この概念に取り組んでいる。4 分類とは，単純性，複合性，複雑性，マクロ問題である。4 分類の個々について，次のように定義している。

　単純問題は対象範囲が完全に閉じていて詳細である。全ての識別された変数と介入に対する応答は予測可能である。

　複合問題は単純な問題の集合体であり疎結合している。問題の個々の部分はよく理解されているが関係は予測できない。

　複雑問題は，本来主観であり，不正確さに悩ませられる。解決策には，問題の分析と評価に重点を置かず，関係する利益の合意を確実に入手することに重点を置いた手続きが必要である。通常，これらの問題の全範囲は合理的に十分に理解されているが，詳細は十分に考察されることはなく，介入に対する反応も予測することはできない。これらの問題には，分析に重点を置かず，合意を確実に得る手順が必要である。

　4 番目としてマクロ問題は以下の優れた表現により特徴付けられている（p.95）。

- 全範囲も詳細も理解されていない。
- 様々な因子の間に接続が存在する。
- 焦点を集合的に合わせると有益である。
- 境界ではなく焦点によって定義される。

- マクロ問題に対応するには柔軟性と順応性が不可欠である。

- 発見的解決法が必要である。

- マクロ問題は，意図しない結果，副作用，予期せぬ副産物などが起こる傾向がある。操作するには単純化しなければならないが，どの程度まで単純化するかが問題である。

多くの他の著者は，マクロ問題の現象を認識して取り組んでいる。Mitroff & Sagasti（1973）は頻繁に引用される類型を作成した。この類型ではマクロ問題の概念を「悪構造化」と呼んでいる。

表 2.1 はマクロ問題がいくつかの点で悪構造化されていることを示す。多くの意思決定者が関与しており，価値観や目的に矛盾があり，潜在的に関連性があると考慮された代替的な戦略や行動の数は無制限である。加えて，これらの代替案がもたらす可能な所産は知られていない。さらに一定の所産が出現する可能性について洞察はほとん

表 2.1 マクロ問題の悪構造（Dunn, 1981）

要素	問題の構造		
	良構造体	半構造体	悪構造体
決定者	数名	限定	多人数
選択肢	限定	限定	無制限
効用	合意	合意	対立
成果	確実か危険	不確実性	未知
確率	計算可能	計算不可	計算不可

どない。また，表 2.1 はその特質が程度の相違であることを明確にしている。問題はほぼ悪構造化であろう。

Rittel & Webber（1973, pp.236-37）は，管理された問題に対比して，不愉快な問題の主な性質を記述している。不愉快な問題には際立った特徴があり，次のように引用されよう。

- 不愉快な問題には最終的な定式化はない。問題を解決することなく問題を理解することはできず，問題を解決することは理解することと同じある。

- 不愉快な問題には停止する規則がない。問題を解決するプロセスは，理解するプロセスと同じである。

- 不愉快な問題に対する解決策は，虚実ではなく，良いか悪いかである。多くの当事者には解決策を判断する資格がある。

- 解決策について究極の評価法はない。どのような解決策でも長期間にわたり結果の波が波を呼ぶ。

- 不愉快な問題に対する個々の解決策は一回完結の業務である。通常，多数の潜在的な解決策が発生する。

- 不愉快な問題には可能な解決策の無数の組合せがある。

- 個々の不愉快な問題は本質的に唯一である。

- 個々の不愉快な問題は他の問題の兆候とみなせる。

- 矛盾は数多くの方法で説明できる。

- 一方で，科学界では，後日に異議を唱えられる仮説を主張しために，科学者を非難することはない。計画者には間違ってもその権利はない。

- 組織の成員は自己の水準を下回る水準で問題を見る傾向がある。問題が低すぎる水準で着手された場合に，物事は悪いことになるかもしれない。高い水準の問題に対応することがさらに困難になる可能性がある。

- 矛盾は数多くの方法で説明できる。結果として，分析者の世界観は不愉快な問題を解決する最も強力な決定要因である。

　マクロ問題に取り組むときに，数人の著者は適切な全体を見渡す必要性を強調している。この点で失敗すると最終的に事態を悪化させる決定につながると警告している。

2.3.4　マクロ問題が引き起こす課題

　世界がより複雑になるにつれて，マクロ問題はますます重要になっている。伝統的な研究方法は，部分的観察であること，早計な結論であること，マクロ問題の解決に無力な助言であることなどをもたらした。こうした状況の対応として，この数十年の間に，複雑な環境に対応する新たな接近法の発展が見られている。方法論は，研究の視野を広げて，科学的および政策的環境の両方で伝達の能力を向上させることを求めている。

　Simon（1969）は，今なお感銘を与える著作 *The sciences of the artificial*（邦訳『システムの科学』）において，伝統的な政策指向研究の範囲（オペレーションズ・リサーチ）を広げる必要性と同時に，不愉快なあるいは悪構造化している問題を経営者が処理することを支援した。この著作には人工知能（AI）とオペレーションズ・リサーチ（OR）の定義と歴史が含まれている。さらに，経営科学に適用される OR 手法に AI 手法を組み込むことを提案している。特に，最上層部の業務の特性を明らかにして，さらに現代社会が直面する大きな政策決定の特性を明らかにして，悪構造であり豊富な知識の非定量的な決定の領域への応用を提案している（p.8）。すなわちマクロ問題の特徴と相関する非定量的定性的決定に取り組んでいる。オペレーションズ・リサーチとは，実際の数値で表すことができる複雑な問題の解決に最適化技術（数値解析的接近法）を適用するとして定義している。

　人工知能は次のように定義されている（pp.10-11）。

> 　最適化数学を否定して，非定量の要素を含んで，自然言語で表現された知識を含む大規模知識ベースを取り込んで，選択肢の発見と設計を具体化して，十分に絞られなかった目標と制約を認めて複雑な問題の解決法に発見的方法の適用を行う。

　ある種の複雑な問題については，解決策に向かって前進するために分析的および記述的な方法が必要である。この意味するところは，問題を解決する方法は問題の種類に応じて選択する必要があり，その逆ではない。さらに次のように記している（p.15）。

> 　悪構造化され知識に富んだ非定量的な決定領域の最上層部の業務の特性を明らかにして，さらに現代社会が直面する平和，エネルギー，環境に優れた政策の特性を明らかにして，本

質に適用できる手段を増やすことを目指すべきである.

　究極的には，成功する問題解決の方法論は，マクロまたは悪構造の問題の全ての特性を統合する役割を果たす必要がある。今日の世界には従来の方法で解決できない問題がある。マクロ問題は，新たな理解と知的な解決の新たな接近法を必要とする。

　Rhyne（1975, p.16）は，「部分的な解決法が幻想であるとされる領域では，主題，範囲，空間的範囲，時間が著しく増大する」という点を指摘した。多くの事例において，問題の最初の思考が不適切に枠組みされていたので（例えば，敵対中の国家間の紛争には深い根があり，相互作用の一連の事件は様々な現在の危機に先行する），マクロ問題が生じたという証拠がある。「諸大陸は諸国と同じように活動の場になる傾向がある。現在と過去を知ることはもはや十分ではない。変革は未来について同等の関心を要求する。複雑な全体像の完全な認識をより速くかつ確実に他の人々に知らせる手段の探査を刺激する」と指摘している（pp.16-17）。

　マクロ問題は本来明確に定義されておらず曖昧である。通常は，この曖昧さが急激に広がっており，組織が日常的な複雑さからこの面倒な形式の問題に進んだかを示す明解な区別はほとんどない。結果として，一般的に様々な伝統的な技法が採用される。マクロ問題の真の性質が理解される前に，これらは部分的な解法の繰り返しになろう。その結果，経営状況が悪化する逐次的な行動が行われる。問題が明確に理解されていないために，行動は組織を窮地に追い込む効果がある。

　Schon（1986, pp.231-233）は，経験豊かな専門家の意思決定様式から学べる分野について，重要なことを指摘している。開業医の芸術的プロセスは厳格な実務に関して現行の基準を満たしていない。有能な開業医は，病状の迷路のなかに経験的傾向を認識すると，完全なまたは満足の行く程度の説明ができなくても，何かを行動する。技術的合理性の観点だけから厳密さを見直しすれば，有能な開業医が行っている多くの診療を除外することになる。専門家に対応が求められる現象の複雑さのために，専門家の職種に信頼性の危機が広がる徴候がある。条件の不確実性の下での行動，専門的実践における技術の避けがたい適用，さらに問題の解決をするか発見するかの葛藤がある。

　さらに大学が公表した技術的合理性の方針は若い専門家に技術の渇望を及ぼす。研究を主体にした技術の厳格な応用に実践を限定している専門家は，最も重要な問題に取り組んでいないことになり，現実の世界の実践を行っていない。劣等感に悩みながら，試行錯誤を通して経験を得なければならない（p.238）。

2.4　良質の戦略プロセス

　マクロ問題に対応するために特化した科学的接近法が求められる。Simon（1969）は，マクロ問題が古典的なオペレーションズ・リサーチの前提を否定しているために，最適化の代わりに発見的思考法の使用を可能にする問題解決の形式を提案した。Rhyne（1975）は二つの着想を提起している。一般システム理論に，総体性あるいはマクロ問題の全体を理解することに役立つ問題構成法を求めている。同時に，個人の集団がマクロ問題のゲシュタルト思考を共有して，探索すること

可能にする新たなコミュニケーション（新たな「言語」）の必要性を提案している。Schon（1986）は，純粋に分析的に訓練されるよりも，成熟した開業医に必要な態度と技能について考えることを勧めている。

　本節では，マクロ問題に対応するために方法論の適切な特徴を見つけて役立つ着想を探したい。まず，「戦略的計画理論」と称される知識体系の発展から主な洞察を収集してみよう（2.4.1 項を参照）。本書の概念的な部分では，民間機関と公共機関における計画または政策の策定の違いを明確にする。公共または民間の環境で活動する組織の間には異なる様式や戦略がある。しかし，第 3 章の事例研究では，マクロ問題に苦しんでいる公共部門と民間部門の間に多数の類似点があることも示している。マクロ問題をめぐる戦略的問題解決の形式は，単一の組織の当事者が政策の課題を扱うことができる場合であっても，常に「他者共同作業」である。組織内であるか組織間であるかにかかわらず，マクロ問題に対する適切なプロセス接近法のために概念的基礎を組織のネットワーク理論に求める。そこで，「大規模な政策の惨事と意思決定の失敗」の原因と動態の解明を試みる出版物に焦点を当てる（2.4.2 と 2.4.3 の各項参照）。目的は，これらの惨事がどのように回避されたかの示唆を見つけることにある。

2.4.1　戦略的計画からの学び

　文献に発表されている戦略的計画には伝統的なものと最近のものに多くの教訓がある。関連する文献全体の要約は，それ自体が大きな研究の成果であろうが，本項の目的ではない。企業戦略理論，計画理論，組織改革，意思決定理論，オペレーションズ・リサーチ，予測と未来の関連分野などの諸分野がある。本書では，議論されている問題の諸形式に非常に関連していると思われる文献の傾向について説明することにしたい。

　長い歴史のなかで，文献に現れた見解すなわち複雑さの概念から始める。マクロ問題の複雑さは，分析的に複雑な難問として最初に扱われており，戦略策定を合理的な問題解決と見なす大学研究機関で最も集中的に開発された。オペレーションズ・リサーチ，意思決定分析，システム分析，計量経済学など多くの応用分野は，膨大な経験を蓄積して，マクロ問題の分析の複雑さを解明することに役立つ多くの手法を作り出している。その一方で，マクロ問題に対応するには，合理的な接近法だけでは不十分であり，時には有害である。2.3.4 項の文献の引用はこの議論の一部を示している。

　マクロ問題の複雑さを分析するときに，最も難しい特性は間違いなく不確実性である。問題の原因の解釈，動向の外挿，影響の評価，政策決定の長期的影響に関する意見，これらのマクロ問題に関する全ての認知的意見は，様々であるが通常は高度の不確実性とともに公表される。ある専門家によるマクロ問題に関する意見には，他の専門家が同僚の立場を疑い矛盾することがある。科学的議論に，規範，価値観，目的の対立が伴うと不確実性の論争が起こる。

　Rip（1991）は，内なる科学的論争と科学に起因する組織的または社会的論争との間には，ほとんど差がないことを指摘している。不確実性と危険性との違いは相互の連係を示している。不確実

性は知識の欠如を指して，危険性は不確実性に評価の要素を加える。危険性は不確実性の関数であり，不確かな事象が望ましいか望ましくないかの程度である。合意や妥協による社会的または組織内の論争の終結を達成して，さらに科学的不確実性の議論を終結することは，独立したプロセスではない。互いに影響しあい不可分であることが多い。

知識と価値について論争が増えるほど，政策課題に関連した頑強な知識集合体を組織化するために必要な能力も増える（Rip, 1991）。「知識集合体」という用語は，政策の選択肢に基づいている論点，主張，利害，価値の体系を指す。政策に関する科学的文献では同じ概念がいくつかの用語で定義されている。例えば，認知地図，メンタル地図，実践理論，政策理論，メンタル・モデルがあげられる。Vennix & Geurts（1987），Vennix（1990）に従ってこれらの概念を同義語と考える。

個人の特性と集団の特性の両方の政策理論を考えることは可能である。例えば，経営者の政策理論と利益団体の政策理論を話題にできる。個人と集団的政策理論の関係について一般的な慣習を定式化することは難しい。Hoogerwerf（1992）は，当事者が，他の当事者と比較して，一般的な課題に関して目標指向であり情報指向であり強力である場合に，当事者の政策理論が集団的政策理論と結果として生じる政策決定に大きな影響を及ぼすという仮説を立てる。いずれにせよ，当事者の政策理論の統合と交換のプロセスが起こる。所産は，政策設計プロセスの様々な段階で部分的な決定を提供する集団的政策理論である。

複雑さに関するこの考え方は，未来を考えて，可能な成果を描いて，計画を立てる体系的プロセスの強力な要素である。興味をあまり感じないが合理的な分析の反応として，想像力と創造性を重視する戦略理論の学派がある。例えば，「私たちの社会の全ての偉大なものは誰かの想像力で最初に起こった」（訳注 - スウェーデンの児童文学作家アストリッド・リンドグレーンの言葉），「未来を予測する最良の方法は未来を発明することである」（訳注 - アメリカの実業家ジョン・スカリーの言葉）がある。創造的思考に対するこの必要性の「再発見」は，技術革新が重要な競争要因である多くの市場で非常に強力な推進力になった。ブレーンストーミング，水平思考，創造工学などの新たな技術が世界中の組織で広く利用されている。

Mintzberg（1987）は創造性の要素で知られている。著作 *The rise and fall of strategic planning*（訳注 - 邦訳『戦略計画　創造的破壊の時代』）の分析では，合理的な計画には戦略家がどのように決定を行うかの正確な経験的表現がないと主張している。戦略決定は科学よりもむしろ工芸品であることに十分な経験的証拠があるという。さらに，意思決定者の暗黙の知識や直観が，計画者の合理的戦略と同じくらい決定の所産の重要な説明要因であるという。

戦略と計画に関する多くの著者は，段階的な学習の必要性を強調して，合理的な計画の明らかな弱点のいくつかについて説明してきた。Michael（1973）は有力な合理的計画の学派について印象的な批判を行っている。この著作 *On Planning to Learn and Learing to Plan* はこのような早すぎた指摘を含んでいた。出版されてから 25 年後の 1998 年に第 2 版を受け取ったが，思考の新たな潮流の顕著な指標といえる。Geus（1988）は，シェル社の元戦略家であるが，計画と戦略のプロセスに関する学習面の権威ある代弁者として，複雑な問題の政策分析が段階的な学習を可能にすべきと明確にしている。

　複雑で不確実な問題に関する新たな視点は短時間のうちには提起されない。従って，方法は，参加者が，問題定義，検索プロセス，計画された実装プロセスに適応できるように，数回の学習周期で問題に接近できるほど柔軟でなければならない。この意味は政策分析プロセスが参加型でなければならないことになる。政策プロセスに関連した利害関係者は長期的な政策研究の全ての局面に強く関わるべきである。「組織における唯一の妥当な学習は活動する権限を持つ人々によって行われる学習である」（p.70）のように指摘している。さらに，計画と学習は同義語であり，意思決定指向のマクロ問題の研究は参加型にすべきであることを指摘している。

　計画にはコミュニケーションと参加が必要であるという結論に至る一連の考え方がある。それはネットワーク組織という概念の出現である。簡単に言えば，この理論には組織内と組織外の意味合いがある。組織の管理体制の簡素化，業務の専門化，バーチャル組織の活用の必要性から，中核能力を集中して開発する。これにより，戦略プロセスは組織内の多くの人々の知恵を引き出すべきという着想が導かれる。水平型専門家組織では全ての従事者が戦略家である。その総体の目標を実現するために，独立した専門家（単独または小規模チーム）の判断に依存しなければならない。専門家組織では，戦略的な情報が専門家を経由して提供されて，ボトムアップ・プロセスで一切れずつ繋ぐ必要がある。

　Hart（1992）は，戦略的プロセスにおける広範囲の文献を調査して，想像力と創造性が関与と責任の必要性とどのように関連しているかを示している。合理的な計画の限られた可能性の反応として，戦略的経営における最上層部の業務と機能の新たな知見が出現していることを究明した。合理性の理想すなわち総合的を目指すのではなく，最上層部は，組織の成員が選んだ行動に導く目的と方向性の一般的な認識力を創造するために，取り組んでいる。未来展望の一部として，最上層部は組織成員の想像力を引き付けなければならない。従って，過去 10 年間の戦略策定の文献における重要な要因として，関与を通した責任が出現している（pp.350-351）。

　組織内変革の文献によれば，組織の専門性が高いほど，組織の成員を可能なかぎり早く戦略プロセスに参画させることが重要になる。これがなければ，新たな戦略的着想の成功した導入は起こらないであろう（Weggeman, 1995）。

　組織間の文献によれば，購買・製造・流通の柔軟性に対する技術と新たな要求における革新的な変化のために，企業間の境界がなくなっている。企業統治の概念の普及により，民間組織と非常に多様化した利害関係者との伝統的な関係が急速に変化している。企業は多くの新たな利害関係者の参加形態を開発しなければならないことを示唆している。

　公共組織と民間組織の境界線は，統治の社会的機能が認識されて，根本的な変化の必然性が表れている。組織間またはネットワーク理論は，現代社会において，政策プログラムが組織間の複雑な相互作用の副産物であるという。組織が利害をもつ集団的な拘束力のある決定に影響を与えようとしていると説明している。従って，「政策ネットワーク」は現代の政策科学の中心的概念になっている（Boons, 1992）。この理論の重要な要素は次のとおりである。

- ネットワークの当事者は個人ではなく組織である。

- 当事者は異なる利害と権限の源泉に基づいた相異なる戦略を追求する。ネットワークは政策プログラム，すなわち全てのネットワーク当事者のために一連の拘束力のある決定を生み出す。
- 結果として生じるプログラムの構築と実施を統制できる当事者は一人もいない。
- 権限の分配，戦略的情報と知識源の所有，ネットワークの公式と非公式の規則は，所産にとって決定的なものである。

公共および民間の両方の戦略立案が多者間共同作業の一形態であると認識されるにつれて，戦略立案に価値の妥協点と合意形成が必要であることを扱った文献に注目が集まっている。個々の戦略的決定によって，交渉当事者間の権限の均衡が危うくなっている。

本節の洞察は戦略的問題解決の本質についてどのような結論を導くであろうか。本節を要約する有用で有効な方法は，イギリスのブラッドフォード大学で行われた非常に広範な実証研究の最中に収集された洞察を参照することである。Hickson et al.（1986）はこの研究について次のように記述している。民間，公共，非営利団体の戦略的意思決定プロセスを追跡して比較してみた。結論としては，戦略策定の合理的な問題解決モデルは，研究している組織で起こっていることの適切な予測理論ではないといえる。決定の伝統的な問題解決の合理性は意思決定を説明する必要な要素の一つであると結論している。合理的で的確な多くの決定は採用されてない。さらに経営者はいろいろな意味で合理的でもある。決定を実施するためには十分な政治的支援を必要とする。これを戦略的意思決定における利害調整の合理性と呼んでいる。

しかし，次のような議論もある。問題解決の観点から，合理的であり政治力を行使できる多くの決定は，非常に合理的な理由から採用されない。統治して経営することは組織またはネットワークをそのまま維持することである。経営するとは，権限を自由に利用して個人の決定を常に押し通すことではないことを意味する。何故なら，すぐにその決定の被害者と再び協力しなければならない可能性がある。企業において物事を処理する方法に従って統治する文化は，最高経営者の自由度を制限する。Hickson et al.（1986）はこれを「管理の合理性」と呼んでいる。社会機構が必要以上に損害を受けないように，望ましくは，関係のネットワークがより強固になるように決定する必要がある。

概念の限られた意味において，戦略的決定は非合理的である。理由は三つの同時的な合理性の産物であるからである。個々の戦略的決定は，管理の合理性で問題解決と利害調整の合理性を推測する結果である。しかし，問題解決の合理性は確かに重要な変数である。優れた意思決定のこの面への探索は戦略的プロセスで取られた多くの段階を説明している。Hickson et al（1986）はこれを「願望」と呼んでいる。問題解決の観点から合理的とされる願望は，ブラッドフォード大学のチームが研究した事例研究の強力な説明因子である。

成功する戦略分析や計画支援の形式のために，「3次元最適化ゲーム」を演じる政策立案者のメンタル・プロセスを支援しなければならない。シナリオまたは傾向の形式，代替案の丁寧な事前分析，論理的推論を行うモデルの利用に，新たな知識を吸収する必要がある。分析と政策の接点の合

理的手法は，3 次元最適化プロセスを可能にすることを支援すべきである。3 次元最適化プロセスの知識の内在化を「知識の転換」と呼んでいる（Caplan, 1983）。問題解決の合理性の視点から，戦略的意思決定は常に限定的合理性に関心を寄せている。

2.4.2 決定と計画の惨事からの学び

失敗や惨事の状況を研究することによって，複雑な意思決定を理解しようとする経験的で概念的な多量の文献に行きつく。マクロ問題をさらに深く理解するために，さらに想像を刺激して補足するめに，失敗と惨事に関するいくつかの出版物を選んでみる。

Dörner（1996）の研究は優れた貢献である。認知心理学者として，著作 *The Logic of Failure*（訳注 - 邦訳『人はなぜ失敗するのか』）では，個々の意思決定者の視点から，複雑な決定状況における間違いの問題を探求している。本書にとっては二重の意義がある。第一に，複雑な状況で何度も失敗する理由の理解に貢献している。第二に，主な研究手段としてコンピュータ型ゲームを使用していることである。

多種多様な被験者（専門家と初心者の両方）を招いて，模倣した都市と地域の両方で，個人と小チームに様々な実験を行っている。被験者は，政策，目標の設定と目的の定義，適切な意思決定を行わなければならなかった。多くの情報源が提供された（データに圧倒される時点まで）。行動と結果は記録された。同時に意思決定者の討議を録音して分析した（全ての被験者は思考を声にするように求められた）。このようにして巨大データベースを構築した。惨事や危機を引き起こす被験者の個性や行動と比較して，比較的成功した被験者の失敗の原因とその防止方法について多くの興味深い観察を行うことができた。

被験者全員が参加した模倣システムは，私たちが研究している問題の領域と次のように共通している内容がある。

- 複雑さは多くの相互関係のある変数の存在に由来する。
- システムは部分的に透過的である。被験者は見たいものの全てを見られない。
- 全ての進行は外部制御から独立している。内部の動態が進行を制御する。
- システムは非常に複雑であり，統治しなければならない人々はシステムを完全に理解していないために，誤った仮定をおく。

これら四つの特性，すなわち，複雑さ，透過性の欠如，内部の動態，システムの不完全または誤った理解を指摘している（p.37）。これらは，個人が慎重に計画して行動するように求められる複雑な状況の基盤になる。さらに，チェルノブイリ原発事故に起因するよく文書化された特徴と決定の失敗と，これらの「ゲーム化問題」と「失敗の論理」を別の事例研究において強力に比較している。

人々は決定の全ての面で困難さを抱えている。目標を設定して，情報を扱って，モデルを開発して，時間系列を扱いながら，行動を計画することは決定の複雑な問題である。「失敗の論理」を説明するために，四つの基本的な原因または人間の限界を指摘している。

- 人間の思考は遅い。無意識の情報処理が遅いと言うわけではない。実際にもそうではない。しかし，未知の現実に対応するために必要な手段である意識的思考は，むしろゆっくりと機能して，多くの異なる情報を同時に処理することはできない（p.186）。ということは効率よく利用しなければならない。思考の過程で一定の段階を省略しなければならない。未知の状況の類推として既知の状況を使用する。要するに可能な限り単純化をすることになる。

- 自己の能力の肯定的な見方を心がけて維持しようとするのは非常に人間的なことである。ある程度の成功の期待がないと，行動する可能性もまったくなく，むしろ運命に成り行きを任せて自己を捨てる（p.188）。この「自己防衛」の必要性は意思決定の失敗の源である。例えば，解決できることを知っている問題だけを取り組んで，そうでないものを回避する傾向がある。

- 人間の意識的思考は遅いだけでなく，記憶システムが新たな情報を吸収する速度も比較的遅い。人間の記憶は非常に大きな容量を持つかもしれないが，「流入容量」はかなり小さい（p.189）。情報の体系化された像を形成することができない限り，一時的な構成で表示される情報のほとんどを使用しない。これは，ある程度，一部の被験者のその場かぎりの行動と，他の被験者の現状維持への執着心であると説明している。

- 人々はいま抱えていない問題については考えない。何故なのか，どうすればよいか（p.189）。しかしながら，被験者が扱う複雑なシステムは起こり得る副作用に注目を要求する。人々は，「現時点の人質」と言われるように，急を要する問題に集中する。

「失敗の論理」から逃れる道はあるだろうか。改善の可能性は何であろうか。真の実験心理学者として，この質問に対する実験的な答えを探しているという。学生（つまり素人）のシミュレーション結果を，商業や製造業の管理職を務めている経験豊富な実務家と比較している。これらの人々のいずれもゲームの内容（サハラ砂漠南縁の地域）に関する経験はなかった。適用したほとんどの基準に関して実務家はよりよい結果を残した。他の研究によって補強された観察結果は，計画と意思決定の経験の豊富な高齢参加者がより良い成績を収めていた。

　一つの説明を用意していて，これを「熟練知性」と呼んでいる。個人が知的技能の使用に関して持っている知識のことである。実務家は，複雑な状況でどのように行動するかについて規則を知っているだけでなく，正しい時間に正しい規則を適用することを知っている。本書と非常に重要な関係がある二つの概念について述べている。第一が，Schon（1986）が強力に導入した「内省的実践者」の概念である。実践者は状況を熟考して適切な対応の一覧を構築する。第二の重要な概念が「不測の事態」である。複雑な状況を処理する最良の方法はない。個々の状況や現実世界で遭遇する全ての構造に適用するには，普遍的に適用可能な規則がなく，魔法の杖もない。仕事というものは，正しい時に正しい方法で正しい事を考えて実行しなければならない。これを達成する規則があるかもしれないが，規則はその場でしか使えず，特定の状況によってかなりの部分が影響されることになる。振り返れば，非常に多くの規則が存在することを意味する（p.192）。

　本書の残りの章では，私たちがこのような着想をどのように支持しているかを示す。一般的に意

思決定を観察することは，もちろん，戦略的意思決定の一つの側面にも言える。すなわち，意思決定者を支援するプロセスの設計である。私たちは，個々の政策演習が，手元にある特定のシステムや政策課題を正当化するように作られなければならないと主張する。多くの規則（5C に関連する規則など）を提供しているが，この研究によれば正しい時に正しい規則を選択する経験が必要である。そのために，本書は，効果的な政策演習を設計するときに，読者の熟練知性を刺激する一つの方法として，実践的な事例研究に注目している。

　意思決定者の道具としてゲーミングの価値を認めていなかったら，この研究とゲーミングの分野の価値を見誤ることになっていた。以下に要点を引用しておく（p.199）。

　　　システムで思考することを学ばなければならない。複雑なシステムでは，たった一つのこともできないことを学ばなければならない。望むか否かに関わらず，あらゆる段階は他の多くのものに影響を与える。副作用に対応することを学ばなければならない。意思決定の影響が，決して見ることはないと予想される場所に現れるかもしれないことを理解する必要がある。

　　　全てを学ぶことはできるだろうか。現実世界では学べない。時間と空間の広がりが人々の間違いを隠してしまう。この理由によりシミュレーションに頼ることになる。時間はコンピュータ内ですばやく過ぎても距離は存在しない。シミュレーションは意思決定と計画の結果を明らかにできる。このようにして，現実に対してより大きな感性を発達させる。

　　　シミュレーションは，このような状況の特定の特性について感性を磨くために，人々を何度でも同じ危険に置くことができる。

　　　今日，この種の学習と指導に取り組む機会を得ている。想像は常に現実のために準備する重要な方法であった。この方法を集中的に使うべきである。今や，以前よりもこの目的のために極めて優れた手段を持っている。それらを活用すべきである。根拠のない着想であろうか。真剣にゲームを演じないであろうか。遊びは遊び，真剣さは真剣さと思っている人は，どちらも理解していない。

　このようなマクロ問題の研究への貢献は背景の認知心理学によるところが大きい。複雑なシステムにおける政策課題を理解して統治するときに，個々の意思決定者の限界に注目している。政策科学の文献に見られるような政策の失敗を理解する接近法は，この研究の論点とは大きく異なる。政策ゲームの役割に関する私たちの思考の展開には興味深い洞察がある。文献を探索してみると，オランダの政策学者である Bovens & 't Hart（1996）は，失敗の政策理論について，どちらかといえば非常に多元的であることを示している。大失敗（悪い経営）や逆境（単に不運）の政策の所産の定義さえも，論争と全体的見方の要因になっていることが多い。

　この文献から，よく知られている失敗を整理して四つの区分に配置している。表 2.2 は，関連する偶発性の「予測性」と「制御性」の変数の組み合わせにより，四つの異なる政策状況を示してい

表 2.2 失敗の類型 (Bovens & 't Hart, 1996)

類型 I	類型 II
予測できて 制御可能な 偶発性	予測できて 制御不可能な 偶発性
類型 III	類型 IV
予測不可能な 偶発性	予測不可能で 制御不可能な 偶発性

る。類型 I は，誤った経営と政策の失敗が残念な結果の明確な原因である。他の類型では，いくつかの不運な議論が聞こえるかもしれないが，その通りであろう。

　類型 II, III, IV の状況では，政策立案の性質を特徴付けるためにゲーム関連の表現を使用している (p.87)。このような条件の下で政策立案は「曖昧なギャンブル」に似ている。これらの事例では，政策立案が，代替可能な未来の可能性に影響を与えることを目的として，曖昧なものと曖昧にできる疑念と無知のさまざまな関係の選択に過ぎないという (p.87)。

　二人のオランダ政策学者の研究は，悪構造問題の政策立案の支援における政策分析の限界について，社会における政策立案の役割に相対的にやや悲観的な見解があるように思われる。しかし，真実の一部にすぎない。「成功と卓越性の新たなキリスト十二使徒」から距離をとり，過去からの厳しい教訓の利用を避けられない。実際，不遜なことは望んでおらず，「政策の失敗を避ける方法の運用指針」を著している。そのために，慎重な著者が，悪構造問題に関する議論の中で政策分析者の立場について語っていることは，非常に興味深い。Majone (1989) と特に Schon & Rein (1994) も指摘しているが，推論的または伝達的政策設計の包括的な論理の必要性を次のように主張している (Bovens & 't Hart, 1996, p.156)。

> 多くの政策の大失敗というものは，前後して起こったことを因果関係と思い込んでいる利害関係者や地域社会の反感の形態になる事例がある。利害関係者や地域社会には，深く根差した神話や信念や価値観に好ましくない政策を強いられてきたという記憶がある。政策設計の最中には話題にされないか無視されたが，論争や対立を招く政策は最終的に実施の段階で意思決定者を悩ませることになる。政策の大失敗は「結末の美辞麗句」の現れに他ならない。解決すべき問題がどのようなものか，どのような解決の戦略が必要な合意を求めているのか，これらについて継続的な対話を展開させながら，設計プロセスがより反復するように開かれているときは，この種の大失敗は防げるかもしれない，

2.4.3 決定が失敗する理由

　経験的組織研究において，Nutt (2002) よりも長期にわたって戦略的決定を研究した者はいない。2002 年に決定が失敗する理由について著作 *Why decision fail* を出版した。400 の体系的な事例研究のデータベースに基づいていることが推薦の理由である（完成までに 20 年を要している）。これらの事例研究は，アメリカ，カナダ，ヨーロッパの民間，公共，非営利団体の最高経営者の重

要な決定に焦点をおいている。著作にはデータベースから決定の大失敗の 15 事例が選ばれている。著作を読むことは驚きの連続である。劇的な物語の全てが公開されて，報道機関により広く話題にされた。一部の人々には歴史は繰り返すように見えるかもしれない。読者は，シェル社の石油プレント・スパー投棄，ウェーコ事件，ベアリングス銀行破綻などに遭遇しよう。

　著作に一部の人々は失望を覚えるだろう。結論は容易に受け入れられるように思えるが，意思決定者は同じ間違いを続けている。事例研究の中に大失敗の 3 類型を見つけている（p.22）。組織の決定の半分が失敗しており，それも以前に考えていたよりもはるかに一般的な失敗を行っている。大失敗につながる事例は，失敗の傾向がある活動の利用，時機早々な取り組み，間違ったものに時間と資金の投入に起因する。失敗は意思決定者の行動に直結している。失敗は，失態が罠を作り出して，罠が失敗をもたらすように一連の展開する事件を繰り返す (p.23)。

　上記に指摘した失態を犯すことによって，経営者が七つの罠の中から幾つかの罠に捕まり，これがより多くの失態を引き起こして，さらに大惨事を引き起こす。七つの罠とは次のとおりである。

- 相反する主張を仲裁できない失敗
- 決定が起こした影響を管理できない失敗
- 曖昧な方向の提示
- その場しのぎの強要と限られた探索と技術革新なし
- 防御と正当化のために評価の誤用
- 善悪の倫理的板挟みの無視
- 過去を熟考せず学習せず

本書の内容の観点から，上記の決定の罠を避ける方法の分析において二つの論点が際立つ。

- 失敗を防ぐことが判明した意思決定プロセスの論点
- 「歪んだ動機」という興味を引く概念

　最初の論点に関して，一方は失敗の傾向があり他方は成功するという二つのプロセスを鋭く比較している。全ての失敗は「着想の強制プロセス」に従うことが証明されている。すなわち強力な主張者によって提案された要求が採用されることになる。その要求によって暗示される行動の活動領域は質疑されることがなく，要求された着想または強力な主張者によって提起された着想が確認されて，評価されて，導入される（p.59）。発見された最優良事例は五つの段階がある「検討」または「発見」のプロセスに従う。各段階における順番と活動の両方が重要であることが分かる。すなわち，行動を求める要求を理解するために情報を収集すること，望ましい結果を示す方向を確立すること，着想のために具体的な探索を開始すること，方向性を念頭に置いてこれらを評価すること，実施の最中に行動の望ましい行動指針を妨げる社会的および政治的障壁を管理することがある（pp.41-42）。

　この研究は，私たちが信じているプロセスの参加型であり開放型でもあり遊び心のある様式に近く，「評価的質疑」と呼ばれる構成主義者のプロセス着想に結びついている（例えば，Cooperrider,

Barrett & Srivastva, 1995 を参照）。発見プロセスにおける諸段階の観察は，発見，夢想，設計，運命のような評価的探求の諸段階に関連していると述べている（p.257）。本書の残りの部分で，ゲーミング・プロセスには，「発見プロセス」と呼ぶ活動の流れを操作できる形式で，これを実現する正しい手順と正しい段階があることを示せるであろう。

　「優れたプロセスが重要である」とは，この研究の実証的データから得られた明らかな結論である。しかし，正しいプロセスを求める能力は組織の文化的かつ構造的な権限でもある（Hart, 1992 を参照，4.7.3 項でさらに議論する）。従業員や利害関係者に「歪んだ動機」を強いることによって，優れたプロセスを抑えたり阻止したりする組織について説明している。「歪んだ動機」は，下位の人々が望まない経営上の物事を進めるために，下位の人々をうまく説得する。歪んだ動機は暗黙的または明示的なものがある。明示的な歪んだ動機は間違った物事に報酬を与えて，暗黙的な歪んだ動機は決定がされる風潮に隠される（p.228）。

　この研究の明示的な歪んだ動機は，第 3 章で説明している障害者保護雇用プログラムの私たちの事例でも明らかに作用した。政府の非常に厳しい財政的事情により，雇用機関は最も生産性の高い労働者を手放さないことになった。しかし，同時に，これらの労働者は外部機構が通常の労働市場に提供できたものであり，プログラムの当初の目標は障害者を通常の職場に戻す準備をすることであった。実際は障害者の 1 ％未満が通常の労働市場に逆流していた。財政刺激策は，歪んだ動機として機能して，優れたプログラムを非常に費用の掛かるものにした。また，政治的支援をほとんど失っていた。私たちが説明するこの種の政策演習は，そのような歪んだ動機の不快な動的結果が何であるかを経営幹部に明確にするために，下位の人々に重要な機会になっている。

　組織の文化には，あらゆる種類の暗黙的な歪んだ動機が含まれていることがある（pp.228-244）。この風潮は，勝者を作り出して，間違いを許さず，悪材料を持っている人々を責める。さらに決定の弱点を隠してしまう。単純に言えば，人々は情報と活動を隠し始めて，最後はお互いに嘘をつき始める。下位の人々はこの風潮の一部になり，統率者は一般に文化の自己防衛的で否定的な特性に気付かず，風潮は存続して成長する傾向があることになる。ここに作用する明確な学習の罠がある。ただし，新たな探求や推論の仕方が採用されたときに避けることができる。この「推論の階段」は次に示す事項を求める（p.240）。

- 評価のために直接的に観察可能なデータの提供
- これらのデータを共同で調査
- 予期せぬ結果の発見
- 共有の結論を開発

この研究の最も重要な提案は最初のものであり，データに同意して直接的な観察を可能にする。第 3 章の私たちの事例研究では，ゲーミング接近法の二つの側面が非常に役立つ。

- ゲーム設計のデータベースに同意した相互作用的準備システムの分析
- マルチメディアと多くの物理的な用具に加えて，役割演技の使用（初期の条件と決定の結果

を完全に観察可能したもの，見えないものは絶対に無いように）

　この研究から，私たちは，意思決定プロセスに関して「歪んだ動機を排除して最優良事例を見つけて共有を促す」ことが重要であることを学んでいる（p.240）。

　WeicK（1990）は，社会心理学者として，間違いを引き起こさない組織に魅了されて，予期せぬことを経営するために何を学べるかを理解しようとしている。原子力発電所，航空母艦，病院の緊急病棟は全て高信頼性組織である（Weick & Sutcliffe, 2001）。これらの組織に活発な動きがあるときは，いつでも大災害の可能性がある。組織は，予期せぬ事態に絶えず苦しめられているが，事故を避けることができて，見事な信頼性で専門的業務を行うことができることを証明している。それでもなお，意表を突かれた専門家が「意味付与の崩壊」を経験して大災害を招く。

　例えば，Weick（1993）はモンタナ州のマン・ガルチ地域で 1949 年に起こった大火災を分析した。13 人の消防士の命を奪われた。この件は McLean（1993）の著作 *Young Men and Fire*（邦訳『マクリーンの渓谷 若きスモークジャンパー (森林降下消防士) たちの悲劇』）に劇的に描かれている。また，テネリフェ空港ジャンボ機衝突事故を分析しており，KLM 機が離陸許可なしに離陸しようとして，滑走路上の別の 747 機と衝突した（Weick, 1990）。もちろん，これは，戦略の方針や管理の間違いではなく，失敗した運用の例である。しかし，ある意味では，戦略的な挑戦が企業の扉を叩くときは，その組織は高信頼性組織にならなければならず，専門的な復元力と信頼性をもって企業の状況を賭けなければならない。

　戦略的経営ゲーミングの役割に関する概念的基礎を展開する目的のために，この研究の洞察は非常に関連性がある。著者は着想を表現するために新たな好奇心をそそる用語を創作する名人でもあるために，私たちはいくつかの最も印象的な観察を引用したい。この研究によると，マン・ガルチ大火災は事件と条件の組み合わせによって起こった。消防隊員を「宇宙論の挿話」（cosmology episode）（訳注 - 事件が不完全で不可解な形で瞬間的に表せるときに発生する可能性がある突然の意味の喪失）に例えてみよう。このような事件は，人々が宇宙論はもはや合理的で秩序あるシステムでないと突然かつ深く感じるときに起こる。何がこのような事件を衝撃的にするかというと，起こっていることの感覚とその感覚を再構築する手段の両方が一緒に崩壊する場合である。形式張らずに言えば，宇宙論の挿話とは，何度も見たことがあるものを初めて見る感覚，つまり，初めて見たものを何度も見た錯覚の逆である。すなわち，以前にここに居たことがない，何処の居るかも分からず，誰が助けてくれるかも分からないと考える（Weick, 2001, p.105）。

　組織は従業員がこのような事件に陥る入るのを防ぐために何ができるだろうか。この研究はいくつかの救済策を明らかにした。低脆弱性のために四つの手段を提案をしており，私たちも，特注の政策ゲームの厳格な使用の全てに関連している（学ぶことができる）と主張したい。四つの「復元力の起源」を次に示す（pp.110-111）。

- 即興と器用仕事 - 手元にどのような素材があろうとも秩序立てる能力である。混沌とした状態で行動して秩序を引き出すので，圧力の下で器用仕事は創造的である。
- 仮想役割システム - 役割システムの一種であり，よく内面化されていれば，実際の状況で崩

壊しても個人の記憶に完全なままで残る。全ての人々が全ての役割を果たせれば，個々の個人が集団を再構成して，調整して，促進できる。

- 知恵の文化と態度 - このような事件を見たことがないので，今起こっていることを完全に理解することがでないが，事実を知り受け入れる。賢明な人は，好奇心，開放性，複雑な感受性に反応する。このような人は，過度な自信を持っておらず，特別に用心深くもない。
- 敬意のある相互作用 - 宇宙船の挿話を克服するためには，乗組員の各個人の敬意と正直な「融合した主観」が必要である。公の役割システムが危機の中でもっているかもしれない制約を取り除くために，集団に十分な信頼がなければならない。

Weick & Sutcliffe（2001）は集中して認識して物事を行うという概念を探究している。すなわち，危機が高まる前に誤りを発見して修正するという共同で強化された能力である。高信頼性組織は，経営層が業務に重点を置き，予期しない弱い警告の発見に集中している。高信頼性組織の経営者は，現実を単純化することを拒否して，現実が時には非常に「乱雑」であることを受け入れている。この研究は多元的現実の着想をどのように立証するかを再び示している。面談の記録を基にして，次のように述べている（Coutu, 2003, p.88）。組織がどこに行くのか，組織がどこに居たのか分からなければ，可能な行動に繋がる多くの異なる解釈に広く開いているべきである。そして，行動とその結果の解釈の一覧表をより管理し易い大きさに編集し始めることである。

この面談記において，Dörner（1996）を強く支持して，両者は『ホモ・ルーデンス』の必要性を強調している。また，「ぎこちなく歩く」（galumph）という動詞を個人的に使用することで，この必要性を説明している。「私はこの動詞をある種の遊び心を意味するように使用する。それは軽薄で無意味な遊戯ではなく，組織が様々な可能性を試みる即興の一種である」（p.90）。そして，消防士と現代の訓練法において，すなわち，ある訓練において，装備を捨てるという直観に反する行為を実践することを振り返っている。「生き延びることを，文字どおりに物事の異なる見方の能力に依存していると理解すれば，心配りを学ぶことになる。経営者にとっても同じであり，ぎこちなく歩くとは，選択肢を拡大して，行動の代替的方法に自信を持つことになる」（p.90）。本書の残りの部分では，関連した行動の経験を収集して，それらを「理解しやすい世界観」に変える一つの方法として，適切に設計された政策ゲームによって多くの経営幹部が「ぎこちなく歩く」ことを明確にしたい。

2.5　未知の領域と新たな接近法

本節は次章のための足掛かりである。私たちは，政策分析と政策支援において，現在の傾向の底流にある方法論的および認識的な原則を定義する。参加型政策分析のために，政策演習が現在の探求の背後にある着想の重要な具現体と考える。本節はティルブルフ大学の優秀な博士号の論文に負う（Mayer, 1997）。

私たちの研究は，政策と計画の大失敗の文献と戦略的経営の本質に見られる考えた方に適応して

いる。これらの文献の分野では，合理的な専門家指向の問題解決から離れる傾向があり，参加および
びコミュニケーションへの転換，すなわち，議論の促進を目指す研究者がいる。本節では，急速に
発展する参加型政策分析の分野に政策演習を位置付けることによって，これまでの節から主要な着
想と観察の結果を統合したい。

　Dunn（1981, p.35）は，政策分析を「政治的環境で利用される政策関連情報を生成して変換する
ことを目指して，政策問題を解決するために探求と議論の多元的方法を用いる応用社会科学分野」
と定義している。読者に注意していただきたいことは，「政治」という用語は政策分析の慣習を公
共政策の領域に限定するものではないことである。民間組織で実施されたマクロ問題に関わる複雑
な意思決定は，政治的に重要性が低いということではない。政治は価値という解決が困難な難問を
扱わねばならず，今までの事例には多くの解決が困難な問題がある。

　私たちは，本書の基礎になる方法論的原理の中核について，系統立てるために政策分析の用語を
採用している。2.4.1 項から使用するいくつかの用語が戦略的経営の文献とは異なるかもしれない。
しかし，基本的な考え方は同じある。

　政策分野の実務家は，政策立案の準備活動に利害関係者による多数の形態を関与させるために，
新たな方法の実験を始めている。この開発により，多くの異なる名前と頭文字の組合せを使い，市
場に出回ってきた多数の新たな方法が可能になっている。政策演習はこの一連の技法の非常に強
力な事例になる。政策科学者は，戦略分析の実践における現在の技術革新を表現するために，異
なる名称（例えば，伝達型，双方向型または参加型の政策分析）を使用する。本書では，DeLeon
（1988）や Durning（1993）の用法に従い，参加型政策分析という用語を使う。

　参加型政策分析の出現は，政策分析における異なる学派の進展として解釈することができる。異
なる学派は様々な理由で参加の必要性を喚起してきた。その結果，政策分析の最優良事例を目的
とした代替的提案の発展は，政策分析に伝統的・合理的・総観的・包括的な接近法の適用を批判
した様々な学派を研究することによって説明できる（Hawkesworth, 1987）。Lindblom & Cohen
（1979）が政策分析における藁人形論法（Mintzberg（1994）であれば戦略的経営の計画学派に相
当）と呼んできたものに対して，代替的提案は，社会的現実，認識論，合理性，政策問題の本質の
ように様相が異なる解決策をもつ。内部的な相違は多いとは言え，政策分析への参加型接近法が矛
盾のない要素であるという点で，政策分析のいくつかの一般的なモデルを区別することができる。

　政策分析の多元的モデルは限定合理性と段階的問題解決の見解を政策分析の政治的観点に結びつ
ける（Wildavski, 1979; Lindblom & Woodhouse, 1968）。多元的政策分析は，分析者が組織内外
のマクロ問題を解決するときに，政治交渉と妥協の現実を受け入れる偏った分析である。政策分析
の多元性は，一方の総観的で科学的合理性を他方の政治的合理性または「実践の合理性」から分離
する。従って，この種の政策分析の主張者は，分析者の政治的技能の重要性を強調している。しか
し，実証研究は現実に関する「関主観的」知識につながる可能性があり，この知識に基づいた専門
家の助言が異なることがある。分析の問題は，すでに述べた Dörner（1996）の実験によって示さ
れるように，人間の認知の限界によってさらに複雑になる。多元的意見聴取の手順と方法論の多様
性は，政策問題の分析の政治的本質と限定合理性の両方に対応することができる。

政策分析の多元的モデルでは，政治的および分析的な根拠の両方で，多元的意見聴取の手順に参加者を含めることを支持していることは明らかである。

参加型と多元的な相互作用を支持する政策分析には他のモデルもある。政策分析の批判的モデルは公共政策のマクロ問題に関する論争に最も関係している。それは，合理的な人々の隠された観念的な性質と多元的モデルの保守的な性質を攻撃する。批判的分析者によれば，両モデルとも，科学主義と技術家主義から逃れることもなく（新）実証主義の方法を促進する。これは民主的な社会的意思決定に重大な悪影響を及ぼす。批判的分析者は，政策分析の主な目的について，価値観の談話の設計であり，手段的合理性を選好や目的に置き換えて，現状への真の挑戦でなければならないと主張する。多元的モデルは多様な技術と有力な政治主体による交渉の方法論的な解決策に依存している。これとは対照的に，政策分析の批判的モデルは社会で目立たない集団に権限を与えて支援のために参加を求めている。批判的モデルの参加手順は伝達的である（Habermas, 1981）。さらに敵対的であり危険である。

政策分析の構成主義モデルは，多元的または権限移譲の理由ではなく，認識論的および存在論的な理由から参加を支持する。現実は社会的に構築されて，知識は意味の構築の進行過程を通してしか獲得できない。参照の多元的枠組みは，問題，解決策，行動に意味を与えるために，進行過程で相互に作用して伝え合う。構成主義者の視点では，政策分析は，異なる視点，世界観または認知地図の相互間の解釈学的論争である。合理性は相互作用を通して生まれる。暗黙の知識は他の知識体系と同等の地位をもつ。Kelly & Maynard-Moody（1993, p.138）によれば，政策分析の構成主義的または解釈的モデルの提案は，実用的な推論により解説的な公開討論会において政策分析を運営することである。政策分析者は，専門家ではなくファシリテータであり，評価過程に自己の主観的ではなく外部者の視点を与える。

最後に，政策分析の戦略モデルは，社会的現実に対して，相対主義的または実用主義的観点の立場をとっている。現実と行動の定義は，政策ネットワークにおける主要な当事者の戦略的目的の実現のために機能的である限り，確かめられる。主要な当事者（政策分析の依頼者）は，政策プロセスと政策システム（ネットワーク）内の他の当事者との相互依存関係の複雑な関係に巻き込まれる。最も頻繁には，戦略モデルは，人々，制度，問題，戦略によって構成されるネットワークとして定義される（Heclo, 1978; Kingdon, 1984）。戦略計画は非合理的である。すなわち，異なる合理性が組み合わされた結果，計画プロセスの最終的な所産は全く予測できず制御もできない（Hickson et al., 1986; Marsh & Olson, 1976）。従って，政策分析の機能は，ネットワーク全体としては大げさになるが，説得力があることになる（Whyte, 1994）。政策分析は，機会が正しい瞬間に獲得されて，戦略間の相互作用の有効性が評価されて，試行されることを確実にするために，戦略的介入を行う。必要に応じて，当事者間の戦略を調整して正当化する。参加は，その結果として，政策ネットワーク内の相互依存性と戦略的ゲームを参照して解釈される。

ネットワークの概念と政策プログラムの関連した概念は，政策分析の役割に関する多元的かつ相互作用性の見解を支持する。相互作用の合理性の促進を容易にするために政策分析者の役割を受け入れる。さらに明確にすべきことは，参加型政策分析が政策論争における認知要素をどのように支

持できるか，そして，支持すべきかである。実証研究は，政策科学における総観的合理主義モデルに対する批判が正当であることを示している。これは，複雑な戦略的問題に関する意思決定のプロセスを正確に記述するものではない。問題解決の合理性が意思決定における関連要素ではないことを意味しない。すでに述べたように，Hickson et al.（1986）の入念な比較研究において，問題解決の合理性が，情報の探索，報告書の完成，代替案の熟考に導く願望であることを示している。複雑な意思決定プロセスにおいて当事者が講じた多くの段階は，問題解決の合理性の最適化を目指した要求によって導かれて説明される。最終結果の決定が同時合理性の産物であったとしても，政策課題の周囲の知識集合体を最適化するために戦略的決定の準備における傾向を観察することができる。

　2.4.1 項で述べたように，多様な当事者の政策理論の統合と交換のプロセスが行われている。その所産は，政策設計プロセスの様々な段階において部分的な決定をもたらす集団的政策理論である。政策ネットワークにおける意思決定の性質を考えると，どのような研究と分析ができるかは実際的な課題である。もしそうであれば，問題は，どのような政策分析が集団的政策理論に貢献できるかということになる。政策分析の役割に関する多くの論争では，政策分析の有益な影響が期待されるようである。これは，新たな知識が政策の課題に直ちに役立つことと，科学的研究が政策に実際的な結果を直接的に提供することを要求する。Caplan（1983）が示すように，未来に関する多くの社会科学的研究はこのような貢献を目的としない。しかし，これはどのような貢献もしていないことを意味しない。

　それどころか，この研究の「知識利用学派」は，悪構造化問題に関する研究が頻繁に政策に概念的な影響を及ぼしていることを示しており，認知的複雑さが増加している。ある程度，意思決定は非合理的である。その理由は三つの同時的合理性の産物であるからである。すなわち，問題解決の出現と利害調整の合理性と統制の合理性の均衡（重み）である（Hickson et al., 1986）。これは，「3 次元最適化ゲーム」を脳内で行う政策立案者のメンタル・モデルに新たな知識を具体化することを意味する。分析と政策の相互作用の手段は，知識変換と呼ぶこのプロセスを可能にすることに役立つはずである（Caplan, 1983）。

　参加型政策分析の課題は，多元性，相互作用性，情報性が同時に起こることである。それは現代の政策分析の課題である。古典的な政策分析に関連する価値観（例えば，高品質な質疑と議論）を保持すると同時に，政策プロセスにおいて，生産的に相互作用するために多数の異なる当事者を支援する相互作用手法を使うことになる。

　私たちは，参加型政策分析として，次の作業定義を採用することを本章の結論にする（Geurts & Mayer, 1996, p.17）。

　　　参加型政策分析は応用社会科学分野である。政策ネットワークの利害関係者の多数形態を支援しながら，調査，議論，プロセスの促進を行う多角的方法を利用する。お互いに直接的な相互作用をしながら，問題の価値観，定義，原因，解法に関して異なったメンタル地図を探求して交換させて，課題に関して共有して安定した政策理論を開発して試行する。最終的

な目標は，個々の利害関係者と政策ネットワーク全体の問題解決能力を向上させることにある。

　次章では，実際のゲーミング・プロジェクトにおいて，これらの着想がどのように実現できるかをいくつかの詳細な事例研究とともに説明したい。ゲーミング・シミュレーションの方法論は，参加型政策分析に集約された着想と理想を実現するために実践的な接近法を提供する。本書の第一著者はこの願望を次のように説明している（Duke, 1987, p.5）。

　　　人間社会の多くの問題が複雑さを増していることに応えて，意思決定者を支援する新たな分野横断的技法が急激に出現している。世界中の科学者が，複雑さを知覚して理解して伝達する新たな方法を試みている。多くの技法や科学技術が様々な成果に応用されている。より成功した研究者は，系統立った方法で問題を捉えて，行動のための選択肢の表現行為に集団的参加を容易にして，集団が様々な選択肢を評価できるように試みている。必然的に，これらの取り組みはコミュニケーションの方法を採用している。それは，書き言葉に比べると逐次的ではなく，自発的になるように働き掛ける大きな「右脳」があり，それにもかかわらず，合理的な結果を確実にする分野である。

第 2 部

事例研究の実際と分析

読者のための指針

　第 2 部には二つの章がある。第 3 章では本書の中心的主題に関わる八つの事例研究を選んで紹介する。第 4 章ではこれらの事例研究に関連して五つの重要な基準（複雑性，コミュニケーション，創造性，合意，行動への責任）を検討する。

　それぞれの事例研究では，データと情報が行動に必要な知識と知恵と同等ではなく，依頼者が急速に変化する動的な環境にあることを示す。個々の事例研究において，問題状況の研究が何百もの変数を明らかにしていることを示す（これらの多くは定量化が困難であった）。個々の依頼者にとって，決定は，個々の個人の権限ではなく，むしろ，多様な当事者の個々を保護するために異なる利害を有する対話型プロセスの結果であった。政策演習の接近法は，根本的な問題についてより豊かなコミュニケーションを確立する「安全な環境」であり，集団を組織化することを可能にした。この創造的接近法は，同様にして，参加者の思考を活発にして，活発でなければ浮上しなかったかもしれない選択肢を相互に探索することを可能にした。これらの新たな選択肢は，それまでに存在していなかった合意の原理を明らかにした。最も重要なことは，プロセスは組織によって行動への責任を生じさせた。基本的な根拠が理解されて組織の適切な水準によって支持されるという点において，それは「決定」を超えるものであった。

　第 3 章の政策演習は，重大な戦略的問題に直面している組織のために設計されている点において，比較しながら研究できよう。しかしながら，研究事例はまた多くの点で異なっている。全ての事例において，多くの異なる視点と多くの異なる当事者を引き合わせている。いくつかの事例は，組織内プロセスとして最もよく記述されているものがあれば，他の事例では，多くの異なる組織の代表者が集う相互作用プロセスであるものもある。ここに提示されている政策演習は戦略的な範囲が異なっている。例えば，戦略的経営の初期段階において，問題の認識，可能な未来へのプロセス，環境の精査などの役割を果たす組織もある。他のものは，戦略的な選択または実施を支援することを意図しており，戦略的な分析と選択の重要な段階の全てを演習とその準備プロセスが対象にする事例がある。事例研究では企業と政府の両方の組織を取り上げることにする。

　戦略的経営という用語は，通常，戦略的分析，選択，実施を含むことを意図している。事例研究はこれら三つの局面の全てを扱っている。しかし，本書ではゲーミング・シミュレーションの政策開発の機能を強調したい。その結果，選ばれた事例は戦略的文化的変化に対するこの方法の機能を強調していない。企業全体の行動変容のために特に利用される手段として，ゲームが設計されている事例が多い。本書では，二つに過ぎないが注目に値する事例を取り上げる。一つは第 3 章で取り上げている産業向け部品供給企業（3.6 節を参照）である。他方は，6.5.4 項において紹介しているデルタ・ロイド保険会社の事例である。しかしながら，文献にはこの種の多くの興味深い説得力のある事例が散在している。この形式の応用を深く理解するためには著作 *Changing Organizations with Gaming/Simulation* を参照していただきたい（Geurts, deCaluwé & Stoppelenburg, 2000）。

　全ての事例研究について政策ゲームの設計と利用の全プロセスを再構成したいが，ここで指摘し

ておきたい興味深い相違がある。全てのプロジェクトは参加型の方法で行われているが，依頼者の参加の度合いはプロジェクトごとに異なる。特に関心のあるプロジェクトは，ゲーム設計の各段階に従って体系化されている戦略的コミュニケーションの長いプロセスにおいて，程度の差はあるが，その集大成と最終段階にあるゲームが対象になる。ゲームの設計プロセスは戦略的方向付けと集団モデリングの参加型プロセスになる（多くの場合，最終の参加者を含む）。ゲーム自体はそのようなプロセスの最終局面にある。未来の参加者と無関係な従業員チームによって構築されたゲームの事例もとりあげる。これら二つの方法が混在した事例もある。

第3章では，これらのプロジェクトが可能な限り関連性のあるように，さらに読者に新鮮に映るようにしたい。そこで，最初に組織内の応用事例を説明して，その後に組織間の応用事例を説明する。やや狭い戦略的範囲をもつ事例から始めて，徐々に複雑な事例を追加したい。ここで重要な注意喚起をしておきたい。これらの事例研究は，抽象化されており，依頼者の利益を保護するために可能な限り匿名にされている。私たちが説明する物語の暦日についても具体的過ぎることは避けている。全ての事例の観察は過去の物語である。私たちが扱う組織の内外の名称も変更されている。事例研究を読まれる場合にこれらの事項を忘れないでいただきたい。

第4章では，事例研究に現れる基準（複雑性，コミュニケーション，創造性，合意，行動への責任）を少し詳しく分析する。この章では，プロジェクトの各々の問題定義が一つまたは複数の基準にどのように重点を置いているかを示す。さらに，関連する基準に妥当性を与えようとして試みた技法や条件についても説明する。

重複を避けるために，各々の事例研究の特定の部分については繰り返さない（例えば概念書の開発の論理など，3.2.6 項を参照）。読者は事例研究を最初から順番に読むことにより完全な理解を得ることができよう。

第 3 章

事例研究

3.1 概要

　最初の五つの事例（3.2, 3.3, 3.4, 3.5, 3.6 の各節）では組織内の場面における政策演習の適用を紹介する。いずれの場合も，依頼者は大規模な組織であり，参加者はその組織内から参集している。これらはヨーロッパとアメリカから選んだ公共団体と民間団体の事例である。

　最後の三つの事例（3.7, 3.8, 3.9 の各節）では組織間の場面における政策演習の利用を説明する。ある組織は，自己の組織の成員だけでなく，他の多くの利害者の代表を招いて，未来を協働して探究する。事例研究は，主に公共組織と民間組織を結びつける相互作用に重点を置いて，ヨーロッパから 2 事例，アメリカから 1 事例を取り上げる。

　以上の全ての事例研究は設計の標準化プロセスを使って開発された。このプロセスは第 4 部の「政策演習の設計」（第 8 章）で詳細に触れたい。

3.2 大学病院における戦略立案

3.2.1 依頼者

　大学病院の戦略的議題に関する限り，病院全体の判断と協力した行動を必要とするいくつかの課題があった。例えば，未来の患者の流れは，入院患者の治療から外来患者の治療へと急激に変化することが予想された。この背後にある要因として，医療費を削減する必要性が予期された。この事例はゲーミングの中核機能のいくつかの好例である。現在の戦略形式の問題を経験して，より生産的で新たな行為を探求する安全な環境で，共有する可能な未来へのプロセスである。また，大規模な専門的組織における戦略立案の興味深い事例でもある。意図した所産は，それほど戦略的な行動計画ではないが，むしろ，日常的な行動において，病院の未来を実際に創り出す全ての関連する専門家の戦略的能力を向上させることにある。

　この大学病院とは，大規模なオランダの大学の一部であり，同国において最も優れた医学部の一つである。この組織には，患者診療，研究，教育という三つの主要なプロセスがある。オランダで

は，全ての大学病院がこれらの三つの機能を果たしており，非大学系病院は，通常，患者診療に専念している。依頼のあった病院は非常に大規模で多様な機関であった。多くの異なる機能的部門のそれぞれに，三つの主要なプロセスに最適な貢献度を追求するという内部の圧力があった。しかし，それは病院が周りの環境から圧力の影響を受けていないことを意味するものではなかった。反対に，プロジェクト指向時代の緊急な課題の一つは，医療政策における新たな傾向にどのように対応するかということであった。次第に，病院のような組織は地域の周辺医療機関とより緊密に連携しなければならなくなった。

大学病院の初期の構造はマトリックス組織の概念に大きく依存していた。これは組織が直面した複雑さに対応できないことが分かった。内外の圧力を受けて，8 年余前に新たな組織構造が導入された。理事会はある程度成功するといわれる事業部制構造を採用した。これは民間部門の多くの大企業で採用されている事業単位構造であった。モデルは，新たな構造に従っており，三つの主要なプロセスが完全に統合された機能分割の概念であった。部門管理には，資金と任務の割り当てを決定するためにかなりの自律性が与えらた。各部門では医療専門家が優位な立場に置かれた。他の部門との協力関係は規程に基づいて行われて，訓練プログラムと学際的研究プログラムのために調整構造が作成された。監督委員会は，指導と促進の機能を強化して，規程や予算書で各部門との合意を定形化した。

これらにより，11 部門の新たな組織が設置された。管理者は，自己の業務を管理して，予算に基づく執行ができることを実証した。病院の研究と訓練の外部評価は，新たな構造が効率的で効果的であるだけでなく，良好ないし極めて優秀と継続して評価された。しかしながら，何人かの最高経営者は新たな構造が深刻な危機を醸し出していることに気づいた。おそらく，革新が行き過ぎていたのであろう。

3.2.2 問題

事業部制構造は数年間にわたって運用された。大学病院理事会の一部および部門長の一部は，自らの懸念事項に専ら焦点を当てる部門管理者の傾向について，気付いていた。理事会はこれが重大な問題になると考えた。11 部門を対象に予算を配分するときに，部門管理者はできるだけ自部門の利益を守ろうとした。新たな部門構造と優位におく医療専門家という着想は，部門管理者が部門別と総合的な病院の利益の平衡を保ちながら，資源配分に同意することを前提にしていた。さらに，理事会から強い干渉なしにそうすることができると仮定していた。しかし，これは非常に困難であることが判明した。大学病院の責任者の一部は，新たな構造には十分な刺激要因がなく，現在も未来についても病院全体の利益を守る適切な姿勢がないことを徐々に心配し始めた。同時に，現実問題として，理事会の古い中央権力を再導入することも実質的な関心がなかった。困難な課題とは，既存の構造内の「コモンズの悲劇」という危機を解決することであった。

戦略的総合的な大学病院全体の課題が懸念される限りにおいて，戦略的思考と協同行動を必要とするいくつかの課題があった。例えば，未来には，患者の流れは，入院患者治療から外来患者治療

へと急激に変化することが予想された。この背後にある要因として医療費を削減する必要があった。理事会は，上級管理者と協力して，いくつかの問題を特定した。

- 病院内には組織全体の課題に関する意思決定を複雑にする内部的および構造的決定要因があった。
- 部門管理者は組織全体の戦略の探索を複雑にする画一的な態度を持ち続けた。
- 病院全体として，理事会は共同意思決定を大幅に改善するために主導権を取らなければならないほどの重要な戦略的課題に直面した。

これらの確信と洞察は全ての部門幹部と中央業務管理者がまだ共有していなかった。起こりうる可能性のある未来の課題に対応するために，理事会の成員と全ての部門管理チームの成員の両者に共通の問題の意識と定義が必要であった。

3.2.3 目標，意義，目的

政策演習は病院組織内の二つの主要な目標を達成しなければならなかった。一方では，病院管理者は上述の問題をより深く認識する必要があった。その意味で，ゲームは「反射する鏡」として機能しなければならなかった。他方では，参加者が共同で未来に関わる成功に不可欠な意思決定をより生産的に行う方法を模索する必要があった。これはゲームの「未来の窓」の機能と呼ばれていた。これらの二つの目標は次の四つの目的に分けられるであろう。

- 参加者は組織内の既知および未知の戦略的課題について知る必要があった。内部組織の問題と急速に変化する外部環境における問題の認識の高まりが必要であった。
- 従って，参加者は共同活動による問題の定義を作成する必要があった。ゲームは参加者が一般的な組織の障害について交換する必要があった。
- 参加者はより柔軟に行動することを学ばなければならなかった。これは病院環境の複雑な組織では避けられなかった。
- ゲームは，変化に向けてより積極的な態度をとるように参加者を刺激する必要があった。さらに組織における変化を目指して，重要な条件を検討する従事者の動機付けが必要であった。

3.2.4 依頼者が政策演習を選択した理由

理事会は報告書やいくつかの討論会を通じて問題に関する懸念を伝えようとしたが，この取り組みは関連する管理層の行動に重要な影響を与えなかった。これが理事会の一人の提案を採用してゲーミング技法を適用する理由であった。理事会の成員はゲーミング手法の潜在的な経験学習力について伝え聞いていた。成員は，病院で働く最高の専門家が，報告書や要領を得ない議論よりも，この巻き込んで挑戦的な相互作用的学習の方がより見通せると確信していた。

3.2.5　政策演習の設計仕様

　演習は，導入部，演習時間，報告会を含めて，8 時間の構成で使用するように設計された。このゲームは 36 人用に設計されて一度だけ使われた。

　演習は当初理事会および部門管理者のために意図された。システム分析の局面の面談において，ゲーム化問題に関して，部門長（部門とは通常は教授が座長を務める部門内の単位）がどれほど重要であるかが明らかになった。何人かの上級専門家は除外されることを望んでいないことを示した。慎重に再検討した結果，理事会は部門長を参加させることに決めた。結局，次の参加者が選ばれた。

- 病院理事会（4 人）
- 部門管理チーム（11 部門各 3 人，3 人とは，委員長の教授，患者診療の責任者，財務・業務の責任者）
- 部門長（若干名）

3.2.6　概念図 - 現実性のモデル化

　問題の概念図は病院の内部と外部の特徴を視覚的に表現するために作成された（図 3.1 を参照）。問題環境の当初の描写は，通常，個別であり部分的に組織化されており，時には矛盾する部分が現われた。研究チームと依頼者は，簡単に説明して議論できるように，これらの要素を統合的かつ明示的なモデルに合成することが任務になる。目的は，「全体像」を載せた壁掛図にするか，あるいは，このプロセスによって，対応される政策問題の重要な考慮事項の全体を見渡せることができる図解にすることである。この概念図は，ゲーム設計プロセスの不可欠な要素であり，活用はいくつかの驚くべき結果をもたらす。なお，概念図は第 7 章と第 8 章でさらに詳しく説明する。本書の概念図の大部分は非常に簡略化されており極めて縮小化されている。より詳細な概念図については 8.2 節の段階 7 および付録を参照されたい。

3.2.7　政策演習の解説

　設計チームは，政策演習を作成，採用，評価する一般的なプロセス（第 8 章を参照）に従った。演習の意義を理解するために中心的な段階は次のとおりである。設計チームは外部の 4 人のゲーミング専門家と病院組織の 2 人により構成された。このチームは病院内の特別な諮問集団と何回かの会合をもった。設計チームは多数の書類を調査して管理各層の多くの代表者に面談した。多数の外部の専門家にも面談した。プロジェクト契約に関する最初の合意からゲームの最終使用まで 15 週間を要した。

依頼者と協力して，コンサルタントは開放ゲーム形態を開発することに決めた。この場合，意思決定の効果を詳細に想定することは重要ではなかった（参加者は特定の行動の結果がどのようなものかを十分に承知している専門家であった）。必要とされたのは，未来に関する一つまたは二つのシナリオに基づいて，非常に柔軟な役割演技の形式であった。ゲームは意思決定の通常の定められた手順を再現した段階から始める必要があった。ゲームは外部の専門家によって観察されることになった。専門家と参加者は，協働や交渉の形式を改善するために，一時的に中断することを要求できた。この政策演習のシナリオは次のとおりである。

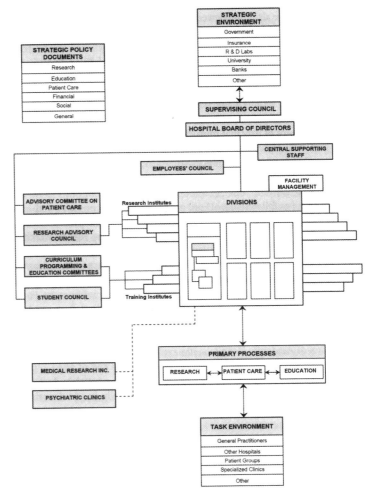

図 3.1 大学病院の概念図（簡略版）

　時は 2003 年 1 月である。1997 年（この演習が行われた年）の戦略計画が実施されていた。組織は 1997 年に比べて大きく変化していない。1997 年から 2003 年の間にいくつかの関連する開発が行われた。治療される患者がそれぞれの周囲の状況において増大するために，医療の改革がますます強調されている。この病院や他の大病院では，入院の回数と期間が急激に減少しているが，外来診療の数は明らかに増加している。保健省は，大学病院協会の支援を得て，現行の 2 倍に拡大する病院の外来診療所の認可を行っている。2003 年末までに実施計画が準備されなければならない。計画は中立予算でなければならず，資源が内部的に再配分されなければならないことを意味する。計画は理事会と演習に参加した管理者によって支持されなければならない。

3.2.8　主要な実践の記録

■**演習前の活動**　病院理事会は病院戦略シミュレーションの日程を記載した個人向け招待状を参加者に発送した。参加者には準備のために十分な時間を与えた。理事会は達成すべき目標に関する明確な情報を提供するために十分な注意を払った。参加者への招待状は計画の実現に貢献することを求めた。計画では，部門間の予算配分（研究，教育，患者診療，人事のために）を含めて，多くの決定が行われなければならなかった。参加者は，誰によってどの時点でどのようにして決定がなされるかを解決しなければならなかった。全ての参加者は病院組織内の実際の職階に対応した役割を演じることになった。ゲームでは，病院が6部門に分けられて，それぞれに管理チームを置いた。理事会は権限を行使して演習にも参加した。何人かの部門長は，現実世界の職階に連動して，研究プログラムと教育プログラムを連携させて統率力を発揮する役割を演じた。

■**政策演習の活動**　ある日の朝，出席者は，まず，外来患者診療所の拡大の結果に関する役割別のブレーンストーミング会合を実施することが求められた。予算や人員の影響，研究や教育および患者診療への影響を考慮する必要があった。発言の内容はフリップ・チャートに書かれて，ブレーンストーミング会合後に，各チームは着手報告書を提出しなければならなかった。この技法により，全ての参加者に他者の視点の情報が確実に伝わるようにした。

　次の段階は協議と交渉であった。参加者は，外来患者の診療所の規模を2倍にするという提案について話し合うために，他のチームに出会う機会が与えられた。会合におけるこの部分の重要な側面は，継続的な協議，働き掛け，非公式な意思決定であった。その後，病院理事会と部門長との会合が開催された。他の参加者は会合の参観者であり，書面による質問により介入することが認められた。

　午後に新たな周期が始まった。各チームは外来診療所や交渉や会議について簡潔な意見を述べる機会を新たに得た。理事会は，これらの中間的報告に回答して，さらに外部の専門家によるいくつかの観察について議論した。2回目に，参加者は，他のチームと非公式に出会い，計画について話し合う機会を得た。その後，病院理事会と部門長の間で別の会合が開催された。他のチームはその会合の参観者であり，介入することが認められた。

■**演習後の活動**　最後に，参加者とコンサルタントにより広範囲で非常に活発な報告会が開催された。プロジェクタ上に書かれた要約を使用して，興味深い指摘を引き出して，参加者の熱意を抽出した。演習の最後の活動の目的は各会合を評価して学ぶことであった。質疑は，「今日は何を達成しましたか」，「いつものと違って何をしましたか」，「普通よりもうまく行きましたか」，「今までと異なって，どのようにしなかればならないですか」などであった。各チームはプロジェクタ用紙に議論の概要を用意しなければならず，これらは批評に使われた。演習の各周期の前後に質問表が記入された。結論は最終報告書にて公表された。

3.2.9 結論

ゲームの実施中は，第1の目標（病院の成員は問題をより認識する必要がある）に注目が集まり，第2の目標（戦略的課題の探索）はそれほど重要視されなかった。この問題に関する合意は「先駆的な医療専門家」という概念の達成のために必要な条件であった。ゲームの課題では，シナリオで提示された戦略的挑戦の計画を立てる必要があった。主として共同の問題の定義を得るために使用されて，次に可能な解決策のいくつかの洞察を提示するために使用された。最初の目標について，ゲームは成功と見なすことができる。報告会と質問表から結論づけることができる。1998年1月，参加者とコンサルタントの結論を含む最終報告書が理事会に送られた。四つの重要な教訓が認められた。

- 理事会は，政策の枠組みを確立する前に，戦略上の課題について部門長に相談すべきである。
- 部門長は戦略的課題についてより頻繁に相互に相談する必要がある。
- 病院全体の政策の制定のために，看護と財務の管理者の専門知識を活用する方法を見つける必要がある。
- 病院全体の政策を制定して実施するときに，部門長やその他の役員の基本的な役割に注意を払う必要がある。

参加者はシミュレーションの全体的な価値について合意した。しかし，「何を学んだか」という質問の回答は，病院の上級管理者が参加者自体よりも多くのことを学んでいた可能性が高いことを示唆した。これは驚くべき予期しない結果として見ることができる。ゲームの実施中，最高経営陣は部門長に多くの注意を払わなかった（役割演技者の多くは退屈で十分に活用されてないと訴えた）。評価の段階で，依頼者の政策立案に部門長をさらに集中的に関与させる勧告につながった。

3.3 グローバル展開と創薬の研究開発

この事例研究では，アメリカの大手製薬企業がヨーロッパにおいてR&D施設を立ち上げるという着想を発展させた。戦略を計画するという役割を抱えていたR&D管理者は，次のいくつかの重要な問題に取り組まなければならなかった。すなわち，ヨーロッパに進出すべきか，そうであれば，どのような活動を展開すべきか，新たな技能を習得する必要があるか，新たな活動拠点をどこに置くべきか，そして，これらの計画をどのようにして最良に実施すべきか，などである。

R&D管理者は，実行形態を熟考しながら，政策演習を使用することを選択した。模倣された環境で問題を探求することを最高経営者に要請したが，その結果は予期せぬことであった。開始時の有力な選択肢は，演習が始まると明確になってきた代替案を支持して，拒否されたのである。結果は，はるかに少ない投資を危険にさらしただけで，当初の見込みの選択肢が必要とした時間のほんの一部で，好ましい結果が得られた。

　これは注目に値しており，実際に戦略的な論争に導くゲーム設計プロセスの良い事例であった。プロジェクトは戦略的分析と戦略的選択の両面を対象にした。参加型システム分析は問題の適切な枠組みに不可欠であることが判明した。この局面で，膨大な数のデータがすでに収集されていることが明らかになった。ゲーム設計プロセスは，分析の書式を開発する依頼者を助けて，散在したデータが使える情報になるようにした。さらに，関連した専門的機能の全ての暗黙の知識を使うことが，最も重要であると判明した。

3.3.1　依頼者

　プロジェクトの依頼者は大手国際製薬企業の医薬品研究開発部門であった。同社は新製品を開発して市場に投入するときに起こる問題の拡大に直面していた。多国籍企業でありアメリカ公開法人である同社はかなりの対外投資を所有していた。グローバル意識が高まっていることから，急速に変化する医薬品業界で競争力を維持することに関心を示していた。競争力を維持するためには変化する環境に適応する必要があった。未来の変化に対応するように，企業の使命を検討することが最も重要であった。世界的規模で時宜にかなった優れた製品を投入する目標を達成して，市場占有率と収益性を向上させるためには，新薬創出と開発努力を新たな市場に拡大しなければならないと感じていた。新たな在外創薬施設の設立は不可欠であると考えられた。ヨーロッパの新たな R&D 施設が最良の選択肢であると信じられていた。

　海外への拡大する初期の決定はうまくいかなかった。分析の結果，決定環境の複雑さとそのプロセスで主要人材の関与の重要性を認識できなかったことが主な原因であった。このような困難さの結果，経営陣は，手始めに組織内の適切な人々を巻き込むプロセスを使用することで解決した。決定には多くの不確実性があったために，特定の立地を選定する政策演習を活用することを決めた。目的は，組織内の英知を引き出す合意形成活動を行うことであった。

　検討中の主要な決定は，医薬品の R&D 施設の拡張に関するものであった。決定は，企業の多くの側面に影響を与えるために，提案されたヨーロッパ創薬施設は重要な内生的と外生的要因の観点から評価される必要があった。未来展望を念頭に，全ての意思決定について，5 年後，10 年後，25年後の推測が研究された。企業の長期的なグローバル体制を強化するために，ヨーロッパ創薬施設をどのようにして実施に移すかに関わっていた。製薬企業の使命に影響を与える外部の考慮事項は次のとおりである。

- グローバル経済の状態
- 医療費の負担に対する国民の懸念増大
- 医療業務の提供における転換（専門家から自助努力の概念へ）
- 製薬業界における収益率の低下の可能性
- 資金の減少と研究開発の支援の見通し
- 製薬業界における新製品投入の重要性の高まり

　製薬業界のこのような変化に対応して，多くの戦略的と業務的な課題に取り組まなければならなかった。考慮された戦略的課題は次のとおりである。

- 研究開発の生産性
- 企業の海外での役割
- 内部標準と海外での応用
- グローバル体制の強化
- ヨーロッパ創薬施設の戦略的政策の意味

3.3.2　問題

　急速に変化する国際情勢の中で競争力を維持するために，ヨーロッパに研究施設を設置することの長所と短所を真剣に検討することにした。問題は，重要な全ての変数を特定して，これらの変数を明確な様式で描いて，相対優先順位を確立するために，分析することであった。これには，R&D部門の従業員と他の部門および上級経営陣との効果的なコミュニケーションの必要性と参加型意思決定の必要性が同時に生じた。

　この特定の事例において，依頼者が最初に提示した問題は「どの国にこの施設を配置すべきか」であった。一定の時間の経過後，問題は，戦略的な（何を）事項と業務的な（どのようにして）事項の両方を扱う四つの幅広い質問に変わった。「進出すべきか，もしそうなら，能力はどのように変えるべきか，どこに配置すべきか，どうやってこの変革を起こせるか」である。

　政策演習の最中に参加者に提示される 16 の課題は，ヨーロッパ創薬施設問題の正確かつ革新的な概念化の策定を R&D 担当者が支援するように設計されていた。プロセスの参加者は次の分野を中心とした質問の回答を求められた。

- 新薬と開発に重点
- ヨーロッパ創薬施設のために提案された研究活動
- 治療と技術の融合
- ヨーロッパ創薬施設の地理的位置
- ヨーロッパ創薬施設の構造と実現
- 内部組織
- 在宅勤務の関与の程度
- ヨーロッパ創薬施設の従業員

3.3.3 目標，意義，目的

政策演習は，戦略の策定と評価において最高経営者を支援するために開発された。明確な目的は次のとおりである。

- 提案された研究施設（場所，形式，能力，構成，主要な任務）の媒介変数の開発において，R&D 管理者を支援すること。
- 決定に直面した管理チームに参加型学際的問題の策定と効果的なコミュニケーションを用意すること。
- ヨーロッパの新たな施設の最適な立地の合意に至るまで R&D 部門の管理者を助けること，結果として決定に至るまで会長室を補佐すること。
- 調査の代替的接近手法の進展を奨励すること，結果として，問題の革新的な概念化の策定を助けること。
- 決定プロセスに加えて，決定に至るときに考慮しなければならない問題の程度を適切な従業員に伝えること。

3.3.4 依頼者が政策演習を選択した理由

問題を解決する試みとして，経営陣は次の能力のために最適と考えられる政策演習の方法を選択した。

- 不確実性の条件のもとで，重要で非可逆的な決定の複雑さを研究すること，すなわち，検討中の全ての変数を識別して，明確な様式で描いて，相対的な優先順位を確立して分析すること。
- 予測でないとすれば，問題の説明的な洞察と，その環境をプロセス中の参加者に提示すること。
- 専門分野，言語，文化の障壁を克服すること，すなわち，様々な専門用語が使用される状況においてコミュニケーションを促進すること，高水準の参加を誘発して喚起すること，問題の共通の概観を得るために視点を広範囲に変化できる参加者を可能にすること。
- 時間を圧縮すること，さらに，定義された時間範囲を表すいくつかの周期を通して，より総合的になるようにいずれかの行動経過がもたらす長期的な所産を可能にすること。
- 主観的判断の影響をプロセスの中に可能にすることによって，問題解決に向けた合理的システム接近法を拡大すること。

3.3.5 政策演習の設計仕様

演習を成功裏に進めるには権限系統と責任を注意深く描写する必要がある。他の適切な管理を含めて，これらの問題は，実質的な資料に対応する前に完全に解決されなければならない。事例では，主要な利害関係者にこの接近法を説明する必要があった。技法は非常に古くからあるが，大企業における真剣な政策論争の使用は比較的新たなものである。努力を正当化するために，この段階でプロジェクト・チームの側に特別な注意が必要であった。プロジェクト・チームは，ミシガン大学の研究者，内部助言委員会（依頼者），外部のコンサルタントから構成された。プロジェクトの期間は 4 ヶ月間と協議された。

開始の時点で，後に政策演習の評価の手段となる基準を定義することが重要であった。仕様の目的は，演習の設計と使用を管理する最終条件に関連して，予期される特定の問題を提起して解決することであった。問題の提示の自然な拡張であり，設計，構築，使用の評価の目的と制約が明確になっていた。この特定の事例研究の仕様には，対象になる参加者の定義，主な目標，形式的な考慮事項（内省的で共有した問題解決の形式），実際的な制約事項が含まれた。例えば，演習時間（1日），参加者の数（12 人から 18 人），コンピュータの利用法，演習室と資材の必要条件，参加者の反応の記録法があった。

参加者は，研究開発，管理，国際，医療，製造，規制関連業務，財務部門から選ばれた。参加者は，五つの「視点」のうちの一つを演じることを依頼された上級従業員であった。視点は，参加者の現実の立場とは正確に一致しておらず，むしろ，いくつかの執行役員の責任分野との融合であった。参加者は，視点に属している現実の役割をよく知っていることを基準に選ばれた。

3.3.6 概念図 - 現実性のモデル化

依頼者に渡される最終形式に先行して，いくつかの試行的な概念図が作成された。概念図は問題の提示の制約内で関連性があるとみなされる要因に圧縮されたものであった。この選択のプロセスは依頼者との継続的な対話の中で行われた。最終的な文書は，問題の環境を適切に表現するために十分な詳細さを保持する必要があった。しかも，視覚的にかつ素早く中心的な側面を伝える必要もあった。これは，演習の欠くことのできない部分となり，政策演習の活動の枠組みを提供した。ヨーロッパ創薬施設に関する問題環境の最終概念図の簡略版を図 3.2 に示す（概念図の詳細については 8.2 節の段階 7 および付録を参照）。概念図では次の要素が互いに関連して配置されている。

- 薬品開発と創薬のプロセスの主要な段階
- このプロセスと関連する外部のプロセス（競合企業，大学など）との相互作用
- 主要な社内（内生的）の視点（医療，市場，規制，管理，製造，科学）
- 創薬と薬品開発のプロセスと企業内他部門，市場，企業の所有者との関係
- 25 年間の計画対象期間に対して，創薬施設に関する議論を行う広範な内因的と外因的な懸

念事項

- ゲーミング演習で扱う四つの中心的な質問（薬品開発と創薬のプロセスの未来はどのようなものか，どのような施設が必要であるか，どこに建設されるべきか，計画をどのように運用できるか）

　概念図の相互作用的開発は，文書化を非常に価値のあるものと考えた依頼者にとって，重要なプロセスであった。概念図は次の理由によって重要であった。

- コンサルタント・チームが問題とその環境の熟知した理解に達したことを依頼者に示した。結果として，プロジェクトの合法性は初期の段階にあった。
- 組織がどのように機能したかについて異なる見解を示した参加者に対して，その相違を解決する討論の場として役立った。「全体像」の相反する見解はこの妥協した見解に統合されなければならなかった。
- 全ての異なる利害関係者に日々の業務環境の境界の先を思い描かせて，問題の鮮明な心象を確立した。
- 演習で扱われる主題の選択のために，信頼できる基盤になっていた。

　当初の認識では，問題の全体は広範囲すぎて演習に含まれなかった。主な懸念事項は最初の問題の提示と仕様に基づいて特定された。概念図は，演習に含める構成要素を選択するプロセスにおいて，非常に有用であることが判明した。プロセスは演習が主要な基準を満たしていることを保証した。さらに状況について具体的であり関連性があり簡素であった。

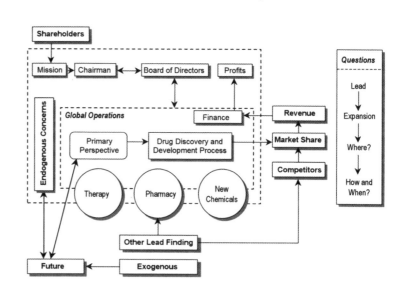

図 3.2 医薬品企業の概念図（簡略版）

　概念図の展開には劇的な瞬間があった。営業担当副社長を除く全ての上級幹部が審査して承認した（設計チームは，「当社が製品を製造して，業者が販売する」という社風のために，この草案を営業部に提出することを認められなかった）。概念図が完成した後，設計チームは説得して営業担当副社長に接触した。副社長は，すぐに概念図が主要な研究の流れのプロセスを捕らえるには有効でないことを指摘した。製品の開発におけるいくつかの決定点で，ライセンスされた製品を図示する

ことに役に立たなかった。概念図は書き直しされて，激しい論争が続いた。最終的に変更が承認された。政策演習の実施中に，この情報は，主要な事前のゲームの戦略を認めずに，予期しない（しかし成功する）最終の戦略の開発に決め手となった。

3.3.7 政策演習の解説

ヨーロッパ創薬施設演習の形態は，問題の多様な視点を表す役割を演じる参加者を採用した。演習は，問題の精密で革新的な概念化を策定する R&D 従事者を支援するために設計されて，16 の課題で構成された。注目の焦点は，主な使命（場所，様式，能力，最終的な運用構成）の媒介変数にあった。全体的な意義は，今後の 25 年間に競争力を維持する能力を高める R&D 活動を特定することであった。

シナリオは，21 世紀に成功するにはどうすればよいのか，という質問に焦点をあてた。企業の簡単な歴史，企業の使命，ヨーロッパ創薬施設の長所と短所，様々な視点（科学，医療，経営，製造，市場，規制活動，国際的な懸念，創薬開発など）に基づく未来の考慮事項の要点を説明した。ヨーロッパにおける研究と創薬活動の拡大を次のように仮定した。

- 国際製薬企業として地域の受け入れに貢献する。
- 国際学術社会との科学的ネットワークを強化する。
- 創薬に関連する国および地域の知識を活用できるようにする。
- 重要な職責を担う地位を埋めるために，活用できる科学的能力を持つ人材を確保する。
- アメリカの規制環境外の医薬品開発能力を向上させる。
- 施設の所在位置における国の登録手続きを加速する。
- 地域の疾病実態への対応能力をより有効にする。
- アメリカ外の市場の可能性を広げる。
- R&D 組織の思考に新鮮な着想や接近法を注入する。

演習の進行中に，シナリオを更新する出来事が導入された。参加者には，これらの出来事の決定に及ぼす影響を評価することが期待された。

ヨーロッパ創薬施設演習における役割は，R&D プロセスに影響を与える主要な視点を表していた。参加者は，特定の視点にとって特に重要になる課題と懸念を想定して，表現するよう求められた。個々の役割について次に簡単に説明する。

- 管理提唱者役割は管理の効率性を担当した。管理様式，人事開発，予算を含む財政，資源の効率的な利用，市場や通信における経済情勢などの外生的な懸念があった。
- 製造提唱者役割は，設備と技術の要件，生産計画，開発，実現可能性，効率を扱った。外生的な懸念は，新規プロセス技術の開発，政府による基準と規制，消費者の安全性があった。
- 市場開拓提唱者役割は，製品の販売促進と認知，価格設定，企業の心象，製品ラインに関す

る戦略を熟慮しなければならなかった。さらに，国内外の市場と物流，市場占有率，競争，治療の必要性に対する文化的感受性の分析が含まれた。

- 医療提唱者役割は，化合物の発見，治療の必要性，新規指標，製品の導入，医薬品の開発，試験技術に関連する戦略を熟慮することに責任があった。外生的な懸念には，学術と臨床の接触の強さ，臨床支援，専門誌発行，データ転送，治療の必要性に対する文化的感受性が含まれた。

- 規制提唱者役割は，内部統制基準，ライセンス，企業責任に関する戦略を作成することであった。外生的な懸念には，国別の医薬品登録，特許要件，政府の基準と規制，消費者の安全，政治的懸案が含まれた。

- 科学提唱者役割は，化合物の発見，新薬の事前選択，薬物療法の概念，新規化学物質，医薬品開発，企業内研究環境と支援，研究の柔軟性に関連した戦略に焦点を当てた。外生的な懸念には，科学界への至便性，医学誌における出版，新薬開発技術，通信とデータ転送ネットワーク，外部機関の化合物の発見，新規化学物質，薬物治療の技術と把握があった。

ヨーロッパ創薬施設演習で扱われる問題の複雑な特性は，参加者に様々な具体的かつ事実情報の至便性を要求した。演習では，参加者を専門家に育てる意図はなかったので，情報とデータの大部分は必要に応じて参加者が作成できる付属資料として提示された。情報は参加者が現実的に自分の役割を想定して参加することを助けた。データ類は，文書ファイルや抄録，特定の話題の記事，図表，図形などの様々な形態で利用できた。

入手可能な情報の必要性は，容易なファイル化，保存，検索，表示を可能にする意思決定プロセスに不可欠な書式を決定した。選択された書式は，グラフィック端末，索引付記録，コンピュータ化データベース機能の幅広い利用を可能にした。演習室の配置図と環境は戦争ゲーム・モデルに似ていた。グラフィック端末は全ての参加者が容易に見られて，ノートブックやコンピュータから追加情報の入手が簡単にできた。必要に応じて参加者を支援するために訓練を受けた補助担当者が演習室に待機した。

文書ファイルは参加者のために基本的な全データの情報源を提供した。文書ファイルに含まれる情報も要約された。演習の初めから終わりまで，要約の一覧表，要約集，文書ファイルは参加者が利用可能であった。最も重要で関連する情報は，次に示すように要約されて，主題別ノートブックによって提供された。

- ヨーロッパ創薬施設の可能性のある立地の国別ノートブック
- 各提唱者役割の主題領域に関連した話題別ノートブック
- 背景情報と評価基準に関連した戦略的質疑ノートブック
- 企業の使命，目標と戦略，成長と利益，地域住民の心象，公益性，企業運営の一般的な情報に関する歴史と現況の情報ノートブック

これらの形式は，データの提示を簡素化して，使用を奨励するために使われた。さらに要求どお

りに政策演習の形態や演習環境を推進した。この形式で提示されたデータのいくつかの事例を次に
示す。

- 時間の経過に基づく国別企業別の生産量
- 時間の経過に基づく国別企業別の市場占有率
- 国別企業別の創薬開発活動
- 競合と市場占有率
- 医薬品開発費用
- アメリカと国際的登録の規制基準と手続き日程
- 市場動向と市場占有率

3.3.8 主要な実践の記録

■**演習前の活動**　参加者は 3 週間にわたる一連の事前ゲームの活動が求められた。最初の週には，
参考資料が提供されて，資料担当者との相談ができた。次の週には，参加者は，実質的かつ理論的
な課題を提起している事前ゲームの課題資料を受け取った。政策演習開始の 1 週間前の最後の週に
は，R&D 担当副社長が全ての参加予定者に提案説明を行った。当時，副社長はプロジェクトの重
要性をもう一度強調した。その後にプロジェクト・チームは事前ゲームの手引書を配付した。手引
書には 17 段階があった。各段階は，演習の中心的な課題の一つに関連して，事前に構造化された
決定の演習であった。個々の参加者は，自己の役割の視点から，全ての質問に答えることが求めら
れた。事前ゲームの手引書は，評価と壁紙に転記するためにプロジェクト・チームに戻された。こ
のプロセスは各質問に参加者を見識張らせたので，演習の最中に議論を経て変更された。
　演習の開始直前に，ファシリテータは参加者に演習に適応させる簡単な説明を行った。次に，参
加者には，基本的情報，問題の背景，問題の概略，シナリオ，活動の順序，役割の説明，次の質問
を含んだ手引書が与えられた。

- 医薬品の発見と開発プロセスの業界全体の未来はどのようなものか。
- 提案されるヨーロッパ創薬施設の使命はどのようなものか，これはどのように定義すべきか。
- ヨーロッパ創薬施設の立地場所はどこにすべきか，個々の国を評価するためにどのような核
  となる属性を使用すべきか。
- ヨーロッパ創薬施設はどのように運用されるべきか，主要な構成要素として，物的設備，社
  内組織，本社の関与の度合い，人員配置はどうすべきか。

　さらに，参加者には，個々の決定用紙と集団調整用の決定用紙の推奨書式，文書ファイルから抽
出された概要，他の適切なデータと情報が与えられた。これらの資料を読み込んだ後，参加者は未
来の創薬の影響について表形式に記入した。これにより事前ゲームの活動が終了した。

■政策演習の活動　演習の実際の活動は3周期から構成された。各周期は，事前ゲーム活動中に導入された戦略的質問の一つに対応した。質問に提示された順番に対応することによって，参加者はヨーロッパ創薬施設の立地決定における基本的な変数を評価して判断した。何らかの理由で重要な変数が抜けているか正確に表現されていないときは，参加者は新たな変数や表現について申し出た。

各周期は，演習の諸段階を通して，段階的に進行した。各周期内の活動の進行は三つの一般的な活動（局面）によって特徴付けられた。すなわち，価値の明確化と戦略の生成（提唱局面），戦略評価と混成戦略の設計（調和局面），影響評価（影響評価局面）であった。

第1段階では，参加者は創薬および開発プロセスにおける様々な利害の提唱者の役割を想定した。利害には，創薬プロセスに関する科学的，医学的，管理的，市場，規制面の視点が含まれた。提唱者の役割では，参加者は役割の視点から戦略を策定して，周期の開始時点における戦略的質問に対する回答として，戦略が基本としている価値と前提を確認した。

参加者は，ヨーロッパかそれ以外かという質問に対して，批判的な視線が求められた。提案されているヨーロッパ創薬施設のそれまでの詳細な考察に基づいて，選択されたヨーロッパの立地と，他の立地案であるアメリカ本社の拡大や日本あるいは他の可能な国の立地と比較するために，今までに得られた洞察を使用した。

第2段階では，参加者は相違点を調整して集団の戦略を策定しなければならなかった。全ての参加者は，企業の使命記述書で定義されているように企業の利害に応じて判断して行動した。この局面では，参加者は，前段階の提案事項を評価して，企業外の影響力と出来事を考慮して，戦略的質問に応える混成戦略を策定して，使命記述書を作成した。

第3段階では，既に全ての戦略質問を取り組んでいるので，選択された出来事の影響と様々な戦略が検証された。影響評価は演習参加者が作成した25年間の予測に基づいていた。これには今までに行った決定を評価することが含まれた。参加者は提唱者役割から脱出するよう求められた。さらに完了した決定の要約が求められた。決定の点検では，参加者は可能な限り迅速にヨーロッパ創薬施設の状況をコンピュータに反映する重要性を念頭に置くように求められた。集団には，これまでの課題に対する個々の反応を要約するために役立つ意思決定樹状図を構築する作業が与えられた。

■演習後の活動　第3段階の終了後，演習責任者は事後ゲームの議論と評価を開始した。報告の第1局面では，演習中に起こったことを参加者に討論してもらうことが含まれた。これにより，参加者は演習に関する気持ちや感情から解き放されることが可能になった。この心持の開放に続いて，演習にて示されたヨーロッパ創薬施設問題のモデルを異なる役割の視点から分析した。最後に，報告会の最後の段階で，参加者とファシリテータは現実の決定としてヨーロッパ創薬施設問題を評価するように努力した。これは，3週期にわたる戦略報告を再検討して，企業目標に関する全体的な戦略を評価して，出来事を導入して，さらに行わなければならない意思決定に関わる出来事の可能な影響を再検討することによって実現された。

3.3.9　結果

　この政策演習の場合，演習の結果を，主な議論，意見，合意，可能性がある決定を記録した報告書に書き換えることが必須であった。演習の実行中に，参加者の全ての会話が録音された（5 集団のそれぞれと全体会合）。このプロセスは，全ての集団投票と全体投票が壁面図に記録されてるという意味で，自己文書化の作業になっていた。担当者は，全ての情報を一つの文書に，すなわち，討論，合意形成の要点，意見の相違があった分野を実情報告書に要約した。文書は，医薬品発見および開発プロセス（ヨーロッパ創薬施設の内容に合わせて）について，浮かび上がった四つの主要な質問に対する回答と支持する理論的根拠を要約したものであった。

　演習の結果を取締役会に提示することに加えて，社内の意思決定の実践的な事例研究として，政策演習の事後版を企業の経営管理プログラムに使用された。

　演習は，設計仕様書に基づいた複合的な基準と，戦略策定の演習の設計における一般的な目標を使用して評価された。演習は，広範囲にわたっては評価されなかったが，体系的な修正を行う要素が資料に組み込まれた。参加者の評価は事後ゲームの報告会を通して引き出された。それは，演習のプロセスと結果の非公式な議論と，いくつかの基準で演習の成功を評価する質問票であった。

　質問票のデータは，参加者が，提示した目的の大部分を達成することに成功した政策演習に気付いたことを示した。参加者は，演習が敏感な課題の率直な討論の積極的な雰囲気を作り出したことに，特に満足した。全ての参加者は課題に意見を自由に述べることができた。さらに，演習は企業戦略を策定する楽しいプロセスであったという圧倒的な意見があった。政策演習は，これまでに気づいていなかった問題の側面を明らかにして，いくつかの新たな着想を思い付かせたが，それらも慎重に検討された。

　演習の開発プロセスは問題の認識を変更したが，問題自体の定義も修正することになった。使われた設計プロセスによって，問題の斬新な洞察を使用することが可能であった。R&D に見られるような製品開発は全体像の一部に過ぎないことを発見していた（製品開発のいくつかの段階でライセンスされた製品を過小評価していた）。これは問題の再構成をもたらしており，演習の実施中に，新たな施設をまったく建設しないという新たな革新的な解決策が考え出された。

　この特定の事例では，依頼者は合意形成を非常に重要な課題と見做した（事前の決定は合意に基づかないので重要な問題を起こしていた）。演習は，結果として得られた合意形成が「最良」であることを保証しなかった。非常に不確実な環境において「一定」の成果をもたらす決定プロセスはない。演習の狙いは最終決定を予測することではなく，成果を得ることでもなかった。その代わりに，当事者に，問題のデータや理論的解釈や文献を慎重に根付かせて，意見を聴取される機会を保証することであった。

　プロジェクトの開始する前に，依頼者は文字通りデータで部屋を満たしていた。数年間にわたり，担当者はデータと専門家の意見を収集しており，多くの調査が完了していた。プロジェクトの活動の一つは，整理した情報のためにコンピュータ化したシステムを開発することであった。演習

の素材の設計では，データと文献にこのプロセスを結びつけるために慎重に取り組んでいた。参加者が取り上げた質問ごとにその関心事を扱う特定の文書があった。このような方法で，かなりのデータがこのプロセスに持ち込まれた。依頼者はデータに埋もれていたが，そのうちのいくつかは情報に変換されていた。知識は，「知る必要性」を基準にして，大きく分割さられていた。ところが，決断を下すために知恵を非常に必要とした。ゲーミング・シミュレーションを使用したこのプロセスは，データから情報に，情報から知識に，知識から知恵に，効果的な転換を容易にした。

　ヨーロッパ創薬施設プロセスは提案された施設の構造と組織のために二つの選択肢を構成した。集団は合意した決定を行うことに近づいた。第 1 の選択肢はいくつかの特定の国のうちの一つに立地する集中施設であった。第 2 の選択肢はどこにいても最良の人材を探し出して支援する衛星型の構想であった。両方の選択肢は，ヨーロッパの科学界の優れた資源を活用して，研究と開発のために新たな医薬外部機関を発見する可能性を高めることであった。

　依頼者は，演習経験から直接得られた新たな施設に関する参加者の提案内容に，革新的な着想を認めた。興味深いことに，最終的に企業が採用した決定は，唯一の劇的なものであり演習の議論の最中に明瞭に浮かび上がっていた。1985 年 6 月に国際担当取締役は次のように述べていた。

　　　ゲーミング技術を経験して，皆さんによりこの問題を締めくることが可能になりました。（中略）取締役会に報告書を提出することになりました。（中略）R&D プログラムの未来に大きな影響を与えることになります。（中略）この構想は非常に積極的に受け入れられて，この活動も最終的に結実することになりました。

3.4　規制緩和と鉄道会社

3.4.1　依頼者

　演習の依頼者はアメリカの統合鉄道会社のコンレール（Conrail）の行政対応室であった。この演習では過去の状況を説明している。最近，コンレールはここで取り上げられていない新たな課題に直面していることに注意願いたい。

　政策演習は，国家政策に深刻な影響を及ぼす大企業の存続に関する問題を扱っている。コンレールはいくつかの廃線になりかけた鉄道網から形成されていた。後に連邦政府による多大な支出による融資を受けていた。コンレールが直面した状況は絶望的であった。鉄道の規制緩和を恐れて，コンレールは，当初，補助金を維持するために政策立案者に影響を与えることができる演習を要請した。設計チームは，この接近法を拒否して（倫理的理由から），コンレールが大きな問題に対応する政策演習を開発するように説得した。国家エネルギーの懸念から効率的な輸送を開発することが求められた（競争と自由企業システムは回答の一部として推測された）。当時のインフレ不安も非常に懸念された（規制緩和は回答になるだろうか）。

3.4.2 問題

コンレールは，1970年代初期に破産したペン・セントラル鉄道とその他の五つの北東鉄道路線を引き継ぐために立ち上げられた民間営利企業であった。これは，一方では破産路線の清算として，他方では国有化の代案として作られたものであった。コンレールの使命は，地域鉄道再編成法で触れられているように，6路線を経済的に持続可能な鉄道網に統合して，一般的な納税者に対してできるだけ低い費用で適切かつ効率的な鉄道業務を提供することであった。

当初，コンレールは，連邦政府の融資を受けて施設の大規模な復旧の費用の負担を行って，6路線の業務が再編成されて統合されるとともに営業赤字を吸収することになっていた。この融資にもかかわらず，コンレールは業務収入を大幅に上回る費用を計上しつづけた。収益性の確保と財政的自立はまだ達成されていなかった。連邦政府は，鉄道会社が連邦融資に依存することから独立採算に移行することを切望した。これは，コンレール経営陣によって行われる積極的経営の成果と，業務と事業の継続的な再構築を通して実現するものであった。加えて，顧客が生み出す収益基盤の開拓は，業務の費用を調達して継続的な再投資の資本を捻出することであった。

コンレールの経営構想は，費用削減，堅実な設備投資（連邦融資，民間資金調達など），労働生産性の向上，積極的な拡販と市場展開，業務の向上を目指しており，効率化を網羅していた。しかし，コンレール経営陣は，鉄道経済活動に対する政府規制の規制緩和が自立的発展性を促進するとは確信していなかった。従って，規制緩和は最重要な公共政策の課題でもあった。コンレールとその6万の顧客との関係の具体的な価値は，非常に複雑で理解困難な概念であった。経済的規制緩和の可能性は，そのような公共政策の因果関係に応じて，荷主，地域社会，官僚の間に懸念を生んだ。経済的転落の可能性は特に懸念された。

問題は，北東鉄道状況に関与する全ての主体に，利益や規制緩和（コンレールの事情内で）に内在する潜在的な問題を伝えるために有用な手段を開発することであった。さらに，経済的規制なしに，顧客との関係においてコンレールがどのように経営するかを示すことであった。

3.4.3 目標，意義，目的

規制緩和が成立した場合に備えて，利用可能な社内の選択肢について全体的な見通しを得るために，コンレールの経営陣は規制緩和をより完全に理解することを望んでいた（特定の法案で整備されていたので）。さらに，新たな理解を，議会議員，競合者，規制当局，一般社会に広めることを望んだ。経営的目的は，保留中の鉄道業界の規制緩和がコンレールに与える影響を，最高経営者が評価できるようにすることでもあった。演習の主題は，鉄道業界の規制緩和であり，複雑で技術的で無味乾燥なものであった。それにもかかわらず，主要な「経営陣」は主題に重大な関心を持っていた。何か洞察が得られるものならば，日々の利益を考えることから解放されて，「木を見て森を見ず」にならないかもしれなかった。鉄道規制緩和ゲームの主な目的は次のとおりであった。

- 運送業における鉄道経済に参加者を敏感にすること（特にコンレールの損益状況に焦点を当てる）。
- アメリカ北東部のコンレールと運送業界が直面している危機的な課題の動態を学べる認知地図を参加者に提供すること。
- 鉄道の経済的規制が市場への対応力や企業の経済活力を阻害していることを伝えること，さらに鉄道業界の縮小経済的規制に伴う潜在的な問題と同様に，社会的および経済的利益を示すこと。
- 異なる再編シナリオの比較費用と便益について参加者による議論を誘発して奨励すること，さらに規制緩和に綿密な提案を行う手段を提供すること。

3.4.4　依頼者が政策演習を選択した理由

　政策演習の方法への発案はコンレールの中間管理層で最初に生まれた。依頼者として演習に期待したのは，いくつかの狙いを提示して，個々の狙いに異なる参加者が対応することであった。

　政策演習の 1 番目の最も重要な参加者はコンレールの最高経営者，取締役会と副社長であったろう。依頼者は，最高経営者が鉄道の管理に厳密に関連する事項について非常に有能である一方，コンレールの経営を制約した政治的状況を十分に認識していないこと，あるいは理解していないと信じていた。依頼者は，管理上の観点からは理想的であるが，政治的な緊急性を考慮すると，達成が困難なシステムの構成（すなわち規制環境と業務水準）について，これらの人々が管理計画を立てることに心配していた。依頼者は，様々なシステムの代替案に対する政治的反応がどのようなものかを，最高経営者に明らかにするシミュレーションを作成することに関心があった。経営者は，管理上の観点からはおそらく完璧ではないものの，政治的に実現可能な代替案について合意を形成することができるかもしれなかった。

　2 番目の参加者は議会議員とその政策秘書ということになっていた。依頼者は，コンレールの経営陣が政策の方向性を一度決めると，提案されている改善の理由を様々な政治家に説明するために，演習を利用できると想定していた。依頼者は，鉄道の合理的な機能が何であるべきかについて，これらの意思決定者の考え方を改心することに関心を持っていた。さらに，特定の路線を廃線にする決定の提案を行わないこと自体が目的ではなく，特定の商品や業務を廃止した決定の副作用について概念を伝えることに関心があった。

　それほど主観的でない狙いも示された。管理層は，演習がコンレールの構成と経営および既存の規制の範囲内で利用できる様々な選択肢を政治家に示すために使用できると信じていた。もちろん，各選択肢に関連して様々な費用と利益が想定された。全プロセスの根底には，要求される業務の水準と公的資金を投入する意図との間の妥協点があった。最も魅力的な選択肢を選ぶことは政治家自身の責任であった。演習の狙いは，政策選択肢を認識して各選択肢の政治的影響を把握することによって，この妥協点が顕著になるような方法で代替案を単に提示するだけであった。さらに，

これらの意思決定者がシステムの実際の仕組みを見定めることになっていた。

依頼者は，コンレール・システムがどのように経営されているか，コンレールが独立採算に移行するために規制緩和が必要なのかについて，議会の政策秘書，中間管理者，州の鉄道関係者に情報を与えるために，演習が有益であると信じていた。さらに，規制を廃止すれば，特定の路線がなぜ廃止されるのかを実証するために，演習を利用できるかもしれなかった。

最後に，最高経営者には，規制緩和問題を検討することを決定した時点から，議会の動きを予期した時点まで，非常に短い時間しかなかった。より詳細な厳密な科学的方法を正当化するために十分な時間もなかった。それ以上に，問題が理解されること，さらに問題の性質を鉄道産業外の人々に広めることが想定された。従って，ゲーミングの主な機能の一つとして，具体的には新たな集団に知識を伝えるために，決定を検証するように思われた。

3.4.5 政策演習の設計仕様

政策演習は，導入部，実践，報告会を含んで4時間の会合で使用するように設計された。演習の対象者は，政府機関の代表者，荷主，労働者，トラック運送業，鉄道関係者，コンレールの管理者であった。完成した演習は最初に上級副社長集団のために公式な環境で実施された。最終の承認を得て，取締役会のために実施された。その後，次の二つの方法で広範囲に使用された。

- 組織内では，新たに規制緩和された環境に組織がどのように対応するかの概念を中間管理職に伝える。
- 組織外では，議会議員，州知事，競合する交通業の人々にコンレールの新たなモデルがどのようなものになるかを示す。

3.4.6 概念図 - 現実性のモデル化

コンレールが経営されている経済システムの費用対価格の構造において，それを描写したネットワークの視覚的表現を作成する試みのもとに，問題環境の概念図が作成された。一旦概念図が開発されると，概念図は，どの課題が最終の演習のために重要かを判断するために，基盤として使用された。図3.3に鉄道規制緩和問題の概念図の簡略版を示す（概念図の詳細については，8.2節の段階7および付録を参照）。

3.4.7 政策演習の解説

政策演習設計チーム
は，概念図を開発中に行
われた視察に応じて，フ
ィラデルフィアにあるコ
ンレール戦略室の路線図
を模倣した形態を選択し
た。これは一連の単純化
を経た鉄道路線地図で
あった。路線図の 4,000
余の駅は概念図の 10 駅
（A〜J）に，1,000 余の競
合輸送路線は 3 路線に，
10,000 の貨物取扱種別は
11 取扱種別に，7 種類の
車種が 1 車種になった。
料率の設定プロセスはこ
れらの省略された詳細部

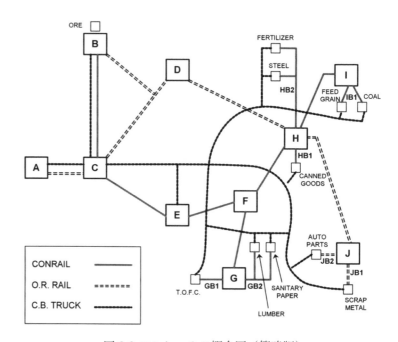

図 3.3 コンレールの概念図（簡略版）

よりもより重要であった。計算システムはコンピュータに任せた。最終の演習は，当初の演習の技
術的な詳細が提示された後，料率の設定の論争とプロセスが強調された「現実」の事例研究に非常
によく似たものになった。

鉄道規制緩和ゲームには，コンレール，顧客，CB トラック輸送業界，OR 鉄道会社の四つの主
要な役割があった。最後の二つは競争相手を表していた。実際の参加者はこれらの役割を演じて演
習中に擬似的な決定を行った。段階 1 では，全ての参加者が顧客の役割を演じた。段階 2 では，そ
れぞれの役割に分割された。これらの役割の目的は次のとおりであった。

- コンレール - この役割の主な目的は，コンレールを赤字事業（収益を上回る費用）から収益
  事業に転換することにあった。これは料金と配分の増加により達成される可能性があった。
  すなわち，競争力のある価格設定と収益性の高い貨物輸送の獲得と，不利益な業務および関
  連する変動費や固定費を削減することにより達成できた。参加者の挑戦は，様々な戦略を通
  して各顧客との接続点を最適化して，コンレールに収益性を集約させることであった。
- 顧客（荷送人）- この役割の主な目的は，競争力のある業務選択肢と適切な業務品質を維持
  しながら，輸送費用を最小限に抑えることにあった。演習中には，荷送人は，最低料金の輸
  送選択肢で運送業者と個別または集団で料金と業務を交渉した。事業のために輸送業者競争

を奨励する必要があった。料金をひどく吹っ掛けられた場合には（モデル価格がないため），取引や輸送を拒否することができた。

- CB トラック輸送（競合業界）- この役割の主な目的は，収益性の継続的な実績を上げることにあった。料金の値上げあるいは収益性の高い市場における市場占有率の拡大により，収益を増加させることが期待されていた。演習中には，全ての荷送人はトラック輸送が利用可能であり，装備は様々な日用品を運ぶことが可能であると仮定した。参加者は，不採算の鉄道業務を共同一貫輸送の鉄道トラック輸送の選択肢に代える機会を模索することが期待された。競争価格で直接市場占有率を伸ばすことができない場合，参加者は交渉した料金で機会を探すことができた。
- OR 鉄道（競合鉄道会社）- この役割の主な目的は，収益性の実績を継続することにあった。料金と配分の増加を通じて，収益を増やすことが期待された。競争力のある価格設定により収益性の高い貨物輸送の獲得と，不利益な業務および関連する固定費や変動費用を削減することによって，収益の増加を達成できた。

3.4.8 主要な実践の記録

■演習前の活動 全ての参加者には，事前に読んでおくべき資料と作業する演習問題集が与えられた。資料は，コンレールの歴史を簡単に紹介して，目的，周期の順序，実践の段階，演習について説明した。

■政策演習の活動 演習の各活動は，次の三つの異なる規制のもとで4周期を完了する必要があった。すなわち，現状維持（1周期），改訂された規制（1周期），規制緩和（2周期）であった。各周期は次の出荷局面，管理局面，政策局面の3段階で構成された。

- 段階1（出荷局面）- この段階では，全ての参加者が顧客の役割を想定した。料金表を参考にして，最も安い運送企業と出荷の経路を選んだ。銀行から適切な数の点棒を引いて，支払いを地図上に直接分配することによって出荷費用を支払った。
- 段階2（管理局面）- この段階では，全ての参加者が役割を替えて，顧客ではなく管理者になった。各チームは料金表からこの周期の収益を求めて，損益計算書を計算した。その後，参加者は顧客への総輸送費用を確定した。この段階の終わりに，ファシリテータの助けを借りて料金の改訂の効果を確定させた。
- 段階3（政策局面）- この段階では，ファシリテータが，料率の改訂，業務と路線の廃棄規則を発表した。各チームには，各顧客の状況，各出荷の費用を説明した表，次の周期に向けて新たな料金を記録する表の全てを含んだ要約表が与えられた。輸送表と費用表を参考にして，参加者は，このラウンドを管理する調整的規則に従って各日用品の料金を設定した。その後，新たな料金を掲示するが，ラウンドを制約する調整的規則の下で競争する運送企業と

荷送人による挑戦にさらされた。この段階の終わりに，全ての参加者は，自己の役割を最初の顧客に戻して，新たな実践の周期を開始した。

■**演習後の活動**　演習後の段階では，演習の広範囲に及ぶ報告会に焦点を当てた。報告会は三つの局面で行われた。第1局面は，主に論議であり，役割の観点から参加者の演習と経験について話された。第2局面は，規制下で輸送企業の経済状態を改善する試みに焦点を当てた。第3局面は，規制緩和を伴う輸送企業の経済状態を改善する試みに焦点を当てた。全ての局面において，論議された論点には，経済の成果と輸送企業の戦略の検討が含まれた。発表形式には，コンピュータによる標準様式を使った一連の料金設定問題と壁掛け図が使われた。

3.4.9　結果

　コンレール演習の開発を困難にしたのは，演習そのものの開発自体が意図した問題の認識を修正したことにあった。結果として，問題の定義は実質的に時間の経過とともに変化した。問題定義の可塑性が疑問を引き起こす可能性があった。しかし，設計が進められた方法（第8章を参照）により，依頼者は，問題に漸進的な洞察を得ることができて，その結果，作品における信頼度を高めることができた。

　演習の結果は驚くべきものがあった。集団としての管理者は，個別に提供された情報の断片から集約された最初の概念図を提示されたときに，どの部分も受け入れなかった。この時点で，コンレールが実際にどのように経営されているかについて，さらに企業業績に影響を与える構造が明確にされているかについて管理者の合意が得られるまで，進展が見られないことが明らかになった。その結果，設計局面の最初の数週間は，この目的を達成するために副社長集団と協力することに専念した。集団の各自から情報が集められて，情報は処理されてモデル（概念図）に抽象化された。モデルは集団に提示された。集団はいや応なくモデルの特定の側面について激しい議論を行うことになった。全ての人々が同意するまでこのプロセスの何度かの反復を経て，コンレール・システムのかなり正確な表現に概念図が洗練された。

　このプロセスはコンレールの経営陣にとって非常に価値のあるものになった。個人がシステムの特定の要素について互いに伝え合うことにより，システムのより精巧で包括的で一貫したモデルが開発された。しかし，モデルに関する最も重要な事実は，高い複雑さあるいは精度の向上ではなく，全ての管理者がこの根本的なシステムと非常に似た概念を共有したことにあった。演習の結果，コンレールの幹部は，脅威に直面しているよりも，規制緩和が幹部の地位を向上させる可能性があることを認識した。さらに，政策立案者が直近の課題を理解するために演習を利用した。

　新たに共有された概念的モデルの効果はコミュニケーションにおける飛躍的進歩であった。より効率的で効果的な議論の成果の一つは，成功を目指した規制改革に依存せずに，即座に追求することができる収益性向上の未開拓の機会が，システム内にあるという発見であった。もう一つの成果は，どのような種類の規制緩和法案が適切であるかという経営者の判断が大幅に修正されたことに

あった。管理者は新たに発見された洞察力をすぐに活用した。演習が活用される前に，最終的にコンレールの収益性を大幅に向上させることになる政策が開始された（開発のために使用されたプロセスの結果として）。

　いくつかの点で，政策演習は制作が完了する前に成功したことになる。依頼者に問題の認知地図を洗練させながら，問題の認識が転換し始めたときに，設計者は改善する余裕があった。最初に設計者に申し入れられたときに，依頼者が二つのことを承知していると考えていた。すわわち，コンレール・システムをどのように運用するか，規制緩和が何を意味するのかの二つであった（実際には賛成ではなかった）。非常に早い時期に明らかになったのは，これらが擁護できない思い込みであったことにある。演習設計プロセスの焦点を劇的かつ迅速に変更せざるを得なくなった。これが可能であったことは非常に幸運であった。コンレールの基本的なモデル（概念図）を開発する初期の努力から，その後の演習のために採用された専門的設計プロセスの主な価値が導き出された。コンレール営業担当副社長の挨拶から成功の証拠になる部分を次に示す。

　　　　ゲーミング・シミュレーションの恩恵から得られた私の経験は核心をつくものでした。
　　　　参加された皆様はご存知ですが，コンレール規制緩和ゲーミング・シミュレーションは，様々な視点から優れた成功を収めました。設計プロセスによって，コンレールの経営陣は，私たちが解決しようとしていた問題の特性を理解することができました。さらに代替案の解決策が得られましたが，それは他の方法では対応できないことでありました。ゲーム設計に続いて，私たちは，この政策演習を使って，鉄道産業の経済的規制緩和の恩恵を国民に伝えることができました。もちろん，連邦政府や議会の上級政策立案者にも伝えることができました。これらの政策立案者や連邦議会議員の多くは，ゲーミング・シミュレーションが実際に鉄道業界の規制緩和という画期的な法律に大きく貢献したことを，私に報告しています。
　　　　これらの経験から，この技術の応用は教育界と産業界の両方において無限の利益をもたらすと，私は確信しています。

3.5　国防長官府の再編成

　本節では，アメリカ連邦省庁の再編成に関する話題をとりあげる。事例研究はゲーミングが重大局面の中で戦略的決定を押し進めるのに役立つことを示す。プロジェクトにはほとんど時間をかけられなかったが（開始から完了までに 1 ヶ月足らず），ゲーム形態は簡素であり効果的であった。政策演習は最も重要な課題や基準に焦点を当てるのに役立った（例えば，役割演技を通して外部者の視点を取り入れる）。

3.5.1　依頼者

　1980 年代半ばに，アメリカ国防総省は予算削減と組織再編に直面していた。国防総省内に常駐する国防長官府はその構造と組織を再検討する必要があった。再検討プロセスは国防長官府の機能の妥当性に取り組んだ。組織構造の代替形態も考慮された。プロジェクトの依頼者は国防長官府であった。

　コリン・パウエル陸軍大将は，統合参謀本部議長の任に当たることを前提にして，国防長官府の構成を見直すことにした。パウエル議長の命令に対応して，3 軍（陸軍，海軍，空軍）は，再編成をどのように実施すべきかについて，それぞれの構想を反映した計画を作成して提出した。しかし，想像できるように，それらには相互にほとんど重複がなかった。予期されたことであるが，これらの計画は価値のある新たな組織体系を構想するのではなく，古い立場を維持する必要性を反映した非常に厚い文書であった。そこで，三つの提案の比較を可能にする政策演習が委託された。パウエル議長はこれらの実施時の観察者であった。各軍には政策演習を通して計画を提示する機会があった。さらなる議論の後，政策演習は単一の妥協策を取り決めるために再び使用された。

3.5.2　問題

　国防長官府の検討作業に関連して多くの活動が行われた。様々な研究が終了して相当量のデータが収集された。加えて，多数の面談が行われた。文書は数百頁に及ぶ本質的なものであった。集団プロセスを通して，これらの資料は 3 軍が合意できる単一の簡潔な最終報告書に変換されなければならなかった。政策演習で取り組む問題は，提案された改善がもたらす影響や有効性，起こりうる意図せぬ結果に関して，招集された集団の中に効率的な対話を可能にする環境を作り出すことであった。

3.5.3　目標，意義，目的

　国防長官府政策評価演習の主な目的は次のとおりであった。

- 中長期（5 年から 15 年）にわたって国防長官府の全体像を視覚化する検討集団を支援すること。
- 国防長官府の主要な研究資料を整理して，これらを検討集団に効率的に提示すること。
- 研究によって提示される主要な勧告について思慮に富んだ議論を喚起すること，さらに議論から合意と相違，さらに基本的な根拠を捉えること。
- 可能であれば，最終報告書に含める勧告について合意に達すること。

3.5.4 依頼者が政策演習を選択した理由

軍事関係者は戦争ゲームを使用する長い歴史がある（第1章を参照）。全ての高官はこの技術に精通していた。その結果，この技術を主要な利害関係者に説明する必要はなかった。国防長官府は，戦争ゲームではないことを理解しており，成果はかなり高いと認識していた。戦争ゲーミングの非軍事版（民間の利用形態）として政策演習に目を向けるのは本能的なものであった。依頼者の意見は，提案された組織改善がもたらす影響や有効性や意図せぬ結果を評価するときに，懸念される重要な課題のほとんどが，この種の演習によって適切に提案できるということであった。

3.5.5 政策演習の設計仕様

プロジェクト・チームは，ミシガン大学の研究者，国防省内部の国防長官府諮問委員会と外部のコンサルタントから構成された。プロジェクトは3週間にわたって継続するように協議された。

演習は数回の4時間単位で使用するように設計された。それぞれに導入部，実践時間，批評を割り当てた。ゲームは各実践時に30人の参加者用（15人の上級参加者とそれぞれに1人の支援要員）に設計された。参加者は，3軍のそれぞれから上級幹部とこれまでの検討に関係した様々な調査を実施した数人のコンサルタントであった。

評価基準は最初に定義された。仕様の目的は，演習の設計と使用を管理する最終条件に関係して，その最終条件が予期される特定の問題を提起して解決することであった。これは問題の提示の自然な拡張であり，設計，構築，使用の評価の目的と制約が明示された。この特定の事例において，仕様には，対象とする参加者，主な目標，様式の考察（内省的，相互の問題解決様式），さらに実務的事項である期間，参加者数，コンピュータ使用，部屋と素材の要件，参加者の反応の記録法の記載が含まれた。

3.5.6 概念図 - 現実性のモデル化

設計プロセスの一端として，国防長官府（OSD）の研修班の活動と関連して，演習の位置を示す概念図が準備された（図3.4を参照）。概念図は全体像が描かれていた。3軍の個々の見解を反映するように開発された多くの概念図で補足されていた（概念図の詳細については8.2節の段階7および付録を参照）。

概念図の設定は，国家安全保障戦略，軍事戦略，軍事プログラム，これらの軍事能力への転換という点で，主要な国益であった。3軍の各軍長官（陸軍，海軍，空軍）は詳細な草案を作成した。これらは国防長官府の既存の組織に関する基本的な合意であった。各長官は既存の国防長官府構造と有効性の評価を完了した。これは各軍が推奨する改善になった。問題に関するいくつかの視点が示された（例えば，各国防次官補，各軍長官，議員，国防長官など）。政策演習は，提案された改善の特徴と影響に関してコミュニケーションを向上するために，さらにこれらの改善を評価するため

に，そして国防長官府を再構成する提案の合意を得るために使用された。

3.5.7　政策演習の解説

　国防長官府評価演習の形態は単純で簡素であり，使用する用具はほとんどなかった。設定は高度に組織化された専門家会議に匹敵していた。1 日の活動の手順は事前作業の記録帳（下記を参照）の資料順と同じあった。目的は，できるだけ多くの課題について合意に向かうこと，合意と相違を記録すること，全ての事例において提起された議論の本質を捉えることであった。演習中に使用された資料は役割別の螺旋状リングに製本されていた。参加者には決定図を作成しながら課題に対応するように求めた。これらの図表は，演習中に表示するために，国防長官府によって壁掛け用の素材として開発された。図表はプロセスの自己文書化を促進した。

3.5.8　主要な実践の記録

　国防長官府政策評価演習は，事前ゲーム，主ゲーム，事後ゲームの三つの異なる局面から構成された。事前ゲーム局面の段階では役割は個人であった。演習の実施中に三つの役割が 1 チーム（5 チーム，15 人）に統合された。補佐役には必要に応じて任務が割り当てられた。議論はまずチーム内で行われて，次にチーム間で行われた。参加者は 3 集団に統合されて，問題については一つの「視点」になるように協力が求められた（各国防次官補，3 軍長官，最高司令官，下院議員，国防長官など）。

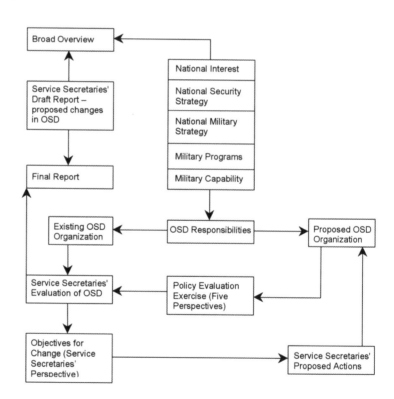

図 3.4 国防長官府の概念図（簡略版）

■演習前の活動　演習前の活動として，参加者は，資料を見直して，提示されたそれぞれの主要な問題について，立場に責任を持つことを要求される事前作業が与えられた。割り当てられた役割の

視点から，参加者は次の2種類の事前作業を行う必要があった。

- 課題の読込み - 選択された資料類は演習の開始前に参加者に送られた。これらは参加者の記憶を新たにすることを意図した重要な文書の抜粋であった。
- 事前ゲーム作業帳 - 記録帳は参加者によって記入された。演習実施の24時間前に参加者に返却された。これは，研修班が検討を行っていたものであるが，個々の提案された行動のために個別の決定用紙であった。

■政策演習の活動　主ゲームは，丸一日で実践できるように設計されて，二つの会合に分かれていた。午前の会合は3時間にわたり，午後の会合は4時間にわたった。国防長官が研修会参加者の紹介を行い，演習の重要性を強調してファシリテータを紹介した。ファシリテータが国防長官府政策評価演習の目的を説明した。さらにチームが編成されて，時間軸の説明とチーム間の競合が確立された。これらの最初の活動の後，参加者は提案された行動の評価を自己の役割の視点から行った。手順は次のとおりであった。

- 行動のために新たな着想の開発
- それぞれのチーム内の目的の議論
- ワークシートにチーム決定を記録
- 意思決定を壁掛図に転記
- チームによる発表
- チーム間の議論
- チームの視点から行動の最終的な評価

議論された課題は次のとおりであった。

- 国家戦略との連携
- 効果的かつ効率的な防衛
- 国防長官府の細部管理の削減
- 効果的な防衛計画
- 一貫した政策の方向性
- 権限の明確化

この局面にて，チームは個々の成員の決定に直面した。異なる立場が守られている限り，議論は集団討論の中で進められた。目的は合意形成に達することであった。合意に達することができなければ，最終報告書に含めるために様々な立場の論理的根拠が記録された。演習が数回繰り返されるにつれて，各チームに提示された質問に対する回答を記録する作業用紙が配られた。その後，集団全体に以後の議論を熟考させて案内するために，これらは壁面に掲示された（図3.5を参照）。

		Perspectives																			
		OSD					SERVICE SECRETARIES					WHITE HOUSE					CONGRESS				COMMAND GROUPS
		Workbook					Workbook					Workbook					Workbook				Workbook
ACTIONS		ASD	USD(P)	USD(A)	Initial Position	Final Position	Army	Navy	Air Force	Initial Position	Final Position	President	SEC DEF	NSC	Initial Position	Final Position	Senate	House	Initial Position	Final Position	JCS Office	JCS Chair	CINC	Initial Position	Final Position

ORGANIZATION
01. Focus USD(A) policy making (#1)
02. Maximize flexibility to SECDEF organization of OSD (#2)
15. Group ASDs under the USDs as DUSDs (#9a, 12)
17. Revise ASD charters (#13)
18. Establish staffing relationships within OSD (#9d, 12, 18)
22. Remove ASDs line function for sunset (#19)

DECISION MAKING, PLANNING, PROGRAMMING
03. Limit Participation in Defense Resource Board (#3)
04. Five year top line budget (#4)
10. Streamline the PBSS process (#8a)
12. Establish one Executive Secretary of DRB (#8c)
21. Modify functions and authority of USDIP (#17)
29. Stable fiscal guidance during PPBS cycle (#27)

STAFFING
13. Legislation to recruit top quality appointees (#10)
25. Require business experience for manning positions (#23)

図 3.5 国防長官府行動体系

■**演習後の活動**　参加者の事後ゲームの活動には，演習の報告，役割から脱出の議論，提案された行動に対する評価が含まれた。事後ゲームに続き，参加者は評価を完了した。さらに提案された行動を議論した実情報告書も作成された（賛否両論と修正部分）。

3.5.9　結果

　主ゲーム実践の結果は実情報告書に描かれた。文書には，実践時に提示されて，提唱されて，議論された視点が記録された。3 軍（陸軍，海軍，空軍）のそれぞれは政策の変更を勧告した。それぞれの勧告について，それぞれの視点（すなわち，議会，大統領官邸，3 軍長官，国防長官府，司令部将官団）の発表会が行われた。勧告は，研修班によって指定された多くの目的を達成するように構成されていた。最終的な解決は，3 提案の全ての部分を含む混成計画の開発であり，それを次に示す。

- 国家戦略と防衛計画との明確な連携を提供
- 防衛能力のより効果的かつ効率的な獲得を提供
- 国防長官府による様々な国防総省の構成要素の細部管理を削減
- より効果的な防衛計画を提供
- 防衛計画および予算作成プロセスへの対応を改善

- 国防長官府による一貫した政策の方向性を提供
- 権限の明確な行使の改善

演習の結果は以下のように陸軍国防長官府研修部長の謝意に総括されている。

これは非常に短期的な一瞬のプロジェクトでありました。要件は毎日変わりました。あなた方のチームによって開発されて実施された政策評価演習は，報告書に含まれる勧告を裏付ける理論的根拠の開発を支援することに非常に役立っています。私たちは，採用された役割から提起された議論の価値だけでなく，参加者のコミュニケーションを支援するプロセスの一般的な有用性にも好印象を持ちました。あなた方の方法論が，他の方法で可能であったよりも早く合意に達するのに役立ったことは間違いありません。

3.6 技術集約型部品産業における文化変容

（この政策演習はミシガン州アン・アナーバ市の Simulation Solutions 社によって開発された。同社長の Steve Underwood 氏より資料を提供していただいたことを記しておきたい）

事例研究の依頼者は先端技術とグローバル部品産業における大規模な企業である。近年，この産業は激しい競争をしており，複雑な市場における様々な要因に起因している。アメリカでは，国内の生産者が毎年市場に一連の新製品を投入している（驚くほどという人もいるかもしれない）。外国の製造者もいくつかの点で競争を激しくしている。多くの新製品が毎年市場に参入しており，一部の外国製の品質はアメリカ製よりも優れていると認識されている（販売数に反映されている）。これらの企業が国内で厳しい価格競争を展開している。この状況やいくつかの他の動向により，業界は危機的状況に直面している。

3.6.1 依頼者

これらの圧力に対応して，アメリカの大企業の 1 社が，新たな事業体として主要部門を分社化することを選択した。歴史的に親会社に組み込まれていた部門は，非効率的であり乏しい資源を浪費していると信じられていた。そこで，独立企業として設立されれば，この部門は他の大手競合社と直接競争することができると考えられていた。新たな組織構造を備えた独立系企業が設立されることになった。これは，全組織の徹底的な再編成，新たな施設の取得，親会社の残る従業員と新企業の一部になる従業員の選別が必要な大規模事業になっていた。

新企業は，世界の同等な部品供給者の中で，最も包括的な製品群を強化して拡大するために設立された。成功するには，依頼者は，成長を加速して，システムとモジュールの能力を拡大して，成長と変化の触媒を作りだして，明確なブランド力を確立して，新企業を勝ち組に導かなければならなかった。

新たな経営陣は，展望，使命，戦略，プロセスを反映した企業モデルを作成した。古い仕組みを

放棄して，効果的な組織を発見するために「根底から覆す」という徹底した改革と費用のかかる努力が求められた。正式な手続きを行った後に，巷の話題にもなった同社は独立した。

3.6.2　問題

　従業員に関して，新たな組織には親企業からの異動者と新規採用の二つの選択肢があった。経営陣は，まったく新たな企業文化を確立して，新たな展望と使命に関する実践的な知識を各従業員（新旧）に浸透させることが不可欠であると感じていた。新企業の経営陣は，親企業出身の従業員が，忠誠心，態度，内部手続きを引き継ぐことに懸念を抱いていた（例えば，「何時もこのようにしています」）。以前には正当なことでも，今や適切な行動にならないかもしれない。2 集団の間の確執の可能性が大きいと感じられた。この問題を強力に解決する必要性が強く認識された。

　検討の結果，経営陣は，新たな企業文化を理解して採用する手段が必要だと感じた。伝統的な方法が注意深く検討された。研修部門が創設されて，新たな企業モデルを反映するように設計された 10 の研修単位が短期間に作成された。それぞれが半日の研修時間であった。これらの研修単位を試行したところ，二つの事柄が明らかになった。研修単位はよく設計されて提示内容もよかった。しかし，研修生にはまったく熱意を感じられなかった（毎日 8 時間で 4 日間の座学が求められた）。

　新企業の構造は親企業とは大きく異なっていた。親企業は縦割り型の組織構造であった。新たな組織はマトリックス型の組織構造になっていた。成功するには，依頼者は従業員にマトリックス構造の理解とこの新たな構造の効果的な運営の判断力の両方を深く浸透させなければならなかった。問題は，伝統的な方法（講義，発表会，資料など）では，この内容を伝えられず，団結心を構築することもないということであった。依頼者は，演習を通して提示された知識が内面化する結果になるように，参加者を完全に引き込み説得する動的な手法を望んだ。

3.6.3　目標，意義，目的

　政策演習の主たる目標は事業に関する新たな視点を経営陣と従業員に伝えることであった。全ての従業員（新旧）は新たな企業文化について研修する必要があった。演習では，業務部門，財務部門，エンジニアリング部門，販売部門，その他の機能などの事業部間の体系的な関係を認識して貰うことにした。目的は，高度に相互作用的な学習プロセスを創出することにあった。このプロセスでは，集団は，自己発見を行いながら，学習と新たな技能を実践するために新たな機会を特定することが求められた。対応すべき実際的な課題を次に示す。

- 組織の「強み」と「弱み」を認識すること。
- 新たな着想を伝えて表現する必要性を養うこと。
- チームワークを奨励して報いること。
- 業務と従業員が同時に管理されるところで，緊張した「現実の世界」の環境を構築すること。
- 伝統的に独立した業務に従事している従業員に，一致協力して働く恩恵をシミュレーション

の財務的側面から経験させること。

3.6.4 依頼者が政策演習を選択した理由

研修チームの一人はゲーミング・シミュレーションの参加経験があった。同氏は，経営層に外部のコンサルタントの提案書を考慮するように説得した。提案書は，1週間にわたるゲーミング演習を設計して，さらに圧縮した当初の研修単位をゲーミング演習の周期の間に押し込む内容だった。切り詰められた研修部分はゲームに組み込まれるものになっていた。

経営陣は当初慎重であった。状況を緊急かつ重要なものとは認識していた。経営陣は「すぐに全力で取り組む」ことを望んでいた。何故なら，生き残りが経営陣の能力に依存していたこと，さらに親企業から支援は期待できないことがあった。演習を開発して，従業員を研修するためには大きな投資が必要であった。何度かの真剣な会議が開催されて，さらにゲーミングを経験した何人かの参加者にも電話がかけられた。既に終了した研修についても分析が行われた。結局，経営陣は政策演習を採用する危険を冒すことに決めた。

3.6.5 政策演習の設計仕様

相互作用の形態の意図は参加者の学習と職場環境への移行性を高めることにあった。さらに学習経験をより楽しく記憶しやすくすることも意図した。詳細な仕様の協議が行われた。この企業には，「歴史」に関係した研修がなく（新たな企業のため），ゲーミングの事前経験もなかったために，通常とは異なり複雑な作業であった。主要な合意事項のいくつかは次のとおりであった。

- シミュレーションには4日か5日が必要であった（研修制度の機能の一つとして）。
- 演習は，最小でも18人の参加者，最大でも50人の参加者で実践できなければならなかった。
- 参加者の最適数は30人前半であった。
- 大人数の参加者（40人から60人まで）では二つの演習を同時に実践する必要があった。
- 演習にはよく経験を積んだ1人のファシリテータが必要であった（その後の演習から2人のファシリテータが最適であることが分かった）。
- 演習用の図表は簡単に移植可能でなければならなかった。
- 全ての素材は再利用する必要があった。
- 演習の開始の準備が1時間以内であり撤収も1時間以内であった。
- 演習の周期ごとに研修単位が散りばめられなければならなかった。
- 研修単位と演習の実践の組み合わせで1週間が必要であった（おおよそ）。

3.6.6　概念図 - 現実性のモデル化

　演習のモデルは「囚人の
ジレンマ」と「協力ゲーム理
論」を含むいくつかの理論
的モデルの統合であった（図
3.6 を参照）。利得関数の構
造は，部門間でうまくやり
取りをして，自社製品を統合
する機会を発見した場合に，
参加者が利得を得ることを
可能にした。また，市場，エ
ンジニアリング，製造など
の職務の間でコミュニケー
ションを取るのにも役立っ
た。さらに二つの部門が協
力して最大の利益を得るこ
とができると，利得関数は
板挟みを生み出した。利得
行列に三番目の区分を追加
することによって，誰かが
損失を負わなければならな
かった（すなわち連立のジレ
ンマ）。

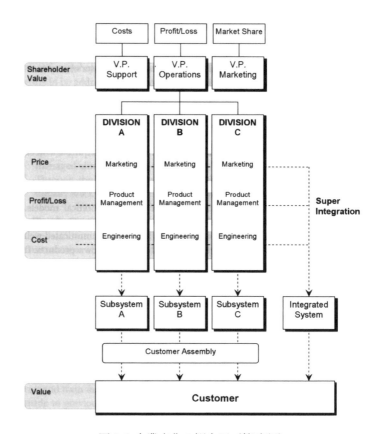

図 3.6 企業文化の概念図（簡略版）

　演習の特徴の一つは模倣された製品（部品）が非常に抽象的である。演習は様々な「製品」環境
で研修するために使用できる。さらに演習は，製品開発，市場調査，製造・運営の部門内のシステ
ムの統合化の機会を提供している（ゲーム用具も抽象的）。

3.6.7　政策演習の解説

　演習では，参加者は，自社を経営しながら，製品を設計して，製造と販売を試みた。これは新人
従業員を窮地に直面させた。新たな企業の経営陣が示した原則と理念に基づく戦略を採用すること
によって解決しなければならなかった。この活動の間，従業員は自発的に学習経験を重ねた。
　企業はマトリックス型構造であったために，個々の参加者は演習の実践を通して二つの役割を
担っていた。これには管理職の役割（支援担当副社長，業務担当副社長，市場担当副社長）と部門

の役割（戦略的事業部門，市場部門，運用部門）が含まれた。図 3.6 の網状の部分は，成功する企業を実現するために必要なコミュニケーションと協調の形式を示している（例えば，価格，費用，株主価値など）。

　管理職の役割は全社的な活動に責任を果たすことであった。支援担当副社長（V.P. Support）は，人事，経理，給与計算，情報技術を担当していた。業務担当副社長（V.P. Operations）は，同社の戦略に沿った製品開発を担当していた。市場担当副社長（V.P. Marketing）は，市場，販売，業務の責任を持っていた。同社にはこのように 3 部門があった。これらの戦略的事業部門のそれぞれは単一の製品に対する責任を負っていた。市場（Marketing）は，価格，製品，販売促進，物流を担当した。生産技術（Engineering）は生産が行われる工場設備を表していた。

　演習には豊かな視覚化情報の環境があった。参加者は製造を表す色付きの加工品を処理する必要があった。これらは，採用されたプロセスを反映するために大きな壁掛け図に配置された。集団の洗練さが増すにつれて，これらの壁掛け図は 3 部門のそれぞれの進捗状況を反映した。これにより，参加者は各部門がどのように活動しているか，さらにより大きな協力関係をどのように達成するかを見る機会を得られた。壁掛け図は，毎期の周期末の批判と最終報告会の優れた背景も提供した。集団の大きさに応じて，1 人または複数のファシリテータも参加した（通常は 2 人であった）。

3.6.8　主要な実践の記録

■演習前の活動　事前に次のような演習に適切な資料を配付した。

- 演習の内容を記した招待状
- 演習の目的の説明
- 物流管理の説明
- 経験に関連した活動
- 参加者に期待される事項
- 演習で担当する役割の説明
- シナリオ
- 参加者が遭遇する基本的な資料の要約

■政策演習の活動　演習は 4 日間ないし 5 日間にわたって実施された。演習は朝の歓迎会と説明会から始まった（表 3.1 を参照）。その後，半日ごとに，新たな問題（研修単位）が導入されて，演習の新たな周期が完了した。各周期の間に，ファシリテータは参加者の決定をコンピュータ・シミュレーションに入力して事業の現在の状況を計算した。これらの計算の結果を演習の次の周期に導入するために利用した。

　各周期には，計画，交渉と設計，生産と検査，評価（得点），批評の 5 段階があった。

表 3.1 主要活動の手順

1 日目	2 日目	3 日目	4 日目
歓迎	受付	受付	受付
価値と行動	転換	商品力	多様性
周期 1 段階的説明	周期 3 新たなマーケット	周期 5 マーケットの拡大	周期 7 全てをうまく まとめよ
昼食	昼食	昼食	昼食
周期 2 新機軸	周期 4 顧客との関係	周期 6 顧客の要求	（周期 7） 全てをうまく まとめよ
産業と競争	反応と意見	事業洞察力	評価
退室	退室	退室	解散

■**演習後の活動**　演習の最後に報告会が行われた。これは二つの異なる段階で行われた。最初は，演習中の事象について参加者が話すことを認められた「発散」の部であった。このプロセスは，公開討論を促進して，報告会の第 2 段階につながった。すなわち，演習の中心的な目的に参加者の注目を集中させた。参加者には演習の出来事を要約した資料が配付された。これらの記録は経験から「伝達内容」を強化する役目を果たした。最後に，参加者は演習後評価記入用紙を完成させた。

3.6.9　結果

　政策演習は，1999 年の秋以来，事業説明会プログラムの一部として成功裏に採用されている。現在までに数千人の従業員が演習を終えた。最終的には全ての従業員が参加する機会を得ることになる。

　正式な評価は，開発の主要な局面のそれぞれで実施された（8.2.4 節，段階 15 を参照）。その後の評価は演習の使用中も続けられた。参加者は，初期試行を実施して（演習の開発中に）5 段階の尺度で 3.6 を示した。その後の各試行も評価した。最後の 3 試行は 4.5 以上の得点を記録した。調査結果は参加者が本当に楽しんだことを示していた。さらに演習では団結心を生んだ。演習の参加者による非公式の「同好会」が設立されことで明らかであった。さらに従業員が演習に参加することによって職場に強い関心を示したことも証拠になった。

　想定外のことであるが，新たな従業員の「人と人がすぐに打ち解ける」作用がこの演習の機能にあった。これは採用直後の最初の活動の一つであり，さらに新人の能力に差し迫った率直な課題であった。研修週間の終わるまでにゲームの参加によって満足感を得ていたので，新人は同僚とともにある種の爽快感を感じていた（7.4.1 節を参照）。

　参加者の反応の証拠は人事組織開発担当部長の次の意見に表れている。

　　　従業員研修シミュレーションは絶賛を得ています。この演習は複雑かもしれないが有用性をもたらしています。

参加者の典型的な意見を次に示す。

> 新人向け従業員研修シミュレーションは真の学習経験だった。今，私たちは企業としてどこに向かうのかをよりよく理解しています。最初の日は手荒で楽しいものではなかったことを認めなければなりません。シミュレーションの開始時点は私には負担でした。2日目から日々が進むにつれて状況が改善しました。講義を聞きながら座ったまま眠らないようにしている研修会の代わりに，非常に利用価値のある学習方法を経験させていただきありがとうございました。

3.7　社会保障制度のための情報管理

3.7.1　依頼者

オランダの国家社会雇用プログラム（National Social Employment Program / SEP）は，根本的に異なる運営予算の導入を支援する戦略的経営情報システムを開発した。本節ではこの開発にゲーミングがどのように役立ったかを説明する。厳しい時間的制約があったが，ゲームは，主に交渉による妥協を通して，戦略的意思決定を強いるように構成されていた。社会雇用プログラムには，200以上の社会福祉事業所が組み込まれて，約70,000人の障害者が働いていた。法律の特別条項は，プログラムが社会問題省（Ministry of Social Affairs）によって調整されなければならないことを定めていた。社会雇用プログラムを統治する法律の枠内で活動していれば，執行組織にはほぼ完全な運営の自由があった。

残念ながら，この優れたプログラムは利用可能な一般的な評価方法がなかった。一つの理由は，プログラムに社会的と経済的な目的の両方があったことによる。民間企業部門の標準的評価手法は部分的にしか関連していなかった。社会雇用プログラムのような組織の運用評価技術は文献には見つけられなかった。結果として，可能な限り多くの内部専門家の知恵を使用して評価システムを開発しなければならなくなった。

プログラムは，働ける人々に提供されていたが，障害やその他の要因（例えば，精神的な問題）のために，通常の労働市場の条件で職業を得ることはできなかった。社会雇用プログラムの意図は，障害のある個人の作業技能の回復，保護および改善に焦点を当てた作業を用意することであった。プログラムには，個々の職場を管理して，医療やその他の形態の業務と指導を提供する10,000人の支援従事者がいた。

中央政府は一般的な社会雇用プログラム政策の策定を担当した。法律の執行を管理して基金の80％を提供した。地方自治体は資金繰りとして20％を拠出した。日常の運営は地元の管理チームをもつ地元の組織で行われた。理事会は地方自治体と賛助組織の代理としていくつかの地元の利害関係者を代表していた。中央政府は地域群の地域助言者が代表していた。中央政府の上級職員は地方機関と中央プログラム管理者との間のコミュニケーション機能を果たした。上級職員は，相談に

応じることができて，さらに監督の一翼を担った。

　社会問題雇用省（Ministry of Social Affairs and Employment）において，補完的社会条項理事会（Directorate for Complementary Social Provisions）は社会雇用プログラムを委託された（1986 年）。補完的社会条項は資金の流れを規制して，社会雇用プログラムを国家政策の優先事項の変更に適応させなければならなかった。また，プログラムの実行の効率と有効性を改善する提案も行った。さらに，社会保障分野のプログラム活動と他のプログラムとの関連を試みた。政府は社会雇用プログラムに毎年約 30 億ギルダー（当時の 15 億米ドルに相当）を費やした。地方組織への資金流入は，補完的社会条項理事会の管理の下で，情報の流れと並行して行われたことは明らかであった。プログラムには次の四つの重要な管理機関があった。

- 国会に報告する社会問題大臣に献策した中央の補完的社会条項理事会
- いくつかの地方単位を管理していた複数の地域助言者
- 地元管理チームごとに作業を管理していた複数の地方監視委員会
- 地元組織ごとに運営していた複数の地元管理チーム

3.7.2　問題

　社会雇用プログラムの情報システムの質は常に議論の対象になっていた。批判は，驚くべき非効率性と戦略的関連性の完全な欠如に向けられた。長年にわたって，社会雇用プログラムに必要以上の情報システムが構築されて，その膨大な拡張がいくつかの問題を引き起こしていた。例えば，受け入れがたい様々な形式や記録文書が仕上げられて送られて処理された。情報の流通や取り扱いの規則が不明確であり，あるいは施行されていなかった。これらの問題にもかかわらず，システムの改善は順送りされていた。

　1986 年，重要かつ緊急な課題が，最終的には情報システムに避けられない体系的かつ批判的な分析の引き金になった。議会は，現在の制限のないシステムの代わりに，社会雇用プログラムに非常に厳格な予算執行管理システムを実施させた。資金の流れは各組織の運用実績に依存していたために，実際に既存の社会雇用プログラムの組織ごとに系統立てられた監視と評価が想定された。中央の理事会は，現在の経営情報システムでは，地方組織の体系的で公平な監視と評価には不十分であると確信することになった。

　その結果，評価システムはこのネットワークの利害関係者の知恵と経験から生まれなければならなかった。分析的な議論とは別に，経営情報システムの設計のために参加型方法の採用に対するもう一つの非常に重要な理由があった。実施機関は危惧と疑念とともに新たな予算制度の導入を待っていた。改善のプロセスではなく，単に予算を削るだけの手段ではないだろうかという疑問が生じた。社会雇用プログラム法が施行した仕組みにはいくつかの矛盾があった。例えば，地方組織はできるだけ効率的に働かなければならなかった。できれば市場価格と競合できることが求められた。同時に，優秀な人材が正規の労働市場に参入したことを確認するという着想もあった。しかし，参

入する可能性が最も高い人材は，地元の管理者が比較的効率的な生産プロセスに採用できるように
するものであった。議会は社会雇用プログラムで何をするかについて非常に不明確であった。議会
には，社会雇用プログラムが非常に速く拡大して，このプログラムとは無関係の人々が増え続けて
いるという意見もあった。実現可能であり公正であり関連性がある堅牢な情報システムをどのよう
に作ることができるかについて，異なる経営陣各層間の議論が非常に重要であった。ここで期待さ
れたのは，いくつかの行政水準の参加が，評価手法の再構築中に，多くの意欲を起こさせて，さら
なる統合的経営情報システムを実現させて，抵抗感を少なくさせるものであった。

　補完的社会条項理事会は，二つの大学による1チームに参加型ゲーミング・プロジェクトを割り
当てた。理事会は，公的な主導者であり，プロジェクトの進行中にプロジェクト・チームと継続的
かつ緊密に協力を維持した。プロジェクト・チームと依頼者の間の良好な共同作業を保証する仕組
みとして，省庁の職員がプロジェクト・チームに加わった。プロジェクトは1986年と1987年に
実施された。従って，ここで議論される問題の多くは今日の状況とはかなり異なることを確認して
おきたい。

3.7.3　目標，意義，目的

　プロジェクトは，社会雇用プログラムの改善された経営情報システムの再設計と再導入の優先順
位を設定することを意図した。プロジェクトには次の三つの主な目的があった。

- 現行の組織的設定における既存情報システムの詳細な説明を作成する。
- 四つの主な経営水準の視点から現在のシステムを評価する。
- 地元の社会雇用システムの組織の監視と評価に関して，特に効果と効率の面からシステムを
  改善する選択肢の発見と統合を図る。

3.7.4　依頼者が政策演習を選択した理由

　ゲーミング・シミュレーションの方法は，程度の差はあるが高職階の公務員によって理解されて
いた。公務員の任務は補完的社会条項理事会に政策策定を助言することであった。参加型方法に多
くのことを期待していたので，この方法の適用について内部的に主張していた。過去に十分に行わ
れていなかったと思われる部分に関して，中央政府が現場の代表者と率直な対話を始めれば，新た
な有用な情報システムが創出されると確信していた。方法論は内部の「熱心な擁護者」がいたため
に選択された。擁護者は，ゲーミング方法論の妥当性について内部の責任ある人々を説得する根拠
として，問題の切迫性と過去の情報システムの失敗を利用した。これは，責任者が，この方法で実
際的な経験をしていなかったことを意味しており，他の形式の参加型政策開発を真剣に試みなかっ
たことも意味していた。主題（すなわち情報システムの再設計）は多くの政治的圧力の下にあった
が，この問題に取り組む選択肢が選ばれた。

3.7.5 政策演習の設計仕様

演習は，導入，実践，報告を含んで 8 時間の枠組みとして設計された。演習は 3 回行われた。毎回異なる四つの経営管理層の代表者が参加するように招待された。計画的な選考手続きによって，参加者は組織のリーダーシップにおける多様であり代表的な形態を構成した。演習は四つの重要な管理水準（3.7.1 を参照）の参加者を対象に行われた。

3.7.6 概念図 - 現実性のモデル化

現在稼働中の情報システムの視覚的提示を目指して，問題環境の概念図が開発された。ほぼ全ての人々が現在のシステムの機能に関する意見を持っていたが，情報システム全体の正確な概観は持っていなかった。概念図は，いくつかの集団の会合と四つの管理階層水準や他の利害関係者と多くの面談に基づいて，作成された。概略図の重要な機能は，個人が全体の概観を持っていないために，知識を引き出すことにあった。さらに重要なことは，概念図は，問題の枠組みの提示手段としても機能しており，さらに政策演習の議題となる質問に関する当事者間の交渉手段としても機能した。例えば，地元の管理者は，社会雇用システムの法律が矛盾した実績の圧力を地方組織に掛けており，情報システムが考慮しなければならないと主張した。

地元の管理者にとっては，政策演習が次の質問に対応できることを補完的社会条項が受け入れるならば，ゲームの成功に繋がると思えた。質問とは，法律の目標が，監視と評価システムに使用することに関係しており，適しているかであった。他の項目として指摘されたのは，「評価」の情報と「政策立案」の情報の分離に，明確な規則を定義する必要があるということであった。これらの情報が評価局面で使用される危険を抱えているならば，補完的社会条項の新たな政策に関連する提言について，地方組織は手助けしないことを明確にしていた。認識上のいくつかの相違点と細かな政治的課題が指摘されて，演習の議題に組み入れられなければならなかった。

補完的社会条項の管理者は，プロジェクトの重要な中間作品として，概念図を検討した。最終の概念図は，最終の演習においてどのような課題やシステム構成要素が重要であるかを決定する基盤として，使用された。情報システム概念図の簡略版を図 3.7 に示す（概念図の詳細については 8.2 節の段階 7 を参照）。

3.7.7 政策演習の解説

政策演習設計チームは次のシナリオを決定した。すなわち，火災が発生して既存の経営情報システムを破壊した。概要仕様だけが残っており，情報システムをできるだけ早く再構築する必要があった。社会問題雇用省は，1 日で経営情報システムの再構築するためにゲーム参加者を招待した。二つの前提条件があり，情報システムはできるだけ小規模であること，現実の問題に直結することであった。

ゲームには，主に四つの役割があり，補完的社会条項，地域助言者，監視委員会，地元管理者の各チームがあった。全ての参加者が組織内で果たしていた職階に対応した役割を担当した。役割の説明は，「あなたは，社会雇用プログラムに従事する立場から，社会雇用プログラムの情報プロセスの関連する側面の専門家です。補完的社会条項理事会は，経営情報システムの再構築と改善につい

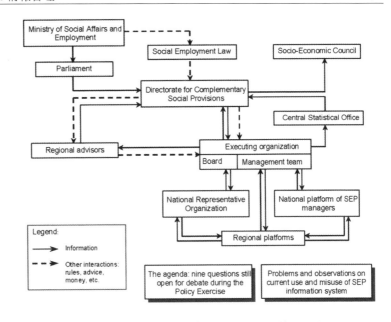

図 3.7 社会雇用プログラムの概念図（簡略型）

て，あなたの勧告を求めています。あなたの組織の地位における関心事と視点を，議論の中で明確に主張していただくために特別に招かれています」であった。

参加者は 3 人のチームに分かれた。午前中は同じ役割を持つ参加者が一緒に活動した。午後にはチームが混ざり合った。夜間には参加者は実用性と頑強性の両方に関して結果を評価した。ゲームの終了後，参加者は自己のゲーム経験について質問票を受け取った。この情報はゲーミング・プロセスの評価に使用された。

全体を通してゲームの形態は役割演技であった。さらに政策決定の交渉があった。続いて，記入用紙と，壁掛け図の半構造化された多肢選択式の質問として，論理的に順序付けられた決定問題一式がチームに提示された。10 の質問は次の演習の 5 段階を使って対応された。

- 各集団の議論
- 各集団の決定
- 各集団による発表
- 全体の議論
- 全体の決定

ゲーム題材の個々の質問には様々な代替案があった。参加者は，代替案について議論を行い，必要に応じて新たな選択肢を作り，チームの決定を行った（時間の制約の中で）。

3.7.8　主要な実践の記録

■**演習前の活動**　ゲーミング実施日の 1 ヶ月前に全ての参加者は事前資料と課題問題集を受け取った。課題問題集は，問題の環境概念図の主な効果，目的，遵守すべき手順，会合の実質的な内容を説明した。課題問題集には，ゲーム中に解決しなければならない決定の主題に関する質問票も含まれた。参加者は質問票に記入してゲームの 1 週間前に送り返した。個々の回答は演習室の大壁掛け図と各参加者が受け取った討論用紙に表示された。

■**政策演習の活動**　ゲーム議論の主題は，補完的社会条項理事会の重要な政策業務（執行単位の評価，政策分析，政策立案）を網羅した。個々の主題に関して，「補完的社会条項理事会はどのような情報を効果的かつ効率的に処理する必要があるか」という核心になる問題が含まれた。次の一連の質問が連続して議論された。

- 午前
    - 執行単位にどのような情報が必要であるか。
    - 地元組織の評価において，果たすべき役割に社会雇用プログラムの法律のどのような目的があるか。
    - システム分析局面（あるいはまだ命名されていない他の側面）の最中に特定された地方組織の実績の 56 の特徴から，どれを評価に使用すべきか。
- 午後
    - 一般的な情報
        * 監視システムはどういう種類の方法論的基準を満たさなければならないか。
        * 選択された評価の側面をどのように運用手段に変換することができるか（方法論的基準を満たす）。
        * 評価基準はどのように発展させることができるのか。
    - 政策開発の情報
        * 補完的社会条項理事会が精通していた関連指標や問題はどういうものであるか。
        * 追加（外部）の情報としてどういうものが必要であるか。
        * 政策開発情報システムはどのように確立できるか。
    - 執行単位の情報
        * 執行単位として補完的社会条項理事会のどのような情報を使用できるか。
        * この情報の反応はどのように整理できるか。

■**演習後の活動**　演習後の段階は演習の広範囲な報告会から始まった。参加者は有用性と頑強性の視点から結果を評価した。社会雇用プログラムに期待されている潜在的な変化を考慮する必要があった。社会雇用プログラムに特定の変更が生じたとすれば，演習で創出された情報システムは関

係したであろうか。いくつかの技法，例えば，ブレインストーミングは，ゲームの決定圧力から解放されて，参加者が着想や懸念を発表する最後の機会となった。

3.7.9 結果

プロジェクトの政策の結論は，分析と3回のゲーム実施中に収集されたデータに基づいた。演習中の情報は以下の方法で記録された。

- 参加者が記入した議論用紙
- 各チームの投票を記録した仕切り板
- 各チームの会合における議論の展開と各全体会合の論争の記録
- 全ての会合の録音記録

プロジェクトが特定した最も緊急な問題は次のとおりであった。

- 現在の経営情報システムは深刻に「汚染」されていた。不必要に複雑で広範囲かつ詳細に過ぎた。
- 一貫した規則をもつ透過的な構造が明らかに欠如していた。
- 補完的社会条項理事会はデータ処理能力が不足していた。
- 現行の執行単位の評価は不透明かつ一次元（すなわち財務的）な方法で行われた。
- 社会雇用プログラム組織内で利用可能な現行の情報は，構造が整理されてなく政策開発にほとんど使用されていなかった。
- 政策評価の体系的かつ柔軟な提供が欠如していた。
- 情報の質が悪いために執行機関相互の調整が欠如していた。

三つの目的に対応してプロジェクトは次の最終結果を得た。

- 既存の経営情報システムの内容と構造の詳細な説明
- 経営情報システムの機能評価と既存の問題に関する合意
- 現行の経営情報システムをどのように改善できるかに関する勧告

政策演習は経営情報システムにいくつかの深刻な変更点の提案をもたらした。勧告事項は，依頼者とともに作業されて提起されており，全てが受け入れられた。補完的社会条項理事会は，適用された手順とプロジェクトの結果について，口頭と書面による満足感を表明した。1987年秋に，ゲーム報告書は，経営情報システム再編成計画を議会に提案する実情報告書の根拠になる基礎的要件になった。実際の再編は1988年に始まった。

質問票は，政策演習の参加者がこのプロセスに非常に満足していることを示した。85%の大多数は，演習が経営情報システムの実際的改善のために良い基盤であると確信した。そして，時間を掛けただけの価値がある投資として政策演習を評価した。参加者の半分はシステムの分析に携わっ

ており，これらの面談には追加の時間が必要であった。組織の他の部署の同僚との個人的な接触は
高く評価された。

　このプロジェクトは成功であること示した。成功の大部分は政策演習の技術の使用によって達成
された。参加的かつ効率的なプロセスにおいて，政府の経営情報システムのような複雑な制度を再
設計するために創造的な方法であった。

3.8　五大湖生態系の科学政策

　アメリカの国際合同員会の事例は，他の事例と比較していくつかの特徴がある。これは，本質的
に多角的であることが明らかである。さらにこの章の他の 7 事例研究では非常に認知的複雑さがあ
るが，国際合同委員会の事例では設計チームは最も複雑な知識集合体に直面していた。事例はミシ
ガン大学工学部のプロジェクトであり，Steve Underwood 氏がプロジェクト責任者であった。

3.8.1　依頼者

　プロジェクトの依頼者は五大湖国際合同委員会であった。北アメリカの五大湖を保護するために
長年にわたり協力が進められてきた。公共機関と民間機関の両方がより大きな科学的知見を得るた
めに努力を集中していた。国際合同員会はこれらの努力の中心であった。これはカナダ政府とアメ
リカ政府の協力機関として設立されて，研究政策の勧告を担当した。国際合同員会は五大湖流域の
研究優先度を確立するために生態系接近法を採用した。これには，人間と自然の両方のシステムを
含む学際的な科学政策の対話と，その優先事項の議論と評価の共通の枠組みが必要であった。

3.8.2　問題

　カナダとアメリカの間に位置する五大湖は世界で最大の淡水湖である。これらの湖はセントロー
レンス海路と水源の他の接続体で世界的に重要である。人口は主に五大湖の南部と東部（シカゴ，
デトロイト，トロント，クリーブランド，モントリオール）に集中している。五大湖に隣接するア
メリカの各州とカナダの各州には合計で約 5,000 万人が住んでいる。これらの湖は地域人口だけで
なく商業を通して世界市場への接続を提供している。カナダとアメリカの経済はこれらの湖に大き
く依存している。この生態系の経済におけるもう一つの大きな要因は商業的保養地域であることに
ある。

　五大湖水系は，流域内の表層水の流れだけではなく，気候要因や地下水の流れも含まれる。これ
らの湖は，産業界の有害物の流入と流域内の貧弱な環境保全のために，生態学的に脅かされてい
る。海上貿易は，水域を航行している世界中の船舶にとっても，五大湖の中核的機能である。これ
らの船舶は外来種の侵入路になっている。地域の経済に，これらの有害生物は著しい生態系破壊と
大きな財政的負担をもたらしている。

　五大湖の生態系内では食物連鎖はかなり複雑である。食物連鎖の下位にある様々な生物は食物連

鎖の上位の生物に栄養を与えており，人間はこのピラミッド構造の頂点にいる。PCB などの難分解性の有機化学物質は様々な生物に蓄積しており，最悪水準は食物連鎖の最上部の生物に見られる。場合によってはこれらの化学物質の蓄積が危険な水準になっており，一部の鳥類の卵の中の濃度は孵化を害する毒性になっている。さらに一部の魚類の濃度は食用に適さなくなっている。化学物質は様々な工業製品の副生成物として生成されて，下水道の排出口や他の供給源から水域に入る。これらの化学物質の多くは持続性があり，非常に長い半減期を通して毒性を保持する。結果として，19 世紀の早い時期からの貧弱な環境保全は一部の地域に環境上の脅威になっている。

　問題は，五大湖とセントローレンス流域の環境的課題に関する明確な選択肢を提供して，包括的かつ一貫性があり容易に伝達できる戦略を見つけることによって，研究者社会と政策立案者を支援することにあった。国際共同委員会は，これらの問題に取り組むときは，ほとんど内向きになっていた。多くの場合に，問題に対して，総合的，学際的，横断的な接近法を取らなかった。五大湖研究の様々な側面に関与している利害関係者は，管轄区域または活動範囲であろうとも，境界を越えた連絡あるいは協力はなかった（Underwood et al., 1994）。

3.8.3　目標，意義，目的

　目標は，五大湖生態系に対応する国際共同委員会のために，現在も継続中の政策演習プロセスを開発することにあった。それは全ての関連する懸案事項の概要を提供する全体的なものであった。プロセスの背景の中で，国際共同委員会は個々のプロジェクトや活動が互いに関連している決定をよりよく評価できることになった。完了した時点で，国際共同委員会は様々な特定の問題（すなわち有害廃棄物）を一つずつ解決できることになった。この構造的政策演習の具体的な目的は次のとおりであった。

- 意思決定の枠組みとなるメタモデルの作成を通して，複雑な環境におけるコミュニケーションを改善すること。
- 問題，情報，行動の統合がどのように達成されるか（モデル）を説明するために，継続中のプロセスと加工品基盤を利用すること。
- 幅広い（世界的視野の）生態系政策の質疑に応えるために，それに適合した専門知識のネットワークの利用手段を政策立案者に提供して連携させること。
- 問題が総合的態度で評価されて，研究方法が学際的で横断的であり，政策立案者の管理の必要性に敏感に反応するように，包括的かつ一貫性があり伝達可能な方法で生態系の行動のあらゆる側面を取り扱うこと。

3.8.4 依頼者が政策演習を選択した理由

五大湖の管理では興味深い状況が進展していた。高度に詳細であり洗練された専門的データを収集するために，非常に洗練された新たな手段が使われていた。しかし，政策立案者への適切な利用法を提供する難しさのために，これらの新たな手段は十分に活用されていなかった。無数の不意に現れる緊急かつ予想外の事件に対応する必要性について，懸念の増大が指摘されていた。

国際共同委員会は懸念事項に最適に対応するために一連の会合を開催した（図3.8の1989年，1990年，1991年を参照）。これらの会合の第1回目は1989年に開催された未来関係研究発表会であった。ここでの議論は，政策の懸案事項を議論するために使用される手法として，定量的予測モデルに焦点を当てていた。会合後の結論は，この接近法が国際共同委員会の目的を達成するには不適切であるというものであった。1990年の第2回会合は生態系モデル構造研究発表会であった。発表会の結果は，物理的科学モデリング接近法が問題の現在の技術的能力の範囲を超えていることを明確に

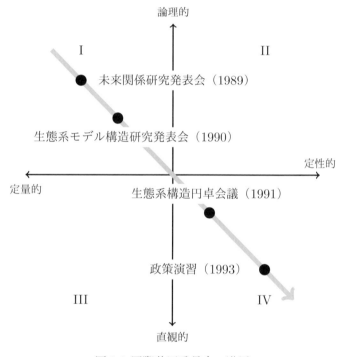

図 3.8 国際共同委員会の進展

示した。1991年に第3回会合が開催されて，これは生態系枠構造円卓会議であった。会合の結果は定性的直観的な接近法の必要性をさらに立証することになった。

これらの会合の結論として，国際共同委員会は二つの要素がある政策演習を委託する決定を行った。すなわち，生態系ゲーミング・シミュレーションと政策専門家会議であった。これら二つの組み合わせは，五大湖生態系内における必要性に関して政策社会と研究社会の集団相互のコミュニケーションを改善することを目指した。さらに二つの活動が，マルチメディア技術の使用により，刺激的な実験室を提供することも期待された。目的は，適切な利害関係者に快く効果的なプロセスとして，研究方針の確立を伝えることを確実にすることであった。

3.8.5 政策演習の設計仕様

依頼者は，焦点が明確であり建設的なコミュニケーションと議論が伴っている極めて真剣な演習を期待した。さらに，高水準な参加者を考慮すると，専門家会議の形態と真剣な業務会議の様子が調和して，演習の速度と持続は穏やかで途切れないことを期待した。次の仕様は第8章で説明する設計プロセスに基づいた。専門家会議の形態は次のとおりであった。

- 簡素であり専門的な質でなければならないこと。
- 視覚的，動的，相互作用的でなければならないこと。
- 軽率にも愚かにも見えないこと。
- 環境の分かりやすい類推や隠喩を提示すべきであること。
- 専門用語を避けるべきであること。
- 参加者は自己の実活動以外の役割を果たすべきであること。
- 1日半を超えないようにすべきであること。
- 参加者数は可変に対応する必要があること（15人から45人）。
- 可能な成果を文書化する必要があること。
- 開発の予定を尊重する必要があること。

3.8.6 概念図 - 現実性のモデル化

概念図は問題の「現実性」の視覚化モデルである。演習の目的のために，五大湖の生態系は五大湖の人間と自然のシステム間の内部的な連係として部分的に定義されている。研究活動は，2年間にわたって延長されて，幅広い生態系利害関係者との面談が含まれており，これらの二つのシステムは詳細な概念図に明確に描かれていた。1,000余の変数が原図に示されており，これを詳細に記述することは適切ではないが，図3.9に概念図の簡略版を示す（概念図の詳細については8.2節の段階7および付録を参照）。概念図は，主要な組織あるいは懸案事項の広範な編成とそれらの間の連係を特定する。五つの主要な広範な編成があり，それらには，経済，自然システム，文化，制度，公共機関と政府，環境への理念的接近法があった。経済は主要な焦点として資源の利用があった（娯楽と娯楽外）。概念図は，資源管理，指標，産業活動と生産，さらに様々な経済概念を扱っていた。自然システムは，大気圏，生物圏，水圏と岩石圏を包含しており，さらにこれらのシステムを観察するために使用される様々な指標が使われた。人間の影響や圧力，特に外来種や生物の毒性物質などがさらに取り上げられた。利害関係者の文化度として，特にコミュニケーション技術，報道機関，価値観，教育が特定された。

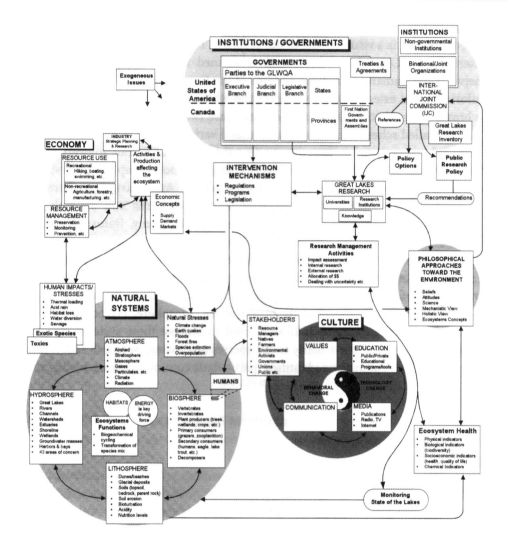

図 3.9 国際共同委員会の概念図（簡略版）

3.8.7　政策演習の解説

　演習は政策課題の議論を導くために設計されて，標準化されたプロセス（生態系理念ゲームと課題専門家会議）から構成されていた。すなわち，問題環境の視覚的地図（概念図），単純な加工品基部（モデル），さらに適切な各種事前資料があった。これらの要素は組み立て型であった。委託された特定の懸念に対応するために必要に応じて組み合わせることができた。この演習は政策会合を組織するために標準的な構造と見なすと最もよく理解できる。視覚化は，政策を導くためにより大きなシステム構造の表現として役立った。さらにプロセスは，コミュニケーションを促進するた

めに個人の相互作用を管理していた。

演習の特徴は構成要素のいくつかが別々の目的で別々に使用できるということにあった。例えば，演習は地域全体に広める教育用ゲームとして構成することができた。政策専門家会議は，生態系の視点に立場を置く参加者によって，特定の状況下で独立して使用することができた。

この形式の演習は五大湖の複雑さを完全に反映するものではない可能性があるために，最終作品は必要な懸案事項を示すように高度に抽象化されていた。契約では，高水準，中水準，低水準の3水準の抽象化が利用されて，上位水準と中水準に重点が置かれていた。しかし，特定の課題が必要とした場合には，演習はより詳細な水準に焦点を当てる柔軟性をもっていた。

五大湖政策演習の三つの主要な要素は，図 3.10 に示すように，抽象化の異なる水準を表すものと考えることができる。「抽象化の円錐体」の上部には国際共同委員会理念ゲームがあった。これは，対立する理念的立場に注意を集中するように設計された。そして，差異を明らかにできて，新たに作り出す議論を通して可能な限り合意が受け入れられるようになっていた。円錐体の中心に一連の概念図が配置された。それには広範囲の生態系利害関係者との面談を通して発見されたあらゆる種類の懸念事項を細部まで明確に詳述していた。最終的な活動である課題専門家会議は，特定の課題（例えば，ゼブラ貝で他の生物の生活圏を脅かし船底に取りつくなどの被害がある）に対応するために継続して使用されており，慎重に構成されていた。

国際共同委員会理念ゲーム

生態系理念ゲームは課題専門家会議よりもはるかに高い抽象度で行われた。ゲームは 21 人の参加者を受け入れて 3 人のチームに編成された。各チームには具体的な視点があった。すなわち，アルファ科学者，オメガ科学者，資源管理者，資源保護活動者，一般利用者の2組，理念者という視点があった。これらの七つの集団は大型卓の周りに配置された。各参加者には役割の視点を説明した資料が配付されて，ゲームの実践法が説明された。科学者（アルファとオメガ）の視点を表す参加者は特別な二個一組のサイコロが利用できた。演習の各周期中の適切な時間に，これらのチームは研究成果を模倣するためにサイコロを振った。研究カードはサイコロの結果を反映した。カードはゲーム・モデルに関する有益な情報を与えた。各参加者は各周期が始まる時点で出来事カードが与えらた。これはゲームの基礎となるモデルがどのように機能するかについて手掛かりを提供した。

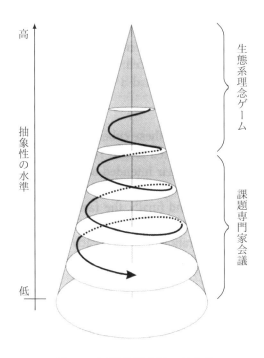

図 3.10 国際共同会議の抽象性

　ゲームは 64 個の小区画に分割された単純な格子ボード上で行われた。これは，相互に反対方向に進む二つの生態学的システムを表現するように較正されて，それぞれがボードの半分を占めた。このモデルは，二つのシステム（例えば，海岸線）が出会う非常に繁殖力がある「境界」を含んでおり，単純な生態学の特徴を有していた。基本的なモデルは 4 局面（例えば，春，夏，秋，冬）を経て進行した。これらの季節のうち夏と秋は活動的な季節であり，新たな収穫があった。参加者はゲームが始まったときには季節の意義を認識していなかった。小さな立方体は格子ボードの小区画に置かれた。各小立方体は，円，正方形，三角形のシンボルを反映していた。これらのシンボルは基本的な資源を表しており，二つは再生可能な資源であり，一つは再生不能な資源であった。各立方体の 6 辺には各小区画の異なる数が含まれており，3 側面は白地背景のものであり，他の 3 側面の背景は灰色のもので劣化した資源を表現した。

　演習中，これらの立方体に注目が集まった。各立方体の上部は，その資源に関係するシステムの状態を表していた。演習の段階が進むにつれて，参加者はまず「行動カード」を使って意図した行動を明らかにした。次に集団は行動の意味を議論した。その行動は，修正されるか，あるいは実施されるかであった。最後に，ファシリテータは立方体を整理してシステムの新たな状態を表示した。演習の終わりには，各行動の背後にある論理的根拠がよく理解されるように報告会が行われた。

国際共同委員会課題専門家会議

　課題専門家会議の参加者は七つの視点から構成された。すなわち，物理学者，社会学者，利害関係者，研究管理者，プログラム管理者，政策立案者，生態系理念者であった。これらの視点の担当者は地図が掲示された壁に面していくつかの机に半円状に座っていた。ファシリテータとコンピュータは部屋の後部に位置した。参加者には出来事が与えられて，重要性だけではなく出現の可能性の両方の評価を行った。

3.8.8　主要な実践の記録

■**演習前の活動**　課題専門家会議に参加する前に，全ての参加者個人に事前作業を依頼した。主題領域に関するもので，割り当てられた役割の手引き，質問票の記入，様々なプロジェクトの設定値の評価が含まれた。さらに，演習の実践に関しては，重要性，成功の可能性，相互評価情報などが含まれた。これらの評価値は演習の日前にファシリテータに返されて，割り当て値は色記号を使用して壁地図に転写された。この地図は当日の活動にあわせて目立たせた。

■**政策演習の活動**　政策演習は，いくつかの重要な懸案事項の一つに焦点を当てた 2 日間の演習として，設計された。最近話題になった外来種であるゼブラ貝は，演習の最初の段階で実質的な懸案であった。初日の午前，講演者は問題の概要を説明して参加者に最高の最先端の知識を提供した。初日の午後，国際共同委員会理念ゲームが行われた。目的は，問題の政治的状況に科学の解釈が最

もよく組み込まれる方法を検討するように，参加者を誘導することにあった。

　2日目の午前，課題専門家会議は選択した問題（例えばゼブラ貝の侵入）に対応した。全ての参加者は，定義された視点（役割）を採用して，構造化されたコミュニケーション・プロセスに参加した。そこは，問題の真の議論を促進するために「安全な環境」として設計された。午後は，課題専門家会議の報告会に充てられた。この時点では，参加者が目下の問題を解決すると同時に，現実の懸念が重視された。

■演習後の活動　演習の目標にあわせて，演習の評価は生態系構造委員会が行った。参加者と観察者は演習を二つの方法で評価した。それは専門的な有用性とそれが提供した個人的な満足度であった。さらに参加者にも改善を提案するよう求めた。政策ゲームはキット形式で配布された。各利用者には資料を複写するために複製用原本が配布された。政策の専門家会議も同様に広く流布された。国際共同委員会は，政策ゲームと政策の専門家会議の両方に利用できる説明書とともに，この演習を学術論文として配布した。

3.8.9　結果

　プロジェクトの意図は，生態系構造とその利用プロセスを開発することにあった。それを国際共同委員会が隔年報告書の研究優先事項を準備するために使用した。成功を目指した最上位の基準は国際共同委員会の活動を支える上で本質的な価値があるかどうかであった。演習の実績の評価は概念報告書で指定されている初期の目標と目的の観点から行われた。ゲームの評価と参加者への影響は短期的と長期的な利点の両方から考慮された。

　演習に関連するいくつかの進行中の活動があった。五大湖情報ネットワークは，デジタル形式で利用可能な様々な湖関連情報の公衆利用を促進するために設立された。国立高等研究計画局の資金援助を受けて，ミシガン州環境研究所は，最先端の遠隔センシング機器を使用して，現時点の科学データを収集するために大きな努力を払っていた。目的は，多くの情報源から得られる情報を首尾一貫かつ容易に利用可能な情報資源に統合して，洗練されたデータベースを開発することにあった。

　演習の主な利用は国際共同委員会によるものであった。しかし，外部の集団も演習の恩恵を受けた。演習の実施が回を重ねると，議論される主題に応じて，科学界，公共および民間部門（産業界，非政府組織，管理層），カナダとアメリカの政府職員の代表者による異なる組み合わせもあった。

3.9　公的医療サービス制度の再構築

　最後の事例研究は，保健医療に由来しており，私たちの同僚であるイギリス・ロンドンの公共管理局のイギリス人によって実施された。事例の説明は公共管理局の責任者である Laurie McMahon 氏によって提供された資料に基づいている。以下の説明の大部分は依頼者組織の管理層の一人が作成したプロジェクトの一般公開版に基づいている。事例の調査結果について報道機関の取り扱いは

大々的なものであった。この政策演習の話題にはラジオ局とテレビ局の相当な放送時間が費やされた。本書の執筆には，演習の報告書の作成時の新聞切り抜きも使用している。

3.9.1　依頼者

　イギリス政府（サッチャー政権）の報告書「患者のための働こう」（Working for Patients）は，文化と保健医療の考え方の両方に関して，保健医療が組織される方法の根本的な変化を要求した。イギリスの保健医療は，伝統的に全ての市民に標準水準の医療を提供することになっており，中央で計画された公的医療サービス制度（National Health System / NHS）の下で組織された。このシステムの外には，あらゆる種類の私的サービスと診療所を含めて保険付きの広範な民間医療サービスがあった。当初から，公的医療サービス制度には熱烈な支持者と反対者がいた。サッチャー政府（保守系で市場指向の政策）は中央集権型福祉制度の象徴を再構築したがっていた。議論は次のようなものであった。公的医療サービス制度は，必要な医療を提供せずに高価すぎた，十分な技術革新がなかった，官僚的で時代遅れだった，患者にとっては悪いものだった，提供者の士気を低下させ，納税者には多大な費用を負担させたなどが指摘されてた。

　改善案はサッチャー首相の価値体系と一致していた。市場メカニズムをシステムに投入して，政府との距離を置くことであった。「患者のための働こう」の提案は，医療を提供している人々と受診している人々がお互いに交渉する地域医療市場の組織化を含んでいた。新たな状況に対応して内部市場の輪郭を描くために地域組織（例えば当局と信託協会）が登場した。これらの組織がどのように協力するかは不確実であった。医療提供者，受益者，競合企業，地方の福祉医療の新たな関係（市場）の結果は全く分からなかった。

　東アングリアは，ケンブリッジ，イプスウィッチ，ノリッジの各都市を含むイギリス東部の広い地域である。東アングリア地域保健当局は内部市場の創出の先駆者であった。市場システムと動向を構想する基盤として，健康と良質の所産と受益者満足の尺度を含む財務と非財務の両方の戦略的業績測定の開発が始まった。さらに，地区と構成単位間の管理された契約を確立して，保健当局間の業務提供を交換するために，二つの保健省プロジェクトを実施した。

　当局は，これらの要素がどのように連動するかを探るために，市場メカニズムのより一般的な理解と実際の作業と判断を結びつけることを望んでいた。東アングリア地方保健局は，公的管理局と共同して，国内市場の今後の運営に可能な限り多くの洞察を得るために調査を開始した。新たな組織の柔軟性を試行して，可能性のある構造的な弱点や矛盾の輪郭を描くことを望んだ。このプロジェクトではシミュレーション・ゲームが重要な要素であった。この研究とシミュレーションは，現実と模倣の区別つかずに巨人と思い込んだ風車と格闘するドン・キホーテから「ゴムの風車」（Rubber Windmill）と愛称された。

3.9.2 問題

　地区保健局と地方保健局の両方のために公的医療サービス制度の信頼と新たな役割の確立を目指した。いくつかの政府の作業報告書と保健省から発せられた多数の関連する報告書や文書によって，実際に指導されていた。これらの新たな形式の組織（提供者，購入者，市場管理者）は，組織の保全性と成功を担当する理事会を中心として，それ自体で法定組織になるように構想された。

　報告書は，新たな組織のそれぞれの未来の構造と責任について一般的な構想を定義した。しかし，これらの構想は，新たなシステムを全体として理解するのではなく，一般的にいくつかの別々の構想の作業の結果であった。特に，新たな組織がどのように相互作用するかについて一貫した見解はなかった。そして，これらの組織は医療サービス制度の国内市場の基盤となるよう意図されていた。提供者は競争と販売を行い，購入者は必要性を判断して契約の締結を行い，市場管理者は資源を割り当てて検証を行い，問題を調停することになった。残念なことに，これらの関係（提供者，受益者，競合者，影響を受ける地域医療）の全ての動的な影響は実際には理解されておらず，稼働中の内部市場がどのように機能するかについて明確な着想を描くことはできなかった。

　もちろん，実際に運用に入るまで，新たな公営企業市場の相互作用の影響がどのようなものになるかを正確に知ることはできなかった。先駆的局面において潜在的に望ましくない影響を無視した場合，構造に意図しない弱点が生じる可能性があるという恐れがあった。欠陥はこれらの新たな組織の責任と行動の両方に現れるかもしれなかった。その結果，未来に多くの時間をかけて癒す必要が生じるかもしれなかった。

3.9.3 目標，意義，目的

　演習の目標は，内部市場の可能性のある動態に関する着想の公開的な探求であり，東アングリアの内部市場の将来的な発展を導くために，新たな思考と知識を開発することにあった（他の地域でも望まれた）。これは，検討中の概念の多くを分析して精緻化することが要求されており，関連した当事者による予測市場行動のシミュレーションを通して達成されることになった。

　演習の成果は，未来の公的医療サービス制度における市場動態を一般的に理解するものであり，仕様の定義や仕様集ではなかった。演習では，公的医療サービス制度の新たに発展する組織がどのような相互作用するかについて，幅広く実践的な着想を提供することが期待された。それは，新たな市場における当事者間の相互作用と，今後の主要な機会や危険あるいは可能な解決策のいくつかを説明するものであった。

　このように，演習の成果は，新たな組織の発展のために追加の指針と，「内部運営」の開始に向けた継続的な作業の基礎を提供した。東アングリアの「内部市場」が健康業務のために何をするのかをより良く理解することを促進して，さらに，市場メカニズムが発達するにつれて生じるより広い議論や疑問や懸念の対応に基盤を提供した。内部市場に関する東アングリア実証プロジェクトの

一環として，提供者や購入者および市場管理者の間で類似の関係を築く取り組みの中で，研究発表会は他の保健当局に情報と指針を提供した。

3.9.4　依頼者が政策演習を選択した理由

　公共管理局は，開放系シミュレーションと呼ばれるものを専門にしていた。複雑で非常に大規模な多者間演習であるものが多かった。その設計は自由形式の戦争ゲームの前提と手順に戻る。公開交渉型の選択は，シミュレーションの基本的な設定要素のために，組織のネットワークにおける意思決定の性質とプロセスにおける未来の役割に関する公共管理局の見解と一致していた。組織が行うことは，合理的な計画プロセスを研究することによって最もよく理解されるものではない。それは，利益の異なる公式および非公式の「利害関係者」の多くが，所産に影響を及ぼす権限の取引と交渉に従事している視点を使用することによって，理解される。組織の改編の最終的な方向性は全ての利害関係者間の複雑な交渉の結果になるであろう。

　シミュレーションの設計に導いた基本的な意見は，演習の仕様の根底にある前提から容易に認識できる（3.9.5 項を参照）。公的医療サービス制度に内部市場を導入するという論理がいかに単純であっても，それが現実面で実際に働く仕組みは予測不可能と考えられた。この政策主導は，医療制度の内外の多くの当事者に対する誘因の転換が含まれており，その相互作用の動態は非常に不安定であった。保健業務管理者にとっては，未来を予測するために保健システム行動の現状の概念を使用するだけでは不十分であろう。何が起こったのかを確認するまで待ち続けて，その後に何とか切り抜けることは，受け入れられる戦略ではなかった。

　シミュレーションは，内部市場の未来を予測しようとはしていないが，実際の当事者が関与する関係者の行動をモデル化できる模倣現実を提供することによって，可能性のある未来の範囲を特定することを助けた。シミュレーションを通して管理者は概念図に慣れ親しむことができた。これは潜在的な所産を明確に描いて，変化する状況の下で主要当事者の行動や内部市場の動態をよりよく理解するのに役立った。

3.9.5　政策演習の設計仕様

　公共管理局の接近法をさらに詳しく説明するために，ここでは原資料の中核になる部分からいくつかを引用する。

　　　　プロセスの複雑さを考えると潜在的な未来の状態はほぼ無限になる可能性がある。結果として，シミュレーションは，固有のモデルまたは構造によって制限されるのではなく，開放形でなければならない。人々が，人為的に指示された役割を演じるのではなく，実際の当事者の行動を再現しなければならない。これは，境界や規則によって制限するのではなく，現実であり大規模な組織の変化の多様性と明らかな乱数性をモデル化することができなければならない。

これは従来の意味でゲームではない。行動対象は規則のもとで演じるものでない。規則の多く（現実をモデル化するならば）は演習中に再交渉できる必要がある。参加者の目的は規則によって互いに対戦することではない。代わりに，参加者は模倣された状況で実際の利害関係として行動する。利害の衝突はモデル化されているが，規則を通して勝つことではない。

参加者とシミュレーションを加減する人々がよく理解できて現実的な状況を生成するために，シミュレーションは東アングリア地方の一部に基づいている。しかも，シミュレーションは厳密な定量的データによって行われない。演習は討論管理者会と報告者によって観察される。参加者は次の事項を示すために重要な相互作用の記録を求められる。

- 何時か（相互作用が演習のどの段階で起こったか）
- 何故か（本当の動機は何であったか）
- 何を（議論の目立った内容は何であったか）
- 所産は（何が公式に解決されて非公式に手にいれたものは）
- 方向性は（次に何をしようとしたのか）

3.9.6 概念図 - 現実性のモデル化

設計プロセスの重要な要素はシミュレーション会合の 2 週間前の相互作用形式研究発表会であった。約 40 人の参加者があり（研究発表会とゲームの両方で），そのうち約半分の人々が東アングリアの参加者であり，その多くは地域内の実務経験があった。その他の参加者は保健省と他の地域と地区から招かれた。BBC ラジオの社会福祉特派員とニューヨーク市保健病院法人の元理事長も参加した。

準備段階の研究発表会の目的は，シミュレーション中に参加者が試行したいと強く望む重要な課題を特定することであった。これは，新たな取り決めを実施するために，内部市場の参加者のそれぞれがとらなければならない活動の地図（概念図）を構築することによって達成された。患者と全住民のために資金と恩恵のより良い価値の目標を確実にする方法であった。これらの恩恵は東アングリア地方の公衆衛生管理の取り組みの観点から表現された。質，有効性，効率性，利用性，妥当性，応答性の六つの重要な価値基準であり，健康と良質の所産として測定された。

研究発表会は集団で作業をする参加者の形態をとった。自己の知識に基づいて，さらに実際のデータ（地域の保健業務組織から得られる限り）や共通および個人の組織的関心の反映によって，相互作用の概念図が作成された。この演習は，様々な参加者の間の主要な関係を顕在化し始めて，シミュレーションにおいて試行できるいくつかの課題を提起した。

3.9.7　政策演習の解説

シミュレーション研究発表会自体は 3 日間にわたって開催された。初日の午前は概念図の検討に費やされて，その後，参加者はシミュレーション演習に参加した。参加者は，次に示すようにそれぞれが T シャツの色で区別される集団に分けられた。

- シミュレーション中に実際に内部市場を運営した参加者（大部分は実際の管理者と臨床医で構成）
- 演習中に必要になるかもしれない追加の役割を引き受けたり，進行過程やラウンド間のシミュレーションを運営したシミュレーション管理者と討論管理者
- データ群を準備して，必要に応じてシミュレーション中に追加情報を提供できた地域支援チーム
- 事象を記録した広報担当者

3.9.8　主要な実践の記録

■**演習前の活動**　シミュレーションは二つの実際の地区保健当局に基づいており，データ群はそれらの地区について事実情報の要約を提供した。この情報はシミュレーションの背景を設定するように設計されていた。さらに公的医療サービス制度の重要な情報，経験，知識は，参加者自身がシミュレーションに提供した。ほとんどの参加者は，現実の自己の専門的職種に近いか，または同一の役割を果たした。

■**政策演習の活動**　シミュレーションの第 1 ラウンドは現実の 1 年間を 3 時間にわたって行われた。シミュレーションの構造と手順は慎重に設計されていたが，シミュレーション実践の規則も勝つための規則もなかった。参加者は，年度の目的を特定して，それを達成するために立案して，その後の分析と議論のために他の参加者との相互作用や合意を記録するように勧誘された。ほとんどすぐに購入者と提供者は契約の交渉を開始した（しかし，一人の鋭い業務提供者が自治の状況についてコンサルタントと長引く議論に陥った）。地域は，一般開業医経費認可者のために予算を設定して，購入者と目的を定義して合意しようと試みた。財務管理は特に一人または二人の提供者にとって重要な課題であった。シミュレーションの第 1 ラウンドの終了時に振り返り会合が開催された。さらに議論と概要書の再検討と更新が行われた。全体的な観察としては，業務の課題に付随して起こる新たな協定を設立するプロセスが 1 年目を支配した。

翌日の午前中，第 2 ラウンドのシミュレーションが行われた（2 年目が対象）。年頭に購入者は共同体を設立した（例えば一般開業医経費認可者とともに）。問題を抱えた公的医療サービス制度信託申請者は寛容な資源管理構想の資金援助を受けて地元の反対派を圧倒した。一般開業医経費認可者の一人が抗議して辞任した。参加者の一人が東アングリア新聞の主任記者役を担当して，シミュ

レーション全体にわたって電子黒板に定期的に記事を書いて，その複写を全員に回覧した。従って，実際の地方政治の風味がシミュレーションに加味された。

さらに振り返りと議論の会合の後，第 3 ラウンドのシミュレーションを 2 日目の午後に行った（3 年目が対象）。財政難に直面した地方自治体に，地域社会における業務や病院の排出物が非常に大きな影響を及ぼしていた。一般開業医経費認可者は，二つの地区の予約入院の予算の全体を効果的に管理しており，その結果，保健当局は，駆け引きする余地がほとんどないことに気づいた。病院は緊急入院だけを受け入れることができて，上限契約を締結していた地域社会信託は早期退院が殺到して，さらに，一般開業医経費認可者予算は年内に引き下げることを余儀なくされた。これらの圧力は，研究発表会の設計に携わる誰もが期待していなかった驚くべき現象を引き起こした。購入者は限られた病院業務を求めて競争し始めた。数量や価格を実際に調整できないために，購入者は，実際に提供者に質を低下させて，契約した取扱件数を満たして予算内に収めた。

内部市場の破綻が現れ始めた途中で，保健省は，新たな一連の提案に，さらに地域健康当局を経営管理地域事務所に再編成することに，心を奪われた。地域医療に関する環境大臣との二者間論争は，解決策を内閣に委ねざるを得なかった（内閣総理大臣の役割を担当するのは討論管理者の一人）。3 年目の終了時には，遅れて合意した内容は現実の 1993 年と 1994 年の厳しい状況を予感させた。参加者は疲れてしまい夕食のために一時休止した。

■演習後の活動　研究発表会の 3 日目午後は，シミュレーション中に何が起こったかを分析して議論を行い，顕在化した課題を回避するために取らなければならない行動を特定するために，用意された。全ての参加者が，シミュレーションの 3 年目は現実に起こしてはならないことに同意した。

3.9.9　結果

学習方法として，シミュレーションは非常に効果的であった。演習の動態は，財政の動向のように，討論管理者会が提供する開始条件によって，ある程度の影響を受けた。しかし，演習が開始されると，何が起こるかは，現実のようにほぼ完全に参加者自身の手中にあった。参加者は，演じていた役割の利益に合うように自己の認識を反映させて，行動して振る舞った。

これらの認識はシミュレーションの 3 年間で著しく変化した。1 年目では，購入者と提供者は取引を競って当初夢中であったが，既存の相互関係の慣習を大いに尊重した。3 年目までには，参加者は，自己の役割にさらに自信を深めて，権限と構造の古い仕組みを尊重せずに，自己の利益により直接的かつ決断力を持って行動する準備ができた。1992 年と 1993 年の公的医療サービス制度は，実際には非常に異なっており，はるかに細分化されていた。このシミュレーションを特に現実的に見せたのは時間の圧力であった。15 分ごとに 1 ヶ月が過ぎると，文字どおりに思考や計画の時間がなくなり，参加者は構想や出来事に無意識に反応を示した。

2 年目に現れ始めた重要な課題は，一方では一般開業医の圧力があり，他方では自らの潜在的に分散した購買戦略を策定する地元当局があった。それは回りまわって地区保健局の人々の活動を制

限し始めた。これは，地元当局の財政的圧迫とさらに強力な一般開業医経費認可部門とともに，討論管理者会に 3 年目の開始条件を設定する手がかりを提供した。この意図は，文字どおりに失敗の限界までシステムを試行することあった。

　シミュレーション演習から学んだことは，地元当局と，最も重要な健康と良質な所産の目標をもつ一般開業医との交渉は容易な業務でなかったことである。しかし，3 年目の混乱を避けることは絶対に不可欠であった。簡単に表現すれば，そのような交渉による所産の目標がなければ，新たな制約された協定は患者に利益をもたらさないであろう。

　当時の政治情勢を考えると，シミュレーション実施中に，膨大な報道記事の大半が内部市場の失敗に焦点をあてたことに驚きはなかった。この最初の反応は遥かに積極的な姿勢に置き換えられた。シミュレーション自体が記事の物語ではなくなり，他の記事の文脈のなかで引用されるのを見る方がはるかに一般的になった。報道記事には二つの異なる効果があった。一つは，シミュレーションと特定の指摘事項を一般人と専門家に伝えることであった。もう一つは，公的医療サービス制度地域として東アングリアの地位を高めて，公的医療サービス制度改革の指導的立場としての評価を確固たるものすることであった。

　第二次世界大戦後のイギリス議会で，名誉ある貴族たちが「ケンブリッジシャー州における戦争ゲーム」の結果について集中的に議論したことは，あまりなかった（訳注 - 原著序文の「将軍のいない戦略ゲーム」を参照）。

第4章

主要基準と事例研究

4.1 概要

第1章と第2章では次のような議論を展開した。

- マクロ問題の定義
- マクロ問題を扱う包括的な接近法として，参加型政策分析の定義
- 戦略的計画と経営に関する文献の教訓を捕捉して，政策と決定の失敗の文献によって裏付けられた成功する参加型政策分析の五つの基準

　本章の目的は二つある。第1章では，基準（複雑さ，コミュニケーション，創造性，合意，行動への責任）について紹介した。これらの基準をより詳細に分析する。個々の基準は政策支援あるいは設計の観点から探究される。戦略的政策軌道は，どのように特定の基準を妥当化するために構成できるだろうか。

　次に，第3章の事例研究を分析して，各プロジェクトの問題の表現がどのようにして一つあるいはそれ以上の基準に異なる重点を示しているかを示す。さらに関連する基準を妥当化する技法と条件について説明する。

　マクロ問題は認知的な観点から複雑である。このような問題を正確に組み立てることは困難である。多くの変数が関わっているが，重要な変数の数とそれが何であるかは誰にも分からない。変数間の関係についても同様である。問題の原因はしばしば不明確であり，未来への傾向も同様である。問題に対してどのように行動するかについて，確固たる過去の知識も概観もない。通常，多くの潜在的に関連する知識源が利用可能であるが，既存の知識集合体は散在して不完全である。その要素はしばしば不均衡な質である。情報は，意思決定に役立つ形態で利用可能ではなく，さらに関係者に共有されることもない。

　一人の個人に戦略的決定の権限を持たせている組織はあまりない。たとえ一人の個人が最終決定を行うとしても，最上級意思決定者は，組織境界の内外の多くの人々の知恵を信頼して収集する必要がある。集団が混乱させる課題を解決しなければならない複雑な状況では，伝統的コミュニケー

ション方法はうまく機能しない。ゲシュタルト・コミュニケーションを刺激して全体を見わたせる
新たなコミュニケーション方法が必要である。

　実証済みであり十分に検証された活動の新たな組み合わせで，新たな問題に接近できることが
多い。これは，問題の分析が新たな状況とよく知られている状況との類推を認識する「アハ経験」
（aha effect）の効果につながる場合に，行うことができる。類推を発見することは基本的に創造性
のプロセスである。それには視点の面白い交換と直観的あるいは暗黙の知識の検索を必要とする。
一人，1 チーム，あるいは，ある組織の経験の蓄積は多くの異なる課題に対する応答の総覧の開発
につながる。挑戦的な課題への適切な対応を見つけることは，科学ではなく技術である。経験を
創造性に結びつけて，未知に向かって新たな独創的な刺激を与えて適切な経路を見つけることで
ある。

　組織は，通常，ある程度まで対立が調和されたものである。組織内のほとんどの定常状態の状況
では価値観と利害の対立が表舞台に出てこない。これらの対立は既存の権限の均衡を反映した妥協
の中で実行可能な合意をもたらしている。しかし，激動の時代であり過渡期でもあり主要な挑戦の
強い圧力の下で，この合意は再び検証されるであろう。新たな合意が必要であるが，戦略が選ばれ
た後の時間と費用の掛かる論争の結果であってはならない。

　主要な問題に対応するには利害関係者の協調的な行動と支援が必要である。同時に多くの人々と
未知の領域に踏み入れるために，全ての個々の当事者がいくつかの能力の共有を前提にする。全て
の人々は，問題を理解しなければならず，新たな行動方針の妥当性も調べなくてならず，基本計画
の役割を理解しなければならない。さらに，既存の技能あるいは進展とともに獲得した技能は，待
ち受ける障害を克服して機会を獲得するために役立つと確信しなければならない。未知への参入の
適切なプロセスは，戦略の成功のために不可欠な実行力と持久力を持つ人々に行動への責任を作り
出さなければならない。

　本章の教訓はそれぞれの基準が重要であることである。他の 4 基準と併せて検証しなければなら
ない。一つの基準の方向にプロセスを最適化し過ぎると次善の結果になるであろう。次にいくつか
の事例を示す。

- 複雑さ - 問題の分析の複雑さにあまりにも重点を置くと伝統的な合理的計画の落とし穴につ
  ながるかもしれない。分析の停滞，不適切な人々による学習，測定不能な側面の無視などが
  ある。

- 創造性 - 創造性に重点を置くと多くのすばらしい計画が生まれるかもしれない。それは実施
  可能でなければならない。多くの方向に走る危険性もある。

- コミュニケーション - 行動のために関係する知識ベースと選択肢が，相互作用する参加者
  の集団の中に発見できることを前提にする。これに頼ったコミュニケーションを中心にする
  と，問題の構想が狭すぎて保守的になり過ぎることになる。特定の問題は非常に複雑である
  ために，「答えはこの部屋にある」に違いないという前提が有効でないかもしれない。

- 合意 - 適切な分析や伝統的な視点の境界の先を思い描く刺激なしに，人々の集団が高水準の

合意に達するときは，政治的に実現可能な解決策だけが議論される危険性が存在する。文献ではこれを集団思考と呼んでいる。

- 行動への責任 - 人々は行動指向である。特に「事を起こす」ということに長い職歴があった人々が該当する。もちろん，行動のない戦略は戦略ではない。成功を目指す起業家の意志がなければ，新たな取り組みはすぐに善意の積み重ねに終るかもしれない。しかし，行動の意志を最適化するだけのプロセスでは集団思考の別の形式になるであろう。というのは，真実であることを深く望んでいるために，何かを信じることになる。

4.2 複雑さの理解

4.2.1 複雑さとは何か

読者は，システム分析に関する書籍の参考文献一覧を検証すると，複雑さを定義する作業に共感できるかもしれない。多くの著者は，様々な論理構造を使用して，この課題に取り組んでいる。数学者は非常に厳密な定義を使う。社会科学者や未来学者はそれほど厳格ではないが，それでもなお，複雑さの定義の接近法に強く動かされる。第2章のマクロ問題の概念の議論において，いくつかはこの点を非常にうまく表現している。本書の文脈では複雑さの概念を完全にする必要もなく出来そうもしない。私たちは，複雑さに関する文献の有益な示唆が，何であるかを理解する必要性を満たそうとしているにすぎない。有益な示唆は，複雑な政策課題に直面している政策立案者を支援しようとしている政策分析者に提供される。関連する洞察を探し出すために，私たちは過去半世紀にわたるシステム分析技法の経験に注目する。

複雑さに関する標準的な辞書の記述を調べて，複雑さの概念を手短に確認する（Webster, 1989）。

相互接続された要素で構成される（中略）要素の配置が非常に複雑であり影響を与えることによって特徴付けられる（中略）理解し難く扱い難いほど複雑であり入り組んでいる。

第3章では，「要素の配置が非常に複雑であり影響を与えることによって」特徴付けられる問題の多くの事例を提供した。図3.9の五大湖の生態系と社会システムの要素と相互関係（理解の範囲の中で）を思い出してほしい。複雑さの概念が五大湖生態系を引用して法律用語に取り入れられたことは興味深い。五大湖は法律により次のように定義される。

この河川がカナダとアメリカの国境となる地点あるいはその上流のセントローレンス川の流域内における大気，土地，水，生体，さらに人間を含めた相互作用要素として（中略）五大湖の生態系は人間を含む自然のシステムおよび人間社会が作り出した制度と人間の構築物の体系として定義される。

複雑さとは相対的な概念である。見る人の目には何かが複雑である。社会システムにも当然の事ながら当てはまる。Simon（1969, p.86）は次のように述べている。

そのようなシステムでは，全体はその部分の集まり以上であり，形而上学的結論の意味ではなく，重要で実用的な意味で部分の特性や相互作用の法則を考えると，全体の特性を推測することは簡単なことではない。

実質的にこれは第 3 章で説明したプロジェクトの大部分に当てはまる。部分の特性や相互作用の法則を考えれば，全体の特性を推測することは簡単なことではないが，問題の解決には不可欠であった。コンレールの規制緩和の課題を例にしてみよう。規制緩和は，コンレールと 6 万の顧客との関係の特有な意味合いにおいて，非常に複雑で理解の困難な概念である。経済規制緩和の可能性は，そのような公共政策に応じて，一部の荷主，地域社会，官僚の間に懸念を高めた。特に潜在的な経済的混乱に対する懸念が広がった。

4.2.2　システム分析の役割

1960 年代後半から 1970 年代初めにかけて，複雑な社会問題は，複雑なシステムの相互作用の法則を理解するためにシステム分析とシミュレーションによって分析された。形式モデリング技術は，システム分析，決定分析，システムズ・ダイナミックス，オペレーションズ・リサーチなどの異なるが関連する研究分野で使用された。これらの方法は，一般システム理論に基づいており，様々な方法で互いに関連する多くの要素を考慮して現実を把握しようとする。伝統的なシステム分析接近法では，形式（定量的な）モデリング，合理的な計画，費用対効果分析の重要性を強調している。それは，あらゆる種類の複雑な問題に最適な解法を見つけようとするオペレーションズ・リサーチの主流の伝統と密接に関連している（例えば，Rosenhead, 1989）。

伝統的な形式モデリング技術は「ハード・システム思考」枠組みと呼ぶものに基づいている。この枠組みの特徴は，単一の目的，単一かつ最適な解決策，単一の意思決定者，トップダウンの計画プロセスに重点がある。これは政策立案に対する科学的知識の貢献を強調する。政策関連の知識が科学的な方法で生み出されて，この知識ベースが合理的でありトップダウンでもあり，単一中心的な意思決定のために道具的価値をもつことを前提としているので，戦略あるいは政策分析の原形と同じである（Mayer, 1998, p.33-37）。

社会的組織的政策問題へのシステム分析手法の応用は非常に成功して普及した。本書が関心をもつマクロ政策問題の形式にこのパラダイムが応用された場合には，深刻な問題と激しい論争が生じた。検証に関する問題は十分な理論と経験的データがないために生じた。さらに，経営者や他の政策当事者が形式モデルを理解して使用することが困難であったために，多くのモデリングの試みの実用的な関連性が疑問視された（Watt, 1977）。システム分析モデルは政策問題に対して部分的な洞察と解決策を提供したが，これらの洞察は，政策実施に責任を持つ当事者に意識されることもなく理解されず許容もされなかった。

大規模組織で働く立場にいることがよくある。そこでは，いくつかの量的モデリングの流派の一つに高度に訓練された何百人もの人々を雇用している。これらの組織では，本書ですでに述べてき

た形式の「異常な」マクロ問題に直面したときに，全ての経験と思考力を応用することは論理的に可能である。しかし，これは落胆と関連する行動の遅延につながることに気づく。第 3 章のいくつかの事例研究では，経営陣は形式的であり合理的な接近法を試みているが，問題をより適切に処理する方法を見つけることには程度の差はあるが絶望的になっていた。これは社会雇用プログラムの場合に特に当てはまり，国際共同委員会の場合も同様であった。ここで思い出してほしい。国際共同委員会は一連の会合を開いていた。これらの会合の第 1 回目は量的予測モデルに焦点を当てた「未来関係研究発表会」であった。結論としてこの接近法は不適切であった。第 2 回目の研究発表会の結果は，現在の技術的能力の範囲を超えているために，自然科学系モデリングの接近法を却下した。緊急で予期せぬ多種多様な事件に対応する必要性があり，高まった関心が示された。第 3 回目の会合の結果は，定性的直観的な接近法が必要であることを明らかにした。第 4 回目として，生態系ゲーミング・シミュレーションと政策専門家会議を組み合わせた政策演習が選ばれた。

ハード・システムの方法と実践における危機は広く認識されており，伝統的なモデリングは完全構造の政策問題にしか適用できない。マクロ問題は不完全構造あるいは悪構造であるために，伝統的形式的なモデルの解法の寄与は非常に限られる。政策立案者の決定は，公式の数理モデルで扱うことができる変数以外の多くの要因に依存している。形式モデリングの見方は，政策立案が行われる政治的な場面をある程度まで無視している。そこで，ハード・システム枠組みの代替案が開発された。いくつかの異なった名称で呼ばれているが，従来の枠組みのいくつかの特徴に挑戦した「ソフト・システム思考」のいくつかの形態が出現した（この発展について議論は，Rosenhead, 1989 および Eden et al., 1983 を参照）。

さらに，システム思考者は，数学モデルが必ずしもシステム分析プロジェクトの最終目標ではないとして，次の議論を始めた（Morecroft, 1988, pp.12-13）。

> ますます，モデルは，戦略的思考，集団討論，経営チームでの学習を支援する手段として，異なる微妙な役割をもつように思える。

関連する革新の一つは，1980 年代，システム分析者が，マクロ問題の理解の大部分をモデル構築のプロセスが生成していることを認識したことにあった。従って，モデル構築プロセスにおける政策当事者の参加は有用である。理論と実証研究から得られた客観的な知識に加えて，政策当事者の参加が主観的な知識源を含めることになり，分析者はモデルを豊かにすることが可能になる。さらに，複雑な問題に対する分析者と政策当事者間のコミュニケーションが改善されるであろう。徐々にではあるが，集団モデリングは伝統的なシステム分析の問題に対応する手段の一つになった（Vennix, 1996）。この教訓は，モデリング・プロセスに依頼者を関与させることになる。これは，事例研究に応用したゲーム設計の多段階プロセスの重要な機能の一つである（第 8 章を参照）。

個々に提供された情報の断片から繋ぎ合わせた初期の概念図をコンレールの経営者集団に提示したときに，この総合的な概念図は受け入れられなかった。設計局面の最初の数ヶ月は副社長集団の協力を得ることに専念した。集団の各成員から情報が集められて，この情報が処理されてモデルに抽象化された。このモデルはその後に集団に提示された。集団は必然的にモデルの特定の側面を越

えて白熱した議論に参加することになる。このプロセスを何度か繰り返して，モデルは，集団の全員が合意できるコンレール・システムの中心的な特徴をかなり正確に表現したものに洗練された。

4.2.3　メンタル・モデル - 全体像

　システム・ダイナミックス・モデリングのプロセスは経験豊富なチームが共有している膨大な知識を活性化して構造化するのに役立つ（Vennix, 1996）。ソフト・モデリング技法は，様々な知識源を引き出すことの重要性と，政策問題に関する着想と認識の統合の重要性を強調している。従って，政策関連知識を構成することになり，定義は科学指向から合意構成的定義に移行している（例えば，Eden & Ackermann, 1998）。

　より多くの隠喩が意識に埋め込まれるほど，意味のある複雑なモデルを理解して生成して実践して伝達する能力が豊かになる。ゲームは，モデルの全体性とシステムの動態を伝達することに強力である。何故ならば，意思決定は論理的なプロセスではなく，むしろ，ゲシュタルト事象であるために，意思決定の質は個人が保持できるシステム要素に正比例する。個人が特定の瞬間により多くの論点になり話題の中心点になり相互作用点があるほど，意思決定はさらに良くなる。この様式が論理的で明白になればなるほど，ゲシュタルトを理解して保持することがさらに容易になる。政策ゲームに参加すると，判断力は次の 3 点で次第に熟練する。

- 情報の論理塊状を所持する（個々に多数の詳細が含まれており，それらがサブシステムになり，それぞれが理解できる）。
- 機能的に有用な何らかの方法で情報の論理塊状を結合する（全ての詳細を保持する必要はなく，類推・隠喩または概念モデルだけが最重要点を保持する）。
- 決定に「大飛躍」を起こす。これは入ってくる情報の全体を認識して理解して伝達できることを意味する。いくつかの他のメンタル・モデルに対して，これは新たな混成モデルや構造または知覚に変換できることも意味する。そこでは，いくつかの過去の構造が目下の必要性により合うようにメンタル・マップに溶け込む。これは類いまれな能力の特性である。

　ヨーロッパ創薬施設の製薬決定演習では，様々な利害関係者のメンタル・モデルを反映した問題の統合的（ゲシュタルト）な視点を捉えることが，不可欠であることが明確にされた（Geus, 1988を参照）。問題のシステムおよび要素に関する情報は面談と文献探索を利用して収集されて整理された。主要な利害関係者の全員が問題の境界を見つけるために面談された。文献探索も問題の境界を特定するために役立った。これらの情報は紙切れカードに変換された（第 8 章を参照）。関係のある幹部の面談と正確な外部データの収集に大きな注意を払った。この思考法の最終的な結果は，分析者とモデル構築者の間で，政策ネットワークにおける異なる当事者のメンタル・モデルの統合のみならず改善に向けた努力を受け入れることである。ここで「メンタル・モデル」という用語は，事業や政策の運用方法を説明するために各当事者が心に留めている概念モデルを示す。

　ヨーロッパ創薬施設の概念図の最初の版（図 3.2）は R&D 部門の複数の人々との面談に基づ

いていた。営業担当副社長は実際にこの初期の概念図を見たときに笑い出した。これは，企業の R&D 部門の典型的な狭い視点から，事業の展開を表現したものであった。例えば，R&D 部門は新たな製品を市場投入する花形の演出者（社内プロセスの全般に）として自らを認識していた。副社長の改訂作業の後，事実は，成功した製品の大部分が外部の企業から購入されており（ライセンスとして），部分的または全体的に開発された製品であることを明らかにした。営業担当副社長は，ヨーロッパの R&D 事業の着想を，R&D 部門を独立した部門としてでなく，新製品の発掘手段として構想した。これは，政策演習がどのように開発されて使用されたかに大きな影響を与えた。従来型解決策を避けながら，ライセンス構想を活用するために取られた究極の決定であった。

　社会雇用プロジェクト（図 3.7）の概念図について，3.7.6 項では次のように指摘した。

　　　概念図は，いくつかの集団の会合と四つの管理階層水準や他の利害関係者と多くの面談に基づいて，作成された。概略図の重要な機能は，個人が全体の概観を持っていないために，知識を引き出すことにあった。さらに重要なことは，概念図は，問題の枠組みの提示手段としても機能しており，さらに政策演習の議題となる質問に関する当事者間の交渉手段としても機能した。例えば，地元の管理者は，社会雇用システムの法律が矛盾した実績の圧力を地方組織に掛けており，情報システムが考慮しなければならないと主張した。

　　　地元の管理者にとっては，政策演習が次の質問に対応できることを補完的社会条項が受け入れるならば，ゲームの成功に繋がると思えた。質問とは，法律の目標が，監視と評価システムに使用することに関係しており，適しているかであった。他の項目として指摘されたのは，「評価」の情報と「政策立案」の情報の分離に，明確な規則を定義する必要があるということであった。これらの情報が評価局面で使用される危険を抱えているならば，補完的社会条項の新たな政策に関連する提言について，地方組織は手助けしないことを明確にしていた。認識上のいくつかの相違点と細かな政治的課題が指摘されて，演習の議題に組み入れられなければならなかった。

　メンタル・モデルは事実と概念を模倣したネットワークとして定義できる。そこから組織の幹部が，戦略的課題，選択肢，行動の方向性，起こりそうな所産の意見を引き出す（Morecroft, 1988, p.12-13）。幹部の活動する世界に対応するために，当事者は実践的学習によってメンタル・モデルを開発して方向付ける。これらのモデルは，政策ネットワークの位置と結びついているために，結果的に抽象度の水準が異なる。そのために，当事者らのメンタル・モデルの相互関係は抽象度円錐体の類推によって特定することができる。一般に円錐体の異なる抽象水準に位置する点で異なるメンタル・モデルの全体的な再現になる（3.8.7, 7.2.2, 8.1.1 の各項参照）。

　政策分析者は，様々な当事者に理解されており，さらに抽象度の選び抜かれた水準にある言語またはコミュニケーション方式を創作することによって，複雑な環境のコミュニケーションを可能にする必要がある。第 5 章ではこの重要な概念について議論する。

4.2.4 ゲームによる複雑さの習得

　適切な政策演習を開発して実践するために，本項と第 2 章で説明したいくつかの関連する洞察の議論の意味について考えてみよう。マクロ問題の複雑さを処理するプロセスに関して，教訓は何であろうか。マクロ問題の複雑さを探究して理解するプロセスを支援するために，政策ゲームは何をすべきであろうか。第 3 章で提示したプロジェクトに応用されたマクロ問題の複雑さを扱う原理は何であろうか。私たちの意見では，これらの原則を要約する最良の方法は関連する研究の結論に戻ることである（Geurts & Vennix, 1989）。

　マクロ問題に対する政策支援は，意思決定指向であり，政策問題の幅広い枠組みを刺激するものでなければならない。問題に関する知識は，現在の関連性の決定の結果に言い換えることができなければならない。複雑な問題の場合には，問題を定義することが早まって終了する傾向がある。マクロ問題は，政策立案者が時間をかけて強調した比較的個別の政策問題であることを主眼にしている。そのために，解決に向けて採用された方法は，より広範な政策問題を背景に，原則的な課題に焦点を当てている。これらの問題は，可能な限り異なる学問分野と展望から探索すべきである。私たちは，製薬決定演習の事例，国防長官府の事例，社会雇用プログラムの事例が，これらの原則をゲーミング・プロジェクトで実現する方法を示していると考えている。

　既に述べたが，不確実性はマクロ問題の最も難解な特徴の一つである。認知的な不確実性だけではなく自然に起こる不確実性（価値に関連して）にも当てはまる。従って，科学的記述から政策への変換は直観的な判断と評価という強力な要素を不可避的にもつであろう。知識経営は現在における一般的な概念である。知識がそのような重要な戦略的資源となっていることを意味する。さらに，知識，創造，統合，普及の伝統的な手段について，十分ではないという考え方が組織の内外に広まっている。2001 年 9 月 11 日の事件（訳注 - ニューヨーク市の同時多発テロ事件）を目の当たりにしながら，財政的技術的に膨大な資源があったにもかかわらず，国土安全保障を担当するいくつかの機関は細かいことに圧倒されて何が起こったのかを理解することができなかった。

　第 3 章の事例研究は，関連する全ての形式の知識の統合にどのくらいの努力を払わなければならないか，さらに，長期にわたる環境計画のためのデータベースを明かにしたときに，予見がどのようであったかを次のように示している（Toth, 1988a, p.238）。

　　　　科学的知識のある部分は確固としているが，同時に，文献では容易に入手できないか，あるいは複雑なモデルに隠されている部分がある。この部分は不確かだが残念ながら重要である。その他のある部分は，政策にとって重要であることを研究側の誰もが認識せずに，失われる。

　政策支援の方法は多くの異なる情報源と類型に基づく知識の抽出を可能にすべきである。優れた政策演習は，演習の参加者のメンタル・モデルが慎重に統合されて，非常に幅広い知識ベースに基づいている。

　ゲシュタルトの概念を使用して，理想的な統合について触れたい。ゲーミング・シミュレーションの主な目的はゲシュタルトや問題の全体像を手短に伝えることである。目的を達成するために多くの技術的手段を使用することができるかもしれない。成功は報告会の最中に保証された議論の質によって特徴づけられる。参加者は一つの役割でしか識別できないが，ゲームによって伝達されるシステム全体の認識を得るのは，この視点からである。大学病院の理事会が政策演習に何を期待したかという理由でもある。自己の地位のあまりにも狭い視点から抜け出して，組織全体の利益に基づいて行動を計画することを学ぶために，部門管理（ある程度の痛みを伴う経験学習力ではあるが）を補強する必要があった。企業文化の演習（3.6 節）は，全ての事業機能間の関係システムと親企業から新たに獲得した独立性に焦点を当てなければ，決して目標を達成できなかった。

　マクロ問題に関する政策支援は，利用可能な洞察力に関する完全統合された最先端技術の概観に基づくべきである。現実の芸術は頑強な知識集合体を編成している（Rip, 1991）。さらに頑強性を侵害しようとする試みに耐える力を定義している。私たちの作業は，頑強性を試行する手段として概念図を開発することを始めた。反復を繰り返しながら，概念図を議論して改善している。さらに，飽和状態とは頑強性の状態に達するための運用基準である。私たちは，さらに新たな着想を引き出すことができず，最も消極的な意見を持つものが概念図に同意することができた時点で，次の局面のゲーム設計に進む。知識集合体がより明確に表現されて受け入れられるほど，それはより頑強になるか，あるいは議論の余地がなくなることになる。知識は，知られているものだけでなく，知られていないものも強調して，非専門家に明確かつ刺激的な方法を提供する形態で，構成する必要がある。

4.3　コミュニケーションの向上

4.3.1　コミュニケーションの本質的役割

　マクロ問題の取り扱いを改善するために，私たちの有益な要件は問題に関するコミュニケーションを改変することである。コミュニケーションの形態として政策演習は全ての当事者がある視点を是認することを要求する。そのために着想の統合と合意の公開討論会を提供する。さらに理解と予測の対比を強調する。この接近法からの学びは，社会的問題の関する思慮深いコミュニケーションの触媒として，本来備わっている遊戯の人間性を利用することである。

　第 2 章では政策の失敗を検討した。解決すべき問題の特性に関して継続的な対話と，解決のためにどのような戦略が必要であるかの合意を求めることを軸に展開しながら，政策設計プロセスがより反復的になったときに，失敗を回避できるかもしれないことを発見した。これには政策設計プロセスを通して多くの良いコミュニケーションが必要である。第 2 章の Hart（1992）の引用によって，コミュニケーションの研究が戦略立案に関する現代の文献においてどれほど支配的であるかを示した。

　コミュニケーションの必要性について，特に全体的な洞察を伝える必要性について，第 3 章の

全ての事例研究を通して明らかにした。全ての依頼者は，コミュニケーションの厳しい運用を通して，直面した大問題を処理する機会があると強く感じた。コミュニケーションを非常に重要視して，さらに複雑な政策問題や集団意思決定のコミュニケーションを向上する方法について，膨大な経験的文献を探求する必要がある。このような文献にはどのような規則と提案が含まれるだろうか。

　小集団の研究者も同じ疑問を感じていたことに感謝したい。過去と現行の文献を評価を行った何人かの研究者について網羅した著作を編纂している（Hirokawa & Poole, 1996）。これらの研究はコミュニケーションと集団意思決定の有効性に焦点を当てている。さらに，現代の組織が重要な意思決定を行うために集団にますます頼る傾向があり，そこに疑う余地のない危機が含まれていることも含めて，自著の冒頭に記して警鐘している。集団は今までに誤った判断を行った可能性があり，非常に重要な課題も戦争や平和を含めて例外ではない（Allison, 1971; Janis, 1982）。幸運にも，これらの研究が実施した大規模な実証研究の結果を報告している。すなわち，集団が制御できるプロセスおよび要因によって意思決定を改善できることを示している。

　意思決定行動には次の四つの一般的な影響があるようである（Hirokawa et al., 1996, pp.270-271）。

- 1 番目の要因として，集団にとって利用可能な情報資源があること。情報の質が高いほど質の高い決定に達することができる。
- 2 番目の要因として，成功には情報を処理する努力の質があること。情報の慎重で綿密な検討と再検討によって特徴づけられる決定プロセスは，より良い決定を示す傾向がある。
- 3 番目の要因として，思考の質があること。高品位の決定は集団の成員の能力に依存する。集団が，利用可能な決定に関連した情報から，当然なあるいは適切な推論（または結論）を得ることができる（p.274）。
- 4 番目の要因として，採用された決定の論理の質があること。これは意思決定集団の能力に影響を与えている。Senge（1990）は，政治的論理を適用する集団（抵抗の少ない経路を選択）が，異なる選択肢の長所と短所を慎重に比較して検討する集団よりも，質の高い決定を行う可能性が高くないことを示している。要するに合理的な決定の論理を適用せざる得ない。Hickson et al.（1986）は，経営者が，通常，問題解決の合理性，利害調整の合理性，管理の合理性の 3 種類の合理性を熟考することを発見している。

　意思決定の質に関してこれらの四つの要因を実現する促進のために，今までの事例研究は政策演習の可能性について何を語っているだろうか。最初の二つの要因（情報と努力の質）については前節で論議しているので，ここでは残りの二つ要因（思考の質と決定の論理）を取り上げる。

　政策演習は，創造的な相違と関連性とさらに内部的な一貫性があるので，政策選択肢の策定を刺激できる。創造的な観点からすれば，多くの政策分析はあまりにも限定されている。政策的接近が既存の傾向に基づいて未来を提示するときは，使用される方法論が起こりそうな事象をさらに明確にすべきである。起こりそうな事象とは全ての可能性のある未来のうちの一つの見本に過ぎない。

多種多様な可能性を過小評価することは，このような政策分析の形態では危険である。このような議論の第一歩は何度も行われているが望ましいものではない。会合は早期閉会に向かう傾向があり，余りにも少ない代替案しか考慮されていない（2.4.3 項の Nutt, 2002 を参照）。

第 3 章で提示した事例研究は，ゲーミング・シミュレーションの未来指向（現時点以外の時間枠の表現）の能力を示している。目的は，代替案を探求して，起こり得る事態（What if 型）の質問に洗練された知的な反応を展開させて，事前の根拠が存在しない代替案の探索のために類推を可能にすることになる。いくつかの事例研究において，この集団的な未来へのプロセスを可能にするのが，政策演習のシミュレーション特性である。公的医療サービスの演習では，参加者は，現時点の現実から計画された新たな現実に進行することによって，段階的に保健システムの新たな条件を作り出す。ここでの興味深い教訓は，参加者が，最善の努力と知識に基づいていても，計画を支援する楽観的かつ観念的な原則と一致する運用戦略を見つけられないことにあった。

コンレールの事例研究には強いシミュレーション特性があり，未来が段階的に創作される。一方では，未来は事前設定された外部の傾向と現実（シナリオと出来事）を経由して現れて，他方では，参加者の決定と行動（ゲームの計算システムを経由して処理されるように）がある程度まで新たな予期しない現実を頻繁に作り出す。第 4 部では演習の現実的かつ実施可能な方法論について説明する。

政策演習におけるシミュレーション形態は政策の観点から複雑な情報を操作できる。この形態は論理的論争を超えた発想を引き出すことができる。発想は，政策選択肢とその結果との関係を表現しており，短期的および長期的な影響の評価を要求している。システム・ダイナミックスと決定分析の学派は，複雑で不確実な知識を評価するために思考支援を備えた政策分析手法を特に充実させた。経験によれば，人間は複雑さの中に構造を合理的に発見することができるが，適切な手段なしに主要な部分の構造の動的特性を追跡することは非常に難しい（Forrester, 1968; Sterman, 1988）。Dörner（1996）の研究は，認知に隠された危険が政策立案の全ての段階を阻害することを示している。特に利用可能な知識から適切な結論を導き出す場合に阻害する（2.4.2 項を参照）。政策演習は，参加者のこれらの精神的な欠陥を克服することを助けるために，モデリング分野の思考支援のような対応を提供する。

実証研究の成果はマクロ問題の複雑さをどのように扱うかについての結論を支持する（4.2 節に要約されている）。さらに，適切な視点におけるコミュニケーションに重点を置くことを支持する。Hirokawa et al.（1996, p.273）によれば，既存の文献は集団コミュニケーションと集団意思決定能力との関係について非常に混乱した状態を明らかにしている。

多くの人々は，コミュニケーションの質が決定の質の最も重要な決定因子であることを証明できると考えている。他の人々は，集団決定プロセスの最終的な所産は事前会合の入力変数によって大部分が説明できて，弱いコミュニケーションはその所産に達する際の効率の喪失に過ぎないという事実の証拠を見出している。しかし，この研究は，私たちの課題である複雑な課題における集団コミュニケーションと特に関連して，コミュニケーション研究からいくつかの一般化を見出している。以下に要約するが，構造，様相，手順，行動の四つの用語を使って，これらの観察結果を整理

したい。注意深く構造化された概観を妥当化するために，この要約には小集団研究の避けがたい制約に深い分析が加えられていることに，読者の注意を促しておきたい。

4.3.2　コミュニケーションの構造

　何人かの研究者（例えば Shaw, 1981）は意思決定行動における異なるコミュニケーション構造の影響を比較している。次の四つの構造が知られている。

- 円状（成員は他の 2 人の成員と通信でき最初の相手は最後の相手と通信する）
- 鎖状（円状であるが最後は閉じない）
- 車輪状（中心の成員と他の全ての成員と通信する）
- 全結合状（個々の成員が他の全ての成員と通信する）

　興味深いことに強力な偶発効果があり，課題の複雑さによってどの構造が最良の結果をもたらすかが決まる。車輪状のような集中構造は課題が比較的単純な状況で優れている。しかし，ある集団が多くの副次的決定の必要な複雑な問題に直面するときは，分散した構造（円状のような）がより良い結果を出すように思える。本書の残りの部分で示すように，開放系多人数コミュニケーションの理想形で表した主要なコミュニケーションの概念を多重話という（Duke, 1974）。この全結合状の概念は第 5 章で導入されて定義される。既に述べたゲームでは，ゲームのどのような目的や状況にどのようなコミュニケーション構造を使用するのかを意識的に選択した。集権化と分散化について多くの異なる構造方式が使用された。

　例えば，大学病院の演習では，参加者は 3 チームの役割別ブレインストーミング会合で第 1 ラウンドを開始した。続いて，各チームは冒頭発表を出さねばならなかったので，参加者は他者の視点について知ることになった。次のラウンドは協議と交渉のプロセスであった。参加者は，他のチームと相互に対話を行う機会や関係者と小規模な特別な会合を立ち上げる機会を得た。この会合の重要な局面には，継続的な協議，陳情活動，意思決定が含まれた。

　次に，病院理事会と部門長の会合が開催された。他の参加者は，書面の質問により参加できるいわば参観者であった。この金魚鉢技法（丸見え状態）は，参観者にとっても金魚鉢の中の参加者にとっても難しい実例になった。午後には，個々の元のチームが再び会合して新たな中間発表を行った。2 回目では，参加者は他のチームと会う機会があった。それから，理事会と部門長の間で別の会合が開催されて，他のチームは参観者であった。最後のラウンドの目的は学習することであり評価することであった。個々のチームはそれまでの経験の概要をオーバーヘッド用紙に記入する必要があった。これらは参加者とコンサルタントとの間の報告会で使用された。チームワーク，公開市場コミュニケーション，全体（または準全体）会合の迅速な転換はこの演習の非常に強力な資産と考えられた。もちろん，そのようなコミュニケーションの混在は慎重な計画と優れた促進を必要とする。参加者にとっては，それは真剣で自然な経験でなければならない。ファシリテータにとっては二つの教訓がある。すなわち，適切な事前計画なしでは何も機能せず，最高の臨機応変は準備の

整った臨機応変である。

4.3.3 コミュニケーションの様相

Hirokawa et al.（1996, p.275）は経験的文献で様相と能力の相互作用効果を発見した。状況がより複雑になればなるほど，コミュニケーションの方法（すなわち，より開放的で口頭と他の形態との混合）の制約が緩和される。制約の少ない様相は集団が利用可能な情報を最適に活用できる機会を提供する。

うまく設計されたゲームは，多種多様なコミュニケーション形式を提供することによって，多重話の側面を実現する。ゲームが生成する状況依存言語は，文書化または発声された言葉だけではなく，優れたゲームの参加者間のコミュニケーションを支援する多くの異なるシンボルで構成される。これらは視覚化モデル（各種カード，ゲーム用具，その他の用品が利用される）になる。例えば，生態系理念ゲームに作成された複数のシンボルを研究するとよい（3.8.7 項，国際共同委員会理念ゲーム）。

複雑さのコミュニケーションに関する基本的な考え方が，子供たちの「一枚の絵は多くを語る」に深く沁み込んでいる。この格言は，順番に並んだ語彙が偶像的心象よりも強力ではないという考えを伝達しようとする。もう少し適切に表現すれば，語彙と像の組合せは，全体性をさらに敏速に伝えて，それ故に，豊かな環境の理解をより速くすることができる。豊かな混成コミュニケーション形式が語彙と像の文脈で使用されれば，私たちの「ゲームは多くを語る」が適切に着想して遂行することを示したい（Duke 1974）。この論理から，ゲーミング・シミュレーションに関する次のコミュニケーション指向の定義が得られる（p.55）。

> ゲーミング・シミュレーションは，ゲーム固有の言語（現実の構成要素を記述するために使用される専門言語）を含んだゲシュタルト・コミュニケーション方式である。すなわち，適切な混成コミュニケーション技法（例えば，壁掛け図とパソコンなど）と多重話（複数の同時に進行する対話）の相互作用様式になる。

4.3.4 コミュニケーションの手順

議論や決定プロセスを通して，集団を導く様々な手法が存在する。例えば，デルファイ，ノミナル・グループ手法などがある。多くの人々が，集団は反省的思考において支援を必要とするというデューイ（訳注 - アメリカの哲学者 John Dewey）の着想に頼っている。さらに，課題の本質は重要な偶然性の変数である。意思決定の課題の難しさが増すにつれて，慎重で系統的な対面の相互作用を促す形態がより質の高い所産をもたらす傾向がある（Hirokawa et al., 1996, p.276）。もう一つの相互作用の効果は，次の議論形態の「機能的潜在性」と呼ばれるものによって起こされる（p.277）。

　　集団に奨励する議論の形態が，徹底的に問題を分析して，良い解決策の基準を確立して，その基準に照らして代替選択肢の肯定と否定の特質を評価することによって，それらの機能の実施を認めない形態よりも，高品位の決定につながることが多い。

　本書の政策演習では，役割演技と厳密に試行された進行過程の組み合わせが，この「慎重で系統的な対面の相互作用」を刺激している。この慎重の意味は，社会雇用ゲームの活動の流れが示すように参加者の多大な努力である。まず，演習前の課題問題集に記入しなければならなかった。それらは，準備された壁掛け図に初期の認知の相違点と類似点を示すために使用された。ゲームの形態自体は役割演技であった。経営情報システムの意思決定は，半構造化された多肢選択式の質問（記入用紙と壁掛け図を使用）としてチームに提示される論理的に順序付けられた一連の決定問題に基礎を置いている。政策演習における 10 の質問のそれぞれは，集団の議論，集団の決定，集団による発表，全体の議論，全体の決定において同じように扱われた。

　ゲーム資料中の個々の質問は様々な代替案を提供した。参加者は，代替案の議論を行いながら必要に応じて新たな選択肢を作り出して，チームの決定を行った（時間的制約の下で）。参加者は 3 チームに分かれた。午前中は同じ役割を持つ参加者が一緒に働いた。午後にはチームが混ざり合った。夜間には参加者は実用性と頑強性の両方に関して結果を評価した。ゲームの終了後，参加者は自己のゲーム経験について質問票を受け取った。ブレインライティングやブレインストーミングのような技法は，ゲームの決定圧力から解放されて，参加者に着想や懸念を発表する最後の機会を与えた。

4.3.5　コミュニケーションの行動

　多くの研究者が，コミュニケーション行動の特定の側面を操作することによって，行動と業績の関係を確立しようと試みている。一つの結論を次に示す（Hirokawa & Poole, 1996, pp.277-278）。

　　　　質の低いコミュニケーションを経験している集団は，質の高いコミュニケーション（例えば，明確な発言，内部的に一貫した発言，積極的な補強発言，関連した発言，協同活動とチームワークを強調した発言）によって特徴付けられる集団よりも，極めて質の低い決定に至った。質の高い決定をしている集団は，より高品位の統率力，より開かれたコミュニケーション，より活発な参加が高い割合を示した。集団が従うことになる手順の議論に集中すればするほど，効果的解決に至るために必要な他の機能に焦点を合わせなくなる。

　ここで開放型ゲームと閉鎖型ゲームの違いが関わってくる。製薬決定の演習のようにゲームの焦点が満足のいくもので十分に試行された解決策を見出すことであったとしよう。コミュニケーションの構造は，全ての現実に注目して熟考することによって，参加者を程度の差があっても問題解決の中心にする必要がある。驚くなかれ，これには時間を必要としない。ゲームの進行時間割とコミュニケーションのプロセスは非常に厳密である。「会場の皆さん，決定の時間です」はゲーム

の当日に何度か聞かれた掛け声であった。実際，社会雇用などのゲームでも同じことが当てはまった。これらのゲームにおけるコミュニケーションは手段であり目的ではなかった。

大学病院ゲームはコミュニケーション行動自体を模倣して改善することがさらに重要であった。その結果，コミュニケーション・プロセスがシミュレーションの焦点になった。これは公的医療サービスの演習でも同じであった。どちらの場合も，主な課題は「コミュニケーションについて話し合う」であった。もちろん，ゲームの計画によって，時には非常に効果がないが，格段に自発的な一連のコミュニケーション状態が誘発されたが，報告会の最中に議論されて改善されなければならなかったのは，正にこの無効性の側面であった。

マクロ問題を扱う政策演習の効果的なコミュニケーション設計に重要な規則として，経験的な小集団研究から四つの一般化を行う。実際，コミュニケーションの特殊な形式として，政策演習の概念化を説明するために第5章を全面的に充てる。すなわち，多重話の概念，より詳しく説明すれば，複数の当事者が同時に手近の課題をより広範囲に理解する対話である。多重話形式は，ゲーミング・シミュレーションの最中に機能すると，問題固有の言語を生成する。

政策演習は，正しく実施されると，十分に準備されて注意深く構造化された集団プロセスである。参加者に関連性があると思われるあらゆる観点から課題に接近する機会を提供して，適切と思われる抽象水準で情報の探求を可能にする。優れたゲームは，全体像の主要な断片間の接続関係を表示して明確化を行う。そしてそれを記録する。これは参加者が断片間の多くの反応関係を理解するのに役立つ。ゲームを通して選択肢（課題，問題，新たな事実）が鼓動して，参加者は直接的かつ偶然的な手段によって取り組んだ複雑さの認識を得ることになる。

4.4　刺激的な創造性

4.4.1　ゲーミングと創造的環境

創造性の定義は数多くある。この分野は，何らかの論理を試みた多くの領域の思想家を引き付けている。以下の創造性についての議論は多岐にわたるが選択的である。私たちは，コミュニケーションと複雑さの基準を扱うために，関連文献の全面的な概観を紹介することには興味がない。この領域の文献を実際的な観点から検索した。創造性を刺激するためには，ゲームをどのようにすればよいか，どのようなことができるかを考えてきた。この問題が本節の主題である。

Isaksen（1988, pp.258-259）は，文献の調査の結果からこの領域の研究者の定義について集約している。

　　　創造性とは，既存の作品の変革によって他に存在しない作品を生み出すプロセスである。これらの作品は，創造者にとって特有であり，創造者によって確立された目的の基準を満たさなければならない。さらに，問題解決と創造的思考の間の接続について示している。すなわち，創造的問題解決は，手近の問題を解決する斬新な反応を生み出す個人を巻き込む。

　この研究から私たちは，創造的な反応や作品を構成する議論は別として，創造性に関する三つの研究領域があることを学ぶ。

- 創造的な個性の理解
- 創造的プロセスにおける段階の記述
- 創造性に導く環境を設計する方法の把握

　そして，最後の話題に関する洞察を整理した方法に，特に感銘を受けた。創造性に役立つ雰囲気を形作る方法に関して 12 の提案を行っている。研究はこの一覧が不完全であることも読者に警告している。これらの提案は必要条件であるが創造性の十分条件ではない。ゲーム設計に直接関連する提案が多く含まれるので，この一覧を紹介しておきたい（pp.261-262）。

- 課題を実施する新たな方法を試す自由を提供せよ。個人の領域と方法で成功することを認めて奨励せよ。管理や制約よりもむしろ資源と場を提供して発散的な接近法を奨励せよ。
- 活動，職務，あるいは他の手法が多様な個人ごとに異なることを認めて，相違や流儀や見方の価値を指摘せよ。
- 創造的であり探索的であり批判的な発展的思考に引き込まれているときは，個人の独自の着想や反応を支援して強化することによって，開放的で安全な雰囲気を確立せよ。
- 選択肢を持つように個人を励まして，さらに目標の設定と意思決定プロセスに参加させて，何をしなければならないのかを個別に判断する意識を構築せよ。
- 活動の場における適切な課題に特定の創造的な問題解決手法の学習と応用を支援せよ。
- 課題の達成に適切な時間を提供せよ。現実的な時間枠で適切な量の作業を提供せよ。
- 共に働く同僚に信頼していることを伝えさせて，制裁のない環境を提供せよ。過失に気付き許容可能な基準を満たす個人を応援するために，積極的に間違いを利用して，さらに肯定的な反応と判断を提供して，失敗の懸念を減じよ。
- 認識されていない未使用の潜在力を認識せよ。問題を解決して新たな方法で新たな業務をするように個人を挑戦せよ。挑発的な質問を発せよ。
- 単独または集団の仕事のために個人の責務を尊重せよ。自己開始型プロジェクトを奨励せよ。
- 少なくともある期間の複雑さと混乱を許容せよ。明確な目標を設定した最高の組織と計画でさえもある程度の柔軟性が必要である。
- 個人間の相互尊重と受容の雰囲気を創造せよ。協調的に共有して発展させて学ぶことになる。対人信頼感とチームワークの意識を奨励せよ。
- 質の高い対人関係を奨励せよ，開放的な協力の精神，開放的な対立と紛争解決，着想の表現への奨励などの要因を認識せよ。

　この一覧と事例研究の関係性は非常に明白と考える。従って，事例研究に関わるいくつかの批評と文献の参照は十分であろう。

　この一覧で最初に指摘すべきは，課題を実行するために斬新な方法を試すことに重点を置いていることである。おそらく，全ての事例研究における最も創造的な段階の一つは，全ての依頼者が日々の業務から離れて，ゲーミング・シミュレーションと呼ばれる未知のプロセスを試みたことである。例えば，国際共同委員会は多くの緊急的な生態学的懸念に直面していた。政策課題を解決する手段として定量的予測モデルにうまく焦点を当てられなかった。この接近法は効果がないとの結論に達した。代わりに，生態系ゲームと政策専門家会議を組み合わせた政策演習を選んだ。この組み合わせは，五大湖生態系の必要性に関して，政策者の社会と研究者の社会における様々な集団間コミュニケーションを改善した。

　コンレールの事例研究では，ゲーム自体というよりも，プロジェクトの創造的転換に導いたゲームの創造力に富む参加方式の準備段階にあった。創薬決定の演習を設計するプロセスでは新たな洞察をもたらしており，製品開発はR&D部門の単独の観点から適切に評価できなかった。後日，この問題を再構成すると，新たな革新的な解決法がもたらされており，より速く危険の少ない効果的な結果が得られた。

　開放的で安全な雰囲気を作り，個人の独特な着想や反応を支援して強化することは，ゲーミング研究者の本質的部分であり課題になっている。遊戯は人々を自由にする。私たちは，このゲーミングの能力を本書で紹介したほぼ全ての事例研究で目撃した。公的医療サービスの演習に関わった多くの関係者は，それがゲームであったために，革新的であり政治的に非常に敏感である実験の招待を受け入れた。社会雇用ゲームの評価では，人々に役割の演技が認められており，それ故に「意見を聞いた」という事実は非常に価値があった。

　創薬の事例研究における質問表から得られたデータは，設定された目的の大部分を達成することに関して，参加者が政策演習の成功を認識していたことを示した。特に微妙な課題の公開討論のために，演習が積極的な雰囲気を作り出したことに満足していた。全ての参加者はこれらの問題について自由に意見を述べることができた。さらに政策演習が企業戦略を策定する楽しいプロセスであったという圧倒的な意見があった。参加者は，政策演習が以前に気付いていなかった問題の側面を明らかにして，さらにいくつかの新たな着想を思いつかせたと感じた。

　安全は自動的に保証されるものではない。役割演技は，多くの人々の前で後日に後悔するかもしれないことを発言させる可能性がある。ヨーロッパ創薬施設ゲームの実施では，販売担当経営者を演じている若手のR&D管理者が激しい発言を繰り返していた。そのためにファシリテータが業務上の経歴への演習の影響を心配し始めた。ゲーム運営者の僅かな介入と手引きは，その緊張状態の一部を緩和するとともに，実際に発言の相当数が新たな着想として受け入れられることになった。

4.4.2　創造性，遊戯，学習

　前項の一覧には，創造性の環境としてゲームを設計する多くの実践的な提案が含まれているだけではなく，私たちが詳細に述べなければならない次の2点も含まれている。

- 一覧の最初の 4 項目はゲームと創造性との間の基本的な関係を思い出させる。
- 一覧のいくつかの項目は創造性と学習を関係付ける。

　前述したように，オランダの哲学者ホイジンガは有名な著作『ホモ・ルーデンス』でゲームと創造性の関係を強調した。DeBono（1971, pp.111-112）は，創造性の専門家として水平思考の著作の中で，次のように遊戯と創造性を関係付けていた。

　　なぜ子供たちは遊ぶのをやめるのであろうか。役に立つ行動に責任を負いながら成長していく論理的な大人たちに遊びの無駄を指摘されて，遊びのやる気を積極的に削がれてるかもしれない。遊びの最中は，着想が着想を呼び，さらに着想を生み出す。その着想は論理的に展開されることはない。意識が着想を具体化する試みをせずに，十分な好奇心があればいつも十分な着想があろう。おそらく多すぎることになろう。着想にすぐに価値があることが判明しなくても，着想はさらに思い浮かぶ性質をもつ。たとえ具体的な着想がなかったとしても，遊びまわることによって得られる状況に全体的な親しさを感じることは，未来の着想の開発にとって最も有用な背景であることを示すことになろう。

　ここで何かが矛盾しているように思える。遊戯は活動でありそれ自体が完結している。一方，ゲームは真剣に創造性の目的のために設計される。人々が自己や他人の娯楽のためにゲームを考案するのと全く同じように，意識的に選んだ「遊びを超えた」目標を目指して，学習と創造的な効果のゲームを苦労して開発してしまう。

　ゲーム，創造性，学習を考察してみよう。前項の一覧の本質は，学習に関連するいくつかの現象がなければ創造性がないということにある。学習するには多くの段階または局面のモデルがある。モデルの多くは Dewey（1910）の独特な内省的思考の 5 段階モデルに刺激されたものである。すなわち，状況や問題を認識して，状況の評価を行い，解決策を提案して，解決策を評価して，解決策を試行することになる。ゲーミングの場合には，この系統のモデルの知見として，優れたゲームが内省的周期のいくつかを経験する機会を参加者に提供することにある。

　創造性に関する多くの研究者がこの中核になるモデルを改良しようとしている。「創造的問題解決」や「創造性の技法」の表題をつけて，いくつかの改良が提案されて，試行されて，有益であることが判明している。Jarboe（1996, p.335）は伝統的な内省的思考モデルを次の四つの方法によって改良できることを示している。

- 課題に対する関心，意欲，努力を刺激することに注意を払う。問題状況の個々の反応が有効性に関係があるという意見を反映している。
- 孵化の段階が二番目の違いであり，課題に関係することは計画されない。創造的モデルでは，創造的転換が起こるプロセスに組み込まねばならない重要な段階であると確信をもって主張する。
- 創造的モデルは優れた創作力のためにより明確な技法を使用する。
- 創造的モデルは社会的側面に関わる。多くの研究が明らかにしているように，楽しむという

　　概念は創造的であることの重要な要素である。

　私たちが提示した 8 事例研究は，政策演習が，ブレインストーミング，ブレインライティング，創造工学，水平思考などの創造性向上技術を取り入れなければならないことを示している。ゲーミングの創造性を刺激する力もまた本質的なものである。創造性は，楽しみ，意欲，努力を前提にしている。ゲーミングは，面白いものであり，集団的作業を生産的で楽しいものにするために，最も興味を引き付けて自由にする社会技術の一つである。このことは，ホイジンガが指摘したゲームにおける創造性の有益な作用のためだけではなく，ゲームが参加者を「経験的学習」の状況に置くともいえる。Kolb（1984）の学習サイクル（図 4.1）はこの形式の学習を非常にうまく説明している。

　ゲームでは，個人は具体的であり現実的であり複雑な初期状態を発見する。ゲーミング・プロセスは，個人が学習サイクルを何回か経験して状況に取り組むことに役立つ。しかし，それだけではない。Lane（1995）が指摘するように政策ゲーミングの刺激は学び方を学ぶことになる。Argyris & Schon（1978, p.27）は 2 次学習の概念を導入している。他の出版物では単一ループあるいは二重ループの表記を使っている。単一ループ学習の特徴は実践的学習であり，すなわち，「行うことによって学ぶ」ことである。問題のある状況への改善された反応は肯定と否定の経験の蓄積から生

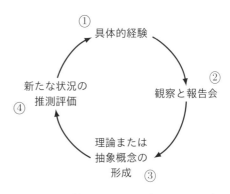

図 4.1 学習サイクル（Kolb, 1984）

じる。二重ループ学習は，熟考して学習個性を変更したときに，さらに当惑させる状況に対応する方策を導入したときに起こる。Lane（1995）は，図 4.2 を提示して，この二重ループ学習の概念を学習サイクルに追記している。

　二重ループ学習は，個人の直観的知識システムに根本的な反映を頻繁に想定するために，扱いが面倒である。直観的知識システムは，長期にわたって構築されているだけではなく，しばしば偏見や先入観を認識していないために，変更が容易ではない。多くの管理職や専門家

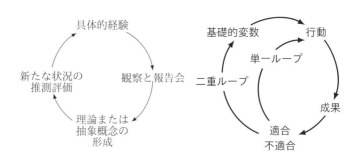

図 4.2 学習サイクルと 2 次学習（Lane, 1995）

にとって不確実性は脅威であり，それを認めることは弱さの露出になる（Argyris & Schon, 1978, p.247）。

うまく設計されたゲームでは，二重ループ学習を刺激するために，実践的学習の局面と，内省と議論の局面および活動が交互に起こる。ゲームは，これらの二つの学習サイクルの進行時間が実生活よりもはるかに速い周期的な時間進行である。ゲームでは，システム内の接続関係と規則の全体像を開発することを，さらに行動の範囲に影響を与えて更新することを学ぶ。子供は遊びを経験して学ぶ。子供が一つの玩具から全てを学んだら，別の玩具がしばらくお気に入りになる。ゲームや玩具は，タビストック研究所（訳注 - イギリスの非営利組織）の用語を使えば，「過渡的対象」である。ゲームの単純で安全な世界で，子供は不可欠な生活技術を実践する。遊戯と学習との関連性も経営の文献に強調されている。DeGeus（1988）は，元シェル社の未来学者であるが，経営者にとってもモデルとシミュレーションがこの機能を実践できることを指摘している。これらは，安全な学習環境を提供する一時的な機能を果たしており，過渡的対象といえる。

4.5　合意の必要性

4.5.1　合意を考察する三つの方法

行動の合意は，行動の根拠になる適切な人々の参加が必要である。一般的に政策立案者は意思決定に満足する前に全体像を要求する。しかし，これが実現することは全くなく，政策立案者には直接の部下が自己の行動を理解して後押ししていることを確認する職務がある。これは，政策ないし危機の決定に大きな転換が起こり，既存の業務と人間関係が危うくなったときに特に当てはまる。

本節の目的は合意の確立に関連する問題を説明することにある。5C のうちの 4 番目のものに最も有益な名称として何を当てはめるべきかは悩ましい。本節で検討することになるが，ゲーミングの貢献として，少なくとも三つの選択肢がある。第一は合意（Consensus）であり，第二は対立の調停（Conflict mediation）であり，第三は協働（Collaboration）である。本節では三つの全てについて議論したい。私たちの主な目的は，マクロ問題に対する生産的かつ実現可能な接近法の探索を支援するために，ゲームができることを探求することにある。

本書のいくつかの節では，組織のネットワークまたは多元モデルを参照している。政策課題が異なる組織の成員の相互作用だけで解決できるときは，この視点の妥当性は直ちに明らかに思える。多元的視点から組織内の課題に接近することは非常に有用である。組織は一元的でも単一目標システムでもない。組織は，多かれ少なかれ，組織内の利害関係が異なる個人と集団の構造化された協調的なネットワークである。大きな圧力と変革の時代には，共有された価値観や目標の統合機能が弱体化する可能性がある。組織がどのように継続していくべきかについて，深刻な視点の違いが出てくることがよくある。これらの場合には，異なる部門の成員は，利害の分離を認識して，全ての強い願望が同時に達成されないことを悟るべきである。ここでは目標の階層を再定義する必要がある。Cyert & March（1963）によると，組織の目標は支配的な連合の成員相互の交渉の産物であると説明している。ここで「支配的な連合の概念」を導入しており，個々の参加者が意思決定において同等の権限を持たず，一部の参加者の好みがより注目を集めることを意味する。

驚くべきことであるが，本書の全ての事例研究の依頼者が，最優先事項の一つとして合意を達成する必要性を具体的に列挙している。Hickson et al.（1986）の観点から，政治的合理性は変化の状態にあったが，管理の合理性は，ほぼ平和維持活動のようなもので，経営層がネットワークを無傷のまま維持するために統合的主導権を取ることを要求した。次の抜粋はこれを説明している。

- コンレール - 依頼者は，様々なシステムの代替案に対する政治的反応がどのようなものになるかについて，最高経営者に明らかにするシミュレーションを作成することに関心を持っていた。その後に，経営者は，経営上の観点から完全ではないが，政治的に実現可能な代替案について合意を形成することができた。
- 五大湖 - 政策演習は相反する理念的立場に注意を絞ることと考えられる。これは相違点を明らかにして，演習が引き付けた議論の最中に可能なときは合意を得る。
- 国防長官府 - 政策評価演習の主な目的の一つは，可能なところで最終報告書に含まれる勧告について合意に達することであった。
- 企業文化演習 - 主要な目的は，具体的導入する前に，戦略を策定して，合意を形成して，決定の影響を見極める機会を提供することにある。
- 創薬施設演習 - 目的は合意形成活動を行うことにあった。新たな施設の最適な立地について経営陣の合意を得るために，組織内の利用可能な英知を引き出すことにあった。

4.5.2 対立の調停

対立は，異なる願望が同時に達成されないという認知と利害関係における認識の違いである。この定義には，政策ゲーミングの対立を調停する役割が潜んでいる。利害の対立が実際に存在するかどうか，あるいはどの程度なのかを調べるゲームがある。Vennix（1996）は，利害の違いの認識に挑戦しなければならない理由と，集団モデリング（これから示すようにゲーミングにも）がどのように役立つのかについて，うまく説明している。相反する利害が何か他のものになる可能性がある理由を次のように述べている。

- 利害の不一致は，参加者に広範かつより全体的な関連プロセスを理解させることによって，削減または明確化できるときがある。より広範で全体的な文脈では，差異は非常に相対的であることが判明するかもしれないこと，さらに共通の関心がより明らかになるかもしれないことがある。
- 特定の利害において，認識される不一致は，異なる人々が同じ現象に与える意味や重要性の違いとして，理解されることがある。これらの異なる意味は，組織の異なる地位や異なる職業的背景と相関することが多い。
- 認識された利害において，不一致は，情報獲得の異なる様式による結果であることが判明するかもしれず，それ故に，情報の選択において異なる人々がそれぞれの特定の情報を選ぶこ

とが反映するかもしれない。メンタル・モデルに新たな情報を取り入れる異なった仕組みがあるかも，欠落した情報に対応する異なった方略があるかも，さらに一旦知ってしまった情報を忘れる異なった選択的仕組みがあるかもしれない。

　事例研究は，ゲームの設計と利用のプロセスが対立の調停をどのように支援できるかを明確にしている。例えば，創薬の事例において使用された設計プロセスは，R&D 部門と他の経営機能との間に認識される利益相反を再定義することが可能であった。R&D 部門に見られる製品開発は全体像の極一部にすぎないことが発見された。これは問題の再構成につながり，演習の最中に，新規のR&D センターをまったく建設しないという新たな革新的な解決策が着想された。

　ゲーミングのような集団演習の重要な機能の一つは，対立が実際にどこに存在しているか，どの程度まで対立の感覚がその他の認知的な相違点の反映になるかを探究することである。実際，これは，複雑さとコミュニケーションの節で指摘したゲームの全ての機能に戻ることになる。いくつかの事例研究では，ゲームがミクロ政治的実態の実際的な明確化と探究に問題の認知的側面に関する議論を組み合わせる生産的な方法であることが示されている。ゲームは，多くの異なる利害者集団の代表者が，現実を再現する集団交渉のプロセスに，起こり得る所産が何であるかをお互いに示すことに役立つことを示している。

　公的医療サービスの演習は，おそらく，これに最も関連性の高い事例である。この「早期警戒」の演習が示していたのは，権限，利害，専門知識の現在の配分を考慮すると，新たな法律がもたらす所産は，政治的に不安定であり，ほとんどの人々にとって不満足であり，さらに一時的勝者にとっても有益でないかもしれなかった。参加者は，共通の関心を持っていることを発見して，さらに早期警戒の演習がもたらした結果を避けるために，責任ある政治機関がより調和したプロセスを開発しなければならないことを経験した。

4.5.3　協働

　議論や立場の明確化を目指した集中的な努力に関らず，どのように進展するかの対立は依然として存在するかもしれない。当事者は今やどのような理由でさらにどんな所で異なっているのかを理解している。さらに，特定の利害を同時に追求することはできず，価値の損得評価を行わなければならないことを知っている。そのために，承諾の状況にあり，不同意に同意する。多くの対立が起こる状況では，そのような理解に到達することに非常に大きな価値がある（持続した集団プロセスを経由して）。しかし，問題はまだ残っている。どのように対立を扱うか，どのように価値の損得評価を解決するかである。

　Pruitt & Carnavale（1993）は対立を処理する手法の幅広い分野を次のように 3 区分している。

- 実行の分離（当事者が独自の方法で独立した意思決定者のように行動）
- 第三者による判断（例えば，上司，裁判官，審判）
- 交渉と調停の共同プロセスの開始（調停は第三者の協力を得て交渉）

Poole et al.（1991, p.19）は，引用した研究から，交渉の行動を次のように 3 区分している。

- 配分的行動 - 当事者は他者の必要性または利益を考慮せずに自己の利益を追求する。問題と行動の代替案に対して秘密の姿勢を示しながら，情報を隠蔽して競争的な態度を示す。
- 回避的行動 - 当事者は対立を避けるか言い繕う。
- 統合的行動 - 当事者は，他の当事者と協力して，理想的に全ての関係者の利益を現実化する解決策の発見を試みる。この行動は，当事者の関心が明確という点において透過的であり，他の視点や解決策にも開放性がある。

Ottenheijm（1996, p.40）は，対立を処理する最も生産的な方法が統合的行動であることを見いだしており，対立関連の文献において一般的な支持を得ている。

統合的行動は有益な状況に集団を導いており，所産は関係した人々と着想の相乗効果になる。配分的行動は，対立を増加させるか，他者の権限を利用して一種の偽の合意に誘導する。どちらかの当事者の勝利か単純な妥協になる。回避的行動は，対立が無視されても消滅せずに何も解決しない。

統合的行動は行動するためにより建設的な方法である。組織心理学者はこれを多者間協働のシミュレーションと呼ぶ。Gray（1989, p.5）は，協働を「問題の異なる側面を見る当事者が，建設的にその相違を探索して，何が可能かという自己の限られた構想を超えて，解法を探求するプロセス」と定義している。しかしながら，Vansina et al.（1998）は，どのような善かれと思われる会話でも協働のプロセスになることから，この定義を批判している。さらに，協働は，参加者が他の集団に属していることから，参加者が従事している業務プロセスであることを強調している。

Vansina et al.（1998, pp.159-181）が，多者間協働の動態を研究するためにシミュレーションを使用していることは興味深い。最も印象的な結論の一つは，「全ての関係者を同じ部屋に連れて来る」と「協働作業に集点を合わせる」という手順に頼っているだけでは不十分であることである。「自己組織化と自己管理は，伝統的な経営の欠如だけで，協働につながらない」という（p.3）。複数のシミュレーションの結果は，自由にさせておくと，参加者には調停技能がほとんどなく，多人数協働をうまく構造化する方法を知る役割モデルもないことが分かる。これに対応する行動は学ばなければならず，明らかに経営者が通常の経営教育で学ぶものでもない。この研究は，ゲームがこれらの技能を教える貴重な方法となり得ることを示している。

多者間協働は人々の善意を結集させるだけではない。それは構造化されなければならず，学ぶ必要があり，熟練した指導者による促進が求められる。いくつかの事例研究は，ゲームが事前決定交渉の手段としてどのように使用されたかを示している。振り返ってみれば，私たちは，これらの事例に，Ottenheijm（1996）が交渉の文献から最初に導き出した対立管理を支援する方法について，次の五つの教訓を発見していた。

- 焦点は，個人的または感情的な課題ではなく，問題にあるべきである。人格を問題から分離

するにはいくつかの方法がある．参加者には，役割を演じて，自己の立場ではなく，視点を守るという最も重要な仕組みで十分であろう．ゲーム中に参加者が発言することは，役割がそうするように強制する．ヨーロッパ創薬施設の事例では，伝えなければならない難しい内容の非個人的な発表が，ゲームの成功に非常に重要な要素であることを示した．

- 検討される代替案の範囲が広いほど，全ての利害を満たす交渉結果になる可能性が高くなる．いくつかの事例研究は，十分に準備されたゲームが，効率的かつ透過的なプロセスにおいて，多種多様な代替的政策選択肢を生成して提示して評価する機会を提供できることを示している．ゲームは会合の早期閉会を避けるために良い方法になろう．社会雇用の話題はこの点をかなりよく表している．

- 統合的行動には協働的な雰囲気が必要である．既に述べたように，ゲームは人々が遠慮なく感じて協働的な業務を楽しむ安全な環境を提供する．

- プロセスの秩序と役割が明解であるほど，交渉の結果はさらに良くなる．この点において，特注のゲームは不確実性と懸念を取り除く．ゲームは，組織の成員とともに用意されて，その利用に先立って参加者に明確に提示されるためである．明確な役割の説明，よく試行されて公表された実践の各段階，明快な議題，報告会を下支えるファシリテータは，政策ゲームを事前決定交渉の優れた環境にする構成要素である．

- 最終的な決定を行うために，先導者に票を投じたり信頼したりするような人為的な対立回避の方法は避けることが重要である．Poole et al.（1991）は，「課題の選択が投票になると確信していれば，妥協する動機はほとんどない．多数派の人々は意思を通せることを知っており，少数派は原則を貫いて負ける」と述べている．このような問題を回避するには，事例研究が示しているように，世論調査，多基準の作業，役割の交代（政策の主張者からその犠牲者へ）などの多くの方法がある．例えば，国際共同委員会の課題専門家会議において，ゼブラ貝の議論中に使われた研究課題群を考えてみよう．すなわち，生物学と生活史，制限と緩和，社会経済的研究，回遊様式などである．これらの課題群は様々な要因を使用して記述されている．プロジェクトの目的，検討中の研究方法，関係する専門分野，他の分野の進行中の研究，懸念される知識格差，提案された研究の費用，生態系の影響などである．個々の参加者は，それぞれの基準の重要度を評価する必要がある．これは単純な尺度構成法を使用して行われる．結果はコンピュータを使用して円グラフに印刷される（個々の決定は 3 人による各チームの平均と組み合わされる）．もちろん，これらの視点はお互いに異なる．相違点が円グラフを通して明らかになるにつれて，採用される最終基準に関する議論や交渉の基礎になる．

　複雑さ，コミュニケーション，創造性の各節で述べたように，本節の主たる目標は一般的な基準を特定する着想を収集することにあった．ここに取り上げた着想はゲームを構造化するときに指針になる．そして事前決定交渉の方法として役立つであろう．

4.5.4 合意の再考察

さて，合意の着想に何があったのかを振り返る。次は合意の一般的な辞書の定義である（Webster, 1989）。

- 特に生物の様々な部分における調和，連携，交感（中略）感情と信念における集団の団結
- 一般的な承諾の一致，合致（中略）集合的意見として関係者の大部分によって至った判断，思考の一致

この辞書の意味の合意を探しているのであろうか。私たちは，組織が常に全ての戦略的課題について合意を探し出すべきと提案しているのではない。しかし，Saint & Lawson（1994）の次の意見を強く支持している。

> 合意は，集団の全ての成員が同じように考えるような一致を意味するものではない。成員の大多数が同意するか，集団の個人が全てに同意するという意味でもない。相互の同意は，全ての正当な利害関係が扱われたという感情あるいは信念を共有することを意味する。賛否というより感じるものである。これを言い換えれば，合意とは全ての懸念が議論されたという共通の感覚である。必要なのは，個々の個人が聞いていて理解していることである。集団意思決定に失われた時間は実施の段階に取り戻せる。生産性の純増は著しく相乗的になる。

大学病院の分割構造（3.2 節を参照）のために，参加者は利害が絡んだときに頻繁に防御戦略を示した。全ての状況で合意に到達することは不可能であった。しかし，病院全体の視点から，業務への基本的な態度は，演習によって前向きな影響を受けて，共同の問題の定義に達した。

ゲーミングは，「手続き的正義論」において楽観的に述べられていることを実感する一つの方法である。人々は真剣に取り組んでいると感じると，実際に同意しない政策さえも支持する（Vennix, 1998）。これは，行動への責任をどのように保証するかという課題に直面させる。

4.6 行動への責任

4.6.1 責任の二つの側面

興味深いことであるが，「責任を示す」ことは，積極的な望ましい心の状態としても，危険で潜在的に有害なものとしても，戦略の文献に記述されている。責任を支持する研究は，組織の開発と参加の経営の出版物に記載されている。しかし，意思決定に関する著作物では警告標識が主流である。本節では，重要な5基準の一つであり，一見すると矛盾した状態を解明することに価値がある。

責任が意思決定に不可欠であることをまず確認してみよう。Noorderhaven（1995, pp.7-8）は，意思決定の概念が選択と責任に関係していることを正確に説明している。すなわち，目標や計画が最良のものとして選ばれても，意思決定者がそれに対して責任を感じていないときは，全ての実際

の目的に決定がなされていないことになる。責任は，意思決定における自発的かつ感情的な要素であるために，決定の定義の一部分である。選択した行動の道筋を実現することは，積極的な意欲である。しかし，責任は当座あるいは継続の行動を意味するものではない。エネルギー，時間，才能，その他の必要な資源の取消不能な配分が，選択された代替案になされたときに責任があることになる。

　この定義は，戦略が過多と過少の責任に悩まされる理由を明確にする。過多の責任とは，もう一つの経路を選択する必要があるときに，一連の行動に固執することを意味する。過少の責任とは，他の選択肢がないにもかかわらず，選択された経路を完全に実行する熱心さがないことを意味する。過多と過少の責任は，本書に関連した意思決定の全ての水準において報告されている現象である。すなわち，個人，集団，組織の水準である。意思決定技法と意思決定プロセスに関する規範的文献には，片方を保証して他のものを回避する暗示や計略が溢れている。本節の残りの部分では，これらの処方のいくつかを探索して，責任の「適正な量」の探索を支援するという観点から，事例研究とゲーミング領域を分析することにしよう。最初に警告の側面を扱い，その後に「さらに多くのモノを得る方法」の文献に移ることにする。

4.6.2　責任の深刻化の防止

　責任の深刻化は意思決定の文献の重要な概念である。意思決定者は，失敗した政策を止めたり緩和したりするのではなく，逆にそれを強化する傾向を指す（p.85）。「損失を取り戻そうとしてますます深みにはまる」として知られている。深刻化のプロセスは，つぎ込んだ費用を無視する多くの人々のよく知られた無能さと大いに関係がある。すでにプロジェクトに費やされた金額やエネルギーの量は，未来の成功の可能性と正の相関がない。しかし，振り返ると過去の行動を正当化して合理的に見せる必要性は，個人，集団や組織にとって失敗して首を絞める戦略を止めることが難しい理由を説明するかもしれない。

　Ross & Staw（1993）は責任の深刻化の決定要因について興味深い概要をまとめた。次の要約は，本書の事例研究のほとんど全ての場合において，決定要因のいくつかが意思決定の質に脅威を与える可能性があることを明らかにする（Kreitner & Kinicki, 1995 の研究の要約を書き換えて次に示す）。

■**心理的および社会的決定要因**　個人は過去の決定と一致するように事実を把握する。肯定的ではなく否定的な結果に焦点を当てるやり方で問題を批判されれば，より多くの危険を冒すことになる。自己の意思決定とプロジェクトの推進者として，さらに推進する傾向がある。陰口，面目丸潰れ，その他の否定的な仕打ちにより過ちを咎める社会風土では，現在の戦略に対する信用を失っていたとしても，経営者が非生産的な行動方針を変更することは非常に困難であろう。「確定的敗者」（例えば，敗者本人として紹介）の可能性は，ありそうもない所産に向けて誤魔化すよりも，あまり魅力的でないかもしれない。

■組織的決定要因　組織内のコミュニケーションは，残念ながら不快な伝達内容を配信しなければなならないときに崩壊する傾向がある。組織は対決を抑えており，個々の戦略には内部の支持者と犠牲者がいる。戦略的方向性の転換によって，生じるかもしれない短期的な権力の再均衡を危険にさらすよりも，悪いことが起こりそうな未来に向かって進出する方が魅力的かもしれない。複雑な組織では情報の収集と処理はしばしば遅い。組織の慣性と呼ばれるものに他の多くの要素が加わる。「団結して行動する」ことはできず，最悪の事態を生み出す政策の継続になる可能性があり，実際にそのとおりになることが多い（2.4.2 項の Bovens & 't Hart を参照）。

■問題の特性　以前に述べたプロセス基準において高い評価を得ている決定問題は，責任の深刻化につながる危険がある。意思決定が複雑になるほど，より多くのコミュニケーションと交渉が行われる。この場面では，人々がより多くの創造性と感情を入れ込むほど，さらに内部対立が激しくなるほど，決定の再考を認めることは難しくなる。深刻化に特に寄与する複雑さの要素は，遅延の発覚である。投資が利益を生み出すまで，時間がかかる可能性があることの理解は，建前上は常識の範疇である。しかし，忍耐が愚かな頑固さに変わるときに，これを知ることは非常に困難である。

■文脈上の要因　非生産的戦略を変えることはより困難になる。組織が方向性を変えなければならないときに，強力な外部関係者や利害関係者が潜在的な損失を恐れることになる。報道機関，圧力団体，専門機関，政府，官僚，競合企業，供給者，依頼者，政治家などの全ての社外関係者のネットワークが，組織自体は避けたい道を歩み続けさせる可能性がある。

　責任の深刻化はまさに人間の欠陥である（2.4.2 項の Dörner を参照）。単一の技法で簡単には解決できない。Staw & Ross（1990）は深刻化を回避するためにいくつかの方法を推薦している。そのうちのいくつかはゲーミング・シミュレーションの使用に明確な支持をしている。例えば，異なる人々がプロジェクトの初期とそれに続く決定をするという研究の着想は，コンレールの事例における戦略室の手法に非常によく適合する。ここではプロジェクトの進捗状況について高い頻度の反応を提供することになる。国際共同委員会の事例研究は，参加型ゲーミングと継続的な反応を組み合わせた良い事例である。

　創薬の事例は深刻化現象に対する警告として解釈することができる。さらにこの研究によると，誰かが意思決定者にプロジェクトに関わる自尊心を抑えた状態になるように説得を試みるべきという。このことが，製薬企業の以前の国際化戦略の何が間違っていたかを示すことになる。この冒険（アジア市場への拡大）は間違った方向に拡大していた。しかも，決定プロセスに関与した少数の人々が隔絶されていた。さらに以前に中止されるべき戦略の継続的な作業に誘惑されていた。失敗したときの懲戒は厳しいもので，国際問題担当取締役は外された。この研究は，失敗の報いを減らすために重要な役割を果たしていた。

　この「失敗の懸念」に対する最良の治療薬の一つは責任の平坦化である。製薬企業の R&D 決定における最高経営責任者は，この戦略を採用して，もう一つの戦略プロジェクト（ヨーロッパ）に

可能な限り多くの人々を関与させた。広く知られた格言ではこれを「隠蔽工作」の戦略と呼んでいるようだが，参加型経営では「共同責任」または「集団的抱負の展開」と呼んでいる。実際，経営陣が多種多様な人々を集めて決定を行う事例では，責任を分担する着想が役割を果たした（共犯者にする）。いくつかの事例では外部の人々が招待されたが，このことは特に公的医療サービスの演習で起こった。国営医療制度の高度に政治的で極めて複雑な再編の事例は，責任の深刻化を引き起こす可能性のある要因が全て存在していた。

4.6.3　積極的責任への道筋

　責任を積極的に刺激する方法や技法を奨励する文献を見てみよう。第2章では戦略的経営における「関与の学派」に属している何人かの著者を引用した。Hart（1992）は，戦略の文献において関与を通した責任の増大を記述している。Hickson et al.（1986）は，多くの戦略的プロセスが散発的であろうと非固定的であろうとも，公式にも非公式にも多くの当事者間の相互作用を引き起こすことを経験的に発見している。組織の境界を超えて，戦略への関与に注目する利害関係者接近法についても述べた。

　「関与による責任」に関する多くの議論が文献の主流である。戦略立案とその実施の両方が難解な行動であることが多く，それらには，断片化，拡張，反復，中断，遅延がある。難解な行動は比較的長い時間を要しており，その間に多くの同業や同僚が注目を引こうと競い合っている。それらは多くの副次的段階と副次的周期を有しており，解決法の探索は多くの異なる専門分野が必要である（例えば，McCall & Kaplan, 1990, pp.73-77）。もちろん，難解な行動の大きな危険は，問題を解決せずにあるいは機会を捉えずに，消滅してしまうことにある。

　文献では，これらのプロセスには，プロセスを継続して全ての関係者をある方向に向かせるために，「推進者」が必要であることを示唆している。転職の時代の強力な推進者であっても，その在職期間は，戦略の責任者として必要な期間を留まるには短すぎるかもしれない。例えば，大学病院や創薬の事例において，成功するために必須な戦略的行動には長期間が必要であった。加えて，今後何年かしてこの作戦を実施する人々は，最高経営責任者から2階層または3階層の下位の水準にあった。シミュレーション・プロジェクトを開始した最高経営責任者は「全員が参加してほしい」と述べていた。「なぜなら，今から10年後には，単に私自身よりもはるかに多くの人々が，私たちが今求めているものを求めることになろう。これを求めた理由を思い出す必要性があるからだ」と付け加えた。これらの事例においてゲーミングを採用する理由の一つは，自信に満ちた推進者たちの全社ネットワークを創出するために，経験学習の力を使うことになる。

　集団的責任に関しては，この探求のための追加的な議論が広範な話題の出版物に見られる。例えば，組織の管理職削減，業務の専門化と知識の集約，報酬以外の方法で組織内の能力を維持する新たな方法を見つける必要性などがある。

　依頼者がよく言及するように，ゲーミング・プロセスを採用するために健全な二つの根拠の組み合わせがあるようである。この直観は実証研究によって積極的に支持されている。この種の集団作

業は，多くの異なる人々の専門知識を活用して，政策を実施する多くの異なる利害関係者の責任を必要とするときに，最も頻繁に選択されて最も有用であることが証明されている（Beach, 1997）。

　参加が自動的に質の高い決定につながるわけではない。集団は，問題の幅広い枠組みの採用と支援のために，刺激される必要がある。第3章で説明した事例のように，ゲーム設計プロセスは，複数の役割の相互作用と相まって，これが起こることを確実にする。集団のプロセスは擬似的責任に陥る可能性もある。集団討議では常に受動性の危険があり，「ただ乗り行為」と呼ばれる現象があるためである。ゲーミング・シミュレーションの実践の各段階で計画されるように，全ての参加者の課題と活動の厳密で調和のとれた配分は，この責任放棄に対する保護手段になる。

　参加は意思決定プロセスを複雑にして時間がかかるものである。参加には確かにその危険性があり，そのうちのいくつかを本章で説明した。理想形は，否定的な活動を避けながら，参加の積極的貢献を収穫することを可能にするプロセスである。あまりにも多くの責任ではなく，あまりにも少ない責任でもなく，適切な意思決定に合った適切な人々の適切な程度の責任である。しかし，戦略分析に完全な予測はなく，戦略立案に完全なプロセスはない。ジョージ・オーウェルの小説『1984年』の喜怒哀楽もない全体主義社会工学を誰が望むであろうか。

4.7　結論

4.7.1　偶発性の重要な見解

　事例研究では，特定の状況のマクロ問題に，他の状況の問題とは異なる「プロセス構造」が必要であることが示されている。戦略と組織の文献では，この観察は，通常，偶発性の重要な見解に関係している。そこで，政策演習の設計に非常に関係があると思われる次の三つの質問を念頭に，参加と偶発性の間のこの接続に関する文献を探索した。

- 政策課題のどの特性が，非参加プロセスではなく参加プロセスを示唆しているか。どのようなときに参加型政策分析と5基準に関する概念の適用を避けるか。
- 参加型政策分析の接近法の形式が関連しているようであれば，どのようにして参加に与えるべき正確な役割を決定できるか。私たちの用語を使えば，ゲーミング・プロセスの正確な目的と問題点をどのようにして決めるのか。
- プロセス設計が，各基準に割り当てる配慮の程度をどのように評価すべきか。この分析に，実際の政策プロセスが妥当であるかをどのように保証するか。

　偶発性という概念は，非常に長い期間，戦略と計画の文献に掲載されていた。古来，孫子は，戦略的課題に対する賢明な将軍の対応は状況の特定の特性に左右されるべきと，弟子らに悟らせようとした。この着想は非軍事の計画と戦略の文献において十分に認識されている。この偶発的思考は，戦略的論争の内容面だけでなく，適切な戦略的プロセスの設計にとっても次第に重要になっている。

　プロセスの設計は特定の重要な方式の選択と設計を超えるものである。プロセスがマクロ問題の
特性に左右されるとすれば，多くの選択肢を選ぶことになる。戦略的軌道には多くの設計の決定が
必要になる。例えば，適時選択，参加者数，主題の関連，方法，公開討論などがある。前述したよ
うに，これらは一つの中心的な方法論的要素と同一のものとして理解されることが多い。例えば，
戦略研修会，ゲーム，シナリオ検討会などが方法論的要素である。実際のところ，この主要な方法
の品位は戦略プロセスの成功の不可欠な要素として説明できる。要するに戦略的軌道の一般的な基
準は次のとおりである。

- 有効性（妥当性）- プロセスは手近の課題を中心にして問題解決を支援しなければならない。
- 一貫性 - プロセス（軌道）の各要素は，選択された目標に導く全体的な様式に適合しなけれ
  ばならない。
- 統合性 - 優れたプロセス設計は選択肢の全ての媒介変数を考慮に入れる。
- 効率性または簡素性 - 戦略的軌道には目標に寄与しない要素は含まれるべきでない。
- 現実主義 - 論理的基準はプロセス構築様式（時には費用がかかる）が実現できるか否かであ
  る。関係当事者から十分な約束を得ているか。必要な専門知識が入手可能であるか，十分な
  資源があるか。
- 柔軟性 - 戦略的な必要性や状況が変化したときに，プロセス計画を適合させることができ
  るか。

　戦略的軌道はこれらにより分析することができる。手段，プロセス，方式を構成しており，これ
らの全てが，全体軌道の有効性，一貫性，効率性，妥当性を支援しなければならない。関与する多
くの設計媒介変数を理解するために，さらに，これらが効果的であり統合的であり一貫性があり，
簡潔で実現可能な軌道に組み合わせる方法を理解するために，多くの研究が行われなければならな
い。

4.7.2　参加型経営を目指したモデル

　Vroom & Yetto（1973）は，意思決定において，従業員集団の関与程度の測定を補助する初期の
モデルを開発した。Vroom & Jago（1988）はそれを拡張した。Kreitner & Kinikci（1995, p.318）
は，この初期モデルを支持するいくつかの実証研究と，拡張版の最近の研究を支持する実証研究を
引用している。

　Vroom et al.（1973, 1988) は，参加と八つの問題属性の点で，五つの型またはプロセス戦略を
際立たせる。これらの参加と問題属性は，型と属性の調和を図るために，決定木に統合できる。五
つの型を次に示す。

- 型 1 - 利用可能な情報を使用して最上部の個人が決定する。
- 型 2 - 部下（あるいは他の状況の依頼者）は単にデータ収集の情報提供者として関与してい

るだけで，決定は最上部で行われる。

- 型3 - 最高水準幹部と個々の関連する部下（すなわち利害関係者）との間で，情報と解決策の両方に関して幅広い二者会議が行われるが，決定は最上部で行われる。
- 型4 - 問題を部下の集団と共有して，さらに着想や提案を共同して収集するが，決定は依然として最上部にある。
- 型5 - 統率者と部下は集団を形成後，情報を共有して，選択肢を生成して評価して，解決策について合意に達する。統率者は集団から出てくる決定を受け入れる。

　厳密には，型1の戦略だけが非参加型であり，他の型の4戦略はいわば参加の順序尺度を形成するように思える。ゲーミングは本質的に集団プロセスであり，私たちの事例研究に型4と型5に該当する異なった事例を簡単に見つけることができる。医薬品の事例は，おそらく，この研究によって定義された参加型の中でも最も強力なものであろう。R&D部門の最高経営責任者はヨーロッパ創薬施設の政策演習の結果を受け入れて擁護して実施した。しかし，公共政策の事例（国際共同委員会の事例）は，モデルの型3と型4がゲーミングによって支持されてることを説明している。参加者は情報提供者または専門家として招かれている。全ての当事者は，演習の参加者が，擬似的集団を形成して，関連する社会的な範疇または集合体の視点を持ち込むという事実を受け入れている。これらの事例では，直接的相互作用の付加価値は，責任や合意の構築ではなく，複雑性の削減（複数の視点の分析と統合）と創造性に求められる。

　興味深いことに，この研究はこれらのプロセスの型に問題属性を組み合わせる。表現の言葉は異なるが，この研究が利用する概念と私たちの5基準の概念の調和は，容易に認識できるだろう。研究のモデルについて，事例を使って説明してみよう。このモデルは，完全な集団参加（型5）が八つの問題属性の異なる組み合わせに適切であることを示しており，それぞれが戦略的な課題または挑戦の異なる範疇になる。

　医薬品の事例において，集団参加（型5）を支持する評価はこの研究の八つの問題属性に反映されている。問題属性を次に示す。

- 決定の技術的品位は高くなければならない。
- 部下の責任が必要である。
- 経営陣は十分な情報がない。
- 問題は悪構造化されている。
- 下級者は課題の重要な組織の目標を共有する。
- 課題のトップダウンの決定は，組織の重大な受容問題になるかもしれない。
- 従業員は質の高い決定を行うために十分な情報と専門知識を持っている。
- 課題は，望ましい解決策全体にわたり，組織の成員間で対立を明らかにしたり誘発したりしないであろう。

ゲーミング・シミュレーションが多機能的戦略手段であるという事例研究から，このモデルは実

証的観察のために概念的基盤を提供する。これは，問題属性とその相互関係の理解に関する記述が，実際に評価と解釈の結果であることを示している。この見方は，戦略プロセスで使用するゲーム設計プロセスに深刻な影響を及ぼすので，心に留めておく必要がある。モデルに対する批判的論議として，表れてくる戦略的挑戦に参加が直接的に結び付けないことがある（例えば，組織が生存すべき環境）。前にも述べたように，これは，問題属性のモデルにあまり関わってなくて，プロセス基準の観点から属性を解釈するモデルである。

4.7.3　参加 - 戦略的能力として

　Hart（1992）は，戦略プロセスに関する理論と研究が，環境的特性，戦略的プロセス方法，戦略的成功の相互関係をよりよく理解することに役立つことを示している。前項の研究とは異なり，指令方法，象徴的方法，合理的方法，対人交流法，生成的方法を戦略立案の五つの方法として定義している。最初の三つの方法は，非参加型であるが，下級者が最上位の意思決定者に情報を提供する意味では参加型である。

　この研究の対人交流法は，組織の下位水準の成員に政策開発の機会が積極的に与えられているという点で，参加型である。さらにプロセスは，多くの反復があり，多くの多機能なコミュニケーションと反応があるという点で，学習形態である。生成的方法は組織の成員を「参加のはしご」の上位の段階に置く。ある意味で，意思決定にいくらかの自由度があるので，個人の企業家に相当しよう。この方法では，小実験によって新たな領域に入り，創造的な集団や個人が，安全で刺激的な実験を開発することを認められている。ここでも，研究が定義するこれらの二つの参加方法に，私たちの事例研究を適合させることは困難ではない。いずれにせよ，対人交流法はいくつかの事例に容易に認められる。

　さらに研究は，どのような環境にどの方式が見つかるかを定式化するために，戦略の文献を概観する（どのような戦略的挑戦に直面するか）。中心的な仮説の一つは，戦略的当事者が，多くの利害関係者と多くの異なる利害との状況に置かれたときに，利害関係者について学び巻き込むために参加型戦略を採用する傾向（少なくとも組織内で）があることにある。環境が騒然として動的で複雑な状況では当事者は生き残りを目指す。組織内の参加型あるいは起業家精神の政策立案を信頼して，同時に組織をより水平化してネットワークに似た形に再構築することになる。先行研究の分析結果も戦略立案に関する偶発性の視点を支持している。環境の挑戦が伴う成功する組織においては，戦略的な反応だけでなく，戦略立案の方式も変化することになる。

　Hart & Banbury（1994）の 285 社の実証研究は，この研究の仮説の多くを支持した。そして，戦略的プロセスや方式の考え方に非常に現代的かつ重要な要素を導入している。これらの方式は「手腕」あるいは「戦略的能力」であることを示している。困難な環境において，企業がこれらの技能を修得すると，この能力は競争相手よりも優れた機会を提供しよう。参加型方法は導入が難しく維持するのが難しいために，これらの方式の技能は特定の状況において重要な資産になる。現代の企業は世界中の多くの市場で活発に活動する傾向にあり，その環境は予期しない方法で変化す

る。結果として，この研究データから，単一の方式に依存する企業よりも，複数の戦略的プロセス方法に技能をもつ企業が優れていることを明らかにしている（Brews & Hunt, 1999 にも同様な実証的研究の成果がある）。研究の結論として，私たちが「未知の領域への参入」と呼んできた分野で，複雑な戦略方式における多様な技能が企業の成功に役立つことを挙げている。いずれにせよ，戦略立案の参加型（学習または実験）の形態は現代の企業にとって不可欠な技能である。

4.7.4　境界を超えて - 利害関係者とネットワーク

　私たちのいくつかの事例研究において，政策演習における参加問題は当初の組織の境界をはるかに超えている。Mayer & Veeneman（2002）は，最近の研究論文において，公共事業およびインフラ部門における組織間連鎖やネットワークに関するゲーミング・プロジェクトを収集している。これらの事例は「ネットワーク社会」の台頭を目の当たりにしている。組織間の状況における参加は文献において徐々に注目されている。これを主題にした多くの出版物が，組織間の連携の管理法について説明を試みている。民間部門に焦点を当てた出版物ではこの分野を「利害関係者管理」と呼んでいる。

　公共政策指向の文献では「ネットワーク経営」に匹敵する概念がある。私たちの最後の 4 事例研究中の 3 事例はこれの強力な必要性の事例である。例えば，解決の難しい課題を議論するために，組織は非常に多様な背景の代表者を集めたいと感じている。これらの事例は，現代の理解によれば，「利害関係者管理」あるいは「ネットワーク経営」の実用化である。ゲーム設計の手掛かりとして，現行の文献が何を提供しているかを把握することにする。最初に利害関係者理論に注目して，さらにネットワーク理論のいくつかの関連事項を述べてみたい。

　Savage et al.（1991, p.61）は，文献と関連する事例資料の広範な考察において，「効果的な組織戦略は，何ができるであろうか，どのように行われるべきかについて，複数の主要な利害関係者から合意を得る必要がある」という思索を発達させた。偶発性理論に従って，関係する利害関係者の特定は組織が直面する特定の戦略的課題（または挑戦）に依存することを説明している。さらに，組織が脅威または協力の可能性を保持しているかどうかは，その利害関係者および組織に影響を与える主要な利害関係者との組織関係の特定の文脈と経緯に依存する（pp.64-65）。

　この研究は，利害関係者を四つの範疇に分類しており，併せて四つの包括的な戦略を提示してこれらの利害関係者に対応している。

■範疇 1　支援の利害関係者であり，協力の可能性が高くて脅威になる確率が低い。この研究によれば，これらの利害関係者と関わる自然な戦略は，関連する課題に関与させて，結果的に協力の可能性を最大にすることである。権限の分散と中間管理職や従業員の意思決定参加を促す組織内戦略は，この戦略に適合する。

■範疇 2　限界の利害関係者であり，極めて脅威的でも協調的でもない。この研究では，中規模から大規模の組織の事例として，利益団体，株主，従業員の職能団体などの利害関係者を示している。

これらの利害関係者が活動的になる可能性のある課題（安全性，公害など）が出現するかもしれない。従って，適切な利害関係者戦略は，戦略的決定によって限界の利害関係者が影響を受けそうなときに，熟視して措置を講じることである。

■範疇3　利害関係者は脅威の可能性が高く協力の可能性が低い（例えば，競合他社，時には組合や報道機関も）。組織に対して依存状況を作り出す。論理的戦略は防御的なものであり，依存関係を削減すればよい。

■範疇4　痛し痒しの利害関係者であり，脅威と協力の能力が同等である（例えば，労働市場に競争力を有する従業員であり，顧客あるいは取引先でもある）。この形式の利害関係者は，範疇1（支援的）に移行するだけでなく，範疇3（非支援的）に移行する可能性がある。この研究によると，この範疇の利害関係者は，協働の提案で最善の取り組みができるかもしれない。共同事業はこの戦略を補う一つの方法である。

　この研究は，「魅力的でない」範疇の利害関係者に対して，より魅力的な方向に関係を改善することが重要であり，基本的な戦略的選択肢であることを強調する。防御の継続的な態度を受け入れるよりも，関係をより協力的戦略に変えるために資源を使うことによって，格段の生産性と省精力が証明されるかもしれない。

　利害関係者管理の業務は，ネットワーク関係の仲介者あるいはファシリテータとして，最高経営者の役割を強調する。コンレールのために開発されたようなゲームは，後日，この仲介的プロセスの方法として機能した。この研究の類型論は，ゲーム設計におけるいくつかの機能を有することができる。例えば，ゲーム設計プロセスの早い時期に，演習に誰を招くかを含めて，依頼者とともに演習の目的をより正確に定義することができる。後日の実際のゲーム設計において，実際の政策環境の多様性に妥当な役割が定義されているかを確認することに役立つ。公共政策ではネットワーク経営の概念に匹敵する議論が発見できよう。

　ネットワーク理論では，政策決定は，ネットワークの創造とこれらのネットワークにおけるゲームの規則に影響を与えることを意味する。私たちの国際共同委員会の問題は，公共政策決定の現代的な形式の明確な事例である。Bruijn & ten Heuvelhof（1995）はネットワークの重要な三つの構造要素を指摘している。すなわち，多発性（多様性），自律性，相互依存性である。従って，ネットワーク経営を「ネットワークにおける相互依存性，自律性，多様性を全面的に変化させて，管理する当事者に対して管理する選択肢を創作するために，現実的かつ一時的な気まぐれ（予知できない状態）を部分的に変化させる」と定義している（p.32）。気まぐれの概念は，ネットワークにおける政策プロセスの予測不可能なあるいは混沌とした特性を指す。公共機関は，内容の定義と適時選択の両方で，ネットワークの政策プロセスの透明性と予測可能性に影響を与えようとすることが多い。公的医療サービスの演習の目標の一つとして，初期の段階で，保健管理システムの行動や相互作用の嫌な雰囲気を防ぐことができて，組織を結集できた。

　戦略プロセス理論と利害関係者およびネットワーク経営に関する文献を調査研究してきた。この

小旅行は，ゲーミング軌道に関する偶発性の視点の重要性を指摘して終ることにする。政策演習のような実体は十分に計画された軌道に慎重に統合されなければならず，戦略的課題に対して組織が採用するプロセス戦略全体にも適合しなければならない。最後に，プロセス戦略は，政策課題の性質とその課題を取り巻く社会的地位のミクロ政治的現実に適合しなければならない。これは組織内あるいは組織間の利害関係者に関係なく当てはまる。

第 3 部

理論と研究

読者のための指針

　第 4 章では，戦略理論と第 3 章のゲーミング・シミュレーションの応用事例を関連付けた。私たちの目的はゲーミングが戦略的経営に関係している理由と方法を明確にすることであった。

　第 5 章では，読者の注意をゲーミング・シミュレーション自体の現象に向けさせる。この章において，政策ゲームと呼ぶプロセスの本質に関する理論的観点を要約したい。さらにこの章で述べる思索は，長年にわたって「この専門的職業の実体は何であろうか」を理解することに役立ってきた。そこで，ゲーミング・シミュレーションの解釈を「複雑さのための言語」として再考する。ゲーミング・シミュレーションに固有であり，コミュニケーション様式の本質の具現化に役立つような「多重話」の概念を提案する。

　第 6 章では，政策ゲームに関する実証研究のいくつかの系列を説明したい。ゲームの内容を創作する研究活動から離れて，過去の取り組みや可能性のある新たな研究計画を探求する。これは戦略的経営におけるゲーミングの貢献を評価することに役立つ。さらに，個人や集団の政策立案行動を研究する環境として，実証的な流儀に従ってゲーミングの興味ある利用についても説明する。

第5章

多重話 – 複雑さのための言語

　本章は *Gaming: The Future's Language*（Duke, 1974）（邦訳『ゲーミングシミュレーション 未来との対話』）を基礎にしている。

5.1　概要

　複雑さを何とか乗り切ろうとするプロセスにおいて，依頼者がマクロ問題に対応しなければならないことを理解するには遅すぎることが多い。その時点までに多くの異なる方法論が使われるかもしれない。これには，一般的に様々な伝統的研究手法が含まれており，拡大する切迫感との重なり合いに悩まされるであろう。それぞれの接近法には，全体が雲に覆われて問題の断片を強調する傾向があり，採用されるコミュニケーション形式はそれぞれの固有の限界があろう。

　本書は，適切な状況において，ゲーミング・シミュレーションの適切な利用が，複雑なシステムの聡明な経営を求めて必要になる全体性の理解の確立に，力強い約束を目指している。逐次的であり，時間の制約があり，不正確であり，無味乾燥であり，面倒なコミュニケーションの形態に依存している限り，マクロ問題の複雑さを理解することは難しいであろう。全体的に解決されるべき問題に，個別の解法の適用を継続することになろう。

　Rhyne（1975, p.16）はこれについて鋭い見解を表している。全体的なコミュニケーションの必要性を説明すると同時に，マクロ問題が存在しており，全ての人類がその昔に直面していた状況に比べて，より広範囲に及んで，相互作用の内部接続により豊かな構造をもちながら，さらに脅威的であり，そのような不運な状況の混ぜ合わせになっていると指摘している。研究は，複雑な全体の認識をより迅速かつより確実に他の人々に伝える手法の探求を刺激するために行われた。この作業には人類が継承してきた言語では対応できず，新たな様式の創案を議論している。意思決定とはゲシュタルト事象であり論理的に決定するプロセスではない。従って，個々の項目を処理する前に，市民や政策研究者や意思決定者は，全体性，完全性，ゲシュタルト，システムを理解しなければならない。この問題に対する様々な接近法を示唆しており，ゲーミング・シミュレーションには特殊な可能性があることを述べている。

5.2　現代のバベルの塔

　本書はゲーミング・ミュレーションをコミュニケーションの一形態とみなしている。1974 年，本書の第一著者は著作にこの思索を発表した（Duke, 1974）。その後，情報社会が到来して，コミュニケーションは先端技術になっている。通信事業業界には盛衰が現れており，この分野に経験のある者は誰もがこのような変革を経験している。

　この思索を執筆して以来，何年もの間に多くのゲーミング・プロジェクトが試みられてきた。政策の領域においてゲーミングを適用する経験が増えるほど，私たちの意識にコミュニケーションの一形態としてゲーミングの心象が刻印された。本章では，ゲーミングに関するいくつかの思索をより明確にするために，未来を扱う言語として述べたい。もちろん，私たちは経験ある言語学者でもコミュニケーションの理論家でもない。提示したいのは，政策演習が応用された事例を通して開発されたものであり，それらの実践から生まれた理論である。これらの思索は，新たなコミュニケーション現象である政策ゲームを説明する際に，有益であることが判明している。本章には推論が含まれているが，その中の概念は長年にわたり私たちに刺激を与えている。これらの概念を整理して，政策演習を使う組織を支援する方法について，専門家の議論に貢献したい。

　コミュニケーション状況における政策演習の定義を試みる前に，人間のコミュニケーションの様々な形式について中心的特徴のいくつかを見直す必要がある。複雑なシステムのゲシュタルトを伝達するゲーミング・シミュレーションの優れた能力は以下に説明される。この文脈においてゲーミング・シミュレーションが定義されることになる。

　マクロ問題に取り組むことが求められる政策立案者には，立案者相互や多種多様な専門家，あるいはそれらの領域と情報を交換しながら，未来をじっくりと考えることは骨の折れる作業である。何故なら，選択肢を視覚化しながら，意図しない結論を含めて有望な結果を評価することが求められる。これらを避けて，さらに無数の不運を避けるために，政策立案者は「未来を回想する」ことを学ばなければならない（Duke, 1974）。より高品位な決定を確実にするには，関与した高度な推測の環境で起こり得る事態（What if 型）の質問を探求しなければならない。そのような環境の経営には，伝統的な逐次コミュニケーション形式では得られない全体的な視点が必要である。さらに時には，マクロ問題の解決を支援する科学の洗練された技法について，本質の理解を成熟させることが必要である。

　責任ある立場の人々はさらなる困難さに直面しており，効果的な意見交換に参加したいと考えている。選択されるかもしれない解決策が人々の人生に関わってくるので，効果的に伝達することに高まる切迫感がある。マクロ問題の経営に対してコミュニケーション紛争がバベルの塔の現代版で起こっている。現代の「バベル」は世界の多くの異なる言語（ドイツ語，フランス語，アラビア語など）がまったく原因でない。むしろ，複雑な課題を解決するときに，多くの領域の様々な視点や様式や専門用語という点に問題がある。そこで，図 1.4 の「政策ゲーミングの枠組み」を再検討して，暗に示す各種の専門用語を考慮してみよう。この結果は，マクロ問題を研究しなければならな

い専門家の間で，効率的なコミュニケーションが妨げられている。さらに，これらの専門家と関連する経営判断に責任ある人々の間では，なお一層の困難が生じることになる。全体的な思考を伝達する必要性が急務であり，今後の数十年間はこの緊急性が大幅に高まるであろう。新たな情報が指数関数的に生成されて，世界の問題がより複雑化しよう。

5.3　コミュニケーションとしての言語

　私たちの推論の背後にある中心的な仮定は，人間が心象で，言い換えれば，ゲシュタルトで考えることにあり，この心象を言語を使って発信することにある。これには，全体的心象を部分単位に記述した連続の文字列に変換して，受け手がその心象を再構築することが必要である。百聞は一見にしかず。受け手が最後の部分単位を受け取るときに最初の部分単位を保持できる限り，逐次言語で十分である。これはゲシュタルトが単純であることになる。現代の複雑さの重圧の下では，メンタル保持プロセスは急速に崩壊するために，情報を伝達する他の方法を開発しなければならない。

　言語の最も強力な構成要素は類推の利用である。類推によって，過去の現象から導出された連想を修正できる。人類に最も役立つ未来を選ぶとすれば，推測に基づいた類推を開発しなければならない。それによって，思慮深く慎重にかつ現実的な細部にわたって，未来に関する仮説を策定できる。

　Moore & Anderson（1975）はどのような学習環境に対しても中心的な四つの特性を特定している。これらは，あらゆる環境の中心にあり，真のコミュニケーションに起こる。原則はコミュニケーション環境に対応するために次のように言い換えられる。

- 送り手は情報を発信する前に受け手の動機付けに成功しなければならない。
- 受け手はプロセスの受動的な参加者ではなく能動的な参加者でなければならない。
- 受け手の調歩が正しくなるようにコミュニケーションの流れ（情報）を個別化しなければならない。
- 受け手は，伝達内容を疑い異なる意見が表現できるように，対話に即座の反応をしなければならない。

　これらの諸条件は，単純な話題の伝達を試みている二人の場合には，たまに満足することが困難になる。他方，集団が複雑な環境に対応しようと試みているときは，常に満足できない。ゲーミングは，自発的解決策であり，多様な状況における多くの人々によるゲシュタルト・コミュニケーション方式を開発しようとする課題の取り組みであり，新たな言語を開発して未来志向性をもつ。そのような視点は，ゲームとして現れる素材の多様性を説明しており，効果的なゲームの開発に役立つ指針になろう。ゲーミング・シミュレーション技術の開発は，洗練されて迅速なコミュニケーションのために特別な機会を提供する。直面する新たな心象の避けられない千変万化の様相に対応して，人類を手助けするであろう。

5.4　コミュニケーション方式の概念

　政策演習の真の価値を理解するには，ゲーミング・シミュレーションがもつ伝達の本質と，コミュニケーション方式の概念が，どのように結びついているかの意義に注意を向ける必要がある。コミュニケーション方式には幅広い多様性があり，必ずしも他のものより優れているわけではないが，確実に他のものよりも適切なものがある。ゲーミング・シミュレーションは，その応用に着手する前に，特定の状況に適していることの確認が特に重要である。コミュニケーション方式は，言語，当事者間の相互作用型，使用される伝達技術の 3 要素から構成されていると定義する（図 5.1 を参照）。

　あらゆる伝達内容の発信には言語の利用が必然的に伴う。特定の目的のために記号の組み合わせとその利用法を規定する慣習として定義される。言語は，標準化された従来の使用法（英語，数学）で利用されてもよく，制限された状況のために特別に創作されてもよい。専門家は特定の分野内（法律，医学など）で使用する専門用語を開発しており，一般の人々は方言を使って「地域の言葉を話す」と言うであろう。問題特有の専門言語はゲーミング事象の最中に自然に使われる。ゲーム設計者が専門用語を適切に準備すれば，ゲームの最中に優れたコミュニケーションを容易にすることができる。

　言語の構造は容易に明らかではなく定式化されないかもしれない。典型的には，利用者は言語の規則の使用において無意識のうちに訓練される。このような規則構造を学ぶことは，言語の運用とは異なる知的な習練である。結果として，人々は，言語の構造を意識することもなく，言語を学んで利用する。この現象はゲームにも存在している。プロセスを知的に意識することもなく，参加者が学習して利用して，そして廃棄されるゲーム専用言語がある。

　通信技術は，送り手から受け手に伝達内容を発信するために，自然と人工

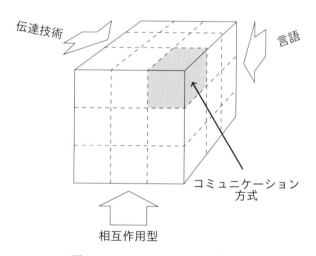

図 5.1 コミュニケーション方式

の両方の装置を含むものとして定義される。自然現象（人間の喉頭や耳）は人工的装置（印刷，電話，映画，スライド投影装置，電子メール，インターネットなど）と頻繁に結合される。伝達内容が複雑になればなるほど，必要な通信技術はより専門的になる。結果として，ますます洗練された構成の人工的装置によって，自然現象が補完される可能性が高い。近年，通信技術は急速に進歩しているが，相互作用の様式は伝達内容の発信のほとんどの方式で旧態依然としている。今なお，伝

達内容は高度に逐次的であり静的であり一方向性であり非相互作用性であることが多い。これはコミュニケーションの深度化に向けたあらゆる努力を妨げており，多くの場合に，受け手はプロセスの能動的な参加者として見なされていない。

　通信技術は伝達内容を符号化して送信して復号化する手段として定義される。これらの技術は，テレビや映画の使用のように複数の同期した伝送路を用いて，非常に精緻なものになる可能性がある。通信技術は，複雑な伝達内容の搬送を支援するために様々な精緻な様式が使用される。ここでは，多くの場合に受け手の受動性が必要である。当事者間の相互作用の様式も単純なものから複雑なものまで様々である（図 5.2 を参照）。

　最も単純なコミュニケーションの形態は二者間交換であり，一方向または双方向の対話交換がある。多者間の交換は複雑である。多人数交換には多くの可能な相互作用型があるが，ここでは逐次的対話と多重話の 2 形式が密接に関係している。逐次的対話は中心人物（講演者や演説者）と聴衆の間の作用型を表すために選択される。この作用型は，会議，教室，公開集会，技術委員会などに使われており，最も一般的でおそらく最も効率的である。10 人未満から 100 人以上の広範な規模の集団によって，関心領域に焦点を当てた着想や情報を交換するために使用される。中心人物による話題提供と，それに対する受け手の一連の意見表明があるが，これらの意見は会場の司会者に向けられていることに特徴がある（受け手が相互に意見を交換することは混乱を生じさせるために通常禁止されている）。議論の前に，司会者は自己の情報を完全に提示してもよく，あるいは，質問，回答，批評を組み入れた一連の論理単位の中に提示してもよい。しかし，司会者には予知能力がなく，受け手の意見は特定の順序に従わずに行われる。これは混乱を招いて，非効率的な着想の交換になる傾向がある。

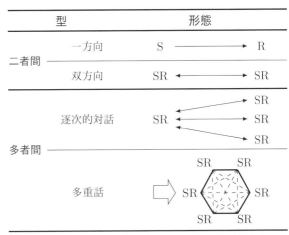

S ＝ 送り手，R ＝ 受け手，SR ＝ 送り手／受け手

図 5.2　相互作用型

　要約すると，様々なコミュニケーション方式を使用することができて，単純なものから複雑なものまで，連続体のどこかを示すものとして認識されるであろう。複雑になるほど，言語，通信技術，相互作用型という基本的な 3 要素は，個別と組み合わせた様式の両方に洗練される（表 5.1 を参照）。政策演習は，この連続体の最も洗練された最右翼にあり，通常，複数の「言語」（ゲーム専門言語を含む），多重話，コミュニケーション技術の洗練された相互作用の組み合わせを使用する。

　この論理からゲーミング・シミュレーションの定義が導き出される。すなわち，ゲーム専用言語（現実の複合要素を記述するために使用される専門用語），適切なコミュニケーション技術（壁掛け図やコンピュータなど），多重話（複数同時対話）相互作用形式によるゲシュタルト・コミュニケー

表 5.1 コミュニケーション方式の複合要素

複合要素 ＼ 方式	原始的	発展的	統合的	
			マルチメディア	未来を語る言語
言語	極少数シンボル 単純な会合	多数シンボル 複雑な会合	複数シンボル群 並行的複雑な会合	複数シンボル群 新規シンボル 並行的複雑な 状況依存の会合
相互作用型	一方向 双方向	一方向 双方向 複数の対話	一方向 双方向 複数の対話	一方向 双方向 複数の対話 多重話
伝達技術	極少数，単純	多数，複雑	高度で複合的	高度で複合的 相互作用的

ション方式である。

5.5　コミュニケーション方式の形態

　現在使用されている様々なコミュニケーション方式は基本的なものから高度なものまである。これらは，原始的，発展的，統合的模倣，統合的現実の主要な四つの範疇に分けられる。ある意味で，連続体の両端は，現実を完全に共有する当事者の二人が，明らかなコミュニケーションを必要とせずに，あるいは原始的な方法で十分であるという点で，連結されていると見なされる。コミュニケーション断絶が大きいほど，さらに突きつけられる現実が複雑であればあるほど，言語はより精緻になり洗練されなければならない。これらを表 5.2 を使って説明したい。

■原始的形態　非公式（叫び声と手信号）と公式（手旗信号または航法点灯）に分けることができる。どちらの場合も随所にあり，単純で一時的な状況では前者で十分であろう。コミュニケーションの必要性がさらに重要になり，関与を深めれば，あるいは一貫していれば，これらの未発達な形態は形式化する。原始的形態は，限られた伝達内容と両者の直接経験との同時性の両方によって特徴付けられる。手信号と身体言語はどの国でも基本的な日常生活用品を見つけるために使用できる。標準的信号を使用している国際道路標識は世界中の公式な使用法になっている。この基本的な普遍性にもかかわらず，原始的形態は比較的簡単な伝達内容を伝えるだけに利用される。これらは一般的に対面的接触で使用されることになり，例えば，警告の叫び声は全ての文化圏の人々によってほぼ普遍的に理解されている。その機能は誰かに危険を警告することにある。警告された人が現在の現実を共有している限り，すなわち，同時に同じ場所に所在しており，環境の知識がある限りにおいて有効である。

■発展的形態　コミュニケーションには，話し言葉，文章，感情的形式（芸術，演技，役割演技）や技術的形式（絵，数学的表記，音符表記，略図など）が含まれており，他の発展的形態の補完と

表 5.2 未来を語る言語の位置

事例	1	2	3	4
	原始的	発展的	統合的	
			マルチメディア	未来を語る言語
複合要素	単純な 一方向の 伝達	電話会談	多者間逐次対話	ゲーミング・ シミュレーション による伝達
言語	手まね言語, うめき声	口語	視覚情報付き 発表	自然言語,数学, ゲーム専用言語
相互作用型	一方向	双方向 (対話)	多者間逐次対話	多重話 (多者間同時対話)
伝達技術	声帯,音波, 聴覚	電話網	音声,マイク, プロジェクタ	音声,電話網, 壁掛け図
伝達事例	「ここに来て」	「明日,雨が降らな ければ来れますか」	移民者地域へ の影響の討論	移民者地域へ の影響の討論

して使われることが多い。もちろん，これらのいくつかを組み合わせて使用することは非常に一般的であり（例えば，講義に使うスライド），そのような使用は統合的言語の基本的な形態として見ることができる。これらのうち，統合的模倣的言語は，情報媒体（映画やテレビ）の慎重な組み合わせによって，あるいは，ある程度の現実性の伝達を最大限に高める組み合わせにおいて，これまでに議論した形態を採用した混成体（ゲーミング・シミュレーション）によって特徴付けられる。このように発展的コミュニケーション形態は複雑な伝達内容を発信するために利用できる。これらのコミュニケーションの形態は豊富にある。

■統合的形態　コミュニケーションは二つ以上の発展的形態の連係的使用を必然的に伴う。コミュニケーションの統合的形態は，様々な個々の発展的形式の限界を超えるために，人類の努力の成果である。統合的形態のコミュニケーションの使用は，個別に採用される発展的形態にうまく対応できない特別な要請から生じる。「統合する」という努力は常により多くの費用と労力を必要とする。統合的形態は微妙な差異をもつ非常に複雑な伝達内容を伝えるために使用できる。必然的に所与の用途は非常に限定される。

　私たちの未来を語る言語の構想と，政策プロセスでよく見られる他のコミュニケーション方式との相違を理解する方法として，言語，相互作用型，通信技術の概念が役立つであろう。表 5.3 には比較のために具体的事例を示す。次項では，本書の主題である戦略的問題解決に関連する特定の次元に沿って，コミュニケーション方式の異なる方法について詳細に探求する。

5.6　コミュニケーション方式の異なる能力

　人間のコミュニケーションの必要性は際限なく変化しており，その結果，多くの形態（方法）が採用されている（表 5.3）。主な方式に特有な機能をより理解するために，いくつかの共通の特徴を確認したい（表 5.4）。これらの特徴はコミュニケーション連続体の至る所で変化する。

■**逐次性 - 総体性**　この特性は，コミュニケーション方式がゲシュタルトまたは全体像を伝える固有の能力を反映している。逐次的コミュニケーションは，全てのコミュニケーション方式にある程度内在しているが，いくつかの形式の伝達内容の発信を禁止する。連続体に沿って移動すると（表 5.3 では縦方向，以下同様），この制約を緩和するために様々な装置が使用される。例えば，手旗信号を使用する原始的方式では，受け手は信号を一つずつ受け入れる必要があり，信号の論理的一列の受信後に伝達内容を解釈することができる。これとは対照的に，書かれた英文は読み手が自由に文章を読み飛ばすことができて，通常，様々な書式の慣例（着想の繋がりを表現した目次，部，章，段落，概念図）によって特定の推移の意味と意義を理解することを補助する。これらの装置にもかかわらず，書籍の基本的な逐次性は非常に顕著である。文字を続けると単語になり，単語を続けると文になり，文を続けると段落になる。

　連続体に沿ってさらに技術的な方式を選択すると，流れ図などにはゲシュタルトを伝達するために大きな自由度を見つけることができる。流れ図の利用者は，ある程度，構造を通る経路を選択することができるが，逆戻りして代替経路も選択できる。流れ図はある論理的集合の写像であり，本質的に逐次的であるがシステムの論理を伝える場合に特に価値がある（条件 x が真ならば処理 y に行け）。

表 5.3 コミュニケーション連続体

コミュニケーション方式		事例
原始的	私的	うめき声，手信号
	公的	手旗信号，交通信号，半旗
発展的	音声	会話，講義，会議
	文字	電報，書簡，書籍
	専門	数学記号，音楽記号，回路図
	芸術	芝居，美術，役割演技
統合的	マルチメディア	映画，テレビ
	未来を語る言語	流れ図，高速道路図
		画像模型，建築縮尺モデル
		ゲーミング・シミュレーション

　様々な統合的コミュニケーション方式を開発する主な動機は，単純な方式の面倒な逐次性から逃れて，ゲシュタルトを伝える能力を高めることにある。ロシアの小説から構想された映画によって描かれた印象と，文章の読み込みから得られる印象を比較してみよう。文章は確かにより詳細な情報を提供するだろうが，展開する詳細な論理的描写によって印象付けられた読み手でさえも，映画が描写する全体的な情景をすぐに得ることはできない。

　しかしながら，個々の特定の未来を語る言語のために，熟慮中の全体的概念である全体像の心象を確立して保持することを支援する装置を作成できる。このような装置は図形表現（図面，図表，

表 5.4 コミュニケーション方式の特徴

特徴＼方式	原始的		発展的				統合的	
	私的	公的	音声	文字	専門	芸術	マルチメディア	未来を語る言語
逐次性 - 総体性	強い逐次性		逐次性が基本であり制約を避ける装置を採用				逐次性が非常に弱く総体性の伝達が最も高い	
普遍性 - 特異性	広範囲の主題に対応		標準的方式であり詳細で限定的応用に対応				伝達の必要性に特化した方式	
操作性	無理がなく簡単で容易		特殊技能が必要であり形式化される危険				事前に相当の準備が必要だが利用時の操作性は高い	
改変性	手元の状況に即応		定型化構造があり改変は緩慢				特定の状況に適合した構造があり現場の融通性が高い	
対象者範囲	広範囲の人々に採用が可能		応用は限定的であり特定方式の技能者限定				考慮して構築すれば幅広い層に適合	
伝達内容の特徴	単純な内容の伝達が可能		高度な内容の伝達が可能				総体的文脈における高度な内容の伝達が可能	

概念図）が多く，頻繁に 3 次元（遠近図，建築家のモデル）が使われるであろう。場合によっては洗練されたコンピュータ・シミュレーションによって補完されるかもしれない。適切な調査をすればシステムの特質が明らかになろう。それでもなお，役割演技の導入およびシナリオの使用はゲシュタルトの伝達を支援するために使用される異なった装置である。

■普遍性 - 特異性　この特性は，新たな現実素材に適応しながら，言語形式に固有の柔軟性の程度を決定する。コミュニケーション方式の連続体に沿って右方向に移動すると，個々の特定の方式はより主題に固有であり，従って，幅広い目的には適していない。統合的方式で提案される様々な形式のコミュニケーションは，極めて特殊なコミュニケーションの目的を満たすために考案された複雑な構造である。特定の課題ごとに特別に設計された用語（ゲーム専用言語）が採用されているために，ゲーミング・シミュレーションは連続体の最右端に位置する。

　いくつかのコミュニケーション方式は「フレーム」であり，そこには内容が追加されなければならない。例えば，流れ図やクロスワード・パズルは幅広い内容に対応できる技法として適しているかもしれない。内容が一度追加されると特定の課題ごとに作成されるために，限られた用途にしか使用できない。この条件を満たす多数のフレーム・ゲームがある。

　全ての未来を語る言語は問題に固有であり，特定の依頼者の要請を満たすように設計されなければならない。結果として，洗練度の範囲とこれにより採用される方法論は非常に多様である。幸いにも，多くの未来を語る言語は，内容を変更することによって異なる状況で繰り返し使用できる場合があり，基本構造またはフレームが役立つ（例えば，流れ図の規則は一貫しているが，内容は応用ごとに異なるであろう）。

■利用の操作性　この特性は，利用者が選択した方式を使用できるかどうかの容易さ，または相対的な自由さを表す。様々なコミュニケーション方式の使い易さは，警告の自然な叫び声からテレ

ビや映画制作の関連する多様な技術までに及ぶ。後者の場合，特定の方式（映画，ビデオ）の作成は非常に複雑になるかもしれない。しかし，創作された作品を利用するのは非常に単純になるかもしれない（読書と執筆・出版を比較すればよい）。ゲーム利用の操作性は，使用される技法と設計の関数であり，非常に異なる。複雑な主題の議論を促進するために使用されるので，様々な未来を語る言語は構造がいくぶん複雑になる傾向がある。完成して運用したときに利用の容易性が大幅に変わることもある。

■改変性　この特性はゲーム使用中に変更されるコミュニケーション方式の能力を指す。利用者の改変の能力を考慮すると，様々なコミュニケーション形式には非常に幅広い多様性がある。最も単純な方式は，固定的な構造がほとんど無く，当事者の二人の同意で変更することができる。書かれた英文は特定の定型化された慣習に従うが，それも時間とともに変わる。より正確な技術文書は書き手の奇抜な言い回しを受け付けない。数学，楽譜，プログラミング言語は相対的な不変性からある程度の大きな価値を引き出す。これらが受動的な受け手に向けられている限り，書籍や映画などのより洗練された形態はいかなる場合においても本質的に不変である。ただし，ある方式（映画）は時間の経過とともに容易に変わるかもしれない。ゲーミング・シミュレーションは，コミュニケーション形式として能動的な送り手と複数の能動的な受け手を採用している。結果として使用中に特定のゲームは改変される。未来を語る言語は，対話に参加している人々が見たときに，問題の再構築やより注意深い明確な表現が可能な形態であり，基本的に一時的なものである。動的コミュニケーション形態であるので，使用中に問題の認識を変えることに反応しなければならない。

■対象者範囲（包容性）　この特性は，選択したコミュニケーション方式が適している可能性のある利用者の範囲を示す。様々なコミュニケーション方式の相対的普遍性は，改変性の特性のように，やや U 字型として認識できる。コミュニケーション連続体の両端に位置する方式はより多くの可能な利用者を見つけられる。誰もが，うめき声を出したり指さししたりができる。大部分の成人は，たとえ無教養な人であっても，真剣なゲーム状況にうまく参加できる。連続体の中心にある発展的方法は必然的に必要な特殊技能（数学，プログラミングなど）を持つものに限定される。個々のゲーミング・シミュレーションは特定の狙いのために特別な構造体をもつ。成功を目指すには構築する前に主要な参加者を定義しなければならない。

　政策演習は，特定の専門用語を使用する集団と，ある集団内の業界用語と多様な知識水準の使用者に対応するように設計される。ゲームは設計の基本的な普遍性をもつ。ゲームが設計されていない参加者はほとんどない。高等学校の生徒，大学の学生と教員，実業界の指導者，地域社会の活動者，軍事戦略家，外交官などが参加者に含まれる。これは現在市販されている驚くほど豊富な事例が最もよく説明している。特別な用紙や黒板を必要としないものもあれば，短時間で様々な参加者が完結するものもある。その他の多くのゲームが，より洗練された参加者に対応するために設計されており，研修や実際の意思決定の場面で使用されている。

■伝達内容の特徴　この特性は，伝達される内容の特質に関するもので，複雑さ，類推，定性的思考，定量的思考，微細さ，永続性（復元する能力），精度，無形なもの，時間制約，システム特性などの特徴には限定されない。一般に原始的方式であるほど伝達内容は未発達のままである。コミュニケーションの必要性がより高度化するにつれて，独特な内容の特性が現れて，選択されるコミュニケーション方式に影響を与える。情緒的内容は様々な芸術形式を通して提示される。非常に正確あるいは理論的な構成は数学的記法に大きく依存するかもしれない。ゲシュタルト文脈の中で洗練された伝達内容を伝える必要性が強ければ，統合的方法が選択される。ゲームは特定のコミュニケーション問題のために特別に構築されるので，個々のゲーム構造は固有な形式をとることになる。このときに固有の内容を伝えるという独特な必要性が満足される。

　全てのゲームに共通することは思考または探求を鼓動することである。これにはいくつかの形態があるが，その中で最も一般的なものが周期であり，参加者が順番に決定していく。ゲームはほぼ常に周期的であり，個々の周期は，ゲームの全体的な文脈で解決されなければならない反復的な質問を可能にする。このことは，ゲームの課題，問題，あるいは反復的な決定の一般的利用法が示すことになる。このプロセスは出来事の組み入れによって頻繁に変更される。出来事には，事前に用意されているものと，状況に応じて，あるいは無作為に発生するものがある。現時点の状況に関する新たな問題や局面に参加者の注意を向けさせることになる。

5.7　ゲーミング - 未来を語る言語

　本章の各表において，最右端部（表 5.3 では最下端）に「未来を語る言語」という用語を使用した。この用法は，ゲシュタルトを伝える必要性が緊急である状況において，これらの形態に最大の価値があることを意味する。しかし「未来の言語」であることは示唆していない。未来を語る言語がゲーミング・シミュレーションに限定されることも示唆していない。他の研究事例が存在しており，さらに新たに考案されることも信じている。それでは何を提案しているかというと，適切に考えられて採用されればゲーミング・シミュレーションが強力な道具であることである。ゲシュタルトを伝えることによって未来を議論するために，さらに他の方法で探索できない代替の未来状況に対応するために優れた道具である。全体的な印象を提供するゲーミング・シミュレーションの特異な能力は中心的な特徴である。

　これまでの各節では，未来を語る言語は混成型方式として概念化してきた。複合的な現実の伝達を最大限に強化した組み合わせの中で他の形態も採用した。いろいろな未来を語る言語は全体的な印象に関連した特定の具体的な探求や代替案の「パルス」を可能にする。これは厳密な逐次的であり伝統的なコミュニケーション形式と相関がある。話された言語と書かれた言語は，洗練された形態であっても，厳密な順序（文は文に続き，思考は思考に続く）で進行する。探求の逐次的パルスは，未来を語る言語を通して，パルス自体が論理的かつ一貫性のある命題になり，独立して形成さ

れて，評価されて，総合的に理解されるという点で，より洗練される。このようにして，提供されたゲシュタルトまたは全体像を分析するように探求の焦点を提供する。

　結論を述べたい。様々なコミュニケーション方式を分析する利用可能ないくつかの特性があり，ゲーミング・シミュレーションの特徴と特殊な有用性を説明するために役立つ。これらの関係を抽象化して図 5.3 に示す。この図は，いくつかのコミュニケーション方式と，これまでの各節で特定した複雑な環境における戦略的コミュニケーション業務の中心的な特性との関係を示している。この図が伝えたいことは次のとおりである。多重話は開放型システムにおいて複雑さがあるときに適切である。組織は，決定変数をほとんど制御できず，システムに長期的な影響を及ぼす決定を避けるか延期することもできない。この図の連続体を左から右に移動するにつれて，方式は知覚的相違を克服する可能性がより豊かになる。しかし，この洗練のために対価を支払わなければならない。この連続体に沿って右に進むにつれて，方式は使用するのがより困難で高価になる。ここで重要な洞察は，コミュニケーション方式の主要な分類が次のいくつかの中心的な特徴から定義できることである。

- ゲシュタルトを伝える能力
- 描くことができる主題の範囲
- 使用法の容易性
- 使用中に形態を変更できる容易性
- 対象にできる参加者の範囲
- 伝達内容の特性

ここで注意を喚起しておきたい。政策演習は構築と使用の両方において費用のかかるコミュニケーション方式である。潜在的な利用者は代替方式を慎重に検討する必要がある。ゲーミング技術に着手する前に，依頼者の必要性が他の扱いやすい方式によって対応できないことを，あらゆる努力によって判断すべきである。

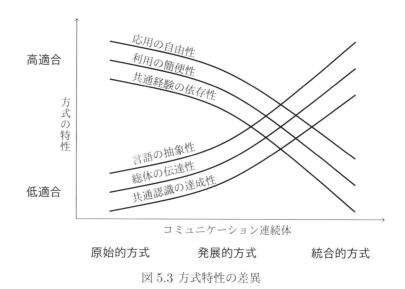

図 5.3 方式特性の差異

　過去のまずい発想のゲーミング・シミュレーションは有益でなかった。その技術は十分に理解されておらず，熱心な支持者はその能力を超えて使用してきた。ゲームは予測的な装置ではなく，そ

の時点の問題に当てはまる万能薬ではない。複雑な課題の視点を得るために役立つのであり，未来の状況を推測して導くために特に有用である。政策演習の接近法は，より容易に全体を伝えることができて，それ故に豊かで複雑な環境の理解を加速する。

「未来を語る言語」の観点から政策演習の本質を探るために次の五つの原則を使用する。

- 政策演習の主な狙いは，手近にあるゲシュタルトまたは問題の全体像を伝えることにある。この目的を達成するために多くの技術的装置を使用することができる。演習の成否は報告会中に発生する議論の質によって判定される。参加者は一つ役割しか割り当てられないが，ゲームによって伝達される全体システムの認識を得るのはこの観点からである。

- 政策演習は問題に特有である。特定の状況に対応しており，演習に与えられた事象または場面において，主題は明白で固有である。残念なことに，多くのゲームは意図された状況から外れて不適切に使用されている。この問題に対する一つの対策はフレーム・ゲームの考案であり，個々の応用のために新たな内容を新規に導入するように設計されたものである。

- 適切に採用された政策演習は本質的に自発的である。開始時の手順に関連する初期の困難さを克服した参加者は，活動に深く巻き込まれる。

- 政策演習は，実業界の指導者，地域社会の活動者，軍事戦略家，外交官などの幅広い層の人々のために設計される。いくつかのゲームは，記入用紙や黒板を必要とするだけでなく，訓練を受けたファシリテータ，コンピュータ，洗練された施設が必要である。

- 政策演習は，未来の方向性（現時点以外の時間枠表現）を提示する能力がある。狙いは，代替案を探求して，起こり得る事態（What if 型）の質問に対する洗練された精神的な反応を発達させて，事前の根拠がない代替案の探索のために類推や隠喩の形成を可能にすることである。

これまでに発展させた概念から，ゲーミング・シミュレーションはゲシュタルト・コミュニケーション方式と定義される。ゲシュタルト・コミュニケーション方式は，ゲーム専用言語と適切なコミュニケーション技術に，多重話の相互作用様式を組み合わせた未来を語る言語である。この様式は，他の技法と適切に連係されており，ゲシュタルトを表示するゲーム能力の中心的要素である。このような複合要素の組み合わせは，様々なコミュニケーション形式の中で特有であり，特に相互作用方式（映画やテレビの一方向様式とは対照的に）の中で，参加者に提示されていると考えられる。

図 5.4 はゲーミング方式におけるコミュニケーション・プロセスの様々な段階を示す。典型的な問題は多次元になるために，図の上部は平面ではなく多面体として現実を視覚化している。この現実は，通常は可能なかぎり，ゲームの参加予定者が関与するプロセスを通して，認知図に抽象化される。集中的なコミュニケーション・プロセスを通して，ゲームと開始条件（ゲーム T1）は概念モデルを表す具体的なモデル（人工物）になる。これは，参加者が利用中に変更できるという意味で，開放型モデル（ゲーム）になる。ファシリテータは，出来事（コミュニケーション議題の新らたな項目）を導入する役割を担いながら，議論（多重話）の刺激と初期モデルの変更を誘導する。

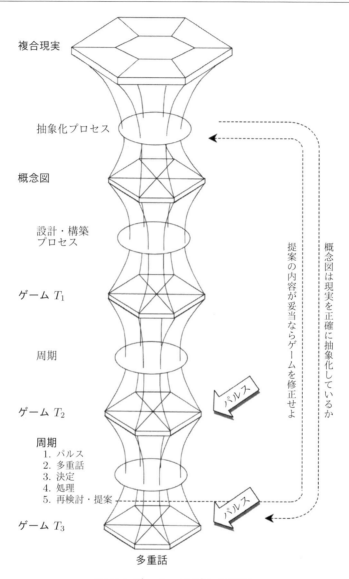

複合現実

抽象化プロセス

概念図

設計・構築
プロセス

ゲーム T_1

周期

ゲーム T_2

周期
1. パルス
2. 多重話
3. 決定
4. 処理
5. 再検討・提案

ゲーム T_3

多重話

パルス

概念図は現実を正確に抽象化しているか

提案の内容が妥当ならゲームを修正せよ

図 5.4 ゲーム・モデルの提案

参加者がゲームのそれぞれの周期を経るにつれて，周期の進行とともに新たな現実が創り出されて
探索される。各周期後には批評があり，ゲーム終了時の報告会ではゲームに採用されたモデルを参
加者の認識する現実に結ぶ付ける。

　いくつかの重要な事柄を強調しなければならない。参加者は，どちらかといえば，ゲームによっ
てモデル化された現実とは異なる認識による役割に従事している。また，参加者は同時にプロセス
に関与していることから，伝達内容の交換様式は多くの同時に起こる側面が含まれており，対話と
いう用語はこのプロセスを説明するには不十分である。むしろ，それは複雑な現象のいくつかの側
面に関連する多くの並行した同時対話（多重話）と考えるべきである。思いがけなく発見する能力

（serendipity）は，ゲームの実施中とそれに続く組織化された報告会の両方において，複合現実の本質について参加者に何かを伝える観点から，これらの伝達内容の交換の重要性を高めることになろう。

前述のように，ゲーム・モデルを通したコミュニケーションは，参加者間の多重話だけでなく，参加者と設計者の間のコミュニケーションも必然的に伴う。ゲームは反復的であり，それぞれが現実の時間の様相を模倣するが，多重話を引き起こすために使用される情報のパルスに応じて焦点が変化する。議論の後に決定が続き，決定の後にプロセスが続く。これらの結果は再検討する必要がある。報告会では，ゲーム・モデルが表現しようとしている現実に焦点を当てるように，参加者を奨励する必要がある。参加者の挑戦がある場合は，モデルを維持する証拠を提示するか，現実の新たな理解をより正確に反映するためにモデルを修正するか，これらの問題を解決する必要がある。議論の焦点は，ゲームで表現された基本モデルと，議論の進行を構造化する装置であるパルスによって得られる。パルスは，事前に指定されているか，あるいは，演習中に参加者の要求の結果として導入される可能性がある。そのために，議論のために議題の設定だけでなく，討議の順序の成立にもかなりの自由度がある。これにより，最初から最後まで論理的に進行せざる得ない講義形式の厳密な順序性を回避できる。

ゲーミング・シミュレーションで使用される多重話モデルは問題固有の言語を生成する（図5.5）。ゲーム専用言語は，ゲーミング・プロセスの重要な要素であり，ゲーム設計の一環として専門用語の思慮に富んだ創案を意味する。現実の構成要素を記述するために使用される専門用語は，探索される問題に固有のシンボルになる。それは，特定の問題の議論を改善するために十分に複雑でなければならないが，一方で，演習の通常の進行を通して学ぶために十分に単純でなければならない。参加者の行動は，演習で使用されるシンボルの利用を管理する一連の慣習を生成することになる。ゲーミング・シミュレーションにおいて使用されるシンボルは，演習の経験を通して参加者の特定の意味を獲得する。この問題固有の言語は，意図的に設計されるか，専門用語として参加者に気付かれずに創作される。

ゲーム・モデルは，ゲームの事象の最中に機能すると，ゲーム専用言語の基盤になることが示唆される。モデル化された現実の役割または構成要素を記述するために採用される専門用語は，ゲームに固有なシンボルになる。決定単位間に可能な伝達内容の制約と，その伝達内容に応答する個々の決定単位の行動を含めて，基本的なゲーム構造またはモデルは，ゲームに固有なシンボルの利用を管理する慣習になる。それら二つを合わせてゲーム専用言語を構成する。実践的な意味で，ゲームの独特な雰囲気は，抽象化現実を表現するために使用される特別なシンボルの意味を学習する文脈を提供する。

本書の中心的な命題の一つは，ゲーミングが「未来を語る言語」であり，新たな形式のコミュニケーションであることである。それは多くの学問分野や問題の状況に大きな影響を与える可能性がある。これは，極めて効果的なコミュニケーションの技術であり，参加者に，多様な課題を安全に探求させて，今日の複雑な問題に対して代替的な解決策の選択を可能にする。未来は過去とはあらゆる面で劇的に異なり，古代から引き継いできた言語ではもはや十分ではないであろう。相対的

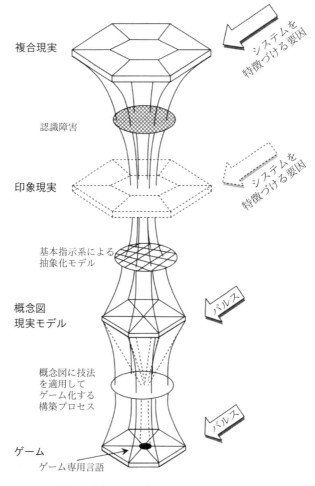

図 5.5 ゲーミングによる伝達モデル

な複雑さ，発生の迅速さ，特徴の新しさ，関連する基本的問題のシステム的原因のために，未来の
直面せざる得ない問題は過去の問題とは異なる。ゲーミング・シミュレーションは混成型コミュニ
ケーション形態である。よく理解されることもなく，時には間違って利用されて，マクロ問題を解
決する利用は未だに初期の段階にある。それにもかかわらず，説得力のある証拠があり，コミュニ
ケーションの伝統的な形態と同じ正確さと理解力をもって扱われるときに，さらに今日の多くの組
織が直面する厄介な問題を解決するために，非常に有用である。

第6章

実証研究と政策演習

6.1　概要

　本書の基礎にある 3 本柱は，まず「事例研究」があり，次に断片的で多様な情報源に基づく「理論的構造あるいは主題的概念」があり，さらにゲーミング実践者の実践的学習に基づく「実践的理論」がある。

　応用政策と組織科学の大部分の分野では，応用と説明的あるいは評価的研究との間に乖離はほとんどない。これは政策演習にも当てはまり，研究の努力は応用場面におけるゲームの使用と織り合わされていなければならない。結果として，政策ゲーミングに関する実証研究のほとんどは妥協策といえるものであり，研究計画の観点からかなり限定されていることが多い。政策の場面におけるゲーミングの実証研究は困難であるといえよう。最も学術的なゲーミング刊行物に実証社会科学の古典的な枠組みを適用したとすれば，その結果は間違いなく失望させることになろう。私たちが説明するように，博士号を目指す優秀な院生でさえも，実証研究を発展させて実施するために悪戦苦闘しなけらばならない。結局，古典的な実験や横断的あるいは縦断的研究に関する論文集の必要性を実感することになる。

6.2　うまくいく − それがすべてだろうか

　私たちは，ゲーミング・シミュレーションに関する実証研究の実践と指導に時間を費やしてきた立場から，本書がこの分野の経験的基礎の飛躍的進歩になると思いたい。実際のところは，ゲーミング・シミュレーションを中心とした実証研究は過去 30 年間に確実に増加してきた。1970 年代のある時期に本書の第一著者は，当時のゲーミングの分野を支えている経験的基盤について強力な主張（皮肉でなくて）を表した。「うまくいく，それがすべてだ」は安心を与える表現ではなく，むしろ行動を求める表現であった。真の学問分野として，より多くの研究を行って，結果を共有して，共同でゲーミング・シミュレーションを構築することは，ゲーミングの研究分野における念願であった。それ以来，ゲーミング研究との接点では多くのことが起こっている。本章では，それら

の活動の極一部を振り返ることにする。具体的には，本書の主題と関連する実証研究の選別された
事例から，戦略と政策のためにゲーミング・シミュレーションの利用を検討したい。

　学問分野は，成功した実践は別にして，明確な理論と方法論をもつことである。その知識体系
は，少なくとも部分的に実証研究を通して提起されるべきである。本書には，ゲーミング・シミュ
レーションが学問分野の特質を発展させるという主張のために，いくつかの強力な議論が含まれて
いる。この議論を進めたい。

　戦略と政策に関係したゲーミング・シミュレーションの経験的指向の刊行物は，その大部分を研
修場面におけるマネジメント・ゲームの意図的と非意図的な効果の経験的評価が占めている。この
範疇の研究はここでは論じない。研修ゲームの重要な評価はさておき，興味深い研究がある。以下
に単純な語彙遊びを使用して，研究とゲーミングの五つの異なる相互連結の概略を説明したい。

■ゲーミングを目的とした研究　最初にゲーミングを目的とした研究（research for gaming）があ
り，全てが実証研究である。これにはゲームが実際に開発されることが多い。第 8 章全体をゲーム
設計に充てるので，ここで重要なのは，ゲーム設計プロセスが何を共有するか，さらに経験的接近
法に沿う研究から何を区別するかを探求して説明することである。この範疇について 6.3 節で詳し
く扱う。

■ゲーミングが伴う研究　2 番目の実証研究に関連した範疇は，ゲーミングが伴う研究（research
with gaming）である。政策関連行動に関する仮説を試行して開発するために，研究の刺激あるい
は観察の対象として，ゲームの驚くほど多様な用途を構成している。この範疇は非常に幅広く，政
策と戦略を専攻する大学院生にとって非常に興味深い。新たな学術論文を容易に作成できるかもし
れないので，私たちが考えるよりも多くの頁数が必要かもしれない。Dörner（1996）と Vansina
et al.（1998）の研究については第 2 章と第 4 章で論議している。そこで 6.4 節ではこの範疇の多
様性と関連性を示している。

■ゲーミングに関する研究　3 番目の範疇は，ゲーミングに関する研究（research on gaming）で
あり，非常に幅広い系統的な評価研究を意味する。現実の戦略と政策の軌道におけるゲームの使用
を経験的に評価する。知る限りにおいてこの形式の評価は稀である。実際に着手しても成果ある研
究の条件の設定は困難である。本章の 6.5 節ではこの主題のいくつかの側面について検討する。現
在の状況を考慮して網羅的よりも個別的になる。

■ゲーミングに参加する研究　4 番目は稀であるがゲーミングに参加する研究（research in
gaming）に遭遇する場合である。この事例は，設計者が一時的に想定して一部の参加者の役割（例
えば，外部観察者）をゲームに組み込む。これは，選んだ社会科学の概念に全ての参加者の注意を
向けさせて，データを収集するために行われるかもしれない。さらにゲーム会合中の政策当事者間
の相互作用の動態を解明するために役立つかもしれない。このために，ゲーム素材は，この活動の
妥当性と有用性を確保するために，関連する学問分野から派生した興味深い照合表または記録表を
提供するかもしれない。Geurts et al.（2000）は，研究とゲーミングのこの接点についていくつか

の事例を述べているので，ここではその情報源を示すことに限定したい。

■ゲーミングを利用する研究　5番目は，ゲーミングと研究が関連しており，ゲーミングを利用する研究（research through gaming）に触れるべきであろう。国際共同委員会五大湖の事例は，「研究を促進する」手段として利用される多くのゲームの一例に過ぎない。このゲーミングの利用は，研究の着手時のアイスブレーキングと創造性を刺激する装置として，一般的ゲームの限定された形態から，戦略的 R&D 経営の特注ゲーミング・プロセスの非常に詳細な応用まで，適用の範囲が幅広い。本書のいくつかの事例研究は研究と応用科学の計画立案に関連がある。第3章と第4章の事例と概念がゲーミングのこの特定の研究機能を説明するために十分であろう。従って，この章には私たちの思考を繰り返す特別な節はない。

　読者に注意をしておきたい。過度に使われるときは，ゲーミング研究の接点に沿って活動の範疇が問題になることである。研究者は創造的な人々であり，「遊び」とデータの解釈からいくつかの方法を発見することが多い。ゲーム中に収集されたこれらのデータ群は，多者の場面における協力行動に関する課題を支援するかもしれない，あるいは，データが収集されたゲームの有効性を明かにするかもしれない。本章のやや限られた狙いは，ゲーミングと実証研究との間の多様で潜在的に有益な関係を示すことにある。この接点の記述は完全ではなく，本章では全ての研究事例の価値の評価ができていない。多くの異なる学問分野で研究にゲームを使用しているために，これらの取り組みの理論や方法への貢献はそれらの分野で評価されなければならない。したがって，本章は研究活動の呼び掛けとして読むべきであろう。ゲーミング・シミュレーションの活用は，参加型政策分析のプロセスとしてより強固な実証研究の恩恵を受けるであろう。

6.3　政策ゲーミングを目的とした研究

　第8章では，長年にわたって政策演習を利用して普及させてきたので，政策ゲームを設計するプロセスの段階について説明したい。本章では読者の注意をゲーム設計のシステム分析の局面に向けさせたい。この段階の方法論研究は，この局面の手順が戦略的政策科学の経験的伝統にどのように関係しているか，さらに異なった認知的入力と様々な実証研究の形態がゲーム設計にどのような影響を与えているかを明確にするのに役立つであろう。

6.3.1　参加型モデル構築

　現代システム理論が出現して以来，政策ゲーミングの創作に使用する帰納的と演繹的なシステム分析の組み合わせは，混成的全体モデル構築の作業の幅広い分野に属する手順として認められる（第8章を参照）。これまでの章において，特に 4.2 節において，これらの相互関係と歴史はすでに議論がなされている。そこでは強固な知識集合体の組織化について述べている。私たちの技術の重要な特徴は依頼者をモデル構築に組み込むことである。現代システム・ダイナミクス，戦略的意

思決定分析，その他の関連する集団型戦略的助言プロセスの多くは，同様な接近法を採用している（例えば，Morecroft & Sterman, 1994 を参照）。

　方法論的観点から，政策ゲームの準備，実施，評価はモデリングの 3 局面（抽象化，演繹，評価と実装）を実現する特別な方法である。図 6.1 はこの基本的モデルの循環を示す。

　Geurts & Vennix（1989ab）は，ゲーミング・シミュレーションと多くのコンピュータ・シミュレーションの両方が発展してきた方法について説明している。すなわち，戦略的相談システムの利用が，参加型モデリングのプロセスを通して依頼者組織を取り入れることと解釈される。1989 年以後の開発は混成型戦略プロセス方法のさらなる統合と開発をもたらしている。私たちは，「参加型モデル構築」が，シミュレーション型戦略的相談における現在の方法論的相助作用を理解するために，関連する有効な概念であると考えている（Geurts et al., 2000 を参照）。例えば，図 6.2 では，現代シミュレーション学派が，

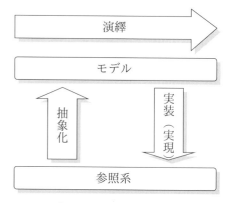

図 6.1 モデル循環（Hanken ct al., 1976）

多くの情報源からの認知入力を問題固有の概念モデルに変換するために，抽象化から実装の局面までの段階的方法を示す。この概念モデルはシミュレーション手法の構築を導くことになる。

　この図では，第 5 章で説明したように，読者はゲーミングを通してコミュニケーションの様々な要素を識別することになろう。図 5.4 では異なる人々のメンタル・モデルを導き出して対決する方法を示している。この狙いのために使用できる多くの面談や議論の技術がある。ほとんどの専門家は自己の選好した手段を使用するが，これらの手段の多くは社会の経験的な研究に基づく伝統的データ収集技術の直系版である（例えば，公開または非公開の対面型面談，様々な形式の質問表，フォーカス集団面談，検討会，関連したデルファイ技術）。結局，図 6.2 は，抽象化の局面において，学問分野と特別な実証研究に基づくモデルがどのような役割を果たすかを示している。以下の各項でこの概念をもう少し説明してみよう。

6.3.2　問題の枠組み

　第 4 章の 8 事例研究の分析は，戦略的重要性と，ゲーム設計の理論的であり経験的な入力の潜在的な多様性の両方を示している。マクロ問題に協力したいくつかの組織において，「私どもの従業員は世界について知っておくべきことは全てを知っております」という暗黙の仮定に遭遇した。多くの場合にこのような組織の実績がこの仮定の正しさを証明していたと言ってもいいだろう。残念なことに，信頼できる内部情報源が間違った情報を与える問題が常にあり，そのような問題がどの時点で発生するかを知ることは非常に困難である。未知または軽視した情報の経路の有効化を集団にさせることは，私たちの基本的な役割である。これは大部分が組織内の指導者の了承のもとに

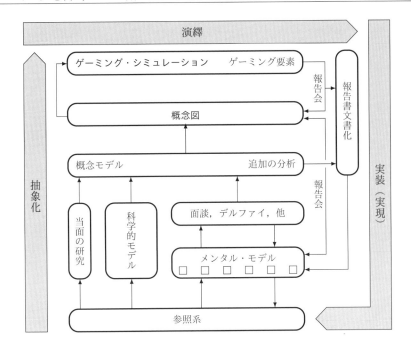

図 6.2 ゲーミングの参加型モデル構築

行われるが，時には無言の了解のもとで行われる。振り返ってみると，ここには板挟みが発生しているような緊張感がある。とにかく実際の参加者から入力が必要である。ほとんどのモデル構築者は，モデルが依頼者組織の内部知識に十分な根拠があることを確認するために，検証と正当化の両方の誘因を受け入れる。さらに，可能な限り幅広いデータ収集を確認することに関連した検証と正当化もある。事例研究の中のいくつかの組織では，馴染んだ水平線を越えて顧みない歴史があり，結果として，以前の戦略的動きは「死者の谷」の中に埋まっていた。そのような歴史が明らかになると，責任ある職業的倫理は，データベースを大幅に拡大できれば，間違った谷から抜け出す方法を見つける契約をただ単に受け入れる。外部の研究，独立した専門家，科学理論の新たな視点とデータは，戦略的問題解決の難問のあらゆる部分にとって有益である。

　まず最初に，驚くべき新たな視点や思いがけないデータは，政策問題の再構成を助けるか，あるいはさらに再構成を強制するかである。例えば，オランダの社会雇用プロジェクトでは，システムの膨大な制約が明らかになる前に，多少は古典的ではあるが，独立した外部者による現行情報システムの体系的かつ実証的な評価研究が必要であった。私的な噂や苦情と少数の人々が心配したことが，多くの人々が知りたい政策の議題になった。結局，問題の枠組みを変更することにした。非効果的かつ非効率的な情報システムは，中央政府を超えた問題であることが明らかになった（担当者に任せていた）。特に新たな資金調達が導入されたときに（書類に記入することで墓穴を掘るかもしれない），仲裁機関と執行機関は，このシステムが自己の立場にどのくらいの損害を与える可能性があるかを知ることになった。

マクロ問題（通常は悪構造の問題の状況にある。2.3 節を参照）の構成は生成される解法の形式により明白である。Ackoff（1974）は問題の構造化に関して警告している。Dunn（1981, p.97）は，この「第 3 形式の誤り」を示す政策分析の大御所の警告を利用して，自著の冒頭に次にように表現している。

> 問題解決を成功させるには適切な問題に適切な解決策を見つける必要がある。正しい問題に間違った解決策よりも，間違った問題の解決のために失敗することが多い。

問題状況の概念を形式的かつ実体的な（さらに付け加えるならば，許容できる）表現に変換するプロセスは，深刻な歪曲をもたらす可能性のある多くの圧力にさらされる。問題の構造化に関する文献はこれらの落とし穴を避けるために規則と救済策を示唆している。これらの文献は，私たちのゲーミング・プロジェクトに採用している相互作用的であり段階的で多元的な手順を支持している。

世界観，イデオロギー，有名な神話は，問題の概念化において役割を果たしている。これらの三つは，一般に部分的に正しく部分的に間違っており，従って，部分的に有用で部分的に危険である（p.108）。これらの危険を克服するには，科学的研究と十分に検証された科学理論を動員しなければならない。社会心理学の父クルト・レヴィンのよく知られた有名な言葉「良い理論ほど実用的なものはない」は，科学がここで何をすることができるかを非常によく説明している。そのためにシステム分析（第 8 章を参照）では「演繹的」要素と呼ぶものに多大な努力を払っている。ゲーム設計の最良の研究は，過去の研究にあり，経験的分野における蓄積された説明的理論である。

初心者は，大理論を展開するものではないことに失望するかもしれない。マクロ問題の概念化を十分にかつ創造的な再解釈なしに実現する訳ではない。Rip（1991）の主張は，未解決の科学的論争と政策立案の長期の論争の残念な強い相関関係について，間違っていない（2.4 節と 4.2 節を参照）。しかし，文献探索や専門家との対話は，私たちのプロジェクトに非常に役立った。私たちにも依頼者にも新たな視点があり，有用な範疇と類型を見出した。因果関係については，限られているが強力な一般化について，さらに多くの他の有益な経験的な「不変の性質」あるいは「中域の理論」について，Merton（1957）の概念を用いて吸収できた。

6.3.3 シナリオと予測

傾向研究とシナリオ・プロジェクトは，「ゲーミングを目的とした研究」の非常に重要な形式である。それらは「未知の分野」を地図に展開する冒険のために不可欠な貢献である。未来を脅威や機会として系統的に探究することに役立つ。傾向研究は，通常，「何が起こりそうか」に焦点を当てて，シナリオはこの焦点を広げて「可能性」をもたらす。定量的傾向と予測は不確かさを確かなものに試みることになる。そして測定可能なものに焦点を当てて，未来（近未来）の正確な評価のために努力する。一方，シナリオは不確実性を探り，未来の可能性がある状態を「地図を描く」ことによって政策立案者を助ける。さらに，通常，長い時間を掛けて，定性的情報と定量的データの

両方を受け入れる。これらの特徴のために，シナリオは戦略と政策の分析に好まれることになる。何故なら，シミュレーション開発の準備段階のような対話型研修会において，シナリオを作成できる（例えば，Becker, 1983; Schwartz, 1991; Heyden, 1996; Mayer, 1997; Maani & Cavana, 2000 を参照）。

ここで専門用語について注記しておきたい。ゲーミングの文献や本書の各章では，「シナリオ」という用語は上記とは多少異なる意味で使っている。未来研究の成果として，シナリオは，社会システムが今後何年かして直面するかもしれない代替的未来を仮定した一連の物語である。この概念の中心は決して未来は一つではなく多くの未来があり，代替手段の可能性は未来の開放性に注目を向ける。

ゲーム実践者は，7.2.1 項と第 3 章の事例研究で示しているように，シナリオを多少異なる方法で参照する。この文脈では，ゲーム・シナリオはゲームの段階を設定するために集められた全ての情報を参照する。ゲーム・シナリオは利用者が参加することになる人工的な世界を定義する。これらは，異なる素材によって支持されて慎重に構造化された物語である。本質的な特徴を備えており，そこでは参加者が未来を創発することができるように開放されている。第 7 章では，未来のシナリオをゲーミング・シナリオの一部にできることを明確にしたい。例えば，設計者が，時間内のある時点で実現することになる外因性の出来事（参加者が関与できない）を用意したときであろう。他方では，未来のシナリオはゲーミング・プロジェクトの政策関連の作品を意図している。つまり，異なる参加者は様々な未来を描き出すために同じゲーム・シナリオを使用することになろう。

政策ゲームは，参加者に，戦略的な活動のために落ち着いた現実的で最新の情報に基づいた試行の場を提供することが重要である。これを達成するために，見たところは単純だが魅力的な五つの項目を含んだ一覧を使用する。一覧は，未来に関係付けられる最大限の可能性のあるデータと概念を探求して構造化する。一覧の重要な概念は未来に関する表現を特徴付ける前半部分（形容詞）である。五つの概念を次に示す。

- 可能な未来
- 考えられる未来
- 起こりそうな未来
- 望ましい未来
- 適応性のある（実施できる）未来

この一覧の興味深いところはその表現ではない。むしろ，ゲームの設計中や実施中であるかどうかにかかわらず，政策論争に参加しているほとんどの人々にとっては，次の三つの知的で想像力に富んだ挑戦である。

- 入手できる全てのデータと着想を使って，手近にある特有の政策問題に取り組むときに，可能な限り経験的であり操作的であり明確である 5 概念のそれぞれを定義すること。
- 理論だけでなく（図 6.3 を参照），特に解決の難しい問題において，5 概念のそれぞれがどの

ように関係しているかを理解して説明ができること。参加者が，発見するかもしれない驚く
ほど多くの関連性のある組み合わせから，逃げ出さないことである。

- 可能な未来への最も単純な論争でさえもすぐに，人々の間の鋭い違いを表面化させるという
事実を公平に評価すること。演習はそれらを定義しなければならず，誤魔化してはならな
い。無意味な苦笑いをすることなく，これらの収集を試みるべきである。

図 6.3 は 5 つの主要な概念から最も重要ないくつかの関係を示す。この図は未来を可能性の空間
として特徴付けてきたドイツの哲学者カール・ヤスパースの視点の労作である。しかし，これらの
可能性は部分的にしか予測できない。政策を立案できる唯一の未来は想像できる未来である。図の
領域 A は，今想像していることの多くが，後に無意味であることが判明することを示してる（可
能性の領域に属さなかった楽しくもあり悩ましい空想）。未来は，当初可能だったよりも良くも悪
くもなる可能性があることを覚えておく必要がある。領域 C はこれらの予測不可能な未来を表し
ている。

戦略開発のゲーミング・
シミュレーションの魅力的
な特長の一つは，知性を広
げることであり，つまり思
考できる空間を拡大できる
ことにある（図 6.3 の点線
の矢印を参照）。外部の研
究の驚くべきデータや外部
者（同僚は「外来種」と呼
ぶ）の異論は，この精神的
な開放効果に対応してゲー
ム内容をより開放的にする
ことに役立つであろう。こ

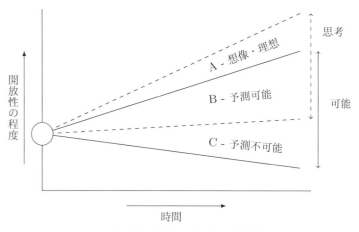

図 6.3 可能性のある未来空間

れらの「外来種」をときどき正式なゲーム会合に招くことは役に立つ。大規模な組織の官僚機構で
は，職務と経歴から，他の人が当然と思っている「壁を超えて見る」ような人々を見つけるのは難
しいであろう。

思考はできるが可能でないと考える領域 A の未来は何であろうか。ゲームはこれらにどれくら
いの注意を払うべきか。ゲーム設計の最中に，この範疇を埋めるためにデータと着想をどれだけ徹
底的に検索すべきか。この時点では，望ましい未来について異なる意見を探して，それらを領域 A
に関連付けることが有用である。

望ましい未来が領域 A のどこかにあれば，ユートピア構想と呼べる。しかし，価値もあり思考も
できるが，実現できない。参加者の一部が魅力的でないと思われる未来を見るときに，これらの非
現実性は特に興味深い。不可能を可能にする方法について，激しい議論の候補者を見つけることは

難しくないかもしれない。ありそうな未来を魅力的，あるいは少なくとも容認できると考える人々が，現実主義と漸進的な戦略に賛同すると仮定しても間違いない。ゲームはこれらの適応性のある論議の場として良い環境である。注意深く議論をしている人々は自己の正当性を示すかもしれないが，一部の人々が望むことは行うことができない（公的医療サービス物語を参照）。他方，動機付けられたユートピア派は，「やろうと思えばできるんだ」を議論に持ち込むかもしれない（例えば，大学病院の個々の文化にあうように戦略的行動を調整する）。

　思考できるが不可能である論争は，別の言い方をすれば，価値の評価や有意性に関わってくる。ここでは，滅多にない事態のように，まったく思いも寄らない状況を考えてみよう（高信頼性組織に関しては 2.4.3 項を参照）。起こりえないことが起こるとすると，その原因と結果の関係に格闘して，さらに悲惨な影響を可能な限り小さく抑えるために，緊急時計画を手元に置いておくべきである。ここでは，戦略的経営と大規模災害管理との境界域に入り込むことになり，ゲーミングはこれらの目的に役立つことを一貫して示す数少ない技術の一つである。

　大規模災害の可能性を警告するために，不確実性と危険を管理する重要な方法は，優れた情報システムの導入と使用により監視を続けることである。創薬の事例と社会雇用プログラムの事例の両方では，真に戦略的である情報システムを維持することがいかに難しいかを示している。後者の事例では，完全にその線から外れていた監視システムを変えるために，戦略的戦争ゲーミング会合が必要であった。しかし，快晴で大空に太陽が輝いている時期に，早期警戒システムに多くの精力を費やすように経営陣を動機付けておくことは困難である。もしかしたら，政策演習を実施して，その所産が極度に怖がらすときであったかもしれない（2001 年 9 月 11 日以前に真剣にテロリズムを心配した人はいない）。

6.3.4　内容の表現力

　ゲーム設計と実証研究の関係を探るために，政策の枠組みと可能な未来へのプロセスの話題を用いた。ゲームに組み込まれる問題解決の周期の他の要素（例えば，政策の選択肢を定義）は，ほとんど同じように研究によって支持されている。ここでの教訓は，参加者が有効かつ適切なものと認識するように，設計者が知識集合体の編成を強制するプロセスでゲームを開発しなければならないということである。加えて，ゲームの優れたデータベースは，初期の参加者を驚かせて，誘惑さえするはずである。これを可能にするために，まず必要なのは政策ゲームの足元が強固であることである。情報システム，調査，観察，研修会，個人的な面談，書面による文書化など，これらの全ての情報経路はゲーム設計のシステム分析の局面において検索されて使用されなければならない。

　時には，ゲーム設計を保留にしたまま予備調査を優先しなければならない。知識基盤が参加者の経験と素質に依存しないときに，忙しい人々をゲームに勧誘すると貴重な業務時間を無駄にすることになる。説得力のある内容を逸したゲームは期待したとおりに達成できないであろう。そこでは信じていない人々を土俵に立たせて，未知の分野でしばらく冷や汗を流させることになる。

6.4　ゲーミング・シミュレーションが伴う政策研究

　いろいろな社会科学者が人間行動の説明研究のために政策と戦略のゲームを使用してきた。現実の状況の見つけ難いあるいは制御し難い事情の下で，個人，集団，やや複雑な組織の政策に関連した行動は，ゲーム内で観察できて操作もできる。

　政策と組織の科学は，いくつかの基幹の分野，特に心理学，社会学，経済学から派生している。研究のためにゲームを使用することはこの多様な背景を裏付けている。これらの科学が生み出す仮説のあらゆる領域を検証するために，使用されるゲームの事例を収集することは難しいことではない。過去の研究事例には，個々の経営行動の研究，政策プロセスにおける小集団の相互作用，大きな集団と組織の動態がある（組織間の協調と交渉を計画すると）。

　この節では最近の実証研究の一つについて詳細な説明に充てたい。研究の内容と方法は本書の文脈において特に興味深いものである。政策研究にゲームを使用する利点と問題点は，一つの研究プロジェクトに少し深く入り込むことによって，説明できる。

6.4.1　研究の事例 - 意思決定支援は重要なのか

　多くの政策科学者が発見したように，政策開発の手段とプロセスの関連性を経験的に評価するのは困難である（例えば，Mayer, 1997; Bongers, 2000; Heyne, 2000 を参照）。この点については後述したい。ゲーミング・シミュレーションの研究も，通常の現場の条件の下で経験的評価の実際的で概念的な困難さを克服することになると，この例外ではない。

　ある程度の実験的操作を実現するために，研究者は創造的にゲーミング・シミュレーションを使用し始めている。その使用を観察して妥当性を評価するために，意思決定支援を導入する政策環境を利用している。例えば，Meinsma et al.（1998）は，多者問題解決プロセスにおいて，政策立案者間のコミュニケーションの質に関して形式的視覚化（アニメ化）シミュレーション・モデルの影響を測定するために，政策ゲームの探索的使用を報告している。

　この形式の研究計画の詳細な事例は博士号のプロジェクトに見られる（Roelofs, 1998, 2000）。この研究は「意思決定支援は重要なのか」という質問に対する実験的な解答を探していた。プロジェクトは，非常に興味深い方法を使いながら，ゲーミングを伴った実験的研究とゲーミングの評価研究との境界で両立を保っていた。専門的環境におけるゲーミング・シミュレーションの実施が伴う研究活動の可能性と限界の両方に優れた洞察を提示するために，このプロジェクトの研究と成果についてかなり詳しく取り上げたい。

　この研究は，非常に複雑な政策ゲームの数回の実施を制御して操作して比較するために，比較的珍しい機会を開発した。被験者は，学生のような政策未熟者ではなく，オランダの六つの自治体の経験豊富な公務員であった。実施数の半分では，参加者は問題構造化技法を使用したが，残りの半分では，問題構造化は特に刺激も支援もせずに，ゲームの自発的なプロセスに任された。

　問題の構造化は政策開発の非常に重要な部分である。この研究では「課題の定義に影響を与える様々な組織の代表者の活動」と定義している（Roelofs, 2000, p.173）。さらに，研究では，問題の構造化は政策軌道の始めに行われるが，課題の集団的定義は政策プロセスのいかなる瞬間においても危うくなることを強調している。時間の経過とともに，課題の定義に影響を与えることを目指した活動の様々な水準を観察することができる。とはいえ，新たな軌道の始まりで，この種の活動の頻度が最も高くなる傾向にあると思われる。

6.4.2　政策課題の複雑さの評価

　この研究は私たちと同じように複雑な課題に関心がある。今までの文献探索を含めて政策科学には，「複雑さ」の概念の定義を行い，さらに実験を通して政策の当事者（参加者）の集団が実現する問題の構造化の質を評価するために，実際的な測定法を開発するという難しい作業が伴う。そこで，政策課題の複雑さの三つの次元に注目している。最初に，認知的複雑さは，政策の結果を予測することが困難なように，相互作用する多数の変数が課題の実質的かつ専門的な知識に作用する程度である。次に，課題には，社会的ネットワークにおいて擁護すべき組織的関心が異なる多くの当事者が関与している。これ自体が社会政治的複雑さになる。さらに，規範的複雑さは，課題を規範と価値から評価することに関して，当事者間の論争の水準である。各々の次元に二つの基準を内層に置く必要がある。読者にとっては，私たちの5基準との強い相関関係を認識することは困難ではないが，これらの二つの接近法の差を理論的に調和させる試みは，研究から懸け離れることになろう。次に六つの基準を示す（p.174）。

- 認知的複雑さのために
    - 様相の差別化 - 政策立案者が課題に抱く着想の豊かさ
    - 様相の統合 - 課題の政策当事者の理解に意義と透明性を加える着想の集合群を形成するために，様々な課題の様相が順序付けられて相互に関連付けられる程度
- 社会政治的複雑さのために
    - 均衡化利害 - 課題に関わる様々な利害が考慮されて対応される方法
    - 参加 - 利害関係者が資金，時間，行動力の面でプロセスに実際に貢献する程度
- 規範的複雑さのために
    - コミュニケーション - 政策当事者間の認知と相互理解の水準
    - プロセス管理 - 当事者間の議論が組織化されて構造化される方法

6.4.3　政策ゲーム内部の決定支援

　前述の6基準を問題構造化活動に適用するために，新形式政策分析ゲーミング・シミュレーションを経験的環境として使用している。新形式政策分析ゲームは地域社会における公共政策の策定を

模倣している。「対話型政策立案」の技能を磨きたい地方公務員のために 2 日間の研修訓練である。政府，市民，企業，非営利団体などの 14 人の参加者が政策関連の役割を果たす。これらの参加者は，公共安全，社会基盤，環境，福祉などを網羅して，五つの非常に現実的な政策課題を相互作用形式で作成するために集められている。

　新形式政策分析ゲームはどちらかといえば開放型ゲーム・プロセスである。しかし，シナリオ，出来事，実施手順，意思決定用紙などのいくつかの半構造化された要素がある。これらの全てを説明する必要はないであろうが，簡単に触れておきたい。ゲームには，数回の周期があり，参加者が会合して，課題の議論を行って，集団的に「成果」を創り出す。実施の諸段階はこれらの成果が必要である（さらに部分的に定義する）。例えば，模倣された討論の中で一般市民を巻き込むために予定表と議題が求められる。これらの会合の体制と司会は参加者に任せている。この新形式政策分析ゲームの標準版を 3 回実施する。追加の 3 回の実施ではゲームに新たな役割を導入する。例えば，外部のコンサルタントあるいはファシリテータの役割であるが，この役割は 3 人の訓練された部外者によって演じられる。これらのファシリテータは，ゲームにおける集団会合を指導して，その狙いために特別に開発された議論手法を使用する。この手法は支援型問題構造化をゲームに組み込むものである。

　いくつかの介入方法が開発されており，多者間の設定における問題の構造化の質に貢献している。Eden et al.（1983, 1992, 1998）は，「戦略的選択肢の開発と分析」のよく知られたプロセスの一環として，楕円紙配置図（oval mapping, 訳注 - イメージマップ法などと同類）という手法を用いており，この分野で非常に活発である。この研究ではこの楕円紙配置図の手法を実験に選んだ。しかし，時間の制約から楕円紙配置図の手法の短縮版を開発しなければならなかった。

6.4.4　実験 - 研究計画と結果

　この研究は事後検査計画に分類できるだろう。地方自治体職員を無作為に実験群集団と統制群集団に割り当てた。背景データを比較することによって潜在的交絡因子の照合を行った。地方自治体のチームとして多くの点で似ていたが，統制群集団と実験群集団の間にいくつかの違いが出てくることは小規模な人数であるので避けらなかった。例えば，実験群集団では執行機関所属から「行為者」として特徴付けられた人々が多い傾向があったが，一方で，統制群集団ではより内省的で自己批判的な態度の人々が多かった。

　研究では，問題の構造化のために 6 基準を評価する調査表と観察方法が使用された。参加者は集団会合の後に調査表に応えた。これにより，自己の問題構造化の質について，ゲーム中に参加者の認識がどの程度進展したかを調査する機会を得た。3 ないし 4 人の訓練を受けた観察者が，全会合中の集団を常に把握しており，6 基準に従って事前に構造化された詳細な観察と論議の手順を作成した。

　6 回のゲーム実施はそれぞれが長文（45 頁）の観察記録の成果になった。観察データを分析可能な形態に圧縮するために内容分析の手法を使用した。研究資料を読むと，この大学院生の修練と

創造性の賜物であることが分かった。最終的に，研究は，次のようにいくつかの重要な次元に沿って，統計的手法と定性的手法の両方でデータを分類して比較することができた。

- 実験群集団と統制群集団
- 観察と質問表データ
- 6 回の実施結果
- 複数の時点における実施結果
- 各実施において議論された異なる 6 政策課題

研究の分析では，問題構造化の差異と政策出力の差異を比較する方法として，ゲーム中に参加者が作成した政策の成果の内容に，この基準の得点を関連付けることができた。

データから得た全ての貴重な洞察を関連付けることは本書の範囲を超えている。要約すれば，この研究は期待していたよりも問題構造化手法のあまりはっきりしない効果を見出した。楕円紙配置図の介入は，様相の統合と差別化に肯定的ではあるが限られた効果をもたらすように思われた。社会政治的あるいは規範的な複雑さに関する基準には限られた影響しかなく，その効果は主に認知的であった。研究は，楕円紙配置図が様相の差別化における「品質の損失」を防ぐ上で驚異的な効果をもつと結論付けた。当初，この手法は構造を強制することによって着想の流れを妨げていた。しかし，着想は失われず，楕円紙配置図は集合的な記憶として機能していた。政策プロセスはこの手法によって加速されたように見えた。統制群集団はゲームの政策プロセスを乗り切るためにより多くの時間を必要とした。しかし，この差異は，要因が 2 集団（「行為者」対「内省者」）の構成の違いに少なくともある程度あり，この可能性に先入観を持たないようにしなければならなかった。

研究は，観察と質問表データの間にいくつかの顕著な違いがあることを報告した。お互いにかなりの頻度で合致しない。参加者の比較的簡単で主観的な評点は，観察の手順から得られるより詳細で客観的な調査結果と相反することがあった。楕円紙配置図の演習の結果を反映するために時間を費やしていると，測定には「様相の統合」などの複雑で難解な概念がより良い可能性があるように思われた。結局，この研究は質問表データよりも観察データに信頼を置いた。

研究の観察内容に非常に重要な方法論的警鐘を付け加えることができる。通常，プロセス後の調査表が意思決定支援（ゲーミング・シミュレーションを含めて）の研究に適用される唯一の評価方法である。観察データを標準的な調査表手法の基準的検証の手段にすれば，標準的評価手順の確実性をより厳密に観察することが望ましいという研究結果を支持するしかない。満足した参加者は，問題構造化手法による介入に感謝の気持ちを表明しているが，特定の課題や手段に関する自己の気持ちの変化とは異なり，他の変化を必ずしも経験しているとは限らないのである（p.185）。

6.4.5　政策研究にゲームを利用する利点と問題点

この研究を振り返ってみると，政策研究の環境としてゲームの明確ないくつかの利点を支持している。多くの理由から現実世界では，複雑な組織間の政策プロセスを観察して記録することが非常

に難しい。この研究で改めて確認したことは，ゲームでは，公式と非公式の両方の環境で，政策立案者の行動や会話を観察することが可能であることである。従って，様々な参加者が，課題に迫り，立場をとりながら，他の人々に自己の認識を納得させようとする動態をある程度まで観察することが可能である（p.186）。政策研究のゲーミング・シミュレーションに同様の優位性が報告されており，他の研究者によっても積極的に利用されている（例えば，Vissers, 1994）。

　ゲーミングのもう一つの明確な利点として，実験群集団と統制群集団に同一の政策環境を提供して，同時に統制群集団の刺激を任意の方法で構築できることにあった。ゲーム実施の諸段階と参加者が作成した「政策の諸成果」は，事前にデータ収集を計画して分析することと，実施時の全てのデータ群を比較することを実現した。政策プロセスの成果の内容分析と調査表や観察のデータを組み合わせることは，通常，現実の状況では不可能である。幅広い観察と会話の詳細な手順はゲーミング状況の独占的恩恵のようなものである。通常，比較可能な政策プロセスにおいて，研究者が常に全ての事件の場に居ることができないために，相互作用を観察することは先入観にとらわれた視点の影響に少なからず悩まされよう。ゲームでは容易なことであるが，観察者のこの近さは「安心感にとって近すぎる」こともあり，新たな未知で避けがたい統制の効果を作り出すことになろう。

　統制の効果と一般的影響は，もちろん，この研究の主な方法論的懸念事項であり，実験計画を行う多くの研究者にとっても同様であろう。従って，新形式政策分析ゲームの現実性の程度をどのように考えているかを（経験豊かな）参加者に尋ねることは慎重であった。そこで，ゲーミングの有効性を目的とした類型学を使って，これらの質問表の結果を解釈した。この類型学は，Raser（1969）が開発して関係者（Peters et al., 1996; Vissers et al., 1998）が注釈を加えている。この研究は評価について次のように記している（p.80）。

　　　これらの所産は，新形式政策分析ゲームが現実の経験とは異なることを示唆している。しかし，参加者には，ゲームが本物そっくりであり，実際の政策決定プロセスの多くの特徴を捉えていることになる。課題に対する立場から呼び起こされる様々な政策当事者間の相互作用は，ゲーミング・シミュレーションが模倣しようとする世界の相互作用に似ている。新形式政策分析ゲームは，課題と相互作用する利害に関して，類似している政策立案の場を提供する。構造の妥当性は比較的低いが，新形式政策分析ゲームが提供する心理学的とプロセス的妥当性は，かなり受け入れられていると思われる。その予測的妥当性は限られているようである。

　この研究の最終結論では，研究計画の二つの欠点を指摘した。まず，新形式政策分析ゲームは，外的妥当性を保証するために多くの機能があったにもかかわらず，ゲーム化された状況の「人為性」が問題になる可能性がある。もちろん，ゲームのどのくらいの振る舞いが現実と違っているかは分からない。この課題について，実験的研究と長期的実地研究を組み合わせるだけで，より多くのことが明らかになると指摘している。

　次に，選択した意思決定支援（楕円紙配置図法）を実施する正しい方法の問題が残っている。この意思決定支援から，多くの効果を見出すことができなかった結論を忘れないでいただきたい。既

存の新形式政策分析ゲームの構造に十分な「余裕」を与えることは難しいだけでなく，統制群集団と実験群集団の違いを比較的小さくするのが，この基本的なゲーム構造である。新形式政策分析ゲームは，例えば第3章で説明した大学病院の事例にみられるように，自由形式のゲームではなかった。それどころか，新形式政策分析ゲームは研修手段としても設計されており，それに応じて学習プロセスに導く様々な構造化要素が含まれていた。さらにゲームは相互作用にもとづく政策立案を刺激した。その結果，この研究は，「参加者は，様々な関心事や様々な当事者に積極的な関心を払うような，さらに同僚の政策立案者の要求に敏感になるような傾向が極めて高かった。したがって，参加者は，行動の問題構造化手法のいくつかが自己の合意の呼び起しを目指していることを示す傾向がすでにあった」と記している（p.187）。もちろん，解答はこの研究者のデータ内には見つけることはできない。今後は，異なったゲームが伴った興味深い研究計画が繰り返されて，実地評価と組み合わせることで，この問題がより明確になるであろう。

応用や専門的な観点からいえば，同じゲームの二つの変形を系統的に比較することによって，この研究を再構築することができよう。参加者は，ゲームを実践するように誘われて，言うまでもなく多くの熱意と積極的な学習経験とともに実践した。集団の半分（実験群）は，他の半分（統制群）よりも幾分構造が大きく，ゲーム・プロセスに入った。ゲームを使用した研究環境の研究者の狙いは，意思決定支援の研究を同じゲームの二つの版の比較評価として見直すことができる。このような研究では，ゲーム化された形態の両方が現実世界における政策構造化行動に積極的な影響を与えているのか，どちらでもないか，それともどちらか一方のみが影響を与えているかを問うことができるかもしれない。

研究をこの観点から見ると次の節で検討する評価研究の領域に導く。読者も気づくことになるが，この複雑で知的な研究の分析は，政策ゲーミングの評価に直面する多くの困難を理解する準備になっている。

6.5　ゲーミングに関する研究 - 評価の視点

6.1節で述べたように，評価に関するこの節では，教育や研修のゲームの評価に焦点を当てた実証研究に触れない。政策や戦略ゲームの教育的利用は本書の範囲外である。しかし，本節としては，政策と戦略ゲームの圧倒的多数で最も体系的な評価が教育分野にあるのは明らかであり，このような切り分けはやや空しさが残る。いずれにせよ，私たちは，この形式の応用について知識の豊富な研究者の領域に入らないことにする。この狙いのために様々な専門家による多くの出版物を紹介しておく（Keys & Wolfe, 1990を参照）。これらの専門家は，ISAGA (International Simulation and Gaming Association)，ABSEL (Association for Business Simulation and Experiential Learning)，NASAGA (North American Simulation and Gaming Association)，SAGSET (Society for Adancement of Games and Simulations in Education and Training) で活動している。

本節では，ゲーミング・シミュレーションの政策適用性を評価するために，様々な試みの事例に

ついて簡単に論議する。本節の主要な部分は段階的手順に基づいている。評価の領域で可能な一連
の研究の方向性を定義するが，現時点で認識されているよりも，そのほとんどは慎重な注意が必要
である。本節の最後の部分で，組織改革の関連業務において特注ゲーミングの評価研究に注目する
刺激的な事例を示す。

6.5.1　収穫高 - それでも不十分だ

　政策立案を目的地として，本書で提示している参加型政策分析の形態におけるゲーミング・シ
ミュレーションの接近法を概念化してきた。この観点からゲーミング・シミュレーションの評価に
ついて議論したい。オランダ・ティルブルグ研究プログラムの成員によって行われた参加型政策分
析の文献の総括は，参加型政策分析の分野において，諸条件，軌道の有用性と関連性，手法の実証
研究が期待していたよりも少ないことを示した。現代の政策実践において，参加型政策分析軌道
の頻度と重要性を考慮すれば残念なことである（Geurts & Mayer, 1996; Mayer, 1997; Bongers,
2000; Heyne, 2000 を参照）。

　現在まで，参加型政策手法の影響と有効性の研究は，参加型モデリング，シナリオ手法，集団意
思決定支援の認知作用に主に焦点を当ててきた。例えば，Vennix（1998）と Verburgh（1994）の
研究では，参加者の認知地図の質を解明して評価するために，Axelrod（1976）が開発した技法を
採用して，準実験的な設計により集団モデリングの有効性を測定している。今まで議論してきた
Roelofs（2000）の研究はこの範疇に入る。Mayer（1997）と Heyne（2000）は，構造化とシナリ
オの研修会を使って多種多様な参加型政策分析の軌道を比較したが，実際には本書で説明した形式
の政策演習とは言い難い。Bongers（2000）は，集団意思決定支援の政策関連性が評価される点で
生産的かつ国際的な傾向の出版物の事例である。

　参加型政策分析の最先端の評価に関する一般的結論は，報告された評価研究の大半が事例研究で
あり，プロジェクトの「なぜか，なにが，どうして」（why-what-how）の詳細な説明である。参加
者と主催者の事後の満足度調査を見かけることも多い。この結論は，躊躇することなく，参加型政
策分析評価の現況が政策ゲーミングの評価にも当てはまると断言されよう。ここに「不徳の致すと
ころ」という口上が必要である。第 3 章では 8 事例研究を提示したが，これらのプロジェクトで
は経験的評価が満足度測定に限定された。もちろん，事後の質問表は，緊急時の人工呼吸器のよう
に，プロジェクト契約を締めくくる方法としても重要である。しかし，Roelofs（2000）が示すよ
うに，満足度と影響力は二つのまったく異なるものである。

　政策ゲームの体系的評価研究の欠乏を示す比較的最近の指標は，1997 年にオランダ・ティルブ
ルグで開催された ISAGA の第 28 回年次総会における収穫である。この会議の主題は「政策開発
と組織改革を目指したゲーミング・シミュレーション」が設定された。全体で 120 件が発表され
て，10 件に満たない実証研究があり，そのうち 5 件に満たない発表がゲームの政策関連を評価し
ているようであった（Gurts et al., 1998; Joldersma & Geurts, 1998）。

6.5.2 事例 - 政策立案者の意識に及ぼす影響

通常よりも洗練された評価の事例が ISAGA の第 28 回 1997 年次総会で発表されていた。Rouwette et al.（1998）による報告であった。MARCO POLIS は住宅協会の従業員を新たな市場環境に出会わせるゲームである。公的医療サービスで説明したプロセスと同様に，非営利の住宅協会は，より市場に依存することになり，社会的目標と，財務的継続性を競争的に確保する必要性との間に新たな調和をとることが求められた。このゲームは，特別に開発されたものであり，住宅協会連合によって依頼された。ゲームの内容は一般的であるが，架空の小さな都市の典型的な住宅市場を模倣していた。

ゲームは 15 人から 50 人までで構成された少なくとも 15 の職業人集団によって使用された。研究は，「ほとんどの場合において，ファシリテータと参加者の両者は，ゲームが新たな状況の要求を明確にすることに非常にうまくいっていると判断した」と報告している（p.95）。しかし，ゲーム制作者としては，この判断の意味するところの理解を深めることを望んで，より体系的な評価研究を開始した。研究の成果については原文を参照して欲しいが，ここでは研究計画に関するいくつかの観察結果だけを取り上げる。次の理由から，49 名の職業人による 1 回のゲームが称賛に値する方法で研究された。

- 影響の評価は明確かつ十分に検証された理論で管理された。Azjen（1991）の計画的行動の理論が使われた。
- 理論は，多変量モデルと四つの非常に関連性が高い検証可能な仮説に変換された。すなわち，信念，態度，知覚された行動，行動の意図における変化にゲームの参加者を関係付けた。
- 実施前と実施後の両方のデータを収集して，事前事後の検証比較を可能にした。
- 測定方法は実績のある手順に基づいた。
- データ分析は適切な多変量統計手法を使用した。

研究者がこのような体系的で詳細な方法を使ってゲーミング・プロジェクトを調査すれば，予想できるように成果の解釈には注意と訓練が必要になろう。研究は正にこれに挑戦した。ゲーム設計局面のある種の予想はデータによって裏付けられたが，他のものは証明できてない。研究を評価方法論と参加型政策分析の広い視点から見れば，研究の限界が明らかになる。本節の次の部分への足掛かりとして，この研究について次の観察を行う。言うまでもないが，研究の批判を意図してはいない。

- ゲームの影響は個人の水準だけに求められた。他の結果，例えば制度的政策については，この研究の焦点になかった。
- 行動の影響の測定は意図した行動に限定された。ゲーム後のある時点に記入された調査表を用いて，口頭で発表された。実際の政策行動の長期的な評価は次の段階でできたかもしれ

ない。

- ゲームは，専門的訓練の目的のために使用されたのか，政策プロセスの一歩として使用されたのかが議論されるかもしれない。私たちはこの課題に立ち戻ることになろう。しかし，次のことは明白である。一般的ゲームである MARCO POLIS は，参加者のために作られたものであり，参加者とともに作られたものではなかった。その利用は，第 3 章で紹介した大部分の事例研究とは異なり，特定の組織的政策の論点が無いのに等しかった。

　暫定的な結論として，専門的応用における政策ゲームの評価は容易ではなく，これには次の理由が導き出せる。

- 依頼者は評価を重要と認識しなければならず，評価と守秘義務が互いに矛盾していることも容易に認識できる。そのために，依頼者とチーム間の明確な合意が事前に必要である。
- 評価には，一般的に参加者が余分な努力することによって収集できるデータが必要である。
- 時には統制の効果の危険を冒す必要がある。観察することによってゲーム・プロセスに影響を与える可能性がある。
- 評価のために，経験分野から知見を駆り集めて受け入れることを研究者や同僚に強要する。優れた理論と優秀な設計がなければ評価の費用対効果が期待外れになろう。真剣な評価を達成するためには慎重な計画と熟練した姿勢が必要である。
- 評価を行う人々は，研究計画に関する多くの着想が実際には使えないことを受け入れなければならない。その代わりに，「それができなければ，できる限りの最善を尽くさなければならない」という規則に従って，創造的に処理されなければならない。この意味は，大きな代償を払って結果を解釈しなければならないことになろう。

6.5.3　評価研究の系統

　これまでの議論の積極的な側面は，私たちの Rouwette et al.（1998）の研究の小分析では，経験的設計にゲーミングの専門的応用をどのように混ぜ合わせるかを示すことにある。政策ゲームの経験的評価の成熟した計画が，焦点と設計において必然的に多様であることを説明している。効果評価，プロセス評価，研究の費用対効果，長期的影響の研究が必要であることになる。

　ティルブルグ大学の参加型政策分析の研究集団は，参加型政策分析軌道に関して八つの系統の関連評価研究を提案した（例えば，Geurts & Mayer, 1996）。それぞれの系統は基準と方法に異なる焦点を当てている。この分類は政策ゲーム評価の計画作成に関連しており，これら八つの系統について説明したい。

■系統 1 - プロセス評価　プロセス評価の目標は，政策ゲーミングの質を逐次的かつ構造的な一連の活動として評価することにある。プロセス評価は軌道全体あるいは特定の段階に焦点を当てることができる。これはプロセスの最中，直後，あるいはその両方で実施できる。評価方法の軌道の質

に関する関連基準はすでに示唆している（第4章を参照）。専門家による観察（必要な場合は準参加の役割にて），面談，構造化質問表などのいくつかのデータ収集方法が利用できる。目標は成功と失敗から学ぶことである。プロセス評価は，再構成する論理を使用中の論理から導出することに役立つ。プロセス評価は政策演習の方法論の発展にとって不可欠である。

　次の三つの系統は，全て「効果」または「出力」の評価の形態であり，ゲーミング活動の意図した出力，実現した出力，意図しなかった（どちらかといえば直接の）出力の測定を狙っている。政策科学のように，この議論では「所産」から「出力」を区別することが有用である。出力とはゲーム後に測定できる直接的な成果を示す。それは，主唱者または関係する他の利害関係者の戦略に関して，戦略的な利用または影響と区別されなければならない。これは，通常，努力の所産と呼ばれている。戦略的なあるいは所産の評価については後半で扱う（系統5から系統8まで）。

■系統2 - 個人への効果　政策課題に関する新たな問題や視点を強制すると，政策演習の意図された役割は，個々の参加者の認知，姿勢，価値に影響を与えるかもしれない。系統2の研究は，これらの出力を測定しようとするが，通常，準実験的な性質がある。上記に説明した研究が，多くの概念的と方法論的な困難のために，研究の方針が生産的ではあるが複雑であることを示している。それとは別に深刻な実質的な困難さがあることも多い。説明したように，評価のデータを収集している間は，ゲーム・プロセスを阻害しないように慎重に計画していることになる。従って，例えば，Bongers（2000）は，コンピュータ支援型集団会合の効果評価の批評の中で，詳細な実験が学生を被験者として行われることが多いことは，偶然ではないとしている。現場の応用における実験的統制（研究上の理由でゲームを改変して）は不可能であることが多い。通常の選択肢としては，参加する個人による事後の主観的評価に依存することになる。

■系統3 - 集団として参加者への効果　第3章で指摘した政策演習の目標のいくつかは，個人の変化だけを狙っていただけでなく，参加している集団の特徴にも焦点を当てていた。たびたび定義された目標は，参加者の間で共有される「認知地図」または知識集合体を創作することである。ゲーミング・プロジェクトの主唱者の中には戦略的行動の必要性と方向性に関する合意形成を望んでいた。いくつかの戦略的ゲーミングは異なる組織をよりよく結びつけることを意図している。ゲームは，連携のために中核的あるいは永続的なチームを形成する意欲を刺激するために使用される。

　これらの目的は，評価の分析単位が個人ではなく集団であることを示唆している。そして，評価する適切な研究計画は準実験的になろう。しかし，個人の変化の評価と比較すると，測定手段，データ収集，データ解釈はより複雑になる。

■系統4 - 出力としての作品　戦略的ゲーミング軌道は出版物（報告書，実情報告書などで）で結論付けられることが多い。これらの報告は参加者自身あるいは関係者が執筆したものでもよい。出力評価の論理的経路はこれらの作品の品位を調べることである。着想は新しくて価値があろうか。

情報は妥当で完全なものであろうか。最終報告書は参加者が交換した着想や意見の有効かつ包括的な要約であろうか。内容分析，参加者による批評，専門家あるいは利害関係者は，この系統の評価のために関連するデータを収集する論理的経路である。

■**系統 5 - 普及**　ここで，ゲーミング軌道の能動的局面を超えて，さらに前述の出力評価よりも先を見越して，戦略的あるいは所産の評価を導入してみよう。各々の政策演習は，利害関係者ネットワーク内の戦略的な対応または手段である。政策演習の役割における戦略的視点は以下の三つの評価系統を示唆している。

多くのゲーミング構想は参加者または主唱する依頼者組織だけに焦点を置くものではない。Majone（1989，p.41）の観察は特に公共部門プロジェクトに有効であるかもしれない。

> 基本的に政策研究の論客は分析者集団の一員とみなされるかもしれない。(中略) 分析が完了するまでには，最初の依頼者は配置換えされて，主要な担当者として任命された上級公務員は事務局を退職することになり，他の当事者は別の問題に異動するであろう。

系統 5 あるいは評価の普及系統は，ゲーミング・プロセスで生成された情報の拡散に焦点を当てている。プロジェクトがどのような関係者に及ぶか，どのような情報（または洞察）がどの経路を経由するかを判断することになる。ここではマスコミュニケーション研究の研究計画と方法論が適切である。この系統の研究は，公的医療サービス・プロジェクトの後に行われたように，新聞，テレビ，ラジオの会見報道を検討することになるかもしれない。この研究の好機は，通常，記者会見の直後の数週間に限定されている。

■**系統 6 - ネットワークへの効果**　政策ゲームは，ネットワークの相互作用と団結を改善する刺激として志向されることが多い。この点で，政策演習の成功の可能性を評価する一つの方法は，各会合の直後に参加者集団内の関連する態度と行動計画を測定することである（上記の集団として参加者への効果を参照）。しかしながら，善意が長期的な行動になるかは別の問題である。志向した意図を即時に測定しても行動する傾向が明らかにならないことは理論的に可能であるが，しばらくして，元の参加者たちが自己の代表する利害関係者間の共同行動を刺激しようとすることも理論的に可能である。この事例は，この系統の研究に少なくも二つの基本的な困難さを明らかにしている。まず，柔軟なネットワークの特性の変化を測定することが困難である。次に，観察された刺激の変化の原因は多くの要因によって複雑化することにある。

■**系統 7 - 意思決定における利用**　上述の二つの所産評価の研究の困難さは，同様に意思決定におけるシミュレーション結果の使用に焦点を当てた研究を複雑にする。公的と私的ネットワークの場における意思決定に関する膨大な経験的文献は，戦略的意思決定プロセスの再構築が確かに可能であることを示している。これには広範かつ多方面の研究計画が必要である。戦略的意思決定が行われる「厄介な」プロセスにおいて，因果関係を確立することは困難である。要するに，単一の事象

（例えば戦略的ゲーミング軌道）の影響を分離することは単純な作業ではない。

2.5 節で指摘した「知識利用」学派は，関連した概念の開発と，政策分析の結果の報告形態（例えば，報告書あるいは同等の文書）の条件付け要素の理解に多大な貢献をしている。この学派は，政策立案者によるこれらの報告書の三つの利用形態を見出している。すなわち，手法的利用，概念的利用，説得的利用（提唱者として）である。政策研究における手法的利用とは，結果を政策手段または政策プログラムに直接翻訳することをいう。研究は手法的利用が一般的ではないことを示している。政策報告書は社会問題に関する考え方を変えるために多くが利用される。これは啓発や概念的利用と呼ばれている（例えば，Weiss & Buchavalas, 1980; Caplan, 1983）。また，説得的利用の意味は政策分析の正当化または象徴的な使用を示す。

手法的利用は運用上の決定に限定されることが多い。概念的利用は，意思決定に新たな知識を即時にかつ直接に適用することに関与しないが，徐々に基本的な視点の意識改革と方向転換に大きな転換をもたらす可能性がある。手法的利用は，政策の課題が複雑であり，結果が不確実であり，多数の当事者が意思決定プロセスに従事しているときに限られており，特に稀少のようである。

ゲーミングのような政策手法の貢献を評価するには，評価研究の可能な焦点として「決定の品位」の着想を念頭におくことが関係してくる。否応なく決断する必要性から逃れられず，その瞬間にできる最高の決定をすることになる。英断は自動的に良い（望ましい）結果に繋がるわけではない。不可避的に，戦略的決定はこの実施中に驚くべきことに遭遇しよう。「決定の品位」と「結果の品位」の区別は研究にとって次のような興味深い質問を示唆する。

- 結果の基準に頼ることなく，政策演習のために測定可能な意思決定品質の基準を定義することは可能であろうか（「この決定が行きたいところに行くことに役立つかは分からない。しかし我々ができた最高の決定である」）。
- ゲーミングの努力によって，決定が改善されたかどうかを意思決定者に確認することは正しいであろうか（例えば，「はい，大いに助かりました」，「はい，間違えないように防いでくれた」など）。
- 意思決定の質に関わるゲーミングの影響は，おそらく，意思決定プロセスの向上を刺激するために，そのような軌道の能力として基本的に定義されなければならない（例えば，「少なくとも決定の手詰まり状態から逃れた」，「一つの課題の解決を助けてくれてた。それで十分だ」）。

■系統 8 - 政策プログラム有効性に関するゲーミング影響　実際に，政策開発ゲーム（決定への影響を通して）と，戦略的政策プログラムによって達成される現実の結果との間に因果関係を確立することは，一般的に実証科学の範囲を超えている。長期にわたる関与時間，多くの交絡因子，関係する全ての要因の動態，比較研究の限界のごく少数ではあるが，この系統の評価が行われない理由になることが多い。最大の成果は，限られた比較可能性と証拠力が示す事例研究にある可能性が

高い。

6.5.4　ゲームと戦略の実現

　研修ゲームは戦略的経営に非常に重要な貢献ができる。単純な区別は誤解を招くかもしれない。組織の依頼者との共同作業の観点から，ゲーミングの研修と政策開発の応用との間に線を強く引き過ぎることは時として有害である。概念的には，企業研修プログラムと戦略的助言軌道との間の古典的分割線は重要な再検討が行われている。経営実践と経営科学は，戦略的な挑戦と競争上の成功の機会の両方に，組織における学習を発見していた（学習と創造性の接点については 4.4 節を参照）。戦略的失敗の再概念化は組織学習の最上の機会ではあるが，学習の枠組みに基づく高尚な用語を使用しながら，「いかに政策を打ち出すか」を単純な研修活動の学びと考えるのは有用でない。

　ゲームは，組織の戦略的な改革を支援するために，慎重に構築された実装プロセスの要素として次第に使用されている。本書では企業文化の演習がこの事例として紹介されている（3.6 節を参照）。これらの介入を，時には研修，時には組織の開発，時には戦略的な再方向付けと呼んでいる。既成のゲームはこれらの文脈において定期的に使用されている。いくつかの企業は自己の事業のために古典的ゲームを再設計している。

　Geurt et al.（2000）は，著作 *Changing Organizations with Gaming Simulation* の中で，複雑で構造的かつ文化的な変革のために，組織が特注ゲームをどのように創作して使用するかを示している。著作に提示している事例の狙いと活用の内容は，本書で説明している事例研究の大部分とは異なる。しかしながら，計画の参加型方法論は同じであり，実用的必要性から，組織内の他の新たな活動や現在進行中の活動に，ゲーミング活動を慎重に取り入れることになる。事情を知らない部外者には，完成したゲームの多くのプロセスが同じに見えるだろう。この研究の説明では，ゲームは，参加者が政策を立案しているように見えてる。すなわち，データを収集して，意見や情報を交換して，意思決定をしている。

　私たちはこの相対的な比較可能性を強調している。これは体系的な評価を目指した挑戦は比較可能性が高いことを意味する。簡単に言えば，政策ゲーミングと変革ゲーミングの評価者はお互いに多くのことを学ぶことができる。これまで見てきたように，変革ゲームの経験的評価は政策ゲームよりもいくらか先行している。例えば，Caluwé（1997）の包括的研究ではプロセス評価に出力と所産の評価を組み合わせている（Caluwé & Geurts, 1999 および Geurts et al., 2000 にも報告されている）。

　例えば，オランダ・デルタ・ロイド社は 2800 人以上を雇用している評判の高い保険企業である。その昔，その競争力は失望させるものであり，経営陣は未来に深刻な脅威を感じていた。非ゲーミング形式で戦略開発の高度な相互作用的局面の後に，一通りの回復を目指した決定が行われた。一つは 600 人を解雇して，もう一つは二つの組織革命を起こすことであった。その結果，企業は極端に階層が減じられて（300 の管理職が消えた），同時に企業の全てのプロセスは多機能チームによって処理された。新たなデルタ・ロイド社は，経営陣には比較的小さな管理構造をもたせて，基

本的に約 140 チームのネットワークで運営された。

　構造を創造することと，それを機能させることは別の問題であった。チームで働くことは組織の成員にとって深刻な文化の変化を意味した。そして，未来に向かって各自は異なる行動をしなければならなかった。過去に好ましい言動とされたものは，今や機能不全に陥るかもしれなかった。新たな参照行動が開発されねばならず，新たな報酬システムと内部の人材が期待されねばならなかった。

　そこで，改革研修プログラムに全員（最高経営責任者から施設担当者まで）の参加が決定された。Caluwé（1997）は，このプログラムが，22 の設計媒介変数の相互に関連した決定の組み合わせとして，どのように特徴付けられるかを示している。選ばれたのは，内容，構造，当事者，仕組み，介入のある特定の前提条件であった。2 日半の研修プログラム，いくつかの追跡調査，非常に可視化された積極的管理が介入の重要な特徴であった。特注ゲームが研修に使用されて，結局，4 ヶ月で約 140 チームがゲームに参加した。このような企業の複雑な事業計画を想像してみよう。

　この研究のプロジェクトの評価はおそらく異色なものである。依頼者の完全な協力を得て，大量のデータ群を収集した。文書分析，質問表，経営者や研修担当者との綿密な面談，文書化された観察記録を使用した。ゲーム前と直後，3 か月，12 か月，18 か月の 5 時点で，チームワークに対する態度を測定する同一の調査表を使用できた。これらの測定結果は顕著な波状曲線を示した。ゲーム後では非常に肯定的な効果を生み出した。これらは初年度の間に低下したが，その後は再び肯定的になる傾向があった。研究ではこれを学習曲線と見なしている。ゲームの安全な環境で採用された新たな行動は，現実世界では続行が困難であることが判明したが，それは何らかの欲求不満の期間の後に限り習得（内部化）することができた。全体として，研究は，このプログラムの影響が肯定的であり持続的であると結論付けている。

　方法論的観点から見ると，このようなゲーム型変革プログラムが，多くの異なる設計要素の刺激体であることを公平に評価しようとしている点が興味深い。同研究の広範なデータ群は，一つの要素の肯定的な結果の分離さえも許しておらず，それがゲームである。専門家との面談やその他の定性的情報源は，介入時における効果的な要素を（事後的に）特定することを可能にする。効果的な要素の一つとして，特注ゲーミング・シミュレーションの利用が指摘された。研究は，ゲームのどの特性がその効果をもたらしたかの手がかりを見つけている。ゲームの 10 の特徴を指摘しており，例えば，現実との強い類似性（特注設計による生成）と，演習の諸段階が参加者に学習サイクルの繰り返しを強要する事実をあげている。

6.5.5　応用の評価 - 研究も必要

　ここまで比較的稀な経験的評価研究のいくつかの事例について説明してきた。しかし，経験的評価の蓄積についても，この分野を発展させる推測についても集約しきれていない。私たちは，いくつかの事例研究において経験的評価を刺激する立場にあった。これらのプロジェクトから学んだことを政策ゲームの設計と活用の方法論に取り入れようとした。その意味で，理論と方法論に関する

いくつかの章は，過去の実証的評価研究から学んできたことを集約したものである。

　政策ゲームに関する大部分の知識は，慎重に計画されて実施された政策介入と助言プロセスにおいて，体系的かつ間主観的な実験を通して蓄積されている。専門家を研究に導きながら，説明的な実践理論と規範的な方法論も，実験されて，棄却されて，改善されて，詳述されて，蓄積されている。これらは，様々な重要な依頼者の業務に使用されている。構成主義者の科学観では，この成長する知識体系は継続的かつ厳密な科学的実験の対象と考えられる。

　専門的な応用にとしてこの実験は，政策ゲーミングに関する特定の実証的評価研究の必要性を取り除くことにはならない。この種の研究は，科学的な根拠のために，さらにゲーミング実践の向上のために必要である。応用科学の分野では，手段や方法の選択は流行に左右されることが多い。一定の危険な兆候があり，「幼児に金槌を持たせれば周囲の全てが釘のように見えよう」という諺に登場する金槌を持つ幼児にならないようにしなければならない。良構造の評価研究はより情報に基づいて偶発的選択プロセスに大きく貢献できる。私たちは，なにが作用して，どこで作用して，なぜ作用したかを知りたい。

　本章では，ゲーミングと実証研究との多様で潜在的で有益な関係を示したかった。私たちは，このことが行動の効果的な呼びかけとして機能することを願っている。確かな実証研究は，参加型政策分析のプロセスとしても政策研究の手段としても，政策ゲーミングを向上するために役立つであろう。

第 4 部

戦略指向のゲーム設計

読者のための指針

　事例研究とその分析から，戦略策定のために政策演習は多機能な手段であることを示してきた。提示した政策演習は目的と形態が大きく異なっていた。これは戦略と政策のためにゲームを設計する方法の問題に行き着く。次の二つの章では，長年にわたって開発してきたゲームの設計と構築に関する理論と方法論について説明したい。

　第 7 章と第 8 章の狙いは政策演習領域の方法論的基礎に取り組むことにある。第 7 章では政策演習の構築に使用される基本的構築単位を，さらに第 8 章では設計プロセスを説明する。ここに提示した資料は多くのゲーム実施の経験的観察に基づいている。これらの観察は本書の他の箇所で提示した理論的証拠によって裏付けられている。1964 年以来，私たちは，世界中で幅広い題材に取り組んでおり，1 年あたり数ゲーム（合計は 100 以上）を設計してきた。この長い期間を通して，より高い精度の設計プロセスを定義しようと努力してきた。これらの章では，過去の取り組みを再考するとともに，他の研究者による様々な研究との統合についても説明したい。

　既に指摘したが，ゲームやモデル設計の参加型の実践は，戦略的プロセスにおける参加の内省的と経験的な文献とは異なり，まったく別に開発されてきた。振り返ってみると，プロセスの文献の中には，ゲーム設計の様々な実践的な規則や方策を支援する多くの着想がある。文献には，戦略を目指してゲームが機能する「なぜ」さらに「いつ」の理解を得るために，役立つ有用な思索と概念がある。ゲーミング分野のさらなる成熟のためにより深い理解が不可欠である。提示するゲーム設計プロセスは，プロセスの文献から導き出す多くの有益な秘訣と法則を反映している。

　多くの異なる種類の作品はゲームあるいはシミュレーションと呼ばれている。それにもかかわらず，普遍的に使用されて容認される定義はない。政策ゲームの適切な定義と利用について，設計チームの実質的な関心の観点から見られる傾向にあることが，ゲームの混乱した状況の中心的な理由である。それらは，ゲーミング技術としてではなく，実質的な内容に主な関心がある専門家によって利用される方法になっている。結果として，多くの研究者は，その瞬間に固有の実質的な必要性を背景に用語と概念を定義する。これによって生じる混乱はこの領域の進化を阻害する。ゲーミング専門家の社会は，これらの現象を注意深く区別する基盤を確立していない。これは主にその根底にある構造の理解の明確さの欠如から派生している。

　この問題を解決する一つの接近法が，これらの手法の明解な複合要素を特定することである。多数の政策演習の調査により多様な様式が明らかになった。しかし，これらには多くの要素を共有していることも発見した。この基本的な構造の理解は，これらの手法の効果的な専門的利用を明確にするために不可欠である。第 7 章と第 8 章に示される用語は政策ゲームの構築に用いられる標準的な慣習として提供される。これは専門家の「様式の手引き」に向けた最初の取り組みと考えられる。これらの用語と概念を一貫して使用することによって，専門家間のコミュニケーションが向上して，より有用なゲーミング作品が促進されることになろう。この一貫性は，私たちの能力を向上させることになり，依頼者が政策ゲーミング技術をよりよく理解できるようになる。

　政策ゲームは多数の基本的で独特な要素から構成される。それらは，多種多様な形式を取るかもしれないが，適切な組み合わせは完全な演習に不可欠である。これらの要素の大部分は適切に設計されたゲームに見つかるであろう。さらに対応している問題の性質に応じて，程度の差はあるが基本的なものになるかもしれない。以下に示すこれらの要素は演習が構築される基本的な構築単位である。主要な三つの範疇として，内容，構造，プロセスに分類される。ウェブスター辞典には次のように定義されている（Webster's, 1989）。

　　　　内容 - スピーチ，執筆，または様々な芸術のような媒体を介して表現されるもの

　政策演習には，実質的内容（シナリオと出来事），演習の心象（テーマと類推や隠喩），参加者とその決定が含まれる。

　　　　構造 - 芸術または文学作品の構成部分の関係または組織であり体系的な枠組み

　ゲームの構造は，演習（形態と基本指示系）の物理的特性，演習の手順（政策，規則，採点法，演習の段階），参加者の決定を処理するシミュレーション（モデル，データ，計算システム）が考えられる。

　　　　プロセス - 体系的な一連の行動で終結のあるもの

　プロセスは，演習の表現（ゲームの促進と主要な3局面），ゲーム用具（視覚化体と用品），結果の評価（文書化など）が考えられる。

第 7 章

政策ゲーム構築の理解

第 7 章と第 8 章は，本書の他の部分とは独立して使用されることも想定している。結果として，読者の理解を図るために多少の冗長性がある。また，付録にある「詳細設計の手引き」を参考のこと。

7.1　概要

本章ではゲームの主要な三つの要素について説明する。すなわち，内容，構造，プロセスの 3 基本要素である。その使用法を管理する論理の順に提示する。ただし，ゲーミング要素を 21 段階のゲーム設計プロセス（第 8 章を参照）と混同してはならない。成功するゲームの開発には，ゲーミング要素の適切な理解と使用が重要な意味をもつ。目的は，これらの要素を使用することにあり，ゲームのような環境で注意深く構造化された専門家会合を実現することにある。

要素群は，最初に設計仕様を開発するプロセスの一部として扱われて，試作品の設計と試行の最中に仕上げなければならない。これらの複合要素は，現象を明確にする仕様として提案されるが，常に従うことが求められるような例外を許さない規則ではない。しかし，21 段階の設計プロセスと連動してゲーミング要素を適切に使用すると，それらは政策演習の合理的な開発を支援することになる。最終分析において，政策ゲームは簡素で洗練されなければならない。芸術性の部分，才能の部分，集団活動の部分，努力の部分，適切な準備の部分，幸運の部分の全てが関係してくる。

これらの要素は構築中に使用される構築単位である。ただし，設計プロセスの結果は，利用されなければならない構造体であり，実際の使用中だけに意味をもつ。これは，開かれるのを待っているモノポリ・ゲーム ® の箱のようなものである。ゲームは実施されている間だけに存在する。これにより言語に関する潜在的な問題が生じさせる。例えば，役割は意図した参加者のために設計される。演習が当初意図しなかった集団に使用されれば，参加者は様々な知識と技能をゲームにもたらすことになろう。これにより実際のゲームの内容が変更されよう。同じことがプロセスにも当てはまる。ゲーム構造体にはプロセスが誘導する手段と指示がある。しかし，8.2.5 項の段階 18 で説明するように，実際のゲーム・プロセスは，参加中の参加者が演習の運営を訓練されたファシリ

テータと相互作用した場合に生じる（図 7.1 を参照）。

7.2　内容

　ウェブスター辞典の内容の定義「スピーチ，執筆，または様々な芸術のような媒体を介して表現されるもの」はゲーム設計に役立つ。内容は三つの主要な複合要素をもつと考えられる。実質的内容（シナリオと出来事），心象（テーマと類推や隠喩），参加者とその決定（役割，視点，意思決定）である。これらの概念について以下に説明する。

7.2.1　実質的内容

　ゲームの文脈を提供する実質的内容はシナリオと出来事（さらに関連資料の作業記録簿など）を通して提示される。社会問題ゲームでは，通常，現実世界の文脈（または仮説的同等現象）を提示する。これは，過去，現在，あるいは未来に設定されるであろう。ゲームから見返りを獲得することになるのはゲームのこの文脈である。実質的内容は正確であることと関連性があることの両方が不可欠である。

■**シナリオ**　シナリオ（政策演習と連動して使われるもの）は，ゲームが始まると全ての参加者に与えられる演習の筋（歴史，現況，未来の適切な推測）である。これはゲームの基本的な背景を提供して，全ての参加者を平等な立場において参加させる。それは通常分かりやすく簡潔なものである。さらなる詳細は，演習の各周期中のゲームの続行とともに提示される出来事やその他の資料を通して，参加者に渡されよう（3.4 節のコンレールの事例研究を参照）。

　演習は，一般に一連の重要で比較的個別の問題を経験させることによって，参加者に提示する。そして研究するシステム全体の文脈

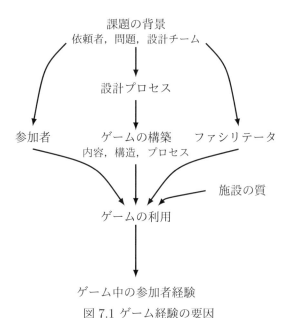

図 7.1　ゲーム経験の要因

に取り組むことになる。ゲームが進行するとこれらの問題は次々と起こり，複雑なゲームではいくつかの問題が同時に開始されるかもしれない。「課題」と呼ばれることが多いが，これらは参加者が実質的な問題に入り込んで探求するために使用される具体的な取っ掛かりになる。ファシリテータは，問題が現れ出る現実と豊かな対立の中に参加者を誘導するために，使用される伝達内容の手

順を理解しなければならない。シナリオを開発するときは，次のような質問に対応しなければならない。どのように抽象化すべきか，あるいは詳細化すべきか。シナリオは既存の原資料を模倣しなければならないか。演習中にそれを参加者が変更できるか。

シナリオの使用は小説や舞台芸術の使用と同じである。いずれの場合も筋を伝達する技術は欠かせないものになる。シナリオは文書として提示されるかもしれないが，様々な装置で補足されることが多い。システムの現在の状態を示すために，作業記録簿，機能的相互作用図表，流れ図および他の図形資料が使われる。多くの場合に，全ての参加者が最初の参照点を確立して，それによって議論の基礎を確立するために簡潔な役割の説明が含まれている。

■出来事 出来事は特定の参加者に提示される偶発的事件である。これは「ニュースレター」の形態が多く，実施時の各周期の開始時に，特定の参加者の注意を問題の特定の側面に再集中させる。ゲームの進行に合わせてシナリオを更新するために使用されて，ゲームの焦点の変更を提起して参加者に決定を促す。出来事は，新たな情報を提供して，ゲームを動的にする役目を果たす。そして参加者が解決しなければならない問題に情報を提供する。出来事は，参加者の集中力の継続を助けるために非常に役立つ。さらに，議論を計画どおりに進めて，ゲーム実施中の実時間の経過とともに参加者を順調に進行させる指針の役割を果たす。

出来事には，計画されたもの，誘発されたもの，無作為のものの3種類がある。計画された出来事は，ゲームの特定の周期中に自動的に発生するように予め設計されている。誘発された出来事は参加者の何らかの行動に応答して発生する。それらは計算システムによって自動的に引き起こされる。無作為の課題は生産的に探求できる一連の典型的な問題を表している。しかし，参加者への提示は偶然に左右される。ファシリテータは，ゲームの議論または実施が停滞すれば，この無作為の課題を採用することができる。

7.2.2 心象

ゲーム設計者は演習が模倣しようとしている主題の心像を開発しなければならない。心象はゲームによって伝達される基本的な印象を示す。複雑な課題に対応するために，実質的内容は広範囲に及ぶ可能性がある（8.2.2項の問題の明確化を参照）。ゲーム中の議論の焦点を維持するために，使用できる二つの装置は「主題」と「類推または隠喩」である。

■主題 主題はゲームで取り組むべき実質的焦点として定義される。重要な主題あるいは適切な副主題として表現されるかもしれない。重要な主題は網羅的にあらゆるものを含んでいる可能性があるために，演習の様々な段階に特定の副題が採用されない限り，ゲームは有用ではないであろう（例えば，3.3.8項の医薬品の演習を参照）。概念枠組みを提示する装置として，状況に応じた内容が大量に投入されているゲームは抽象化の程度が低いかもしれない。結果として，ゲームは，特定の概念的複合要素がどのように使用されるかの緊迫感を伝えないかもしれない。

■**類推や隠喩**　成功するゲームの全てに言えることであるが，設計中のある時点で，純粋に技術的な構造を超越する瞬間がある。ゲームが芸術と技術にまたがっているとを示している。その鍵は，ゲームを生き生きとさせる「魔法の瞬間」をどのように動機付けると最適かを判断することである。ひらめき，経験，幸運が組み合わさると，ゲーム化された問題の核心を明快な類推として伝達するゲーム構造が思い浮かぶ。この基本的事実から，様々な技術的な層を追加して依頼者の要件を満たすことができる。

　類推や隠喩は，洞察を得ることを容易にするためにゲームに用いられる一つないし複数の直喩として，定義できる。これは，参加者に伝えるために，意欲を高めて，洞察を深めて，コミュニケーションを改善して，若干の楽しさを加える心象と考えることができる。さらに着想の伝達効率を高めることになる。類推は，一連の些細な事象や単一の加工品や概念によって表現が可能である。場合によっては，初期の加工品の能力は限られているが，ゲームの進行につれて洗練できるように設計できる（抽象度の円錐体を下がるように）。

　類推や隠喩の使用は概念（モデル，相互作用，構造）を構成して保持する能力を手助けする。これにより，細部の重要性を論理的に並べ替えて，保存して，思い出すことを意識的に可能にする。それらを使って，手近の状況に合わせた新たな総称モデルを作成することができる。類推は，参加者が，複雑な環境に注目して，視点（ゲシュタルト）を開発することを可能にする。それによって，入手可能な知識を吸収するとともに，結果として，新たな操作モデルの作成を可能にする。

　ゲーム設計チームの主な目的は，参加者が認識して支持する強力で適切な類推ないし隠喩（モデルのモデル）を特定することにある。これには依頼者の問題の本質を捉える必要がある。ゲームに類推や隠喩を利用する最も重要な利点は，参加者が些細で詳細な作業の横道へ逸れないことにある。例えば，ある依頼者が物的な作業空間を再設計しようとする集団を率いていた。その集団は，詳細な建物見取り図を使って作業を行っており，議論は尽きなかった（細部まで知り過ぎていた）。そこで抽象的な空間モデルの構築が必要な隠喩的ゲームが設計された。技術的な詳細から参加者の注意を逸らして，人間関係ネットワーキングの課題（依頼者の主要な関心事）に注意を集中させた。

　公的医療サービス（3.9 節を参照）はもう一つの事例である。採用された直喩は組織を市場に見立てた。供給と需要，取引と交易，着想と情報の市場共有などがあった。個々の設計決定はこの隠喩を支持して，参加者は多色の T シャツを着せられた（演習室を証券取引所の立会所のように見せた）。社会雇用の事例（3.7 節を参照）も，多くの枝をもつ決定木の形態で隠喩が提示されていた。各チームは，難題を集団的に解決することによって進路を選択しなければならなった。

　類推や隠喩は，学習者を勇気づける方法として役立つ。そして，自己の用途に合わせて情報を新たな意味に変換することになる。類推は記憶を強化して学習をより記憶に残るものにできる。参加者は 20 年以上前のゲームの事象を覚えていることがよくある。何故なら使われた類推が簡素であり参加者に記憶されていた。結果として，経験を報告するときに，類推から得られる洞察の伝達と応用に関わる論点が，徐々に集めることになる最も重要な要素である。

7.2.3 参加者たちとそれらの決定

政策ゲームの本質は，探究されるシステムの適切なモデルを通して，適切な利害関係者（ゲームの役割として）の相互作用である。世界にはあまりにも多くの関心事（当事者）があり，ゲーム内に網羅的に表現できない。その結果，いくつかは総称的に表現されなければならず，他のものは除外されなければならない。演習の開発の最中に，どの利害関係者が代表するか，各役割の必要性と責任（課題の割り当て，決定など）は何か，各参加者に要求する個人的な経験の水準はどの程度かを解決しなければならない。

概念報告書（第 8 章の段階 13 を参照）には，対象となる参加者の特徴を指定する詳細な章を含めるべきである。ゲーム設計に影響する参加者集団の全ての特徴を記録すべきである。これには，年齢，洗練の水準，事前の研修，過去の共有経験，専門的地位，学歴，参加の主な動機などが含まれるべきであろう。その他の要件には，集団の大きさ（ゲームに参加が期待される人数）や，ゲームに参加する前に要求される前提条件（例えばコンピュータ技術）があろう。

設計仕様は，参加者関与の要求される程度（これには感情的な強調からより知的な表現までがある）に対応すべきである。ゲームの設計には参加者の期待に関する事前知識が必要である。参加者が開始時点で高い意欲を持っていれば，ゲームは参加の注目を引くように設計する必要はない。他の参加者には，完全な参加に必要な疑念の払拭を実現するために，より魅力的な設計構造が必要かもしれない。参加者に積極的かつ熱心に参加してもらうために，様々な誘因を使用することができる。

政策ゲームは，他の多くのコミュニケーション形態よりも特定の場面に特化している。参加対象者の参加の動機と演習の典型的な条件を理解することは，設計者にとって不可欠である。対象者の特性と動機をより正確に理解すれば，成功するゲームを確実にするために，様々な設計上の考慮事項をより効果的に行える。

■役割　役割は，「現実の世界」で何が可能かを示唆するために，参加者に興味をそそるものを提供する。ゲームの生産的コミュニケーションに必要な疑念の払拭を実現するときに，不可欠な要素である。役割は特定の参加者（またはチーム）に起因する利害，知識，責任の仮想的な集合体を表す。そして，参加者に自己の性格のゲームへの投入を最小限に抑えて，ある程度の行動の自由を提供する装置として役立つ。所与の役割の独自性は，特定の人，企業構造，公共団体，あるいは何らかの抽象的な現象であってもよい。ゲーム内の役割はお互いに相互作用して，ゲーム環境とも相互作用する。参加者は，モデル，決定の反応機構，他の役割との相互作用を通して，役割を解釈する。多くの経験豊富なゲーム設計者の助言は，特定の役割を果たすことに具体的な指示を与えないことであり，参加者が安易すぎて行動に対する責任を事後に簡単に否定できないことである（役割の制約を責めるかもしれない）。同様に，役割とともに態度と価値の割り当てを避けるか，あるいは最小限に抑えることは，一般に認められている。

　ゲーム設計者は役割の選択を慎重に考えねばならない。ゲームのいろいろな複合要素（例えばシミュレーション）から作成される資料は適切な役割に割り当てねばならない。逆に，所与の役割から得られる情報は計算システムを通して合理的に処理されねばならない。全ての決定時点から得られる出力には特定の対象がある。役割は，数の上では一般的にシステムの中核なものに限定されよう。役割の説明は現実世界の既知の同等者を基礎に置かねばならない。戦略的な水準で取り組む必要があるように意図的に役割を構造化することによって，あるいは，通常は見られない制約のもとに役割を置くことによって，役割の演技者は新たな視点からシステムを操作できる。役割はゲームに組み込まれて，組織の日常的な活動から解放された文脈を通して，高い頻度で参加者はシステムを経験できる。

　役割には，ゲーム上の役割（決定を行う実際の参加者），シミュレーションによる役割（理論上の参加者），準疑似的役割（存在するがその決定は計算システムに入らない）の3種類がある。

ゲーム上の役割　この役割（gamed roles）は，ゲーミング活動の時間帯に個別に存在して，依頼者の環境から選ばれた意思決定者を表す。他の参加者と相互作用して，計算システムによって処理される意思決定を行う必要がある。

シミュレーションによる役割　この役割（simulated roles）は人間が担当しない。シミュレーション，モデル，計算システム，他の仕組みを通してゲームの構造に組み込まれる。ゲーム上の役割あるいは準疑似的役割に役立つ出力を発生するために使われる。シミュレーションによる役割はゲーム上の役割よりも使い道がある。個々の参加者の特異な応答をうまく回避するために，さらに幅広い種類あるいは範疇のデータを表現するために使用できる。

準疑似的役割　この役割（pseudo roles）は，参加者と「専門家」として相互作用するという点でゲーム上の役割とは区別される。決定は参加者に影響するかもしれないが計算システムに入ることはない。準疑似的役割は，当初の設計では提供されていない状況を支援するために，「現場」で創案（実際にはファシリテータや特別協力者が演じる）されることが多い。ゲーム開発時の予期しない事態を解決するために貴重な方法として使用できる。

　参加者は，必要に応じて，個人，連合体，あるいはチームとして組織されるかもしれない。役割は単一の個人の視点を提示する。視点体（複数に分割された役割）は，利害集団の視点を提示するように設計されている。しかし，その意思決定はゲームの中心であり，計算システムによって明示的かつ体系的に評価されねばならない。その所産はゲームの最終的な価値を確立する。

三人の法則　これはやや特殊であり，個々の意思決定者（役割）を控えめに使用するように提唱する。可能であれば，三つの役割が単一の視点を持つチームを形成する必要がある。そして，この集

団は単一の決定を行うために協力しなければならない。この装置は手近の情報をより豊富でより慎重に調査することを求める。これによって得られる決定は，単独で行動する個人の決定よりも恣意的でない傾向がある。これらの連合体はゲームの設計中に事前に決定されるべきである。チームは，同様な実体として構造が同一で形成されてもよく（競争的であっても協調的であっても），あるいは，別個の機能を有する別個のチームであってもよい。ゲームの成否は参加者組織によって大きく左右される。

　これらの運営上の役割の特性に加えて，ゲームの進行中に演習の管理に関係した人たちがいる。運営上の観点からファシリテータが必要になる。その他に，観察者，役割助言係，記録係，その他の専門家が必要になる（第 8 章の段階 18 のを参照）。

　役割の手引は各参加者の分類ごとに利用可能でなければならない。これらは，役割の性質，完結するための諸活動，他の参加者との関係など，明確な意味を参加者に提供しなければならない。各手引きの内容の一部は複製できる（例えば，全ての参加者がどのように関係しているかを示す図表，演習の各段階など）。役割の手引きは規則の 1 枚の紙から冊子状までいろいろあるが，両極端は稀で薦められない。役割の手引は，概念報告書（第 8 章の段階 13 を参照）で取り扱ういくつかの中心的な質問を抽象的形式で提示すべきである。これらには，流れ図，表，概念図を適時利用して，ゲームの目的の説明と全体像の概要が含まれるべきである。さらにゲーム専用のシンボル構造，演習の諸段階，導入のシナリオ，決定様式の完全な 1 周期分（これは参加者がプロセスを理解して，さらに演習の開始点を知ることになる）が含まれるべきである。ゲーム全体を通して，参考目的で頻繁に使用される資料は付録の一部として含まれよう。これらには，全体システムの視点を維持するために役立つように，地図，データ表，図表，その他の画像が含まれるかもしれない。

■**決定**　成功する政策ゲームの鍵は，全ての参加者が決定を行って，その決定を擁護するという必要条件である。決定は，各周期中の役割に必要な行動について，取消できない選択または割当てとして定義される。役割から役割へと異なるが，これらの決定を得る実際の仕組みは，決定書式の記入，交渉，戦略の開発と実施，ノミナル・グループ手法，デルファイ関連技法，あるいは，投票（可能な限り投票を避けて合意形成に努力する）が含まれよう。

　優れたゲームは，できるだけ早い時点において，参加者が決定に責任を果たすことが要求されよう。この責任のプロセスは，ゲームが進行するにつれて複雑さと精度が高まるはずである。決定は，研究対象のモデルだけでなく，役割と視点に論理的にも関連していなければならない。参加者は「公的に」決定に関して責任を持つ必要がある。これは着想の交換の契機になる。決定はシステムの概念図に基づいて構造化されなければならない（第 8 章の段階 7 を参照）。特定の決定が開発されるときは，役割に固有な決定（数値，明瞭さなど），決定の手順（段階から段階への秩序ある進行），意思決定の連結（参加者から参加者への秩序ある進行）に焦点を当てることが重要である。

　決定の時点は同時でも交互でもよい。意思決定が参加者の一連の「順番」として示されている

と，同時に意思決定が行われる場合よりも，ゲームの進行は逐次的である。望ましい演習は，全てのチームがほぼ同時に決定に至るように同時に参加することである。それにもかかわらず，逐次的な意思決定（例えば，各チームが他のチームの活動に焦点を当てるなど）が必要な理由があるかもしれない。最初の周期の後，参加者は，自己の意思決定プロセスに習熟するにつれて，他の参加者が何をしているのかに次第に気づく。これはシステムに関するゲシュタルトの伝達を容易にする。現実の世界では，参加者が順番に実行して，他の参加者がそれを観察することを認める状況はほとんどない。それどころか物事は大抵同時に起こる。私たちは複雑さの理解を可能にする「円熟」の境に達するには多くの経験が必要である。

7.3　構造

　ウェブスター辞典の構造の定義「芸術または文学作品の構成部分の関係または組織であり体系的な枠組み」はゲームの設計に役立つ。ゲームの構造は，三つの主要な複合要素として，ゲームの物理的特性（形態と基本指示系），活動の論理的進行を確実にするために採用される演習の手順（政策，規則，採点法，演習の段階），シミュレーション（モデル，データ，情報，計算システム，指標）があると考えられる。

7.3.1　演習の物理的特性

　ゲームは物理的特性である形態と指示系によって一目瞭然であろう。政策ゲームの物理的特性は大きく異なる。この分野の文献や経験に熟知していれば，設計者は描き出す様々な技術を開発することになろう。

■形態　形態は，ゲームの物理的形状（文書，視覚物，加工品）と同様に，参加者がゲームで遭遇する様々なプロセスとしも定義される。それが，参加者が経験することになる環境である。形態は可能な限り依頼者の環境を模倣することが重要である。ゲームは楽しさもあり安全な環境である。ゲーム形態は，革新と冒険を働き掛けなければならず，様々なチームの参加者の間で，さらに批評と報告会の活動におけるより大きな集団の間で，コミュニケーションを解放する手段にならなければならない。良い交渉状況として，議論を，人柄に焦点を当てるよりも，むしろ，物事（形態）に転換されよう。浮かび上がる形態は無限に様々あり，設計者は既存のゲーム形態を複製する間違いを避けるべきである。新たな様式がこのプロセスから生まれよう。それは明確であり適切であり強力でなければならない。

　多くの場合において，ゲームは，役割演技（現実世界の中心的な人物像に基づいて）に，相互作用（ボード，地図または流れ図，部屋の配置など）の構造を与える物理的な設定を組み合わせる。参加者は，現実世界の決定（例えば，病院の経営）に匹敵する意思決定をする必要がある。演習が始まると，これらの活動は現在のシステムを模倣するように構造化される。そして，参加者はシス

テムが準最適な状態であることを「発見」しよう。ゲームの成功は，様々な選択肢が作り出されて，評価されて，価値を高めたコミュニケーションによって示されよう。その結果，より良い品位の決定が達成されよう。

　ゲーム・ボードには，ロの字型，格子型，模様型の3種類がある。最もよく知られている「ロの字型」ボードの事例は商用のモノポリ・ゲーム ® である。次に知られているのが「格子型」ボードである（X座標とY座標を参照することによって，空間的に識別できる一連の区域を指定する座標系がある。チェス盤が良い事例になる）。「模様型」ボードは様々な形状がある（例えば，参加者が既存の流れ図に沿ってシンボルを移動することにより前進する）。いくつかの事例では，参加者はゲームの進行とともに流れ図を変更できる場合がある（3.8節を参照，政策演習において使用される洗練された事例は生態学で定義される地域の地図かもしれない）。

■**基本指示系**　基本指示系は，政策演習の根底にあり秩序を与えるいくつかの参照構造体として定義される。これらは，実質的な着想に関する知的な分野を反映しており，設計に関する基本的な意思決定に影響を与えている。基本指示系の選択は，依頼者の目的と参加者の特徴が調和しなければならないために，非常に重要である。これらが適切に調和されていれば，参加者を演習に素早く参加させる作業は，異質の指示系に強制するとすればもっと容易になろう。政策ゲームは参加者のチームを必要とする。そして，人工的な環境と厳しい時間的圧力のもとで，洗練された概念的な指示系の内容において広範囲にわたる実質的な情報を扱う。参加者を数時間で同化させて，ゲームの中に押し込むことは大変な作業である。この話題を完全に扱うことはできないが，指示系は次の方向性を反映していることが多い。すなわち，資源の配分，集団力学，地理学，政治学，経営関連，経済学，社会学，心理学，人類学，歴史学，システム理論などである。事例研究に反映されている基本指示系には，コンレール（地理的と市場の展開），社会雇用プログラム（決定木），従業員研修シミュレーション（当初はサイロ，後にマトリックス組織体系），公的医療サービス（市場）がある。基本指示系は「ボード」であることが多い（数段落前を参照）。

7.3.2　演習の手順

　演習の手順は，活動の論理的進行を確実にするために使用される様々な円滑化の仕組みと考えられる。政策，規則，採点法，演習の段階に分類することができる。多種多様な手続きがあり，規則（ゲーム内で変更されない）あるいは参加者の変更にさらされる政策として提示されるかもしれない。ゲームの特徴と有用性は使用される規則と政策の影響を大きく受ける。ゲーム設計は，依頼者の仕様の要求を最もよく満たすように，制約されたあるいは自由な環境を作り出すかもしれない。

■**政策**　政策は演習を制御する参加者の制約条件として定義できる。設計者が最初に気付かずに，参加者がゲームと相互作用を出来ることが望ましい。基本的なゲーミング構造内で参加者が手続きを変更するか修正するか強化するかが許されているときは（例えば，容認可能な参加者行動の存在しない定義から，演習の連続的な周期における進行した表現への移行），その参加者は複雑な規則

構造の余計な仕様なしに学習を最大化できる。

　参加者が生成した政策は，事実上全ての政策ゲームにかなり頻繁に見受けられる。生成は，参加者の狙いと目的の一貫した統合を意味するために奨励される。さらに，参加者，チーム，連合体，ゲーム運営者の間の交渉に取り込まれることが多い。それは，単純か複雑か，固定か変化するか，周期から周期へと形態の際限のない多様性を示す。ゲーム運営者は，参加者が生成した政策を観察するときに，判断の役割を果たす必要がよくある。政策は，演習中に模倣された世界をより有用なモデルに形作ることを参加者に可能にする。政策の論争を取り組むために交渉を用いるべきであり，政策を書き留めておくことは良い考えである。

■規則　規則は，設計者にとって重要な手段であり，依頼者の環境をシミュレーションの焦点を当て抽象化した世界に転換する。規則は，演習を管理する特定のファシリテータ主導の制約として，最もよく定義される。参加者は規則に従う必要があり，参加者はそれを変更できない。規則は，ファシリテータによって明確に宣言されなければならず，数が少なく明瞭であり，ゲームの論理的な進行に必要である。これらは，競合型ゲームで定義される勝利の規則と混同してはならない。むしろ，ゲームの進行中に参加者が受け入れるように求められる一連の慣習である。一般にそのような規則はゲームでは比較的小さな部分である。それにもかかわらず，いくつかは避けられずに取り組む必要がある。規則には，計算システムが扱うものと，ゲームの過程で行動を制約するものと 2種類がある。計算システムを扱う規則は，結果の数量化を容易にするために厳密な傾向がある。参加者行動を制約する規則は，計算システムを管理する規則よりも許容範囲が大きい。

　ゲームは，規則の主導ではなく，人間の主導でなければならない。理念は「あなたの世界だから，あなたが解決しなさい」でなければならない。厳密な戦争ゲームとゲーム理論の強力な伝統の結果から，おそらく，ゲーミング・シミュレーションの規則に必要以上の強調がされてきた。文献には，政策演習における規則利用の概念は残念な定義しかない。さらに規則は実際の政策演習では明確に宣言されていない。ゲーム設計の都合から，ある特定の条件は厳格かもしれない（例えば，反復周期の要件と特定のモデルに固有な計算）。より生産的な概念は，全ての規則の構造を含んだ「手順」であり，演習の全ての仕組みを覆う柔軟な用語として意図されている。優秀なゲーム設計者の重要な技能は，参加者が自然に感じられる規則を使ってゲームを創作できることと，同時に実行可能であり焦点が合った構造化したシミュレーションを創作できることである。

■採点法　採点法は，参加者の意思決定の結果を反映した罰則制度と報酬制度として定義される。特定の反応が役割ごとに作成されなければならない。いわゆる室内ゲームには，通常，明確な採点手順がある。しかし，政策演習を使うときには勝ち負けはほとんど無効な概念であり，むしろ，相互利益（win-win）の概念の方が適切である。勝ち負けの採点法はコミュニケーションを損なう。採点法によって伝達される着想は，依頼者の環境で達成可能なことを説明できなければならない。この理由により，公式の採点法は，通常，演習では提供されていない。指針（7.3.3 項を参照）がこ

の機能を果たすことを意図しており，参加者が自己の実績を評価することができる。各参加者への具体的な反応を指針から作成する必要がある。指針と採点法は密接に関連した概念である。うまく設計された演習では，得点という人為的で無意味な数字を扱うのではなく，参加者が自己の進捗を判断できる。

■**演習の諸段階**　演習の段階は，演習の各段階において，参加者が従わなければならない一連の活動の流れとして定義される。全てのゲームは，一連の周期で構成されている必要があり，反復的であり周期ごとに複雑になる。任意の周期内には，参加者が直面する標準的な段階の手順がある。演習の諸段階は参加者行動を管理する個別の活動であり，非常に単純でなければならず，各段階は単一の行動にすべきである。これは，参加者が次に何をするべきかを理解して，さらにファシリテータがゲームの適時選択を制御するという条件において，最も重要である。当然のことながら，最初の周期はよく分からずに，参加者が自己の環境に向き合うために後続する周期よりも時間がかかる。ゲームの試作品の構築中に演習の諸段階が姿を現すことになろう。図 7.2 は，典型的な政策演習において，活動が構造化される方法の着想を提供しよう。

任意の周期の最初の段階は出来事である。次に続くのが役割とファシリテータとの間の議論と相互作用である。議論は，開始時のデータまたは直前の周期から得られた資料（出力）の検討に焦点を当てなければならない。さらに議論すべきは，情報を求めること，連合体を形成すること，戦略を策定すること，問題についてコミュニケーションを改善することである。場合によっては，ゲーム・ファシリテータは議論を起動する義務がある。例えば，その場限りの集団をつくり，ファシリテータの求めに応じて，問題，質問，事実，あるいは代替案を検討させて，その後にゲーム参加者の本来の集団に報告させることが含まれる。

各周期の次の段階では，チーム間およびチーム内の両方の意思決定が行わ

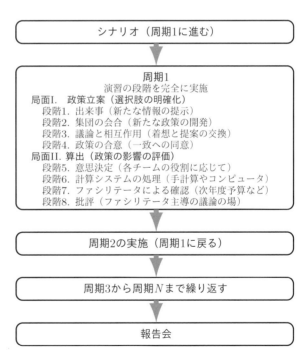

図 7.2 演習手順の典型

れる。概念報告書は，これらが行われる順番と，順番の理由を定義することになる。一般的には，合理的な時間的圧力のもとで決定すべきである。

　最後に，決定は，手作業やコンピュータに関らずに，計算システムを通して処理されねばならない。この処理システムの特性に関係なく，ゲーム・ファシリテータは，参加者の決定を見直して（処理する前に），参加者の実際の意図を確実に表していることを確認することが非常に重要である。さらに重要なことに，ファシリテータはゲーム自体の能力を超えていないことを確認する必要がある。処理結果が参加者の困惑を招くことやゲームの進行を阻害することを知りながら，ファシリテータがその決定を処理すると何の狙いも見いだせない。

7.3.3　シミュレーション

　シミュレーションは政策演習の定量的複合要素と考えることができる。モデル，データ，情報システム，計算システム，指針から構成される。これらは，依頼者の要請に応じて，高度に単純化されたものから複雑な複合要素まで様々であろう。

■モデル　モデルは設計の手順を通して明確になる（特に概念図を通して。8.2.2 項の段階 7 を参照）。問題の基本的な体系的構造に対応しなければならない。ゲームを通して提示されるものは依頼者の環境を模倣していよう。模倣された世界は、参加者の決定を処理するために使用されて，演習の主要な実質的焦点を記録するために形式化されたシステムと考えることができる。ゲームの開始時点で，定量的と定性的の両方に配慮した状況の分析として，一般的にモデルが参加者に提示される。例えば，コンレールの演習（3.4 節を参照）では参加者の決定結果を模倣するために定量モデルが使用された。

　ゲームは異なる形式のモデルを使用する。資源の配分（例えば，地方自治体予算の限られた用途，集団による予算獲得競争，土地所有のための競争入札），集団の動態（役割演技と対人関係），システムの仕様（複雑なシステムとその役割，複合要素，連携の明確な表現）などがある。多くのゲーミング・シミュレーションはこれらの三つの全ての考慮事項を反映しているが，しかし，通常は一つの事項が有力であろう。これは，ゲーミング・シミュレーションの幅広い選択に他の形式のモデルが適用できないことを示唆してない。

　ゲームが伝達しようとするモデルは暗黙的なものであってもよい（参加者は既知と仮定する）。あるいは参加者に対してゲーム資料の中に明示的に提示されるかもしれない。あるいはゲームに参加しながら参加者に徐々に明らかになるかもしれない。しかしながら提示がされているので，モデルは参加者の決定を処理するために使用されよう。ゲームの狙いに応じてモデルは記述的でも規範的でもよい。大部分の政策ゲームは記述的モデル（例えば，様々な利益集団の投票行動の推定）に基づいている。しかし，これは規範的モデル（例えば予算モデル）によって補足されることが多い。記述的モデルが使用される場合は，類推（物理的とシンボリックの両方）の使用がかなり一般的である。規範的モデルが使用される場合は，法則，自然現象，様々な人為的あるいは科学的な現象の構造に基づいていよう。

モデルは複雑なシステムの明示的な表現で説明しなくてはならず，概念報告書にモデルの理論的根拠を文書化することは役に立つ。問題を扱う者として理論的根拠が弱ければ，この懸念は率直に提示されるべきであり，現実の終端と想像の始端の交わるところに何らかの意見を持てよう。ゲーミングの多次元な世界を扱うときには，何とか切り抜ける技術が不可欠である。ゲーミングでは，言い逃れよりも率直さをもって提示すれば，人為的に作成されたデータが強さの源泉になるであろう。

■**データと情報**　ゲームはゲシュタルトを探求する装置である。これを達成するには，参加者は，適切な時間で，関係があるように思える視点から，対象のあらゆる次元を追求することが出来なければならない。そして，システム全体の概要と十分な詳細さの両方を提供する必要がある。このために，ゲームの重要な複合要素は，全体的な水準と詳細な水準の両方で明確に参照された一連の情報だけではなく，慎重に明確化された情報の流れの手順もある。提供される情報は，量と深さに関して，コミュニケーションの狙い，参加者の素養，演習の条件に依存する。

　ゲームの開発において，重要な要素はデータと情報の負荷（何を何時にどのよう方法で参加者にデータを提示するか）である。演習の最初の周期において，悪いことが起こるのでないかと不安になる参加者を見ることがよくある。多くの情報が不慣れな状況で急速に提示されるために，これは避けられない。これに対応するには，特定の瞬間に不可欠な情報以外の情報を参加者に与えないようにすべきである。ゲームが進行するにつれて，各周期は，次第に複雑になり，増加した情報量を扱うようになる。関与と責任が増加するにつれて，情報を求めて自発的に発生した必要性は高まる。参加者は，質問する意欲に動機づけられて，驚くほど大量の情報を吸収できる。個々の周期が過ぎていくとともに参加者の洗練度が上がると，その後の一巡は次第に挑戦的になる。

　ゲームは，所与の役割だけではなく，ゲームの様々な役割と複合要素の間でも，一貫した抽象化水準を維持しなければならない。ある役割が詳細に注目をすることを求めて，他の役割が戦略と計画の質問に取り組むときは，これらの参加者間のコミュニケーションは最小限に抑えられる。同様に重要なことであるが，抽象化水準は，参加者がゲームの政策目的に内在する質問に対応できるようにすべきである。ゲームは，参加者に詳細に関与しすぎることを許しておけば，戦略の質問について考える時間がなくなることになる。経営者や他の専門家に対応するのであれば，ゲームにおける抽象化の水準は有用な発見的問題解決の分析と統合を容認しなければならない。

　情報は一般に次の三つの範疇のいずれかになる。参照資料，計算システムに基づく出力，参加者に基づく情報である。参照情報には主題を扱う関連資料が含まれる。標準的な参照資料は，参加者が資料内容を支持する文献を独自に検索するかもしれないので，それと同程度のものでなければならない。平均的な利用者が容易に吸収するよりも，高度な詳細を作成することは間違いであり，ゲームは，情報の過飽和により，現実よりも理解し難い可能性がある。現実の状況では，少なくとも，どの情報を保持して何を避けるべきかについて現場の判断力があることを忘れてはならない。ファシリテータによって設定が操作されるゲームでは，参加者は，演習中に提示される情報を把握

して対応しようとする試みが適切であると想定している。開発するチームによる過重なあるいは貧弱な選択は問題を引き起こすことがある。

　用語集は使用される用語の定義を示すために必須項目である。用語集の別の価値は，ゲームの複雑さの程度の指標として役立つことである。視覚的に提示できる参考資料も必要である。多くのゲームでは，様々な壁掛け図を張り出す必要があり，計算システムによって処理されるように，周期ごとに異なる変数の進捗状況を示すことになる。参加者のコミュニケーションを円滑にするその他の参考資料も提供しなければならない。

　全てのゲームにおいて，情報の最も重要な利用は，議論（チーム間およびチーム内の両方）の進行中と各周期終了時の批評の真っ最中である。これらの議論の価値は過度に重視できない。その理由は，議論の中で，利用者が接する情報の多くが統合化されているためである。主題，課題，あるいは代替案を文書に記録する特定のデータは，参加者が決定を行うときに利用可能でなければならない。

　ゲームの伝達内容を系統立てるために，完全で有効な経験的データベースを準備することは，費用と時間の浪費のプロセスになりえる。設計者側の重要な義務は，データの情報源と妥当性を概念報告書に文書化することである。参加者のためにデータベースを開発するときは簡素性が重要であり，ゲームの過度な詳細化は抽象度の円錐体上を低くする。結果として，参加者は，全体像を見逃して，詳細な議論に無駄な時間を費やすかもしれない。データの吟味には，モデルとの関連性，収集計画，効率的ファイル構造と保存システム，首尾一貫して容易に利用可能な変数一覧が含まれる。

■計算システム　計算システムはプロセスであり，参加者の意思決定が獲得と記録されて役割の義務を確実にするために処理される。さらに参加者の議論を引き出すために，その結果が報告される。参加者は気付かないかもしれないが，無数の多様な計算システムがある。計算システムは系統的なもの（コンピュータ・モデルに組み込まれている）とそれほど厳密でないものがある。設計仕様が取り組むことになる主要な問題は，コンピュータ化された計算システムが望ましく必要であり実用的であるかどうかである。成功するゲームにはモデルの透明性が必要であり，複雑なコンピュータ・モデルは全体像を曇らせることがある。これは，複雑さ，時間的制約，実証済科学の欠如が，予測的モデルを妨げる事例においてその傾向が強い。コンピュータを使用するならば，ファシリテータに，演習の使用中に必要な適切な技術の利用法を訓練して提供する機会を用意しなければならない。

　計算システムは計算系と基本的モデルのシステムにより構成される。計算系システムは，固定された手続きの手順により，参加者に知られているかどうかにかかわらず，参加者の決定が処理されて，ゲームの他の構成要素に転送される。設計仕様には，演習中にどの情報の流れが提供されるか，評価の狙いのために演習の枠を越えて，その内のどれが観察されて，記録されて，保存されるべきかを決定しなければならない。

　うまく設計されたゲームは，計算システムを通して処理される明確な決定が必要であり，参加者

の参画を取得する。ゲームに詳しくない観察者でさえも，最初に自己の立場を紙面に書きこむ責任を持たされたときに生じる参加者の不安を見ることができる。この時点で，参加者は，関与を深めることになり，自己の決定が有効かどうかを知りたがる。参加者の決定の結果は，ゲーム中の情報と動態の最も重要な情報源の一つになる。参加者は，ゲームの仕組みが正確で迅速な応答を出すことができないと不満を抱こう。大部分の政策ゲームは，参加者の決定を矛盾なく処理する比較的形式化した計算システムが必要である。ヨーロッパ創薬施設の演習では，参加者が様々な事実情報に接する必要があり，計算システムは，グラフィック端末機器，索引付きノートブック，コンピュータ化データベース機能を広範に利用した（3.3 節を参照）。

　ゲーム構築における重要な要素は，計算システムによる処理手順の確立である。大部分のゲームは複雑な非線形システムを扱う。現実には，取り組む問題は多くの同時的活動を必然的に伴う。しかし，ゲームでは，計算システムは機械的な制約のために必然的に厳格で逐次的である。いくつかの事例では，多くの簡単な計算をする複合要素は，かなり複雑な全体性に関連付けられている。ある意味で，様々なモデル，複合要素，意思決定の処理の手順は必然的に人為的になろう。

　意思決定が処理された後では（手作業またはコンピュータによって），その結果は参加者固有の情報と一般的な情報の基本的な 2 種類になろう。参加者固有の情報は個人ごとに配信される。一般的な情報は全ての参加者に掲示されるべきである。計算システムは当事者間の関係を継続的に示すべきである。設計者の洗練された判断が必要であり，参加者に断絶した情報の断片としてではなく，全体を見わたす情報システムの結果を経験させることを保証しよう。

■指針　形式化された計算システムが使用される範囲で，決定の結果を探求中のモデルの中心的な側面に集中させる必要がある。指針はこの点で有用である。指針は，計算システムのいくつかの特定の出力（図式，図表などによって提示される）として定義されており，演習の結果の反応として参加者が利用可能である。これらの指針は，問題の最も重要な側面を取り扱う計算システムの結果に，議論を集中させるべきである。

7.4　プロセス

　ウェブスター辞典は，プロセスを「体系的な一連の行動で終結のあるもの」と定義している。政策ゲーム内のプロセスは，ゲームにおける役割が他の役割とさらにゲーム環境（例えば，加工品や環境プロセス）と相互作用を起こす仕組みと考えられる。ファシリテータは，ゲーム中にこれらの両方を操作する責任がある。プロセスには，演習の表現（促進法とゲームの主要な 3 側面），ゲーム用具（視覚化体と用品），結果の評価（文書化など）がある。

　ゲーム・プロセスはゲームの仕組みと考えられる。ファシリテータが生成した作業（例えば，様式，投票など）だけでなく，参加者が生成した作業（例えば，交渉，戦略の開発や実施など）の様々なものがある。ゲーム・プロセスは，ゲーム内にコミュニケーションを確立するときに重要な構造をもつ。それらは，参加者が独自の専用用語を創作して，参加者の相互の利便性のために表現を簡

略化するので，ゲーム中に変更されることになる。

7.4.1　演習の表現

政策演習の目的は，参加者が複雑な課題について洞察を獲得することを支援することにある。政策演習（促進法，視覚化体，用具類）の提示が成功のために重要な意味をもつ。

■**促進法**　ゲームを進行するために明確に定義された中心人物が必要あり，その発言は議論の余地もない。これは，批評の最中にファシリテータが参加者の挑戦と疑問の対象にならないという意味ではない。通常の周期の実施中には，参加者はファシリテータの指示に従わなければならない。加えて，役割相談者は，非常に複雑なゲームに導入されて，開始時間の損失が大きくならないように利用される。主題に関する専門家は，ファシリテータを助力するために何時でも導入できる。そしてシステムの性質を確立するために事実情報を伝える。さらに参加者が役割の機能と仕組みの両方を学ぶときに手助けする。

適切に利用するために，うまく設計された政策演習にはファシリテータのために詳細な指示を含めなければならない。優れたゲーム設計チームは，自己学習の環境としてゲームの有用性を慎重に検討するであろう。参加者が非現実的，無関係，あるいは抑止的と思われる特性を変更できないならば，あるいは，参加者が関心のある選択的未来を探索することを禁止されているならば，ゲームは柔軟性が欠けていて失敗することなる。その一方で，ゲームは参加者が全システムと対峙する環境を提供する。参加者が，演習のある側面をよく理解しており，この側面の全体への関連付けの認識を改善できなければ，ゲームは失敗作になる。

決定を行った結果に参加者を感情的に関与させるために，いくつかの手法が使用できる（例えば決定結果の公開）。参加者の関与を維持するために使用できる手法として，演習室を移動する報道記者が参加者の行動や戦略を公開することがある。ゲームの目的は対話を増やすことであり，参加者に恥ずかしい思いをさせないことを強調しておきたい。うまくいくゲームは報告されるかもしれない。失敗を明らかにする必要がありそうであれば，ファシリテータは，若干の痛みを感じながら，参加者の「顔」を保つために何らかの方法を考えるべきである（安全な環境の概念は政策演習の設計と活用の基本である）。

■**ゲームの主要な諸局面**　政策ゲームには主要な三つの局面があり，実践前の予習，ゲーム自体の実践，最後の報告会がある。この活動の手順は，演習全体を開始して実施して完結するために必要である。

ゲーム事前活動　参加者の到着以前に，ファシリテータは様々なゲームの事前活動を行う。これには参加者資料の配付と計画実施の関連事項（演習室の手配，機材の準備など）が含まれる。椅子類は快適であり参加者の相互作用に役立つように配置する。可能であれば予め資料を配付して，ゲー

ムに参加者を適切に準備させよ。ゲームの事前配付資料にはいくつかの狙いがある。日程の目的を明確にすること，簡単なシナリオと役割の説明を提供すること，参加者をゲーム活動に集中させることである。これらの資料類の配付の手順と適時選択は状況によって異なる。資料類には次のものが含まれよう。

- 招待状（計画の詳細，ゲームの狙いの説明，参加者に期待される事項の説明，ゲーム経験に関連する活動の説明，連絡先情報などを記載）
- 参加者が知っておくべき基本的な要約資料を記載した簡単な文書
- ゲームによって探求される活動のために適切な参照枠を確立する記事類
- 参加者がゲーム前に明瞭な決定を行う作業記録簿（適切な場合は簡単な調査表を含む）

ゲーム実践活動　参加者が揃えばゲームの実践活動が始まる。参加者は，ゲームの意図，構造，手順，初期のシナリオを簡単に覚えておく必要がある。ゲームはいくつかの周期を経て進行する。各周期は演習の各段階を通る手順で構成される。これらの周期は三つの局面に分かれており，ゲーム演習の学習，ゲーム実体の処理，そして「全員が満足する結末」である。

　導入部には多くの形があり，演習室に到着前あるいは到着時に参加者に提示されて，様々な媒体が使用されよう。ゲームに先行して，いくつかの状況では講義の実施や準備資料の読解が非常に望ましい。演習の開始とともに複雑な導入をするのは間違いであり，これは参加者を圧倒することになる。参加者に導入紹介をすばやく実施できれば，無気力は減少できる。最初の紹介には，演習の段階に関して首尾一貫した比較的単純な描写が求められる。すなわち，シンボルの構造，ゲームの仕組み，時間の基準，情報の流れ，ゲームの複合要素，参加者間の主要な関係がある。参加者は否応なく最小限の情報でゲームに参加することになろう。しかし，徐々に洗練される演習の周期を通して，より完全な理解の水準に移行するであろう。

　シナリオは最初に簡単に取り上げなくてはならず，参加者はこれから対応しようとする問題の共通の感覚を共有する。ほとんどの場合に，これは簡潔でなければならない（5 分間の紹介または 2 頁の紙面）。シナリオの詳細は演習の後続の周期に提示してよい。

　会合が開始されると一連の手続きが行われる。これらには，導入部，会合の目的の再説明などが含まれよう。最初の周期は，通常，後続の周期よりも参加者を少し余分に巻き込むことになり，参加者は自己の環境に向き合うことになる。参加者にゲームの構造を習熟させる最善の方法は，最初の周期をなるべく速く経験させることである。演習の段階を進行するとともに，ゲームの詳細に触れることになる。参加者は決定を行って全ての手順に従うことが求められるが，これらの活動は可能な限り単純に保たれている。これらの段階は個々の周期で繰り返される。最初の周期後では，参加者はプロセスに精通することになり，ゲームの進行速度は向上しよう。

　第 1 局面では，参加者が初めてゲームに遭遇したときに，否応なしに生じる初期の無気力を受け入れることになる。この時間帯には，参加者は苦痛を感じてゲームの参加を免れようとするかもしれない。必須の資料だけを提示すればよい。参加者には，配慮した手順の形態を使って，できるだ

け早く指示されるべきである。それによって，何が起こるかについて一般的な感覚を得ることができて，自己の役割，他者の役割，ゲームの様々な複合要素，一般的なゲシュタルトに関して，視点を整理できる。それぞれの役割は可能な限り単純な資料と意思決定の形態に対応すべきである。後続する周期において必要に応じて複雑さを導入することができる。

　各々の周期は短い批評が続く。これは各周期の最後の活動である。批評は，ファシリテータが統制する議論の場であり，参加者がゲームの洞察を得られるように設計されている。これは，参加者に一つの周期が終結したことと，まもなく新たな着想を探求する新たな機会が得られることを伝えている。これには終了する周期の結果の総括が含まれねばならない。参加者は面倒と感じるかもしれないが，ゲームのあらゆる側面に挑戦できることは重要である。

　第 2 局面では，通常，ゲームの 3 周期から 5 周期を充てて，参加者が自己の戦略を開発して試行することになる。出来事は，参加者の板挟み状態を作り出す外因性の問題を発生させるために，導入される。そして，参加者は解決策を見つけるように強要される。ゲーム運用者は可能な限り目立たないようにすべきであり，諸手続きはできるだけ円滑でなければならず，意思決定の処理はできるだけ速くすべきである。参加者にはシステムの限界を探ることを許容されなければならない。この規則の唯一の例外があるとすれば，決定がゲームの技術的能力の限界を超えそうなときであり，ゲーミング活動の機能停止が起こるかもしれない。

　演習の最終段階は「全員が満足する結末」の周期である。この周期は，参加者に主に自己の戦略に対して論理的な結論の立証を可能にすることを狙って実施される，ファシリテータは，参加者が「幕切れ」戦略（ゲームを打ち負かすために非現実的な決定を行う）を使用しようとする可能性があることに，注意を喚起しなければならない。

ゲーム事後活動　報告会はゲーム終了直後の基本的な活動である。参加者が演習室にまだ在室中に実施されることになる（記憶が消えてしまうので，後日の会合に延期しない）。報告会は，演習を評価するために体系的なゲーム直後の議論の場であり，参加者にゲームから脱出する機会を提供する。ゲームが慎重に設計されていれば，参加者は深く巻き込まれていよう。参加者には，遭遇した誤解や瑕疵について不満を言う機会が必要であり，逆に成功についても熱くなる機会も必要である。この場面に短い機会を与えることが重要である。報告会は次の 2 つの目的をもつ。

- 参加者に，自己の行動について，発散させて，解明させて，説明させて，弁護させる機会を与える。
- ファシリテータに，演習の展開に満足していることを参加者に確認させるために交流の機会を与える。参加者は，現実の世界に関連して，内容の重要性の理解を確認する機会が必要である。

　報告会は，演習の総括時に，当初の目的を評価するためにファシリテータが操作する体系的な議論の場として定義される。報告会の主な機能は，依頼者の環境に参加者の焦点を再び合わせることにある。これは次のように真剣な見直しになる。

- 参加者に感情を発散させることを認める。
- ゲームに関する反応を提供する。
- 現実世界の状況おけるゲームの成果を解釈する。
- ゲームの経験を豊かにする。
- 経験を検証する。
- シミュレーションとゲーミングの利点を振り返る。
- 技術の限界を受け入れる。

　ゲームが成功すれば，広範囲に及ぶ最終の報告会はやや荒っぽい会合になろう。自己の信念に責任を持つ参加者が，基本的なモデルに挑戦して，さらに取り組んでいる現実とどのように関係しているかを評価することになる。さらに，曖昧さ，誤り，文書化されていない相対的状況について，骨身を惜しまず追求するように奨励されねばならない。一人の参加者によって表される視点だけでなく，異なる視点から同一問題に取り組む複数の役割があるために，報告会は依頼者の環境の特性に関する非常に鋭い討論を展開できよう。

　報告会は意図的に宣言して開始しなければならなず，参加者はゲームから離れて分析の時間に入ることになる。システム，モデル，役割，連携，シナリオとその他のゲーム複合要素の要約資料が必要になる。さらにゲームの構造，ゲームの伝達内容，ゲームの成功，ゲームの失敗に関する参加者の議論も必要である。これは一般的に大まかで多少通り一遍の感になるが，別途，これらの質問を追求したい参加者には概念報告書を送ることができる。うまく設計されたゲームの概念報告書の効用は，この段階の批評を非常に速く進むことができる（8.2.3 項の段階 13 を参照）。

　報告会の進行過程において，参加者はゲームのあらゆる側面に挑戦することを許されなければならない。ゲームは，一般的に自然科学の構築物ではなく，むしろ，このような現象の抽象的な表現である。参加者には演習の改善につながる提案があるかもしれない。挑戦の場の提供は，真剣な疑念がある参加者に，挑戦内容を発表させて代替手段を表す機会を保証する。

　最後に，報告会は議論中の実質的問題に参加者の注意を集中させなければならない。この総括は可能な限り多くの時間が許されるべきである。総括の狙いは，問題に集中して，集団全体で共有している理解を活用することである。この総括にはゲームの実施に利用可能な合計時間の 15％ から 20％ が必要である。

7.4.2　ゲームの加工品

　当然ながら，政策ゲームにはプロセスを助けるために様々な加工品が必要である。これらは，変化に富んでおり，思慮深く利用すると非常に価値がある。主な 2 種類の加工品は次の視覚化体と用具類である。

■視覚化体　視覚化体は洞察を得る際に参加者を手助けする。演習に求められる感覚と心象を創発するときに，アートワークは重要な考慮事項である。適切に採用されると，演習が完全な効果を発

揮すれば，図形は疑念の払拭の一要素として極めて重要である。シンボルや用具類は，鮮明であり混じりけがなく能率的に見えるはずである。議論の中心になる概念は図表で視覚化する必要がある。利用価値があると思われる素材類には，典型的な計算システム手順，典型的なコンピュータ出力，データ・ファイルの配置，流れ図，機能的相互作用図，役割間の連係，簡略図，参加者活動図，部屋の配置，規則，概念図，演習の段階，表類，技法図，壁掛け図などがある。

■用具類　　この第 4 部で説明しているゲーミング要素とシステム複合要素のシステムは，相互作用と複合構造を形成する基盤を作り出す。可能な形態群とそれらを設計する方法の両方の観点から指摘されよう。素材の選択（用具類）はモデルの性質とゲームの目的から論理的な手順を踏む。用具類は，ゲームを配置するためにファシリテータが必要な様々な加工品である。これらは避け難いが，うまく設計されたゲームでは最小限が使用されるであろう。それぞれの加工品は明確な目的をもつことになる。正しい小道具を選択して，それらを適切な詳細の水準に保つことが重要である。ブロードウェイ演劇の舞台設定を設計することに匹敵する問題を提起することになり，ミュージカル映画の『オクラホマ』は精巧な舞台設定を必要としたが，戯曲の『ゴドーを待ちながら』は最低限の小道具で用が足りた。

　初期の設計仕様（第 8 章を参照）では，ゲームで使用される素材の制限事項（例えば，移植性，再現性，保管の要件など）を決定しなければならない。用いる「モノ」の数は，ゲームの目的に照らして合理的でなければならない。明瞭さの過多または不足による誤用はゲームの効果を破壊する。単純さの原理は優れたゲーム設計の標語である。

　試作品の開発中に作成された全てのゲーム素材の実物大モデルは，非常に便利である。これにより，依頼者はゲームの詳細の水準と最終的な特徴を評価できる。ゲームに必要な用具類の最新目録を維持することも重要である。素材の色表，コンピュータの仕様，費用，必要な文書，その他の必要な媒体類，可搬性，素材の必要量，ゲーム複合要素の情報源，標準と特注の素材などに留意する。

7.4.3　結果の評価

　演習が終了した時点で，目的が達成されたかどうかを確認できることが重要である。依頼者は結果の証拠を必要とするであろう。この理由で，概念報告書（8.2.3 項を参照）を開発中である間は，仕組みを考え抜くことが必要である。この評価は当初の目的に焦点を当てなければならない。これにより，構築の最中に，特定の仕組みや手続きを開発することが可能になろう。

　評価には明確に分けられた二つの概念がある。演習の評価とその使用結果の評価（第 6 章を参照）である。皮肉なことに，優れたゲームに評価されても悪い結果を引き起こす状況がある（貧弱な促進法，間違っていた参加者，演習中の注意散漫などの結果として）。逆もまた真かもしれない（優れたファシリテータが時にはゲームを救うかもしれない，あるいは主題に強い関心を持つ参加者がゲームの欠陥を容赦するかもしれない）。

　ゲーム自体を検討するときは，ゲームの特定の要素の評価が実施すべき最も適切な方法である。概念報告書の作業中に基準が作成されていれば，その要素は個別に判断できる。もちろん，その要素は全体として評価されねばならない。妥当性，信頼性，有用性の観点から，ゲームの有効性を判断する手順を確立することが重要である。この評価では，肯定的または否定的な予期しない所産も受け入れなければならない。

　場合によっては，二つの狙いのいずれかを確認するために追跡の質問表を参加者に送るかもしれない。この目的は，参加者がゲームからどれくらい学んだかを確認することになるか，あるいは，参加者がゲームを批判することになるかであろう。これらの二つの目的を区別することが重要である。

■**文書化**　依頼者は，演習の設計，使用法，結果を文書化した最終報告書を要求することがよくある。参加者にゲーム中の出来事を要約する資料を提供することも有用である。これは一連の覚書としても役立つが，むしろ，ゲーム中に得られた印象を確認するために配付することもできる。さらに経験から得られた「伝達内容」を補強することによって，プロセスへの参加者のさらなる責任として役立つことになろう。

第 8 章

政策演習の設計

　第 7 章と第 8 章は，本書の他の部分とは独立して使用されるものと想定している。結果として，読者の理解を図るために多少の冗長性がある。また，付録にある「詳細設計の手引き」を参考のこと。

8.1　概要

　本章の狙いは，政策演習の設計と活用のために専門的プロセスを説明することにある。また，本章は著作 *Gaming: The Future's Language*（Duke, 1974）（邦訳『ゲーミングシミュレーション 未来との対話』）から描出する。この方法論は特注の演習の設計のために 40 年以上にわたって開発されて試行されている。多くの公共団体と民間団体は，方法論を使用して複雑な問題を扱う経営を支援している（Duke, 1974; Greenblat & Duke, 1975, 1981; Geurts et al., 2000）。

　多くの人々にとっては，政策演習の設計のプロセスはやや特殊であり，十分に文書化されていない。本章では，長年にわたって開発されてきた政策演習の設計プロセスを説明する。それは，現実世界の行動理論を導出して，理論モデルを構築して，政策演習に変換することになる。これらの個々の諸活動は，研究対象の現実システムに対して，モデルの全体的な正確さと有効性を増やすであろう。これは漸進的なプロセスであり，現在も進行中の研究である。ここで説明する接近法は，実際にも多くの試行の刺激と反応の結果であり，依頼者と同僚の多くの知恵を反映している。私たちが採用しているプロセスには次の五つの局面がある。各局面についてはこの章の後半で説明する。

- 局面 I　- プロジェクトの設定
- 局面 II　- 問題の明確化
- 局面 III - 政策演習の設計
- 局面 IV - 演習の開発
- 局面 V　- 実装

　近年，大規模な組織の計画と経営を支援する決定技法の普及を目撃している。意思決定支援に二つの主要な様式が開発されている。歴史的に最初の技法群は，応用数学，計量経済学，オペレーションズ・リサーチ，システム分析があり，政策開発の公式モデルとアルゴリズムの使用に焦点を当てている。これらは，区分 I の状況で扱うと最も効果的である（図 8.1 を参照）。

　これらの技法の応用分野はその多くが成功を示しているが，戦略的水準の問題に適用すると，その限界も十分に文書化されている。これらの形式的戦略的政策技法に対する批判には，過度な単純化，定量化が容易な側面に重点，不完全な科学理論に過度な依存，データに関する問題があり，それらの処理に時間のかかり過ぎなどが指摘されている。さらに最も重要なことであるが「ブラック・ボックス」（基本モデル）の結果を利用者が受け入れることまで含まれている。

　最近の形式モデリングに関する論議の事例に，形式分析に直観をあまりにも融合していると批判した評論家連に応えて，米国連邦準備制度理事会議長のアラン・グリーンスパン氏の反論がある。多くの専門家が経済の運営のためにますます洗練されたモデルの使用を主張している一方で，同氏は混成型の「危機管理」をより信頼しているという。2003 年 9 月 1 日号の専門誌 *Asian Wall Street Journal* に掲載された演説の紹介で，「あらゆるモデルというものは，日常的に複雑な状況を経験している世界を大きく単純化したものである」と述べている。さらに私たちがシナリオと呼ぶものを

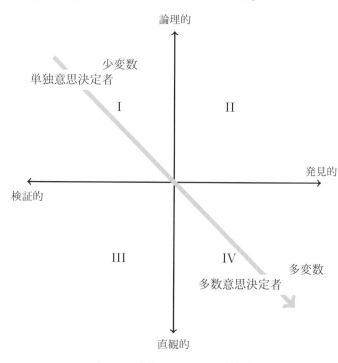

図 8.1 区分 IV のマクロ問題

連邦準備制度理事会がどのように使用しているかについて，「私たちの知識ベースは，ますます複雑になっていく世界経済の速度に，後れを取らないことはほとんどない」と説明している。この意味は，「連邦準備制度理事会は，最も予想される経済予測に準じるだけでなく，潜在的に悲惨な結末をもたらす可能性の低い所産も考慮に入れて，金利を設定する」ということである。

　この事例は，多くの注目を集めた二番目の決定技法に，「判断に頼る」という名札を付けられることを示している。これらは区分 IV の状況を扱うときに最も効果的である（図 8.1 を参照）。認知心理学や社会心理学のような分野から生まれた技法は，直観，創造性，議論，コミュニケーションに重点を置いて，戦略的政策立案の足がかりとしている。それらは，多くの政策応用で有用である

ことが証明されている。しかし，この技法に対する批判も否定できない。指摘される限界は次のような概念によって特徴付けることができる。すなわち，主観性，不完全なメンタル・モデルへの依存，データと理論および専門家の意見の無視があり，計画された政策の未来の所産に影響を及ぼす複雑な因果プロセスに対応する能力の欠如がある。

　第2章の参加型政策分析と第3章の事例研究の各々の議論は，これらの二つの接近法の優れた特性を戦略的政策策定の最適な接近法が兼ね備えようとしている立場を明確にした。設計プロセスの基本的な特徴は，システム分析技術の厳密性に，構造化集団技術の創造性とコミュニケーション能力を組み合わせた参加型戦略分析の一形態を促進することにある。このプロセスは非常に複雑なシステムの運用モデルをもたらすことになる。現実性は，コンピュータ化された形式的副モデルを伴っており（必要があれば），非形式的シンボルを使用する役割演技者の相互作用によって模倣される。私たちは，混成型意思決定技法の手法群の創設に重要な貢献として，政策演習の技術を考えている。

　方法論的観点から，設計プロセスが対象にする最終作品は現実的システムを運用するモデルである。ゲーム・モデルは，相互関係にあり相異なる役割の人々が，少なくとも部分的にモデルの動的振る舞いを創作する。一般に，ゲーミング・シミュレーションは自由な役割演技とは区別できる。役割がシミュレーションの一部を形成することは事実であるが，政策演習には他の複合要素がある。このような役割の働きに加えて，設計者は，シナリオ，運用者と参加者に指示した一連の行動，注意深く選択されたシンボルや用具類，ゲーム・ボード，カードなども使用する。政策演習は役割演技よりも形式化されており，設計は現実を描写することに重点が置かれる。

　ゲームは，オペレーションズ・リサーチで使用されるコンピュータ・シミュレーションとも異なる。いわゆるコンピュータ・モデルでは，システムの全ての局面が数学的あるいは論理的記号で記述される。プログラム化されたモデル構造の動的挙動を動作させるはコンピュータである。ゲームでは，非標準化シンボルを使用した役割演技者の相互作用によって，現実性が模倣される。コンピュータ・モデルは，いわゆる双方向性あるいは人間・機械系ゲームにおいて，ゲームの一部分であることが多い。

　ここに提示する設計プロセスは，手近の問題に対する柔軟性と敏感性によって，政策演習の多くの過去の運用で採用されたものと明確に見分けられる。特注ゲームと市販ゲームの二分法はその区別を明確にすることに役立つかもしれない。軍事に始まり経営と都市の問題に発展したように，ゲーミング・シミュレーションの分野は，世界の専門的な研修プログラムや大学の授業で頻繁かつ成功裏に使用される既製版の要覧を作り出した（Horn & Cleaves, 1980; Elgood, 1984）。これらのゲームの大部分は，存在しない組織の一般化あるいは理想的な状況を表現しているために，政策開発の手段としての価値は限られる。第3章で説明したマクロ問題は非常に独特であり，そのために私たちが構築する政策演習は依頼者特有なものにならざるを得なかった。

　設計プロセスは，限られた時間の圧力のもとに，特注の作品を期限内に届けることを保証しなければならない。そして透明性が高く信頼性がなければならない。多くの人々が関与しており，場合によっては幾分かの不安感に陥ることになる。それらの人々は，設計プロセスに経済的と感情的な

利害があり，通常，このプロセスを初めて経験することになる。方法論は信頼性があり同時に柔軟性がなければならない。それは，計画した中間段階と最終の作品の作成を支援する必要があるが，段階的な学習も可能にする必要がある。設計プロセスは，プロジェクト・チームにとって信頼できる羅針盤でなければならない。さもなければ，マクロ問題とは異なる複雑さとの悪銭苦闘の末に道に迷う可能性がある。設計プロセスと事前に計画された中間提出物の一覧は，設計者が迷子になった場合に道程を見つけることに役立つ。通常，設計プロセスの諸段階の内の一つを飛ばした場合には，一つ前に戻り計画した手順でプロセスを進行しなければならない。

8.1.1　主要な設計特性

　解決プロセスの分割がなじまない政策演習と諸原則，コミュニケーション，複雑さ，知識には相関関係がある。政策演習の接近法では，妥当性を保証するために，課題，構造，内容，政策，計画，意思決定，問題解決，有効化，実装，管理，プロセス，要素，関係群，動的結論，頻繁な反応ループなどの多くの管理要素を組み合わせた手順がある。この接近法は，重要で不可逆的な決定の複雑さを研究するために非常に効果的である（Gordon, 1985）。技術は，現実世界の意思決定プロセスの複雑な構造を理解する機会をもたらす。

　うまく設計されたゲーミング・シミュレーションは，演習時にゲームの再構築が可能であるために，過渡的な特性がある。この証拠は，任意のゲームを選んで，異なった参加者と実施すれば得られる。よく考えられたゲームは，意図的に演習中の参加者あるいは運用者による改変を奨励して促進する仕組みを構築する。

　ゲーム設計は，既存のゲーム形態や様式の型を統制された設計の接近法に組み合わせたものである。それは理解し難いがまさに「芸術」である。設計のいくつかの原則は合理的に明確化されているが，その他の原則は正に現れ始めようとしている。ゲーム設計者は，ゲームの構築を先導するために，明確かつ一貫した狙いや伝えたい意図を持っているべきである。この狙いの明確さだけが，適切なコミュニケーション形式としてゲーミングの合理的な選択を可能にする。熟練した専門家は経験からゲーミング技術を学んでいる。長い時間をかけた創造性と創作力を使って，政策論議のために意義のある参照システムの確立を可能にする宝庫を築いている。

　ゲーミングはコミュニケーション形態として最もよく理解される。様々なコミュニケーション媒体の分析は，個々のゲームが特定の伝達内容に非常に特有であることを示している（第 5 章を参照）。この狙いの特異性は，技術の費用が高いが，ゲームの構築と使用における設計と簡素性において，正確さのために説得力のある根拠になっている。ゲーム設計の資源を検討すると，費用と時間の両方が大きな影響を与える要因である。ゲームの設計，構築，試行，普及に必要な資源とともに，ゲームを使用するごとに発生する費用も考慮する必要がある。

　ゲームによって達成される主要なコミュニケーションの目的を決定するときは，演習は焦点を当てるべき主な狙いを見直すことが有用である。これらを確立するときは抽象度の水準を考察せよ（図 8.2 を参照）。具体的な手法で現実的に達成できるものを明確にすることに役立つ（3.8 節の事

例を参照）。特定の目的を満足するために適切な水準で作品を開発しなければならない。演習は次のように設計できよう。

- 対象者に情報を伝達
- 参加者から情報や意見を抽出する質問表としても機能
- 参加者間の対話を確立
- 参加者の動機付け
- 自発的に創造的な着想が開発される環境の提供
- 複雑な環境の認識力の向上
- 意思決定の支援
- 合意の達成

8.1.2 分野の基本的特徴

ゲームの創作には，いくつかの異なる集団（様々な利害関係者，内容に関わる専門家，構造の制作者など）が意思の疎通をはかる必要がある。全てのゲームは基本的に構造が反復的であり，演習の周期の繰り返しは学習を容易にする。ゲームは変革する学習の環境と考えられる。そして，詳細化が進行する中で，問題の全体を定義し続けることによって学習が達成されることになる。参加者は自己に責任を持ちながら，その決定は迅速な反応を受け取る。さらなる反復はさらなる詳細を導入する。この進行は幅広く構造的な内容を確立するために役立つ。ゲームは現実性の状況の再現を試みるが，人工物の安全性が常に存在する。準備段階を熟慮し

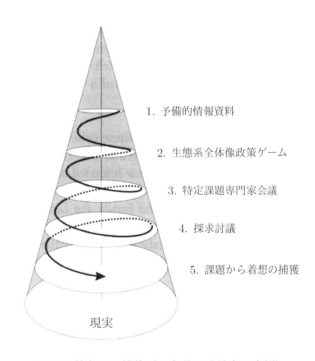

1. 予備的情報資料
2. 生態系全体像政策ゲーム
3. 特定課題専門家会議
4. 探求討議
5. 課題から着想の捕獲

現実

図 8.2 抽象の円錐体（国際共同委員会の事例）

て設計すれば，この様式は必然的に漸次的な発達をしよう。政策演習の中心的な概念は安全な環境である。この技術は集団によるモデルの構築と代替案の明確化のために採用される。設計チームの機能は，参加者が代替案の評価を可能にする未来指向の「展望」を確立することを容易にする。

政策演習は「設計の中立性」の概念を用いて設計されて，人間の条件の範囲内にあり合理的である。設計チームの重点は，機会，障害，選択の定義に関わろう。この技術は，手近の課題の建設的

な対立に携わることを動機付けされた「善意の人々」の前提の下で，使用される。政策演習は問題に固有であるために，各々の手段は固有の問題環境に特化していく必要がある。ゲーム設計プロセスは明確であり，各々の段階は依頼者の特定の要求に取り組む。全ての方法論には限界があり，ゲーミングの適切な使用には効果的な成果のために的確さが必要である。

8.1.3　計画的プロセスが必要な理由

　設計の局面（概念報告書を作り出すこと）は，政策演習の開発において最も重要な段階である。多くの場合に，設計者はこの手順を省略して構築を開始する。これは青写真なしで家屋を建て始めることに匹敵する。以下で説明する諸段階は，理論と実践の両方から導かれたものであり，成功するプロジェクトを保証するために欠点を補う。実際には，依頼者の特定の必要性を満たすために切り捨てられる部分もある。しかし，逐次的なプロセスが求められており，諸段階の全ての手順が必ず伴うことになるので，懸案事項の全てに対応しなければならない。

　ゲームには現実に対する異なる認識の融合が必要であり，結果として，個人ではなく集団によって設計されていれば最良である。集団とともに作業すればより豊かなゲームが生まる。成功するゲームの設計と使用は組織全体が心理学的分析を受けるようなものであり，このプロセスによって脅かされる人々の抵抗が予想される。設計プロセスの完全性と明確さは，巻き込まれる可能性がある全ての人々（設計チーム，依頼者，最終の参加者）に矛盾のない枠組みがあることを保証する。また，このプロセスは「迫真性」が浮き上がるような環境を作り出す。意見が異なる視点は表面化して突き合わせられて，それらの反応者間の交渉を通してより鮮明な視点に到達する。プロセスが段階的に進むにつれて，気をそらす課題を脇に置くことができて，マクロ問題に鋭い焦点が持続できる。このプロセスは，絶え間なく使用されて，課題に関する合意を達成するだけでなく，利用可能な代替案も得られよう。大抵の事例では行動への合意も期待できる。

- 計画的プロセスが使用されている場合
    - 全ての関係者の時間と努力は，漸次的に進行する試作品を作成するために使用される。実質的な知識には初期の欠陥があるかもしれない。しかし，10 回の法則（8.2.4 項を参照）の各回は，特定の内容が挑戦されて修正される機会を提供する。試行錯誤のプロセスを使用して複合要素が整合するようにする。
    - 関係者会合は二つの目的のうちの一つを達成する。すなわち，演習のある側面について合意に達するか，関係者の作業によって解決できる特定の問題を確認するかのどちらかである。各チームの成員は具体的な方法で懸念を提起する義務がある。議論はこの目的のために管理される。「複雑なシステム」は一度に一つの側面が徐々に引き出される。進捗は遅いが熟考されたものであり，チームはプロセスのどこにいるのかを判断することができる。
    - 加工品（例えば，概念図）が着想の記録のために使用されているので，現在の知識状態

も獲得される。その結果，体系的な方法で挑戦できる。

- 自明なプロジェクトの記録がある。累積される加工物（ゲーム素材）はチームの直前の会合を思い出させるだけでなく，試作品は，準備なしに構造的方法で，部外者の反応を得る優れた方法として役立つ。
- 焦点は拡散した問題よりもむしろ作品（ゲーム）にある。これは，作業の中心であり，多くの安全装置が最終作品の内容が有効であることを保証するために組み込まれる。

● 計画的プロセスが使用されない場合

- 関係者の時間と努力は現実的な知識を追求することになり脇にずれるかもしてない。これは際限がなく，作業は決して完了できない（文字通り）。学べば学ぶほど，全ての事柄が一致するようにさらに学ばねばならない。最も関連性の高いものに注意を集中させることは必須事項にならない。
- 会合は循環的な傾向があり，程度の差があるが開始した場所で終了する。これは主題が正に複雑なシステムであるという事実に由来している。個々の話者は，自己の考えを明確にすることは困難であり，他者の意見を理解するにも苦労する。採用される言葉は逐次的であるが，議論中の話題は複雑な関係にある。これは自己矛盾につながる。参加者が洗練されるほど，討論は複雑になる。進捗の判断が難しく，チームには確立した道標がない。
- 着想を獲得する加工品が使用されないために，内容は体系的な方法で挑戦できない。
- プロジェクトの記録がない。議論から得られた洞察が，次回の会合において意図的かつ効率的に再び明瞭になるプロセスがない。
- 作品（ゲーム）よりはむしろ内容に焦点がある。

8.2 設計の手順

設計のプロセスは大きく五つの局面に分かれている。各局面に 21 の特定の段階が入れ子になっている。これらの段階についてはこの章の後半で詳しく説明する。読者にプロセスの概要を提示するために図 8.3 を示す。

前述のように，ゲーム・デザインのプロセスは，専門分野の経験，個別事例の論理の開発，技術集積への適切な参照，直観，創造性の結合体である。設計プロセスは論理と偶然の幸運の組み合わせであり，模倣された環境を創り出すことは芸術的な課題である。正しい小道具を選択して詳細で適切な水準を維持するには技能が必要である。この挑戦は迫真性を保つことであり，変異させながら漸次的に発展する興味深いモデルを作り出す。以下に説明する設計プロセスはこの機能を実現する。

何よりもまず，政策演習は現実の抽象である。コミュニケーションの狙いのために，複雑な環境の有効かつ効率的なモデルとして機能するはずである。それには，手近にある議論の中心的な問題

の諸側面を捉えなければならない。それと同様に重要であるが簡素でなければならない。詳細の過多あるいは混乱する表現は，明確というよりも論点を分かり難くすることがある。ここに説明しているプロセスは，忠実に従えば，問題環境の本質を把握して，それを適切な演習に変換する明確な論理的基盤を提供する。

　経験によれば，これは反復可能な専門的プロセスであり政策演習の開発と使用に導くことを示している。21 の異なる段階により，設計チームは体系的に進めることができる。これにより，依頼者は，作業の進捗状況を追跡して，作品が当初の仕様を満たしているかどうかを明確に判断することができる。段階的プロセスの強みの一つは，設計作業を通して利害関係者のコミュニケーションを支援することである。このプロセスは諸活動の手順を指示するように設計されている。手順には，最初の状況の作成，概念モデルの明確な表現，設計，構築，ゲーミング演習の実際，浮かびあがる洞察の獲得がある。

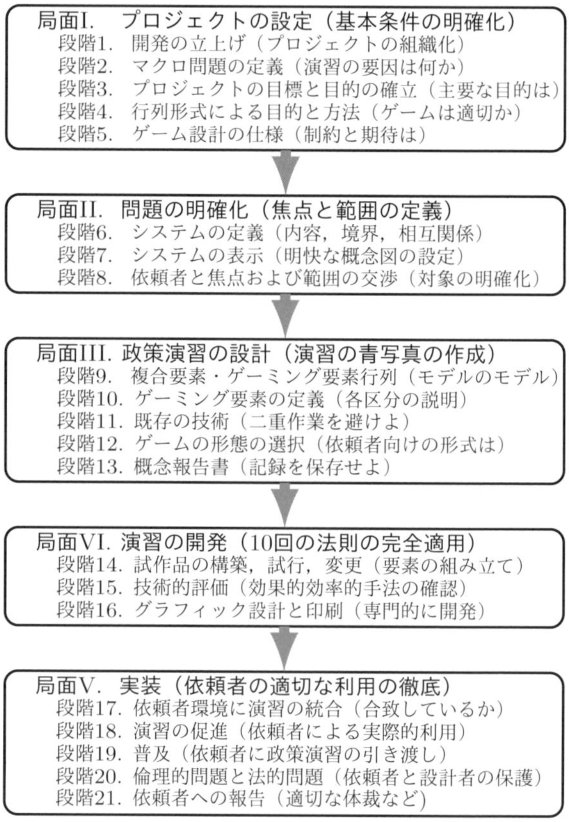

　抽象的には，ゲーム設計プロセスは逐次的なものと見なせる。ゲーム設計者は段階から段階へと論理的に進行する。実際には，設計者はより多くの同時的解決策を試みるかもしれない。さらに依頼者の要求を満たすために，必要があれば進行の手順を変えるかもしれない。

```
局面I.　プロジェクトの設定（基本条件の明確化）
　段階1.　開発の立上げ（プロジェクトの組織化）
　段階2.　マクロ問題の定義（演習の要因は何か）
　段階3.　プロジェクトの目標と目的の確立（主要な目的は）
　段階4.　行列形式による目的と方法（ゲームは適切か）
　段階5.　ゲーム設計の仕様（制約と期待は）

局面II.　問題の明確化（焦点と範囲の定義）
　段階6.　システムの定義（内容，境界，相互関係）
　段階7.　システムの表示（明快な概念図の設定）
　段階8.　依頼者と焦点および範囲の交渉（対象の明確化）

局面III. 政策演習の設計（演習の青写真の作成）
　段階9.　複合要素・ゲーミング要素行列（モデルのモデル）
　段階10. ゲーミング要素の定義（各区分の説明）
　段階11. 既存の技術（二重作業を避けよ）
　段階12. ゲームの形態の選択（依頼者向けの形式は）
　段階13. 概念報告書（記録を保存せよ）

局面VI. 演習の開発（10回の法則の完全適用）
　段階14. 試作品の構築，試行，変更（要素の組み立て）
　段階15. 技術的評価（効果的効率的手法の確認）
　段階16. グラフィック設計と印刷（専門的に開発）

局面V.　実装（依頼者の適切な利用の徹底）
　段階17. 依頼者環境に演習の統合（合致しているか）
　段階18. 演習の促進（依頼者による実際的利用）
　段階19. 普及（依頼者に政策演習の引き渡し）
　段階20. 倫理的問題と法的問題（依頼者と設計者の保護）
　段階21. 依頼者への報告（適切な体裁など）
```

図 8.3 設計の手順

8.2.1　局面I‐プロジェクトの設定

　局面Iには 5 段階があり，プロジェクトの着手に慎重に取り組まねばならない。段階 1 から段階 5 は反復プロセスと見なすべきである。例えば，問題を明確にする作業がより厳密になるにつれて，達成すべき特定の目的をより明確に表現できる。最初の段階は残りの開発プロセスを導く指針になる。これらの五つの活動を無視する人々は危険にさらされて，残りの諸活動は困難のどん底に陥るであろう。

■**段階1 開発の立ち上げ**　この段階の狙いは，プロジェクトが適切に承認されていることと，命令の系統，進捗状況の点検，管理の詳細が適切に構成されていることを確認することにある。管理業務の細部への注意はどのプロジェクトでも必要であり，一般的な利害関係はよく知られている。しかし，政策演習の開発に特有であり，取り組むべき特別な懸念事項がある。

　依頼者の明確な定義は必要であるが，これが直ちに明らかでない多くの状況がある。組織内の誰かが，懸案事項の問題を特定して，その課題に取り組む政策演習の経費を計上して，プロジェクトの開始を決裁する。経験によれば，これは経営管理水準（最高経営管理者，副社長，部長など）のいずれかで開始される可能性がある。しかし，問題の見通せない性質を考えると，この件の政策決定の本当の役職は，組織内の他の役職になる可能性がある。検討チームは，問題があまりにも制約された方法で設定されていることに，すぐに気づくかもしれない。ある程度の成功のためには，問題の焦点をより高い水準に交渉する必要があるかもしれない。言うまでもなく，これには気配りが必要あり，さらに重要なことは，設計の諸段階の逐次的な（しかも反復的な）完結に慎重な注意を払うことである。この種の問題は段階2（問題の定義）で明らかになろう。そして段階8（演習の焦点の協議）の完結によって解決されよう。

　プロジェクトには適切な承認手続きが必須である。この形式のプロジェクトは，厳しい時間的制約のもとで立ち上がるのが一般的である。当初の依頼人代表は内部手続きを迂回して迅速な処理を試みるかもしれない。これはプロジェクトにとって致命的な誤りが判明する可能性がある。依頼者，プロジェクトを管理する組織単位，プロジェクト・チームの3水準で，秩序ある運営の体制を確立する必要がある。これには，依頼者の諸活動と，プロジェクトの適切な承認を得るコンサルタントも含まれる。この最初の段階は組織ごとに大きく左右されるであろう。

　成功する政策演習の開発には，プロジェクトと同様に，責任と権限の関係の慎重な概要説明が必要である。標準的な契約書には必要な事項が含まれなければならない（例えば，手数料，予算書，仕様書，期待される成果，手続き協約，依頼者に要求される契約上の義務，締め切り期限，約定日，期待される提出書類，終了条件など）。これらは，実質的な資料に取り組む前に，他の適切な管理業務ともに完全に解決されるべきである。

　「指定代理人」に，重要な連絡先またはプロジェクト管理者として，依頼者の代表を選定しなければならない。プロジェクトの様々な側面に対する責任（財務，データや情報の入手法，図表への支援など）は複数の人々に委嘱されるかもしれない。設計チームへの担当者として一人を指定することが重要である。この代理人は，契約の締結権限を持っているべきであり，あるいは権限を委嘱された担当者に迅速に接触できなければならない。代理人は，主要な予算や技術的な変更や完成した作品の承認を担当する。依頼者は，代理人を通して，プロジェクトの各主要な局面を承認して署名することになる（後半のプロジェクト諸局面で対立を避けるために）。

　この種のプロジェクトには，通常，様々な専門家（内容に関する専門家，コンピュータの専門家，ファシリテータなど），ゲーム設計者，管理担当者などの諸分野の人材が必要である。これには，適切なプロジェクトの融合体を編制するために交渉が必要かもしれない。通常，依頼者は，内容の専

門家と管理担当者の両方を提供する立場にある。しかし，組織内のゲーム構築能力が利用可能であ
れば，まれな状況になろう。依頼者は三つの選択肢から選ぶことになる。すなわち，プロジェクト
を内部的に完結するか，依頼者側担当者を支援するコンサルタントを利用するか，プロジェクトを
外部の集団に依頼するかのいずれかである。具体的な検討事項としては，客観的な必要性（依頼者
側の人材が対応することが難しい），ゲーミングの専門知識，機密性（情報を組織内担当者に限定
する必要性），費用（プロジェクトを外注した方が費用効果が高いかもしれない），その他の依頼者
に特有な事情が含まれよう。

　プロジェクトが最初から最後に向けて徐々に進行するにつれて，最終作品の有用性と認知力は良
好なコミュニケーションの効用になろう。このような状況の典型的な切迫性では，政策演習設計
チームによる迅速で制約のないコミュニケーションを円滑に進めるために，適切な手順が必要であ
る。これには組織内と組織を超えた両方に明確なコミュニケーションの連鎖が必要である。組織内
では，垂直方向と水平方向の両方のコミュニケーションの流れが認められるべきであり，特に局面
II（問題の明確化）の最中に設計チームが非常に幅広い網を投じることが可能になろう。組織を超
えて広がるコミュニケーションも必須かもしれない。これには情報利用の許可のために特別な手続
きが必要になろう。自尊心が関与しているために，多くの参加者が設計の局面において脅威に感じ
るかもしれない。当然のことながら，交渉手続きは事前に行わねばならない。

■**段階 2 マクロ問題の定義**　この段階の狙いは，ゲームが取り組むべきことを定義して，鋭く焦
点を当てた問題の文書化を確立することにある。設計プロセスの手始めに，問題を正確に明確化す
ることが重要である。これには，認識された問題の境界を見つけるために面談を実施しなければな
らず，様々な利害関係者の視点を反映した問題の概要を把握する必要がある。最初の文書化はこの
プロセスの全ての参加者に受け入れられなければならない。文書化は，課題の技術的側面だけでな
く，演習によって達成される特定のコミュニケーションの目的（参加型意思決定，担当者への政策
の伝達，企業文化など）の両方を明確にしなければならない。問題文書（仕様の付属書）は，完成
時のゲームの成功を評価するために十分な詳細さがなければならない。文書は，問題の定義と演習
の目的に関する合意の成立に向けて，何度か再定義されて明確化されることになる。

　問題の明確な文書だけが，当事者の選定と積極的な関与を導くことになろう。まず，課題の複雑
さの理解について，次に，代替の解決策の特定，創発，分析，選択について，さらに，提案された
選択肢の影響の評価について検討される。問題の定義は，問題の背景，問題文書，補足的詳細の異
なる三つの文章により構成される。

問題の背景　この文書は，問題環境（例えば，利害関係者，組織の構造，課題など）の特徴の要約
を提示する。要約は，通常，問題のいくつかの複合要素について詳細に述べている。すなわち，歴
史，特徴（範囲，費用，規模など），技術的側面，組織にどのような影響を与えるか，問題解決が組
織にどのように役立つかなどを述べている。ゲームの検討を促す必要性，条件，あるいは状況を述

べなければならない。さらに中立的な立場をとる傍観者を可能な限り簡潔に説得すべきである。この背景の情報は，演習の創作と評価の中心になる問題の要約をもたらす。さらに，当事者の詳細な分析（要求，目的，責任）を支援するだけでなく，設計プロセスの概念図開発の局面（段階 6,7,8）の最中に行われる問題環境（内部と外部）の詳細な分析も支援することになろう。

問題文書　これは，無定形な全体像の説明ではなく，むしろ，演習が取り組む狭義の懸念事項になる。適切に達成されれば，これは関係当事者の積極的な関与を次の事項に焦点を合わせることになる。

- 関連する課題の複雑さの理解
- 代替の解決策の特定，創発，分析，選択
- 提案された選択肢の影響の評価

　問題の表題は，設計チームと依頼者の両方が受け入れやすい簡潔な表現に圧縮する必要がある。長さは数文以下でなければならない。この作業は達成するのが難しいが，うまくいった場合はプロジェクトの目標に鋭い焦点を当てることになる（第 3 章は問題文書の 8 事例を示す）。最終作品は問題の表題とそれに添付された仕様書に対して評価されることになろう。通常は問題の表題を何度も再定義する必要があろう。

補足的詳細　場合によっては，問題の表題をさらに詳細に広げることが適切であれば，この時点で追加すべきであろう。それには，主題（実質的な内容）の精緻化や考慮すべき特定の選択肢，さらに強調すべき主題や課題や問題が含まれる。ゲームによって対応される実質的な素材は，できるだけ明示的に定義されるべきである。

■段階 3 プロジェクトの目標と目的の確立　最初に演習の狙いを明確にすることが不可欠である。これを解決できないときは構築中に混乱することになろう。時間と費用の超過だけでなく，低品位のプロセスと作品の原因になる。段階 3 の狙いは，戦略的な問題解決にプロジェクトの意図した貢献がどのようなものであるかを正確に定義することである。ゲーミング・シミュレーションは，次のような戦略的経営の古典的な三つの機能を実現できる。これらはコンサルティング・プロジェクトでも使用される。

- 事前決定分析 - 問題の発見，問題の策定と整理，代替案の開発と明確化，代替案の評価，行動計画の策定
- 意思決定 - 交渉，合意の形成，決定の確定
- 実施 - 動機と意識の構築，教育的・研修的・統合的な視点

　問題が明確に確立されれば，目標を明確にできて，さらに設計プロセスの手順をプロジェクト目標に最適に適合させることができる。第 4 章の主要 5 基準は，ゲーミング・シミュレーションの戦

略的経営への寄与を説明する多くの方法を示唆している。設計プロセスを成功させるには，主要な唯一の狙いが特定されるべきである。二つ以上の狙いが特定されれば，それぞれが明確に述べられて，優先順位の順に明瞭に配置されるべきである。政策演習は構造化会合の環境として使うことができる。そして，全体像の理解が得られて，望ましい長期的な未来を想定できて，関連する課題を特定して，課題の議論を促進して，評価基準を作成して，成果の文書に構造を提供して，成果の配付を円滑にすることができよう。第 3 章に過去の政策演習の中心になった典型的な目的を見出せよう。ここでは，「持続可能な企業」の戦略策定に関連するいくつかを紹介しておく。

- 技術と行動変容における革新の奨励
- 生態系に関する工場の影響を教育
- 持続可能な生産の概念について認識の創造
- 持続可能な開発課題における相互関係の実証
- 環境課題の検討を実施
- 世界観に連係する組織的展望の要件
- 現在の職場慣行の長期的な影響に着目
- 戦略的構想の新たなプログラムのために着想の触媒化
- 持続可能な企業を実現する参加者の動機付け
- 新たな企業文化の周知
- 主要な決定に関する行動の合意の獲得

　目標は，構築と評価の期間を通して，進捗状況の標識として機能する特定の目的群に分解されなければならない。演習の目的は，対応している問題に基づいて現実的かつ適切でなければならない。典型的には複数の目的が一覧表にされており，いくつかは他のものよりも明確であり，あるものは矛盾しているかもしれない。これらは，選び出す必要があり，さらに問題の文章に反映される事項の中核になる少数に優先順位が付けられなけらばならない。演習中に起こるかもしれない参加者の懸念に対応するために，十分に柔軟な形で目的を提示する必要がある。

■段階 4 プロジェクトの行列形式による目的と方法　　この段階の狙いは，ゲーミングが適切であることを保証するために，広範な方法を再検討することにある。政策演習の採用を決定するときに適用される基本原則は，他の選択肢を検討することである。選択を行うときは，依頼者が採用する可能性のある他の接近法とともに，政策演習の技術に関する情報を十分に得ておくべきである。ゲームやシミュレーションは，依頼者の必要性に対応するときに利用できるいくつかの選択肢の一つにすぎない。依頼者固有の特徴があるために，政策演習の接近法の妥当性を立証するには個々の状況の賛否両論を慎重に検討することが重要である。依頼者の目的に適応するには，どの形式のコミュニケーションが最も効果的であるかを考慮しなければならない。結局のところ，プロジェクトの効果的な評価は，「このような状況で政策演習は適切であるか」という疑問に対して，誠実な回答から始めるべきである。

　行列形式のプロジェクトの目的と方法は，マクロ問題に対応するときにどの装置を使用するかを定義するために使用される。政策と戦略に関する便覧は，多種多様な研究計画，意思決定支援，戦略的問題解決に関連するコミュニケーションの手続きを記載している。さらに，競争分析，市場調査，モデリング技法，コンピュータ支援型集団会合，場合によっては，対外的なチーム動機付け会合も含まれる。政策ゲームは混成型かつ特定機会型であるので，依頼者のために適切な方法を選択して組み合わせることが重要である。

　面倒さを感じない方法で，依頼者の必要性を満たせないことを確認することも重要である。いくつかの質問に注意深く対応する必要がある。まず政策演習が選ばれた理由はなにか，この接近法からどのような便益が専ら得られるか，ゲームは依頼者の全ての目的を完全に満たせるか，どの分野がまったく取り扱われない可能性があるかがある。演習は，特定であり制約があり容易に評価される目的群を単に満たすことに注意されたい。広範囲の目的群が満足されることを期待することは間違いある。

■段階5 ゲーム設計の仕様　この段階の狙いは明確な技術仕様を確立することにある。これは問題文書の開発から自然に発展したものであり，設計，構築，使用の諸局面を通して，目的と制約を明確にする機会を提供する。この仕様は，ゲームの構築中に，ゲーム設計者が取り組むべき事項の実務的な一覧表になる。目的は，プロジェクトの制約と期待を輪郭することと，特定の問題を提起して対応することである。特定の問題によって，演習の設計と使用を管理することになる条件を予想する。慎重に輪郭されていれば，それらの反応は構築の開始時に最終作品を評価できる詳細な仕様を提供する。設計プロセスが円滑に進行するために，設計の諸段階を検討して，どのような仕様が必要になるかを予測することが重要である。仕様書を記述するときは，21の設計段階の全てを検討することが得策である。特に段階1，6，11から21までに着目してほしい。

　仕様書には，命令の系統，プロジェクト管理の手順，予算と財務の取り決め，締切日，重要な日付，人員の配置，変更の報告手順，成果物，契約の権限，さらに類似の事項を記載しなければならない。報告書の配付（受領者，機密性の懸念，回答の期限など）については基本原則を確立する必要がある。この段階の明瞭さと完全性は円滑なプロジェクトに寄与しよう。

　演習の開発と使用に利用できる資金には特に注意を払うべきである。プロジェクトの予算は，個別的に主要な諸局面ごとに計上すべきであり，段階の設定，問題の明確化，政策演習の設計，演習の開発，実装の諸活動がある。最終的なゲームの費用は初期の見積額を超えることがある。特に構築が始まる前に，正確な目標が明確にされず依頼者に承認されていないときに起こる。同様にゲームを使用する費用も大きく異なる可能性がある。費用の見積りが非常に難しいので，依頼者と設計者は，構築の期間中とゲームの通常の使用のために，利用可能な資源について合意する責務がある。ゲーム実施の単価が維持する組織の限度を超えていると，最終作品の有用性を低下させるかもしれない。ゲームの個々の使用が新たな参加者と新たなファシリテータを対象にすれば，費用はさ

らに高くなるであろう。ゲームが頻繁に同一の高度に訓練されたファシリテータによって使用されて，対象者の特性が一貫していると実施の個々の費用は著しく低下するであろう。

　ゲームの開発と使用の両方において，時間の割当ては予算管理以上に重要である。ゲームの開発に必要な時間は明瞭さの程度で決まるであろう。明瞭さには，問題の程度，問題に対するゲーミングの適切性，概念報告書における目標の明確な仕様，ゲーム設計者の技能と経験の範囲などがある。慎重な作業日程管理も必要になり（プロジェクトの予定表，設計，構築，試行），重要な期日の特定が要求される。社会問題ゲームの設計は発展の過程にある。結局，最初の時点で経営者側にプロジェクトの方向性の変更を報告する手続きを確立すべきであろう。

　これらの見解は，合理的に包括的な一連の質問を提案することを意図している。ゲームが委託される前に，依頼者と設計者が特定すべきである。個々のゲームは特定の要求を満たすことになるので，これらの考え方は特定の状況で適切な条件を慎重に探索するために使用できる。ゲームの構築を開始する前に，仕様書は依頼者の承認を得る必要がある。

8.2.2　局面 II - 問題の明確化

　局面 II の狙いは認知的写像プロセス（面談，文献の探索，紙きれカード，概念図）を完成させることにある。

　ゲームは不確実性のもとで意思決定を支援しようとする。参加者は，代替的シナリオの開発と評価だけではなく，未来の認識の違いについて，自分たちの間で情報交換を改善する必要性を理解している。ゲームはこの狙いのために非常に強力である。ゲームが記憶に残り貴重なものになる（ゲームの参加記憶は 25 年後でも鮮明である）。そして構造的かつ論理的な情報として基礎資料を提供するとともに，情報の保管を可能にする枠組みとして機能する。採用された加工品は心象をより記憶に残るようにする。

　明瞭な問題文書は，ゲームの形態を作成するプロセス（形は機能に従う）に寄与しよう。問題が慎重に定義されていれば，ゲームの設計が容易になる。これは非常に重要であるので，目的の明確化，問題の文書化，概念報告書の作成に，利用可能な資源（時間と予算）の 3 分の 1 以上を費やすことを推奨する（段階 13 に準備されているが，段階 1-12 にも知見が要約されている）。

■**段階 6 システムの定義**　この段階の狙いはマクロ問題の根本的かつ実質的な性質を調べることにある。厳密なシステム分析手順だけが問題環境の全体を把握することができる。これは，様々な利害関係者のメンタル・モデルに反映されているので，問題の統合（ゲシュタルト）の視点を把握することが最も重要である。面談，文献の検索，研究発表会の幅広い手順を利用して，情報を収集して整理することができる。問題の境界に関する認識を見出すために，全ての主要な利害関係者は面談を受けることになる。文献の検索は，先行調査によって報告されているように，問題の境界を決定することにある。関連する内部の経営陣だけではなく，外部の専門家やデータも調査するように注意しなければならない。

　構築を始める前に，ゲームの主題は正確な方法で特定されねばならない。実質的な内容の特定は，報告書，概要文，あるいは詳細な主題の概要を採用してもよい。このような文書がなければ最終作品は関係のないものになるであろう。文書は，問題の環境について知られていることを論理的に捉えて提示するものでなければならない。同様に重要なことは，文書は知られていないことも特定しなければならない。データや理論，過去の経験がない特定の懸念事項が利用可能である。

　調査の結果は組織のモデルに取り込まなければならない。これは短い文章で説明する必要がある。主要な当事者を特定せよ，当事者の目標と活動と資源，当事者間の相互作用がある。モデルは単純なものでなければならず，限られた主要文書，簡潔な統計的説明，組織に影響する主要な制約によって構成される。演習の開発を導くだけでなく，演習の最中や批評の時間に参加者を手助けするためにも必要である。抽象的ではあるが，このモデルは弁明できなければならない。

　システム分析はゲーム設計に対する合理的かつ詳細な接近法を保証する。この段階がなければ，前提が発見されず，さらに変数や関係に気付かず，得られたシミュレーションは非現実的かもしれない。

　問題のシステムと要素に関する情報は，面談や構造化研修会において参加者が「紙きれカード」を作成することによって，収集や整理ができる。文献の検索から追加的な紙きれカードが生成されることもある（ある依頼人が机上に多数のカードを配置していた。昼食から戻ってきたチームの成員が一斉にいくつかの窓をあけ放った。窓から吹きこんだ風がカードを部屋中に吹き上げた。「雪が降っている」と悲鳴を上げた。これがスノー・カードの始まりである。訳注 - 訳者序文を参照）。

　紙きれカードは，着想，変数，問題，流れ，関係，モデル，法律，利害関係者，意思決定などから重要と思われるものを表す。1 枚のカードに一つの思索を表記して，この思索はできるだけ簡潔に保たれる（意味を失うことなく）。各カードには，分析中に明らかにされた課題または変数を表す簡単な文または単語を記録する。このプロセスは全ての問題変数とその相互作用を見つけることを試みる。そうすると，問題の境界，問題の当事者，問題の入力と出力が明らかになる。紙きれカード・プロセスについては付録で詳しく説明している。

　このシステムは，一つまたは複数の概念的な参照システム（集団力学，資源の分配，地理的，人口統計的，政治的，経済的，社会的，心理的，人類学的，歴史的など）から定義することができるかもしれない。複雑な問題環境を分析するときは，数百枚のカードを用意するのが一般的である。一連の紙きれカードの開発は，自由なブレーンストーミング接近法を使ったチーム活動として実施するのが最適である。この誘導型の分析は，包括的であることを意図しており，誰かが重要と考えれば含めることになる。これらは，概念図に変換されて，紙きれカードで表現される全ての懸念事項を伝えることになる。概念図は，この段階では担当者用であり依頼者用ではない。これはプロセスの最も重要な部分であり，境界部分があまりにも細かく描写されていれば，重要な選択肢が無視されているかもしれない。

　私たちは，この設計チームを二つの集団に分けることが多い。第 1 集団は面談や研修会を利用して組織の成員と利害関係者とともに活動する。そして，「現在使用中の論理」，言い換えれば，シ

ステム内で活動中の人々の多様なメンタル・マップに意識を置く。第 2 集団は，学際的学術的さらに専門的な文献，統計データ，関係すれば外部の専門家から，概念モデルと一般論を探し出す。そして「再構成された論理」の潜在的な構造体を探す。二つの集団の合同会合では，「トップダウン」と「ボトムアップ」の分析の結果は対照的であり，一方の視点は他方の集団の言わば宿題になる（4.2.4 項を参照）。飽和はこのプロセスを停止させる基準である。新たな着想，構造体，認識が現れないときは，次の段階に進むときであり，これらの洞察を概念図に統合する。もちろん，飽和の基準は，可能な限り多くの情報源と視点からシステムに接近していくために，両チームが最大限の努力したことを保証するかぎり有効である。

　両チームは情報源（書籍，文献，人々）を慎重に選択しなければならない。全ての情報源について，問題の重要な側面を明らかにする簡潔な見解を探すことになる。例えば，問題に関連した専門家の雑誌論文があれば，関係した主要な分野を検索すべきである。財務学，財政学，地理学，自然科学，参加者関連，事実関係，相互関係などがある。探偵を演じるように手掛かりを集めよ，これを忘れないでほしい。そうすれば，本格的な風味のあるシステムを発見することになる。一つの情報源に頼りすぎる罠を避けよ（歪んだ評価をするかもしれない）。システムを探索するときに，膨大な量のデータがあるかもしれないが，その大部分が無関係であるか誤解を招く可能性がある。システム内の重要な要素を理解して識別するために，時間を使いなさい。そうでなければ，非常に抽象的な形式であっても，成功裏に模倣できないことになる。探索しなければならないものは次のとおりである。

- 行動の誘発とその動作の様式
- システム内の主要な流れと蓄積と遅延（入力，処理量，出力）
- 明確な領域と曖昧な領域
- 組織の認識における調和と対立
- 意思決定の水準
- 制御システムの重要な要素（反応）
- 主な意思決定の時点とそれらに影響を与える要因
- 重要な役割の人々
- 相互関係の様式と相互作用の時点
- 組織的政策の様相
- 理論的証拠（理系，文系）。

■**段階 7 システムの表示**　この目的は，プロセスで取り組む政策課題に対して，重要な全ての考慮事項の概要を含んだ図形を開発することである。ここでは主要な 2 段階である作業概念図と最終概念図に進むことになる。複雑な問題の図解表現は視覚的コミュニケーションの利点を活用する。「全体像」と問題環境を理解するために，必要になる重要な課題を同時に表現することになる。問題の概要を迅速に簡単に伝えられる概念図は，ゲームを構築する人々だけでなく，演習に参加する

人々にも明らかになるように構成しなければならない。

　個々の利害関係者は問題の環境を異なる方法で見ているだろう。単一の明解な視覚的概念化が合意されるまで，これらの相違に立ち向かい交渉するべきである。必然的に，様々な利害関係者の興味を引く数百枚（おそらく千枚を超える）の変数（段階 6 の紙きれカードの開発を参照）の関係性を表現した複雑な翻訳になろう。全ての利害関係者は，この概念図の中に取り組むべき「世界」の中心的な特徴を見ることができるはずである。概念図は繰り返し反復されて改善されることになる。そして飽和は，私たちの運用基準であり，構造安定性の状態に達したことを表す。新たな着想を引き出すことができず，さらに最も消極的な意見の人たちが概念図に同意できれば，ゲーム設計は次の段階に進む。知識集合体がより明確に表現されて受け入れられれば，それは安定して異論がないのであろう。知識は，知られているだけでなく知られていないものも強調して，非専門家にも明確かつ刺激的な道筋を提供する形態で，構造化しなければならない。

概念図の定義　政策演習の開発に使用される概要図は，研究対象のシステムのモデルまたは概要を表す図面である。これには段階 6（システムの定義）の結果が必要である。この図には主要なシステム複合要素（例えば，当事者，プロセス，データ・ファイルなど）とそれらの主要な関係が表示されよう。さらに一連の重要な活動の手順が示されるだろうが，これは主な狙いではない。個々のシステム複合要素は，完成した演習の処理手順を定義するのに役立つようにいくつかの主要な属性によって記述される必要がある。うまく設計された概念図は次のような効果がある。

- 中心的な課題の議論に職業人集団の参加
- 職業人集団に全体像の提供
- 職業人集団に様々な相互依存関係を反映した解決策の開発を支援

　人間が単独で考えるよりも，概念図は遥かに豊かな問題の解釈を表現している。ほとんどの依頼者は，主要な意思決定者や当事者の前提と認識を明確にする概念図の作成プロセスを非常に有用と考えている。従って，結果として得られる概念図は，独自の価値をもちながら，シミュレーション作成の指針に加えて，他の狙いにも役立つ。多くの依頼者が最終的な概念図の熱心な宣伝活動を自発的に行っている。いくつかの事例では，依頼者がこの図面だけでもプロジェクト全体の費用に値する価値があったことを表明している。

作業概念図（紙きれカードの地図）　この状態の初期の記述では，通常，個別的であり，部分的に組織化されて，ときには矛盾する部分が現れる。調査チームと依頼者の作業は，システムのこれらの要素を簡単に説明できて議論できるように集団化して，明確なモデルに合成することになる。段階 6 の紙切れカードとその他の結果は作業中の概念図に配置される。これは主要なシステム特性と連携（内因性と外因性の因子，関係，流れ，表など）を明らかにして図式的に表現する。この初期の取り組みは都合のよい大きさ（通常は非常に大きい）の単一の用紙に提示される。初期の試行的

な概念図は，紙きれカードによって表現される懸念事項の大部分を伝えることになり，問題環境の包括的ではあるが粗い近似図になる。これは，担当者によって使われる作業文書であり，着想を捉えてゲームがどのように見えるかを予備的略図に配置している。進展するにつれて，依頼者によって検証されなければならない。

最終概念図　結局，必要な抽象化，省略化，再定義が行われて，全体的構成が最終的な形態（彩色図面など）に委ねられる。これは，創造的な作業概念図を依頼者に伝える正式な文書に凝縮したものである。このように，問題文書の制約内で，最も関連性があると考えられる要因までに煮詰めることになる。この選択の反復プロセスは，依頼者との継続的な対話の文脈で行われよう。そして，議論を呼び起こして，最終的な図解について合意に達するべきである。この議論では，変数を明確にして，問題がどのように認識されるかについて，欠落部分，仮定部分，不一致部分を見出すべきである。最終文書は，問題の環境を適切に表現するために十分な詳細さを保持しなければならない。そして，問題の中心的な側面を視覚的かつ迅速に伝える必要がある。概念図は，チームが主要な複合要素を残してシミュレーションに重要でない複合要素を除外することを確実にする。チームが合意に向かって作業するにつれて，それは繰り返し変更されるであろう。最終の概念図（簡略版）の事例は第 3 章を参照されたい。詳細については付録を参照すること。

■**段階 8 依頼者と焦点および範囲の交渉**　この段階の狙いは，システム複合要素・ゲーミング要素の行列に含めるシステム複合要素を概念図から選択することである（段階 9）。システムの全体が図面化されているために，チームは含めるものと除外するものについて，合理的な選択を行うことができる。全体の問題群（重要な当事者によって最初に認識されたように）は広がり過ぎてかつ包括的過ぎることが多い。結果として，概念図は，依頼者によって検討されて受け入れられるときは，通常，最終的なゲームに組み込む必要がある以上の要因を含むことになろう。設計チームは，依頼者との対話を通して，当初の目的，問題文書，仕様を最終的な概念図と対比して，ゲーミング媒体に表現しなければならない主な懸案事項の要因を選択すべきである。このプロセスは，段階 5 で開発された仕様をゲームが満たしていることを保証する。さらに，この段階で適切な抽象水準を確認することも必要不可欠である。この段階がうまくいけば，最終的な演習は状況に特化して明快で関係性のあるものになろう。依頼者はこの決定的な時点で再検討の重大な義務を負っている。この目的は演習の明確な対象を設定することにある。

8.2.3　局面 III - 政策演習の設計

　多くの専門家は，依頼者の実際の必要性にうまく適合しない「偉大な」ゲーム（参加者は楽しく感じる）を開発してきた経緯がある。これらの事例では，回顧的な意見が明かにしているが，一般的に着手した時点で問題が不適切に定義されていた。もう一つの間違いは，計画的なプロセスに基づく代わりに（さらに機能に基づく形態の代わりに），先入観に基づくゲーム形態から始めること

にあった。これは，設計チームが，問題と先入観にもとづくゲーミング形態との融合を強要することにより，無駄な資源の消費になる。局面 III では，演習のために青写真の作成が必要であり，それが概念報告書の形式になることを説明する。この報告書を完成するには四つの段階が必要である。すなわち，システム複合要素・ゲーミング要素の行列，ゲーミング要素の定義，既存の技法の再検討，演習のための形態の選択である。このプロセスを以下に説明する。

■段階 9 システム複合要素・ゲーミング要素の行列　この段階の狙いは，複合要素ごとに，実質的システムの体系的思考を政策演習の構成的思考に変換することである。システム（概念図に表現されている）は問題のモデルからゲームのモデルに変換されねばならない。これには秩序ある反復可能なプロセスが必要である。ここでの作業は，創造性を捉えて，最良の着想を特定してゲームに組み込むだけである。このプロセスは設計チームに要求されるために，最初の時点で適切な時間を管理して適切な設備を提供しなければならない。

　非生産的な状態（繰り返される意見，敵意，無関心によって示される）を避けるために，プロセスは中心の主題の周辺に「当事者との即興的交流」が現れることを認めている（いつでも任意の成分に着想を挿入できる）。表示領域は，大きな掲示板の表面に配置された見出し語の組み合わせで構成される（図 8.4 を参照）。行にはゲーミング要素（第 7 章から，役割，規則，シナリオ，形態，演習の段階など）が，列にはシステム複合要素（段階 8 で選択）が反映される。各々の成分は行列変換プロセスによって完成する。これは，問題の図解モデルからゲーミング演習の手続き的でありシンボル的モデルに変換する分析である。この行列は創造的なプロセスを助長するものであり，この作業を達成するために効果的な手段を提供する。その後のプロセスは，設計チームによる一連のブレインストーミング会合であり，必要に応じてチームが変換しながら行列の各成分に取り組む。

　この接近法により，担当者の洞察と動機に依存した論理は，システムの観点から（下方へ），ゲームの観点から（横断的に），あるいは無作為（ブレーンストーミングにより任意の成分を任意の時間に）の観点から開発することができる。この時点で，様々な成分を互いに連関させることを理論的に説明しようとする試みは行わない。特定の成分の注記文は他の注記文とよく矛盾することがある。これは次の段階で解決されよう。個々のゲーミング要素の着想を行列に取り込む必要がある。そして，チームは各システム複合要素の取り組み方法をどのようにするかを決定しなければならない。例えば，R&D プロセスが模倣されているとすれば，調査チームは，ゲームに含めるシステムの複合要素になるかもしれない。しかし一方で，役割によって表現されていれば，さらにシナリオで取り組まれるかもしれない。

　全てのゲーミング要素が記述されるまで反復プロセスが続く。このプロセスは小説の筋の「物語つくり」に似ている。段階ごとに，チームはシステム複合要素を人工的世界の要素に変換する。変数は全て相互に関係している。この行列がなければ，小説の筋を見失って，必要なシステム複合要素に対応しないゲームを作成することが安易になってしまう。これまでの全ての諸段階と同様に，この段階は，設計プロセスに論理と明瞭さを強制して，このチームが定期的にその有効性を検査し

て進捗状況を評価することを可能にする。

　ここまでうまくいっても，このプロセスの成果には二つの欠点がある。すわわち，着想は調和が必要な「単なる寄せ集め」の傾向がある。最高の着想だけがゲームに組み込まれるまでに，これらを選別する必要がある。この改善は，所与の行から全ての内容カード（着想）を選び出して，それらを新たな文書に理論的に説明することによって達成される。この文書は特定のゲーミング要素の予備的な説明を記録することになる。この反復プロセスは全てのゲーミング要素が最初の説明を得るまで続く。この時点では，ゲーミング要素間に存在する異なる認識を相互に関連付けるか，あるいは理論的に説明するかの試みは行わない。

■段階 10 ゲーミング要素の定義

この段階の狙いは，ゲーミング要素の最初の説明を，システム複合要素・ゲーミング要素の行列から開発したように，より完全な定義に変換することである。これらの要素は，概念図に表現された概念モデルを作業用政策演習に変換する構成要素である。この局面は，概念を数学的記号に変換するときに，数学的モデルの構築の形式化と対比できる。この事例では，概念は適切なゲーミングの「言語」に変換される。ゲーム設計者の利用可能な構成要素には，シナリオ，出来事，主題，類推と隠喩，役割，決定，形態，基本指示系，政策，規則，採点法，演習の段階，モデル，データと情報，計算システム，指針，視覚化体と用具などの要素がある（Duke, 1981）。第7章において詳細にゲーミング要素を説明している。

ゲーミング要素	システム複合要素				
	予算	決定者	制作過程	技術事項	その他
シナリオ		☐			
出来事			☐		
類推隠喩					
役割		☐	☐☐	☐	
決定					
形態	☐				
基本指示系	☐	☐			
政策				☐	
規則		☐	☐		
採点法					
演習の段階	☐☐	☐☐	☐		
モデル				☐	
データと情報		☐		☐☐	
計算システム				☐☐	
指針	☐	☐		☐	
施設					
視覚化体	☐☐			☐	
用具類			☐☐		
評価			☐		☐
文書化					

図 8.4 システム複合要素・ゲーミング要素の行列

　経験的データの質に特に注意を払って，各要素の理論的根拠を注意深く説明する必要がある。最後に，各複合要素によって生成される出力を説明しなけらばならない（その特性と狙いの両方について）。この目的は現実の明確なモデルを作成することにある。模倣された環境を創作するプロセ

スでは，適切な小道具を選択して，それらを適切な詳細水準に保つことが重要である。ここで，中心的な問題は，柔軟性と現実性が最大化された場に，ゲーム「環境」を入念に作り上げることである。通常，良いゲームに寄せ集めるには多くの修正が必要であるが，これには当初の仕様や目的との妥協が必要であることが多い（段階 13 の概念報告書にはそのような変更の報告と依頼者の承認を得る条件が含まれる）。

　個々のゲーミング要素が説明されると，次の段階は，様々な要素間の論理的一貫性を保証するために，着想を垂直方向に統合することである。これらの要素が開発されると，それらが不十分に見えても，演習全体の初期の試作品について説明した報告書に責任をもつことになる。試作品の試行は，これらの要素が開発の初期の水準で利用可能になるまで，完結できない。この下書きの文書は，試行ごとに修正されることになり，演習の初期の説明を依頼者に伝える機会を提供する。

　この段階では全てのゲーム素材の実物大版が非常に便利である。これには，図表，参加者の意思決定用紙などが含まれなければならない。これらの初期の資料は大まかなものであるかもしれない。しかし，この段階で順調に提示されると，依頼者は詳細の水準が適切であることに確信を深める。依頼者にゲームの最終的な特徴について相当量を明らかにしているので，再検討プロセスではこれらの資料に注意を払わなければならない。

■**段階 11 既存の技術**　この段階の狙いは，幅広い経験を検討して依頼者に適した技術を選択することにある。既存技術の要覧には，演習に組み込まれるかもしれない既存のゲーミング技術（用具類，基本的様式または採用される指示系，様々な図表，人間関係の動的構造など）が定義されている。ここで読者に注意したいことは，わざわざ一から分かりきったことをやり直さないこと。設計チームは幅広い技術に精通している必要がある。これらの「専門的知識」は文献や専門的実践の検討から導けよう。この演習の開発に使用されるかもしれない一連の着想を得るために，過去のゲーミング開発の調査を行えよう。チームが直面する主要な困難には，関連するゲームの全一覧集に接することで対応できよう。

　この時点で芸術性が要求される。Schon（1986）によれば，芸術性は発見する能力という。必要に応じて，経験する困難に適した方法を発見する能力である。政策演習の設計において，形態は機能に従うことは明らかである。この時点までプロセスに注意深く従っていれば，技術の選択と創案は設計チームの手元にあろう。使用される技術は，この状況で最も適切なものの感覚を得るために，依頼者による見直しが必要である。

■**段階 12 ゲームの形態の選択**　この段階の狙いは特定の依頼者に適切な形態を決定することである。形態（様式）は物理的環境と，参加者に演習が提示し続けることになる一連のプロセスと考えられる。

　多くの表現様式が複雑なモデルを提示するために使用される。その選択は依頼者の目的を遂行するために様々な技術の融合が必要である。この目標は，ゲームの伝達目的を促進する集団プロセス

技術を見つけようとする。これらの演習は，非常に激しく動きが速い感情的な演習から，非常に科学的でよく考えられた人間・機械系相互作用の形式までに及ぶ。個々の事例の目標は，参加する人々に受け入れられる形態を開発することであり，さらに手近の問題に論理的に関連する形態を創作することである。主な目的は，ゲームの実際の使用中に，参加者間のコミュニケーションを改善するために使用できる類推または「モデルのモデル」を明らかにすることである。これは重要な要素であり，演習が利害関係者に受け入れ可能な環境に見えなければならない。

　ゲームの形態や様式の選択は創造的なプロセスである。設計者は参考資料の異なる枠組みを使用するので，問題の状況をゲーム形態に組み込むことは幅広く多様になる。一般的な形態には，役割演技，ボード・ゲーム（ロの字型，格子型，模様型），制約カード，流れ図，コンピュータ・シミュレーションがある。依頼者の固有ないくつかの変数がゲーム形態に影響を与えるので，それぞれの状況について調べなければならない。演習が開発されると，ゲームの形態や様式の決定を管理することになろう。すなわち，集団の大きさ，狙い（目標と目的），組織の文脈，演習が可能な時間，参加者の特性（年齢，同質性など），演習の機能（政策決定，プロジェクト評価，研修など），実質的な内容などであろう。

　形態はゲームが構築されるモデルの中核部と考えることができる。設計チームは段階 12 まで待って形態を選択する必要がある。このことは，綿密であり合理的な研究プロセスが完了する以前に，チームが着想に過度に関わらない保証になる。既存の形態の調査も役立つ。さらに，選択は，個人的な好み，作品の制約，目的に関する単純さに基づくべきである。

■**段階 13 概念報告書**　この段階の狙いは，演習を管理して，着想を実行可能な設計図に整理して，さらに依頼者の承認を得る設計同意書の文書化である。合意された計画がなければ大規模なプロジェクトは行われない。技術者集団が建築を開始する前に詳細な計画書を締結するように，政策演習設計チームは概念報告書に記載された計画を把握しなければならない。これにより，依頼者だけではなく，設計チームのお互いが明確に伝達されていることを確認できる。依頼者と設計者の同意による修正がない限り，最終的なゲームはこの文書に準拠する必要がある。

　この報告書は演習の開発を推進する詳細な文書である。前述の諸段階と同様に，報告書は，相互作用的なプロセスを使用して，開発される。依頼者と設計チームが着想を交換して，さらに望ましい作品の特性を表現した文書化を協議する。依頼者に批判と修正のために予備報告書を提出した後に，概念報告書は最終版になる。この時点以降の変更は，最終作品の時期，費用，有効性に重大な影響を及ぼすかもしれないために，依頼者とゲーム設計チームの合同承認（交渉）が必要である。

　概念報告書は問題環境（概念図）とゲーム表現の提案方法を説明しなければならない。初期の仕様も考慮しなければならない（ゲーム設計と関係のある参加者集団の特徴，例えば，年齢，知識の水準，均質性，事前の研修，ゲーム演習に参加以前の共有経験など）。上記のこれらの総合体に加えて，概念報告書には以下を含む構築の手順を説明しなければならない。

- 個々の複合要素とその狙い

- 採用されるデータとその特定の用途
- 発生する処理の手順（コンピュータの有無にかかわらず）
- 演習のマクロ周期とマイクロ周期
- 個々の複合要素の構築を適切に行うために十分に詳細な流れ図
- 個々のゲーミング要素の詳細な記述

　概念報告書を慎重に作成して検証していれば，構築は決められた手順に従い変化のないものになる。綿密な報告書は最終的なゲームの質を高めるであろう。報告書の完了はプロジェクトの計画化の段階の終わりと考えることができる。大抵の計画的作業と同様に，この段階の取り組みに集中するほど，最終作品の品位がより高くなり，設計プロセスもより効率的になろう。

　ゲーム設計の最初の3局面（場の設定，問題の明確化，政策演習の設計）を省略して，構築に飛躍することに誘惑を感じる。この誘惑に負けてしまうと，設計精度の維持やコミュニケーションの必要性を満たす構造の慎重な作業に失敗することになり，間違いなく構築活動自体の簡素性の喪失になろう。失敗するチームには傾向があり，設計プロセスの途中から着手しようとする。さらに，概念報告書を完成させるために確認を求められる質問に対して，回答の厄介な努力を避けようとする。後日にチームが告訴されるかもしれない文面を作成しているために，一抹の危険が事態を悪化させる。ゲームを構築するプロセスは，予期せぬ形で，これらの問題の対応を設計者に求めることになる。優れたゲーム構築の芸術の一つは，多くの変数と格闘しながら解決策に至る能力である。ゲーム設計の秩序ある逐次的な概念が設計チームに有益であろう。

8.2.4　局面 IV - 演習の開発

　概念報告書が承認された後，チームは設計の三つの段階（試作品の構築，技術的評価，グラフィック設計）に進む。ゲーミング要素は一つずつ適切に作り上げられる。これらの初期の基本単位は組み合わせられて，10回の法則の適用中にさらに開発されねばならない（段階 14 を参照）。依頼者は，ゲーム自体が完全に較正される前に，多くの異なる試行が必要であることを認識しなければならない。ゲームの主な狙いと関係するシステムの特性によるが，最終的なゲームが完成した時点で時間切れになる可能性もある。現在進行中の状況で演習を使用するとすれば，依頼者の要求を満たすように構成体を調整するために，ゲームの実施ごとに分析を行って継続的な変更をするかもしれない。Metro-Apex（Duke, 1966）は，学生を訓練する都市システム（都市の予算，大気汚染など）のゲームであり，35年後の現在でも数多くの大学で使用されている。利用者は漸次的発展（統合された追加のモデル，新技術など）を報告するために月報を発行している。

■段階 14 試作品の構築，試行，変更　この段階の狙いは，原始的な形式において全てのゲーミング要素を含んだ初期の試作品を構築することにある。この試行錯誤の方法は，一度に一つのゲーミング要素ごとに論理的に進行する。試作品は 10 回の試行を通して徐々に綿密になり漸次的に発展する。「10回の法則」は最終作品が依頼者に提示される前に徐々に正確さを増す 10 回の試行が行

われるべきと主張する。これには，関係者による約 5 回の試行（各種複合要素の構築と組み立てと大まかな較正）と，さらに専門的な参加者による約 5 回の試行（最終的な較正）が必要である。この反復プロセスにより初期の狙いが達成される。回数が切り詰められる可能性があるが，これは未成熟な作品の危険がある。

　初期の試行品は，容易に変更できる素材で簡単に組み立てられなければならない。どのような複雑さのゲームであっても，個別に設計されて，構築されて，組み立てられる多数の複合要素がある。これらは，個々のゲーミング要素（シナリオ，出来事，役割，決定，形態，政策，規則，採点法，演習の段階，モデル，データと情報，計算システム，指針，視覚化体，用具類など）の基本版を含まねばならない。個々の複合要素は試作品を組み立てる前に作成する必要がある。全ての要素を特定すべきであり，他のゲーミング要素との関連付けを説明しなければならない。この段階の全ての要素の実物大モデルは，詳細の水準が適切であること，さらに最終的な演習の内覧を依頼者に提示することで，設計者が確信を深めるだろう。

　試作品は依頼者に渡す前に慎重に較正が行われる。ゲームが非常に複雑であれば，最終的な組み立てと試行は，様々な見落としや，重複，不適切，細かな問題，冗長性，過失を明らかにするであろう。最後の 5 回の試行を担当する参加者集団の構成には，特に注意を払う必要がある。依頼者は，仕様書に記載されているように，試行に参加する責任がある。構造の段階的な修正は，これらの試行を通して得られた学習を反映している。参加者の時間は未熟な作品で浪費されることがある。これは試行に動員された参加者の不必要な感情の悪化をもたらす。この局面では，ゲームの最終的な適合感を最大にするために，最初のゲームの目的に注意を向ける必要がある。

■**段階 15 技術的評価**　この段階の狙いは，プロジェクトの仕様および目的と提案するゲーム構造を系統的に比較することであり，設計の簡素性を確実にするために技術的行列を使用する。開発中の作品が当初の仕様に適合しているかどうかを確認すると，「ゲーム目的・ゲーミング要素の行列」が完成する（段階 5 で開発したように）。この行列状の表現は，一方の軸上の演習の慎重に輪郭された目的と，他方の軸上の使用されるゲーミングの仕組みとを対比する。これらの成分には，プロジェクトの詳細が一つまたは複数のゲーミング要素に，どのように結びつけられたかを示す用語がある。相違が存在する限り，さらなる改良が必要である。この行列は，目的の有効性を維持して，作品によって満足されることを保証するだけでなく，簡素性が標語として機能することになり，さらに演習に不安材料が残っていないことも確信させる。評価の目標には，仕様に記載されているゲーム内容だけではなく，妥当性，迫真性，演習のしやすさ，操作性，5C（第 4 章を参照）の観点から具体的な目的を調べることが含まれる。構築の最中に反復可能な系統的プロセスが使用されていれば，10 回の法則による試行は妥当性を確立することになる。

　政策演習の接近法はまだ初期段階にあり，依頼者は，最終作品に何を期待するのかについて，さらに使用に際してどのように評価するかについて，理解することに困難さがある。このために，プ

ロジェクトの開始時点で，後日の作品の技術的評価の尺度となる基準を定義することが重要である。一連の記述的な基準は依頼者と参加者が演習を理解するのに役立つ。これには，ゲームを採用した状況，ゲーム一式の入手可能性，期待される参加者の特徴，参加者関与の形式が含まれる。さらに，必要な時間，演習の諸段階と構想の概要，演習の主要な動態が含まれる。

■段階 16 グラフィック設計と印刷　この段階の狙いは，試作品の素材を完成品の演習に転換するときに，専門的仕上り品の必要性に意識を集中させることにある。グラフィックス素材（視覚化体，用具類など）は政策演習を開発するプロセス全体を通して使用される。概念図（段階 7），概念報告書（段階 13），最終試作品は，専門的品質の完成品の素材が必要である（応急の試作品の素材と比較して）。グラフィック設計と印刷を検討すると次の三つの課題が重要である。

　最初に，これらの素材はプロセス全体にわたって徐々に展開することになり，何人かの人々が試作品の開発に参加しよう。これは素材間の視覚的調整の欠如を招く可能性がある。明確な方針がないと，素材は早々と最終的なグラフィック段階に持ち込まれて，不必要な費用と遅延を招くことになる。段階 16 までは，最終的な図形や用具に責任をもつことはないはずである。2 番目に他の事項として，これらの素材は，組織の他の部門または独立した受託業者に委託することが最良かもしれない。これは専門的な品質の素材を入手する最も効率的な方法かもしれない。また，意匠文字，著作権などに関する企業の方針が保証されることを依頼者が要求するかもしれない。最後に，特に素材が外注されていると，この段階での時間の遅延が一般的であることもある。段階 16 がプロジェクトの開始時点から全プロセスの一部として承認されていれば，適切な時間の割り当てを行って予定表に記録できる。これは，コンピュータ・アプリの開発と修正しなければならないときに特に当てはまる。

8.2.5　局面 V - 実装

　局面 V の狙いは依頼者による演習の適切な使用を保証することにある。この時点で，ゲームは，設計者の手を離れて，依頼者の世界に移行する。ゲームはもはや設計者の責任ではない（ただし，促進法の責任は設計チームにある）。しかし，設計チームは，依頼者が作品に慣れるまで，参加体制と担当者の研修を利用してこの段階を監督すべきである。当初の目的が完全に達成されると，演習は引き渡されることになる。利害関係者は，筋道が立ち，危険がなく（妥当な範囲内で），直接的で実際的な有用性の観点から，作品を見るべきである。

　依頼人によるゲームの有効な使用は非常に重要である。段階 17 から 21 までは，設計チームと依頼人を体系的に誘導するように設計されている。ここでは多くの懸念に対処することを指摘したい。例えば，依頼者環境にゲームの統合，促進，普及，倫理的と法的問題，依頼者への適切な報告書などがある。設計チームは必要な範囲内と予算内で活動しなくてはならない。

■段階 17 依頼者環境に演習の統合　　この段階の狙いは，依頼者による演習の適切な統合を確実にすることにある。目的は演習を依頼者の環境に適合させることにある。これには，ゲームが通常使用される条件を見込んで，依頼者と設計者の協力が必要である。この段階では，利用，促進，保守に責任をもつ人々に，ゲームを移籍するために必要な作業が含まれる。危機に直面している組織は夢中になろう。ゲームを効果的に使用するには，ゲームを組織の環境にすぐに適合させるべきである。これは，ゲームに微調整を加えて，依頼者組織の成員に適切な研修を行うことによって達成される。

　例えば目的と特徴であるが，設計の仕様を定義するときは（段階 5），最終作品が使用される文脈に注意を払うべきである（4.7 節を参照）。大部分のゲームは，より大きな文脈（専門家会合など）に統合される形態で使用されるときに，最大の価値をもつであろう。仕様は，ゲームの使用を管理する条件を決定する必要があり，次の質問に対応しなければならない。ゲームは通常どのような条件で使用されるか，どのような探求の状況が予想されるか，同じ集団が同じ演習を繰り返して実施するか，その利用との関連でどのような考慮事項（社会的，政治的，技術的など）が予想されるかである。

　ゲームが基本的に一度限りの使用のために設計されていても，依頼者は最終作品が特定の部門（例えば，戦略計画や研修など）によって維持されて利用されることを望むことが多い。ゲームを移籍するプロセスでは，作品の再使用に責任のある担当者に，次の項目が必要であることを確認することになる。すなわち，演習の背後にある理論の本質に関する知識があること，概念報告書に精通していること，演習を促進するために必要になる事項の詳しい知識があることである。

　ゲームが試行の終盤にあり依頼者に渡される直前に，依頼者の企業内文化に適応するために文化的翻訳が必要かもしれない。文化的翻訳とは，依頼者の環境に適応させるために必要な調整（例えば，企業または業界固有の専門用語の組み込み，企業内手続きの採用，企業の意匠文字や図柄の適用など）を指す。また，試行中に特定の政治的主張や問題領域の除去が必要かもしれない。依頼者の言語が英語以外の場合には（多くの事例では依頼者が数か国で作品を使用する），言語翻訳は文化的翻訳と併せて行う。

■段階 18 演習の促進　　この段階の狙いは，依頼者が演習の適切な促進技術の方法を確保することにある。この種のゲームはいくつかの点で非常に要求が厳しい。慎重に設計されていても，ゲームは参加者のかなりの時間が必要であり，それを促進する特別に訓練された人々も必要である。

　この時点で設計者とファシリテータを区別する必要がある（いくつかの事例では一つのチームが両方の機能を果たしている）。ゲームの利用面になると設計者はもはや説明責任を負えなくなる。代わりに，ゲーム・ファシリテータはその使用に大きな責任を負うようになる。多くの戦略的実践のプロジェクトでは，ファシリテータは概念報告書の作成に組み入れられた意図に関与していないであろう。結果として，ファシリテータは，演習を実施する前に，この文書に精通している必要が

ある。仕様（段階5）は促進方法の問題（誰が促進の担当者になるか，どのような技能が必要なのか，どのような訓練が必要なのか，参加者保護のために必須になる報告会事項があるかどうか）に対応していた。戦略的プロジェクトでは，私たちは予定しているファシリテータが設計活動の全手順に参加することを強く勧める。

　ファシリテータはゲームの実施に大きな責任を負う。ファシリテータは，全ての計算の正確な実施，コミュニケーションのやりとり，その他の相互作用の起動に責任がある。さらにゲームの促進には，適切な処理と評価を保証するために必要な活動も含まれる。このプロセスでは，参加者に，内容，構造，プロセス，演習の仕組みについて，適切な情報が提供されねばならない。適切な使用を確認するために注意を払われなければ，この形式の演習に関わる全ての作業が無駄になる。促進はそれ自体が芸術である。促進に関わる人々がどれほど熟練していても，演習の解釈と利用を助ける説得力ある素材が提供されるべきである。ファシリテータは，ゲームの狙いのために，さらに設計された作風で，演習を使用すべきである。ファシリテータ初心者は，ゲームをより楽しくするために，あるいは，特定の結果に合わせてゲームを成立させるために，仕掛けに頼ることになる。開発の意図を理解しない恣意的な変更は，深刻な損害を及ぼすことがあり，さらにゲーム使用の基本的な倫理に違反する可能性がある。

　ファシリテータは最低限の介入でゲームを進行させるべきである。様々な役割は，確立されており，対象者が問題に対応できるように，慎重に調整されたシステムの一部である。非常に強引なファシリテータは，コミュニケーションを自発的に起こさせる必要性を理解せずに，相互作用を窒息させてしまう。ゲームの使用の根底にある基本的な概念は，コミュニケーションを促進することにある。参加者は，十分に情報を得ていれば，教える必要もなく，お互いに対峙して建設的で相互作用な様式で，課題に立ち向かう。予測する演習としても，世界の真の複製としても，ゲームを擁護してはならない。どれも正しくない。ゲームはたった一つの狙いを果たすものであり，新たな方法で参加者に現実を考えることを促すだけである。

　参加者にファシリテータの役割と機能を紹介する必要がある。成功するゲームの実施には手順に従う点に重点がおく。ゲームの特異性について論争に参加することは，あるいは意欲的な参加者に場の支配を許すことは有害である。明確に定義された中心的人物像として，指示を疑う余地もないゲームのファシリテータは重要である。この意味でファシリテータはボスでなければならない。これは，批評や最終報告会において，ファシリテータが参加者による挑戦や疑問の対象にならないという意味ではない。通常の周期の実施中は，参加者はファシリテータの指示に従うことになる。

　演習に組み込まれたファシリテータと役割群に加えて，ゲームの運営中に他の人々が出席することがよくある。これには，役割助言者，筆記係，他の専門家が含まれるかもしれない。一般的に，役割助言者は，非常に複雑なゲームで立上げ時間に時間が掛かりそうなときに利用される。そのようなときに役割の機能と仕組みの両方を学ぶ参加者を助けることができる。主題に関する専門家は，いつでも，システムに関する事実情報をファシリテータに伝えるために導入してもよい。

　ゲームのどの部分でも，訪問者は演習室に入ることを許可されない。ゲームの進行中に不用意な訪問者が存在すると，ファシリテータだけでなく参加者も混乱することになる。訪問者は脱線を招

いて散発的にゲームの活動に絡み合う傾向がある。その結果，手間暇をかけてようやく確立した重要な対話に参加するのではなく，真剣に取り組んでいる参加者が雑談的な会話に参加する可能性が高くなる。不用意な訪問者は，ゲーミング技術にも目前の主題にも真剣な関心がなく，単に事の成行きに一般的な関心があるのかもしれない。結局，良好なコミュニケーションの抑止力であり排除すべきである。ゲームの不用意な訪問者は常に負の要因である。

　場合によっては，情報処理，集団力学，他の実験的活動と関連して，科学的観察者がゲームの進行中に参加者の行動を観察することがあるかもしれない。そのような観察者の存在は倫理的な問題を引き起こす。実験によって，あるいは観察者の存在によって，倫理規定に違反しないために事前の準備が必要である。ゲーム演習室に入室が許可されていれば，厳しい制約が課せられるべきである。ファシリテータや他の参加者との会話の禁止，活動に干渉することの禁止，存在感を示す行動の最小限化が求められる。その他の正当な観察者にはゲームに対する関心や主題の関心に基づいて資格を与えることである。ファシリテータの助手としてゲームの実践に含めることができる。これらの観察者には，ゲームに干渉することもなく，作業が行える特別な任務，資料，指示書が必要である。ファシリテータや参加者とのコミュニケーションは最小限に抑えるべきである。

■段階 19 普及　この段階の狙いは，依頼者に政策演習を引き渡して，演習の継続的な利用を確実にすることである（適切であれば）。作品を依頼者がうまく活用するには（意図していれば），採用する普及方法について，さらにどのようにファシリテータ研修を実施するかについて，当初の仕様に見込んでおくことである。概念報告書は，費用と複雑化させる要因を最小限に抑えるために，適切な方法を詳述すべきである。政策ゲームの非営利性は，完成したゲームを配布用パッケージ化するときに困難を生じさせる。これは利益を挙げるものでない。一部の設計者は成功したゲームを商業的な普及が可能な製品に変えており，一部の出版社はゲーム・キットを制作しようとしている。ゲーム用具の複製と配布の作業は運用者の訓練の作業と同じくらい重要である。倫理的と専門的な強力な必要性の両方があれば，プロジェクト予算に両方の機能を実現するために十分な資金を確保することになる。

　適切に考案された演習は卓出することになり，経営者に以前に考慮していなかった選択肢が持ち上がることがある。依頼者は，最初に選定したよりも幅広い対象者が演習を利用できるように望むかもしれない。例えば，医薬品の事例で使用された戦略ゲームは，研修部門に移管されて企業内で利用された。演習が利用できるには，適切に維持されて促進されるために，特定の部門に移管する必要がある。基本的な情報は関心のある関係者が利用可能であることが望ましい。これには，演習名，日付，依頼者，設計者，説明（内容または主題），狙い（使用目的），演習の動態（参加者，情報，参加者の関与，時間の考慮），ゲーム・キットの入手可能性，演習を評価する根拠が含まれるであろう。

■段階 20 倫理的と法的問題　政策演習を開発するときは，参加者，依頼者，設計チームを倫理的問題と法的問題の両方の危険性から保護する必要がある。作品には，設計と非操作的利用の両方に

関して，重要な倫理的責任がある。政策演習は学習のために安全な環境でなければならない。着想が自由に流れて新たな洞察力が得られるならば，古い独自な慣習は積極的に挑戦されるべきであり，参加者は報復から保護されねばならない。

倫理的問題　設計者と運用者は，ゲームの使用中に現れるあらゆる倫理的問題について共同責任を負う。これらの懸念事項のいくつかは設計の諸段階で説明しており，ここでは数例について再強調して置きたい。設計チームは，プロセスと作品の特徴に関する明確な概念的説明を依頼者に提示する義務を負う。ゲームは，問題を解決する最も適切な方法と思われる条件において，設計されて実施されるべきである。設計者はファシリテータではないことが多い。結果として，設計者は，ゲームを知的に使用できるように，情報をファシリテータに提供する義務がある。これには，ゲームの正確な描写（概念報告書，ゲームの目的と詳細を正確に記述した資料，参加者保護のために必須な最終報告会の指示，評価用紙など）と全ての素材が，完全に使用可能であることの確認が必要である。政策演習は，従業員の業績評価の唯一の尺度として雇用者の利用を認めることには，十分な代用品にならない。実世界の状況の業績優秀者（雰囲気や状況の詳細に精通している）がゲーム内では異なった行動をする可能性があるので，この接近法は非常に不公平になりえる。

　必然的に政策演習は組織内の重要な問題を扱う。重要な政策の課題に関与するので，機密の資料の取り扱いについて開始時点の合意が重要である。適切な保護を提供しながら，思考の自由を許容する手順を整備する必要がある。全ての資料は信頼のもとに扱われることになる。プロセスと，プロセスから作成される記録類は基本的に内部使用に限られる。これらの内部報告書はゲームの各側面に用意されており，依頼者の明瞭な承認なしに公開してはならない。これらの内部報告書の利点は，ゲームが形を現すにつれて書面による記録がなされていることにある。取り組んだ作業の特性について疑問が生じたときは貴重である。

法的問題　仕様が開発されているので，適切であれば，うまくいった作品の活用を検討することも重要である。判例は関わる全ての商用版におそらく適切であろう。設計仕様は，演習の所有権（依頼者，設計者，または公有財産），賃貸契約，意匠文字，特許，著作権，使用料，規則（結果の保管，公開，伝達の管理）の課題に対応しなくてはならない。基本的に私的利用であるゲームでは，法的問題は，書籍や類似の媒体の制作に関連する手順に類似することで解決されるようである。著作権，特許権，商標法，さらに出版物にすでに採用されている印税の一般的な概念は，ゲームで使用するために簡単に応用できる。印税と金銭上の取り決めは標準的な慣例に従う。

■段階21 依頼者への報告　この段階の狙いはプロジェクトの適切な完結を確実にすることである。演習設計プロジェクトは，設計プロセスのいくつかの諸段階とその後の使用の結果を反映した適切な文書が準備されるまで，完了しない。最低限ではあるが，原本の提案書（契約であれば），目論見書（組織内であれば），概念報告書，最終報告書を依頼者に提出せねばならない。これらがど

のように回覧されるかは（誰に渡されるか，返却にどれくらいの時間が許されるか，相違があればどのように解決するか），早期に合意に達するべきである。さらに必要に応じて最終作品の説明書を文書化する。これはゲーム・ファシリテータや参加者，最終的な図表や加工品などのために手引書になる。

　多くの事例では，最終的な「実情報告書」を開発する必要があろう。この文書は，新たな報告事項としてゲームの結果を取り込むべきである。参加者にゲームの出来事を要約する資料を提供することは多くの場合に役立つ。この文書は，演習中に得られた印象を確認するために，参加者に回覧できる。適切な追跡調査は，演習経験による「伝達内容」を強化することによって，プロセスに対する参加者のさらなる取り組みとして役立つ。場合によっては，事後の演習評価が必要になるかもしれない。

　ゲームは評価が難しいことで知られている（第 6 章および付録で評価について詳しく議論している）。演習の有効性を測定する基準と方法論は概念報告書に規定する必要がある。適切な妥当性のある評価法の選択は必要不可欠である。これは，当初の目標，目的，仕様に従って行われるべきである。ゲーミングについてほとんど知らない主題の専門家が行う専門的評価は，危険をもたらすかもしれない。演習の正式な評価が行われるときは，最初の仕様で決定しなければならない。演習は，それに使用している内容の専門家の判断，ゲームの専門家の判断，参加者の反応と評価に照らして，評価することになろう。

　どのような方法を選んでも，最終作品の経験後では評価が準備されている。目標は，演習の目的，最終作品の特徴，ゲームの結果の要約に関する文書化である。この報告書は，主な議論，課題に関する過半数および少数意見，結論にいたる可能性のある合意または決定を捉えなければならない。ゲーミング・シミュレーションがその約束を果たすならば，私たちの専門的職業は改良された評価方法論の必要性をより重視すべきである（第 6 章を参照）。私たちの方法論の明確な定義に失敗すれば，この領域は危険にさらされる。

　前に述べたように，うまくいく演習は以前に取り組まれていない機会を明らかにすることが多い（例えば，依頼者が広報手段として潜在的価値のある作品を見つけるかもしれない）。多くの事例において，初期の作品の拡張版を考案することは有益である。それは，特定の状況に焦点を当てることになり，一部の特定の意思決定者に狙いを定めて組織内の変革を達成しようとする。この局面において，依頼者がこのように役立つことが分かっている限り，政策演習の接近法の説明のために組織内で発表や提示を行うことが重要であろう。実際に参加した人々を超えて演習の結果が完全に理解されよう。製薬企業の事例では，演習の原型は取締役会において発表されており，中間管理職のためにやや簡略版が実施されている。

8.3 結論

政策演習を作成する設計プロセスはうまく定義されている．プロセスは，現実世界の行動の理論を導出して，理論を反映するモデルを構築して，モデルをゲームに翻訳することにより，構成されている．21段階の各々は，描写を意図したシステムに関連して，モデルの精度と妥当性に寄与しよう．これまでの各節では，この接近法を採用する多くの利点を文書化している．何よりもまず，設計チームは，迷子にならずに，プロセス全体を通して効率的にお互いに伝達しあえる．さらに，設計チームは最初から依頼者と効果的に情報交換できる．専門家の間仕切り内に身を潜めることもなく，依頼者に「信じてもらう」ために魔法の巨大な跳躍をしてもらう必要性もない．魔法ではなく，真剣な取り組みだけである．プロセスでは，依頼者は，効果的決定モデルにこの世界を表現する努力の一連の決定が行われるときに，知識を得られて持続できるようになる．

忠実に使用すれば，ゲーム設計の計画的プロセスを採用することによって，以下の利点が得られる．

- ゲーム開発を進行するために依頼者による最初の決定の検証
- プロジェクトの初期組織における明瞭さ
- 依頼者と設計チームを誤解から保護
- 時間，資金，担当者経費を資源として正当な予算編成
- 効率的な段階的接近法
- 目標を常に意識して，期日の遵守と組み込まれた確認事項
- 迷わない効率的なチームワーク
- プロセスの展開につれて，依頼者の理解と信頼の持続
- 依頼者の要求事項の効果的な明確化
- 依頼者との情報交換の容易さ
- 効率性，費用の削減など
- 問題の効果的な構造化
- 試作品の開発
- 試作品の試行と修正
- 時宜にかなった依頼者への引渡し（少なくとも確実に）
- 最終作品の評価プロセスの妥当性を確認

この設計プロセスを使用するときは，合理的な目的を持ちながら，密接に従うことが重要である．さらにチームワークを有効に活用することも重要である．ゲームはコミュニケーションのための装置として機能することを忘れるな．誰が誰と情報を交換しようとしているか，どのような特定の具体的な内容であるのかを識別するのは設計者の義務である．ゲームは状況に固有のものであり，特定の依頼者に向けてうまく設計されていれば，別の環境でうまくいくとは期待すべきではない．

第 5 部

研究の結論

読者のための指針

　本書は二つの目標を念頭に置いて書かれている。第一に，戦略的問題解決の方法としてゲーミング・シミュレーションのさらなる発展と普及に貢献することである。第二に，政策と組織に関連する分野とこの分野の間のコミュニケーションを改善することである。

　終章として，これらの目標に向けて取り組んできたプロセスの中で，私たちが獲得してきた中心的な洞察について要約された形で言い換えたい。私たちはこの総括を「政策演習の潜在力」と呼んでいる。政策ゲーミングが能力を発揮していることに，さらに未来に向けてより多くの潜在力を持続することに，読者が同意をすることを確信する。

第 9 章

政策演習の潜在力

9.1　政策演習の出現

　ゲームは人類の歴史と同じくらい古いものである。楽しむこと，教育すること，場合によっては政策問題の解決策を見つけることなど様々な理由で使用される。参加者には一時的に現実から離れたところに計画的で安全な環境を提供する。ゲームの人工現実の中で，遊び心があり，緊張から解放されて，機能的に集中した方法で，不確実性や危機などの問題に対応することが可能になる。全体的見方は獲得できるのである（純日常的な状況では得られず）。歴史的にはゲームは軍事の技術であり，経営大学院や応用社会科学で採用された。過去 30 年間に，この技術は非軍事の戦略的政策決定において成長する成功を示しながら採用されてきた。これらの応用形態の潜在力は尽きることはなく，最も刺激的な開発は依然として私たちの手の中にある。

　応用科学の一形態として，政策演習の概念は突然には現れなかった。ゲーミング，作戦ゲーミング，ゲーミング・シミュレーション，シミュレーション，決定演習として，文献に広く言及されている技術から漸次的に発展してきた。これらの技術が存在した証拠は，精神的な規律のために軍事戦略家によって使用されていた 1800 年代に遡る。戦略に関する他のゲームもそれよりもはるかに早い時期のものであった。最近のこの分野の利用は，当初の軍事的狙いを遥かに超えており，社会の娯楽的役割よりも遥かに深い。確かに，今日のゲーミングは，社会科学，公共政策，経営学，経営科学，他の多くの分野の中核として，一般的な方法になっている。

9.2　マクロ問題と戦略的経営

　現在，大企業は戦略的経営を目的に政策演習を使用している。私たちがマクロ問題と呼んでいて他に存在しない混乱した課題について，共通の展望を導き出そうとしている。本書はこれらの最近の応用に集中してきた。第 1 章と第 2 章では，組織が直面しているマクロ問題を分析して説明した。根本的な問題の原因は様々であり，通常，外因性の影響は重要な要因になっている。しかし，次にような様々な理由により，企業はこれらの状況の悪影響の一因になることが多い。

- 経営陣は問題の適切で共有された認識が不足しているかもしれない。視野狭窄を前提とした決定が行われる。

- 組織体制がどのようなものであっても，マクロ問題の圧力は，価値の板挟み，相互信頼の欠如，生産的な議論の回避，あからさまな対立の発生と同時に起きることが多い。

- マクロ問題は，現時点の注意すべき緊急の状況を作り出す傾向がある。このために，経営者は短期的な検討事項として対応する傾向がある。何人かは，この行動と実施された決定事項に責任が欠けている結果を恐れている。他の人々は自信過剰を示しており，悲惨な政策の責任の深刻化に陥っている。

- マクロ問題の演習では何百（時には千も）の変数が使われる。これには最も専念している経営陣でさえも困惑する。このような状況では，決定を順送りして，危機に直面したときに強引に行動することがある。

- 上記の理由が他の問題の原因になり，代替案の十分な検討や適切で斬新な戦略の作成に失敗する。結果として準最適な決定が行われる。

　個々の経営者やその他の利害関係者は，全ての要因とその相互関係に時間を掛ける注意を向けられないために，最も影響力のあるところや原因に一番近いところと思われる側面に焦点を当てる。限られた変数を選択することによって，それぞれは状況の独自な概念化を確立することになり，効果的な戦略の策定について異なる視点に持つことになる。個人的価値観や人間の認知的限界は同じ状況に対して異なる解釈を生み出す。他の要因として，個々の視点の相違の原因となるのは，知覚的と認知的な先入観，個性，個人の能力，組織的あるいは社会的役割がある。

　マクロ問題は，実際の戦略あるいは潜在的な戦略について，暗黙的あるいは明示的な意見の対立を引き起こす。それは決定環境の性質に競合する見解を反映している。この課題は，通常，組織内の事前の内紛の結果として，あるいは，組織とその環境の境界面の問題の定義，分類，評価に関する対立として，部分的に発生する。職業的にも教養的にも職場的にも異なる背景を持つ個人は，戦略的状況を異なって考えている。世界がどのように管理されるかについて，独自の価値観，関心，見方が反映している。これらの内部的な相違は，組織とその環境の間の衝突として起きる課題と同じくらい大きな問題でもあり，一つの対立の原因である。両方とも同様の事情で対立を誘発する可能性がある。

　これまでの各章では，これらの問題やマクロ問題が生み出す知的であり政治的であり文化的な危機における他の特徴について文書化してきた。組織がこれらの難しい課題に対応するときに経験する困難さは，唯一の根本的な問題して考えることが出来る。これは組織の個々の成員の自覚と願望の統合体の欠如として最もよく説明されている。振り返れば，これらの状況に対応する合理的なコミュニケーション形態の欠如があるといえる。

　これらの「厄介な」マクロ問題の多元性は混成型戦略的プロセスを要求する。これは，必要多様性のアシュビー法則（訳注 - 複雑なものには複雑なもので立ち向かうという法則で，多様な個人が集まって集団必要多様性を高める）でいえば，要因と圧力の独特で表面的には無秩序状態の星座を

正当に取り扱う。私たちは，複雑さ，コミュニケーション，創造性，合意，行動への責任の5基準（5C）と合わせて，このようなプロセスの必要性について要約している。プロセス基準は，多くの経験豊富な戦略家によって認識されており，戦略的経営に関する主要な出版物にも認められる。しかし，これらは一つの同一プロセスで操作するのが非常に難しい。

　従来の経営方法は，マクロ問題の特性をもつ状況に統合されて補強される必要がある。新たな接近法は，チームを採用して，迅速であり，費用が妥当であり，柔軟性があり，外生的と内生的の環境の両方から派生する非常に多数の変数を取り入れなければならない。政策ゲーミングはそのような接近法である。私たちは，それを高水準の「戦略力の基準」と見なしている。これは，5基準を迅速かつ効率的なプロセスに適用するために，意思決定支援またはプロセス技術の能力を意味する。採用される政策演習はマクロ問題の特異性に対して正確に反応（5基準の観点から）しなければならない。

9.3　政策演習と主要基準

　本書は，慎重に構築された政策演習の利用を通して，明確化されているマクロ問題と呼ぶ極めて複雑な戦略的課題を示している。政策ゲーミングのプロセスは，直面するマクロ問題の「未知の領域」を通して，創造的に道筋を見つけようとする意思決定者を助ける。

　ゲームは戦略的思考だけでなく戦略的行動でもある。参加者を日常作業から一時的に開放するゲームの特性は，戦略的な課題に焦点を当て続けることに非常に役立つ。参加者は政治的圧力と現実生活の状況で見られる礼儀作法と慣習の堅苦しさから保護される。ゲームによって創造された相互作用の状況と「仮想現実」は長続きする構造情報を素早く伝えることができる。こういう意味で，ゲームは，行動を誘発して経験を刺激することによって，暗黙の知識を形式的な知識に結びつける能力があるコミュニケーション方式である。

　前述のように，政策ゲーミングは学習と問題解決の間に本質的な違いはないことを示している。結果として，不確かさに直面したときには，特に科学的（システム分析的）接近法と組み合わせると，経験的学習プロセスは非常に強力になる。問題状況の動的であり開放型モデルとして，政策演習を設計するプロセスには学習理論と一般システム理論の両方の特徴を組み込んでいる。問題解決には創造的な実験が必要である。政策ゲーミングは，問題の状況が埋め込まれている複雑なシステム内において，現実的でありながら保護された実験になる。

　ゲームの能力は，与えられた問題について全体的視点を構成して伝達する。そこでは全体的な洞察を統制された戦略的行動に直接変換できる形態にする。同時に，ゲームは，参加者がこれまでに試行したことのない行動や戦略を試すために，新たな知識を開発することに役立つ。最も複雑な戦略的マクロ問題に対して，政策演習は，既存の知識を行動に，さらに可能性のある行動を知識に変換する。この決定属性は，本書に説明している種類のゲームに備わっており，政策立案者を手助けする重要な手段であり，今日の組織や社会のますます複雑化する問題に対応している。

　ゲームの文脈の中で，高度に組織化された専用語または特別な言語を創発している。様々な参加

者が，伝統的なコミュニケーション方式から得られるよりも，大きな明確性をもちながら相互に対話している。前世紀の初めに，海上の船舶は伝書鳩を使って陸上基地に簡単な伝達内容を伝えていた。現代では，伝書鳩が使われなくなり，コンピュータ，無線，通信衛星が全ての船舶の監視を継続している。過去の時代のコミュニケーション形式（電報など）は過去1世紀にわたって改良された形態に譲り，より洗練された形態の漸次的発展が避けられない。役割演技と専門家によるゲームは，多様な集団内の効果的なコミュニケーションを促進させて（対話ではなく多重話で），合意の形成やコミュニケーション断絶の橋渡しを促している。

　ゲーミング接近法のもう一つの特徴は，多重話コミュニケーション・プロセス（第5章）によって促進される対立の解消と合意の形成である。ゲームは，参加者間の様々な視点や関心を伝達して明確にする手段として機能する。利害関係者は，ゲームに参加することによって，自己の視点を提示しながら気付いていなかった他の人々の視点に遭遇する機会を得る。ゲームにおける共同実験的行動は，価値の二律背反の交渉をするような方法で価値の論争に集中して，鋭敏になりながら演習される。これは，戦略の策定において多くの異なる利害関係者の意見が考慮される機会を増やす。さらに，最終的に出現する戦略の背後にある論理的根拠をこれらの利害関係者が理解する機会も増やす。この視点の交換と価値の二律背反の成立は，最終的には意見の一致が求められて，この創発的な戦略を受け入れて責任を果たすことになる。

　参加者は巻き込まれて安心して動機付けられる。ゲームの冒険を経験しながら，主要な意思決定の選択肢の起こり得る影響の評価を目指して，協調的に活動することになる。しかし，肯定的な意味で，ゲームは同時に驚くほど不思議な経験である。ゲームで起こる客観化のプロセスは，記憶を強化して，疑念を刺激して，適切な課題を提起して（不一致はさらに議論する），判断の権限移譲を管理することに役立つ（影響を受ける者は行動の論理を確認できる）。さらに，この「仮想の未来展望」は，選ばれた戦略が本題から外れたり大失敗になる場合に，不幸な状況や条件を探索することに役立つ。この全てが「分かりやすい演習」の能力を育成して責任の拡大を防ぐ。演習では，失敗の可能性が政策の議題に織り込まれて，未来の失敗しそうな戦略を変更することが容易になる。ゲームは，現実的であり慎重であり十分に根拠のある責任を発現する媒体として働く。

　要約すると，政策演習は複雑であり曖昧な課題を取り扱う用途の広い方法である。そして，理論的かつ実際的にも確立しており，複雑な現実を描写して，現実の首尾一貫した概観を伝達する有効な手段でもある。この技術は，関連する相互関係の新たな種類の知覚とともに，洗練された情報を伝達する。実用的な意味で，この接近法の能力はいくつかの基本的な概念（上記で定義したように）に由来する。重要な狙いのために設計された演習に注意深く統合されると，ゲーミング技術は次のようになろう。

- 相対的に比較的迅速で安価である（限定されるが利用可能な代替方法と比較して）。
- 快く多少魅力的である。これは私たち人間が「遊戯する動物」というよく知られた著作に由来する（Huizinga, 1955）。
- 学習の安全な環境を創作して，管理された条件のもとで危険な概念を探究できる。

- 新たな着想に公平な聴聞の場が開かれるときに，必要になる参加者間の疑念の払拭を誘発する。

9.4 政策ゲーミング - 戦略プロセスとして

政策ゲーミングは政策ゲームに参加するだけではない。私たちの見解では，政策ゲーミングは統合的参加型戦略プロセスである。その基本設計概念は第7章と第8章に説明してきている。すなわち，五つの幅広い局面があり，さらに21の段階に細分化されている。政策ゲームの実施は，重要であり非常に目立つが，この探求とコミュニケーションの集団的プロセスにおける一歩にすぎない。

ゲーミング・プロセスは，問題の文書化と具体的な達成目標を明確にするために，相互作用的かつ逐次的なプロセスである。21段階は，一連の集団的探求とコミュニケーション活動を通して，依頼者の組織を導く。そのときに，生成される中間的結果は，複雑な問題を全体的に理解することになり，組織を助ける。理解が向上すると，より詳細な内容が追加されて，開発される演習は遊び心と興味を引き付ける専門的な会合になる。そして，効果的かつ効率的な内容と形態になる。

これまでの各章にはこの方法論の概念的本質が示されている。あらゆる革新と同様に，政策ゲーミングのプロセス構造様式は混成型であり新たな技術の組み合わせである。システム理論とモデリング，学習理論，戦略理論，参加型経営，コミュニケーション理論，集団力学，組織行動，プロジェクト管理などの様々な分野の着想と技法を機能的に組み合わせている。私たちは，いくつかの類推や比較検討を使用して，プロセスの様々な段階が一体的で一貫した全体をどのように形成するかを説明している。例えば，対話型モデリング，参加型政策分析，多重ループ学習について言及している。これらの参考文献は，本書に説明している政策ゲーミングのプロセスの段階的，循環的，相互作用的な形態について，私たちの選択を説明するのに役立つ。「認知地図」や「知識集合体」などの概念が導入されて，非常に幅広い種類の現実の入力に対応する政策ゲーミングの能力を伝えている。現代の学問的な観点から言えば，私たちの接近法は，戦略的経営に対する構成主義かつ推論的な接近法の解釈を支持している。

第3章で提示して分析した8事例研究は21段階の適用を示している。このプロセスに関する洞察の一部を次に要約する。

このプロセスは，厳しい時間の制約のもとで，特注作品の予定通りの完成を保証する。プロセスは，依頼者や支援する専門家にマクロ問題が創り出す非常に困難な状況の下で，着想に気付かせる優れたプロジェクト管理が必要である。プロセスのこの特性の価値は過小評価できず，本書に記載されている種類の問題は必然的に混沌と混乱の原因になる。

プロセスは偶発性を円滑にする。8事例研究のそれぞれに異なったゲーミング接近法が必要とされて創作された。その狙いために，この方法にはいくつかの条件と手法があり，主要基準（5C）の観点から，問題を探索して，構成して，分析することに役立つ。この接近法は，問題の実質的な分析と並行して，ゲーミング・プロセスに必要な貢献がどのようなものであるべきかを確立すること

に役立つ。プロセスの着想の優れた輪郭が，設計の仕様に要約されて，さらにいくつかの他の段階
で試行されて，浮かび上がる。

　個々の主要基準（5C）は，ゲーミング・プロセスの諸局面の各々にいくつかの基準点がある。
ゲーミング・プロジェクトが進行していくと，主要基準に与える影響は段階的に反映される。例え
ば，複雑さの習得はプロセスのほぼ各段階の対応によって可能になる。責任は，ゲームに参加する
結果だけでなく，出来事の連鎖に関与して動機付けを行う様々な要素の成果でもある。コミュニ
ケーション，合意，創造性についても同様の観察が行われる。私たちは，説明してきたプロジェ
クトの成功を解釈すると，重要な要因の一つとしてプロセスの累積的かつ前進的な特徴を考えて
いる。

　効果的な全体戦略は，組織の日々の業務の成功にとっても重要である。Drucker（1987）は，こ
の点について，「正しく行うよりも正しいことをする」ことが重要であると示唆した。さらに言え
ば，マクロ問題の戦略的決定は高い賭けと同義であり，これは決定の多くが長期にわたる資本の多
額な出費が必要であることを意味する。増大する意思決定と資源配分は選択肢ではないかもしれな
い。内外の制約を組み合わせによって，通常は回避される危険の高い意思決定を組織に強いるかも
しれない。一か八かの賭けに，戦略の所産に関する高い水準の不確実性が組み合わせられると，危
険は特に大きい。これは，混乱した環境で組織内に先例がない決定が行われると，頻繁に起こる。

　一人の個人が組織の政策を決定する最終権限を持っていることはよくある。しかし，そのような
人には，通常，親しい同僚の助言を求めるように勧める。本書は新たな強力なプロセス構造様式の
漸次的発展を文書化しようとしており，組織の政策の創作に協働で責任をもつ集団を支援する設計
が行われる。第 4 章では，実証研究が，ある種の混乱した環境において対話形式の戦略立案が最も
望ましいという着想をどのように支持しているかを示している。いろいろな研究が示唆しているこ
とは，そのような形式の戦略立案の内部化が組織の戦略的（すなわち競争的）能力であり，特にプ
ロセス様式を切り替える技能と組み合わさるときに当てはまる。

　ますます複雑化する世界では，戦略的経営に関わる専門家が全体的な相互作用の技術を開発して
普及させることが必要である。このような技術は，急速に変化する状況を方向付ける最高経営陣を
支援するために訓練された専門的手法で迅速に応用できる。政策演習は，課題に直面して協議する
例外的な状況において，多忙な経営者，支援担当者，専門家を参加させるために最も使用される。
さらに前例がほとんど役に立たない状況で，組織のために共通の展望や計画を導き出すためにも
使用される。このプロセスを一度でも使用して満足した組織には価値があるように思われる。政策
ゲーミングを自社の戦略的対応一覧の長期的区分に記録するために技能と手順を導入することに
なる。

　第 5 章では，混成型コミュニケーション形式として，すなわち，複雑さの言語として，ゲーミン
グ・シミュレーションを概念化している。組織にとっては，この言語の習得は重要な戦略的技能で
ある。公共と民間の両方にとっても政策課題の複雑な特性のために，これは現代社会に絶対に必要
と言えよう。これらの多次元課題は，全体としてゲシュタルト現象に扱われることが最も重要であ
る。社会問題ゲームは，比較的安全な文脈においてシンボリック的に表現される状況を中心に，人

間のコミュニケーションの一形態として漸次的に発展してきた。ゲーミングはその出発点として人間が文法的存在であるという見方をとっている（Campbell, 1982）。従って，ゲームはコミュニケーションと相互主観性の動態を抽出する方法であり，それが複雑な状況で示すように，思考や行動の本質を明らかにして記録することに役立つことになる。

　あらゆる言語は初期段階にあり，政策演習の構造（文法）はまだ理論的に説明されていない（言語を使用するほとんどの人々はその言語の固有の規則を明確に理解していない）。ゲーミング・シミュレーションの技術には，この構造に思慮に富んだ研究が急がれる。しかし，現況の開発段階であっても，この技術は多様な技能と理解を統合する現実的な方法を組織の指導者に提供する。組織によって効果的に内面化されると，未来の創造のために持続的な公開討議の場として機能する。

　適切に設計されたゲームは，様々な多次元現象の抽象的なシンボルによる地図として見ることができる。それ自体で，様々な観点から情報の探求を支援する基本的指示系として役立つ。これらの構造が適切に精緻化されれば，現在の事実だけでなく，選ぶべき未来も表せる。情報過多の時代にあって，発見的問題解決の獲得が急務であり，柔軟性の高い抽象的な概念の手段が必要である。それは，組織の戦略に責任を持つ人々が，包括的理解と他の人々との綿密な議論が可能なように，新たに出現した状況を熟考することになる。

　Drucker（1987）の有名な表現は，ゲーミングと呼ぶこの戦略プロセスをどのように位置付けているかを明確にしよう。「正しいことをする」が最も重要であることは事実である。それが何であるかを知ることは容易ではない。本書は，マクロ問題に直面したときに，政策ゲーミングが「しなければならい正しいこと」を発見する適切な方法であるという主張を強く支持する。

9.5　ゲーミング・シミュレーションの世界

　本書を執筆した二つの目標（戦略的問題解決の方法としてゲーミング・シミュレーションの開発と普及，この分野と関連する政策と組織の分野との間のコミュニケーションを改善することに寄与）は，私たちの専門的職歴の間に発展した個人的な強い信念に関係している。重要かつ現実的な作業が残されたままになっており，ゲーミング・ミュレーションは学際的応用分野としてさらに発展しなければならない。

　本書は，ゲーミング・シミュレーションが，独自の知識体系，独自の研究の伝統，独自の専門的実践，独自の公開討論の場をもつという事実に基づく解説書である。私たちは，その専門的な実践について体系的な内省から学ぶ。当然ながら，未来において，本書が，学問の進歩の連鎖に高く評価されて，鎖の一つになっていることを示すことを願っている。私たちは，ゲーミング・シミュレーションの未来について楽観的であり，多くの仕事が残っていると考えている。重要な作業は，ゲーミング・シミュレーションの分野が実際には何であるかについて，もっとよく理解して，吸収して，交換することである。

　十分に確立された分野とは，特に理論と実践の連続体におけるより応用端に位置すれば，応用と研究の間における永続的な相互作用と対話を発展させることになる。両方の活動は知識獲得の関連

する形態であり，両方とも分野の原理と法則を発展させるために役立つ。このような相互作用的な進歩が作用するには，開放性と批判の専門的文化とこの分野の専門家と研究者が集まる環境が必要である。

　ゲーミング・シミュレーションは，他の分野における知識の内部化を通して部分的に発展しているために，学際性がある。例えば，21 の設計段階では，いくつかの学問分野からの洞察を得ている。しかし，専門的な応用の観点からみれば，個々のゲーミング・プロジェクトは常に多くの学問領域にわたる取り組みである。第 3 章の事例研究が示すように，個々のプロジェクトには，通常，いくつかの学問分野を含む多くの情報源から抽出しなければならない物事の本質が必要であった。この意味で，ゲーミング・シミュレーションの技術的知識に関する学際的なプロセスは，主要な複数分野の応用研究を組織化して実現するために「支援科学」として機能する。私たちの事例では戦略と政策を支援する。私たちの仕事の本質をこのように捉えることは，特に個々のゲーム専門家の取り組む姿勢や技能に関して，多くの成果をもたらす。

　例えば，ゲーム専門家は，非常に開放的な精神と，深くは必要ないが科学の多くの分野について幅広い意見を持っていることが要求される。また，多くの異なった高度に専門化した人々と生産的に一致協力できなければならない。認知的技能は水平であり統合的な考え方でなければならず，さらに社会的技能はチームの一員であり指導者でもなければならず，そして強い意欲はそれらの専門家のやる気と技術を刺激しなければならない。

　統計学の発展を振り返った類推がここでは有用かもしれない。統計学はまさに芸術であり，科学（ゲーミングと同様に）でもある。統計学の分野には，様々な方法論的課題，接近法，技術がある。全体として，統計学は他の分野（予測，モデル構築など）に役立つために使用される。統計学は明確に定義されており，その結果，広く受け入れられて尊重されている分野である。しかし，この分野は「単なる技術」であるという印象を克服するために悪戦苦闘しなければならなかった。ゲーミング・シミュレーションの実践者は，統計学の成功した分野が出会った困難さを熟考することが賢明であろう。

　このゲーミング・シミュレーションの概念について，「支援学際学」ともいえるが，明瞭さとコミュニケーションは，ゲームと呼ばれる様々な現象に関する混乱の一部を取り除くかもしれない。混乱の最も中心的な原因は，一般的にゲームが特定の実質的な領域の観点から評価されることにある。そして，主な関心がその内容の専門家によって活用される手段として見られている。つまり，技術ではないのである。この混乱はゲーミング分野の進化にとって有害である。これらの研究者は，自己の学問の観点から用語と概念を定義することを続けており，その時点における独自の現実的な必要性の背景に背を向けている。

　これは，政策と組織を研究する様々な分野とゲーミング・シミュレーションとの境界を考えたときに，特に当てはまる。例えば，集団力学の研究に成功した社会心理学は，既に述べたゲーミング・プロセスに組み込まれた知識体系に多大な貢献を行った。一方で，社会心理学者は，社会的行動を研究する環境として，あるいは役割演技と社会ドラマのような専門的な実践をするために，ゲームの非常に積極的な利用者である。また，社会心理学者は，依頼者組織の戦略的状況を診断する専門

的な情報の提供のために，ゲーム設計のシステム分析の局面において相談されることが多い。

　ゲーミングは比較的新たな職域として全く混乱したまま成長している。ゲーミングの作品を使用する機会は急速に広がっている。専門家として，ゲーム実践家は，作品とプロセスに，合理的に評価することに十分な根拠がある基盤を確立したいが，その必要性に注意を払うことが遅れていることを認めねばならない。設計者は，ゲームの妥当性を内在化したモデルに基礎をおいたゲーミングの効能を信じる傾向がある（情熱を持って）。残念なことに，ゲーム実践者も依頼者も厳密な評価を一貫して要求していなかった（第6章で説明したように）。

　ゲーミング分野における問題は確かに複雑になっている。ゲーミング専門家は世界中に散らばっており，その結果，コミュニケーションは限られており断続的でもある。依頼者は非常に多様な主題を提起する。その結果，特性が全く異なる作品が現れる。ゲーム実践者は，それぞれ幅広い分野を専攻していたが，この分野で正式な訓練を受けたことはほとんどいない。ゲーミング分野における専門化された学術的推進母体はごく限られている。その一方で，いくつかの専門的組織（ISAGA, ABSEL, NASAGA, SAGSET）がある。専門誌 *Simulation and Gaming* の出版は現在34年になり，私たちの共通意見では以前よりも優れた内容になっている。

　しかし，ゲーミングという職業が目標を達成しようとすれば，ゲーミング専門家はこれまでの努力を強化しなければならない。ゲーミング・シミュレーションの本質について，これまでの概念を，この時代に生きる人々，依頼者，同志の専門家と交換しなければならない。私たちは，本書がゲーミングと政策立案の境界の改善したコミュニケーションに寄与することを願望している。

9.6　総括

　　　今日の世代は前例のない状況を即座に解決しなければならない。このような状況は問題の幅広い領域に広がっている。それらには，複雑さの特徴，未来の方向性，行動の明確な範例の不足，影響を受ける組織内外の動的コミュニケーション・プロセスの必要性，そして最後に，あらゆる政策決定の組織を超えて明確な心象を伝える必要性が横たわっている（Duke, 1987, p.6）。

　マクロ問題の経営とは，三次元の人類が理解できない四次元の問題のようなものである。私たちは一人で複雑で混沌とした現象に遭遇することができない。従って，今日の「厄介な」問題のいくつかを解決するために考えられる経営構想は，たとえエリート集団の水準にあったとしても，互いに交換することができない。私たちはコミュニケーションの制約を緩和する必要がある。この意味はコミュニケーション連続体のゲシュタルト終端に移動することである。そこでは，ゲーミング・シミュレーションの適切な使用を通して，複雑なシステムの知的な経営に必要な全体性の理解の再確立を目指して，非常に強力な期待を見出すことになる。

　これは特定の公共政策の課題に特に当てはまる。例えば，平和，自由，正義の探求において，社会は新たなテロリストの脅威にどのように対応するかという問題がある。前例のない深刻な問題

に取り組まなければならないが，それにもかかわらず，社会は冷酷に行動せざるを得ない。さらに多くの民間部門の懸念事項もある（例えば，民間企業がグローバル経済の現実に対応するためにどのように活動するか）。ゲーミング・シミュレーションはこのような要求を満たすことに成功している。

　過去 1 世紀の社会の劇的で根本的な変化は，持続的であり元の状態に戻らずに深刻である。これらの変化は人類の言語が変革することを要求する。これによって，多面的な未来について思慮に富んだ素早い思索を可能にして，さらに政策立案者に前例のない決定を行うことを可能にする。これらの課題の複雑さは，全体的な思考を伝達するために差し迫った必要性を指摘する。特に，システム概念の精緻化，コンピュータの劇的な革新，関連技術の急速な発展により，人間の理解を超えた情報ネットワークが出現している。

　最近の傾向はゲーミングの新たな成長期が近づいていることを示している。複雑さを増していく世界は，ゲーミング・シミュレーション分野と情報通信革命の発展とともに，ルネサンス（訳注 - 学問の復興）を示すかもしれない。過去 30 年間の知識と経験の基本原理は，おそらく現在の専門家でさえも驚く方向に，さらに政策ゲーミングを発展させるために，しっかりした基盤を提供している。仮想現実と世界的参加（インターネット）と対話を実現した現代の高技術エンターテインメント・ゲームは，「複雑さの言語」のために新たな世代の手法が登場するかもしれず，新たな資源の一つを示唆している。

　すでに示唆したように，私たちは，驚きのない未来を信じられず，それを目指すジョージ・オーウェルになれない。全てのプロセスや技法が政策立案者に神秘的な水晶球を与えると考えるのは技術的錯覚である。未来のための準備は経営責任であり，未来を知ることではない。私たちは，その責任を担うより良い方法があることを伝えたいと考えてきた。意思決定の質は倫理的な範疇である。そして，劇的な決定を行わなければならなかった人々とそれを助けてくれた人々の状況の下で，疑念と自責の念を感じることなく，

　　　　　「私たちは可能な限り最善の決断を行った。それが成功するように準備に全力を尽くした」

と言うことができる。

　ゲーミング・シミュレーション技術は意思決定の質を向上させるために有望である。現象を人間的に意味のある用語に抽象化して，複雑なシステムのモデルの内部化を促進して，周期的な決定が必要な動的環境の中で操作することを参加者に可能にする。その結果は様々な反応技術を通して強調される。政策ゲーミングは，ますます複雑化する政策環境のために，さらに環境内のコミュニケーション問題に対応するために，適切なプロセスである。この技術は，危機に直面している組織に設計されており，複数の視点と小集団による問題解決によって意思決定を行う接近法を戦略的経営に提供する。

付録

設計の段階

　この付録は第8章「政策演習の設計」の補足的な手引きとして役立つことを意図している。段階の6，7，13，14，15，16，18について補足したい。

段階6 システムの定義 - 紙きれカードの使用心得

　「紙きれカード」は，複雑さを整理して，ゲーム設計を容易にする抽象度の水準に割り当てるために，効果的な装置である。これらは，概念図を作成するプロセスの最初の段階として利用される。まず最初に問題とその環境に関連する課題の広範な一覧表を生成する。個々の課題は独立したカード（5cmX8cm 程度の厚紙）に手短に記入される。これらの紙きれカードは，文書の検討，重要な専門家との討論，集団ブレインストーミング会合からも作成される。全ての参加者は特定の問題に利害関係がある。これらの会合において，参加者は問題について議論して重要と思わる着想を記録する。紙きれカードは問題の全ての側面と参加者が重要と考える環境を反映させなければならない。

　プロジェクト計画は「誰がプロジェクトに関与しているか，その理由は何であろうか」という質問に注意を払うべきである。システム分析のこの局面において，依頼者とプロジェクト・チームは，情報提供者として誰に接近できるか，誰に接近すべきかを事前に同意すべきである。第2章で述べたように，通常，このモデリング局面の相互作用的特性とシステム的特性の両方を最適化するために，トップダウン・プロセスとボトムアップ・プロセスを採用している。トップダウン・チームは，問題の構造化に役立つ理論（部分的な），モデル，一般論などを探し求める。ボトムアップ・チームはより構成主義的である。関係者の認識を収集して，さらに比較して連携させることから始まる。通常，これは「物語風」の面談によって行われる。集団による議論も非常に役立つ。紙きれカードの技術は，トップダウン・プロセスとボトムアップ・プロセスの両方に適用できる。面談するには三つの規則がある。

注意して選べ　議論に利害関係がある人々を，さらに行動する権限をもっている人々を探せ。これには，最高経営責任者，副社長，部門長，外部の利害関係者などがいよう。専門知識を持つ人々は

役に立つが，細目に戸惑うかもしれない（全体像を探していることを忘れないこと）。追加の紙きれカードは現場（組織外の）の主要関係者との面談から生成されることがある。参加者に公的な方法で質問しないこと。むしろ，自己の視点から問題やシステムについて話すよう促す。心にすぐに浮かぶ着想は非常に重要な傾向がある。紙きれカードを使用せよ，後日に会話の再構成を可能にする十分な量の発言を捉えよ。とにかく，他の人々が提起した着想や懸念，その他の論理的な事項を使用せよ。人々，場所，関係，経済，科学，問題，出来事，政策，代替案などに対応するように心がけよ（特定の手順ではなく，四方八方に）。

言っていることを信じよ　判断，訂正，挑戦，警告，指示，批判をしないこと。発言の全てを「信ぜよ」，そして提起されたものを心の中で捉えよ。あなた自身の想像した概念で，それらの応答を歪めるな。真偽の確認は後日に行う（概念図が開発されて依頼者によって審査されたときに）。後日の図解検討プロセスでは内層に対立がある。それは個々の知覚の歪みを明らかにするだけでなく，新たな発見の「なるほど」（aha）の瞬間を促すであろう。

参加者に着想を手早く書き留めさせよ　大声では表現されない思索を書き留めさせることが多い（深刻な懸念を抱いているかもしれないが，大声で発言するには気乗りしない）。これは二人ないしそれ以上の人々と面談中に発生する可能性が最も高い（これらの面談中は参加者の数を制限する）。

　面談に続いて，紙きれカード会合を設計担当者と依頼者側の代表者が出席して開催する。成功するには，このプロセスの世話人は思考の新たな方法を刺激しなければならない。全ての参加者が次の一連の規則に従うことになる。

- 他者が提示した意見の批判は禁止される。そのような批判が革新的な思考を妨げる可能性がある。この目的は「あなたが重要と感じることは記録しなければならない」という態度を育てることにある。少数派の意見が奨励されて，強い個性による優先は最小限に抑えられる。
- 想像力を解放させて，心に浮かんでいる着想や懸念を提案するように参加者を勇気づける。多くの場合，そのような提案が外因的な懸念や革新的な着想をもたらすために，いわば「万能カード」として推奨される。
- 問題を検討するために，参加者は異なる慎重に構築された視点を想定する必要がある。この段階では，役割演技を使用して問題を多くの面から見ることができる。
- 自己の着想に寄与することに加えて，以前に生成された着想を参加者が改良して統合する。

　これらの活動中に提起された全ての事柄は，紙きれカードに記録しなければならない。カードの色分けは使用される様々な「役割」を識別するために採用される。匿名希望者のカードはそのままとする。紙きれカードは，その内容に基づいて選び集められたもので，それを生成した人物の識別のためではない。
　紙きれカードが生成されたら，設計チームは最初の大雑把な仕分けと分類をすることになる。こ

のプロセスを通して，紙きれカードはいくつかの一般的な見出し表札と副見出し表札の下に分けられる。これらは自然に現れて部分的に交換されるかもしれないが，現時点では論理的に見えるものを選択する。情報のトップダウン接近法が便利であろう（第2章を参照）。この仕分けと再仕分けのプロセスは満足のいく構造が現れ始めるまで続ける（全ての重複カードは破棄する）。興味深げな参加者の合意を得るために概念図原案が繰り返し提示される。

段階7 システムの表示 - 概念図の作成心得

　ゲーム化されるシステムのモデルは概念図によって表せられる。これは参加者の決定と相互作用を構造化するために使用されることになる。概念図はゲームの構造を管理する。システムは，設計活動を始める前に再検討できるように，文章と図表で明確に提示する。さらに最後の演習では参加者が概念図を利用できるようにすることも有益である。

　段階6（紙きれカードの作成）では，通常，多数のカード（数百枚から千枚程度）が作成される。概念図は，問題を適切に提示するために，これらの要素の全てを考慮する必要はない。次の分類区分は概念図を作図する際に一般的に使用される。分類区分は個別にあるいは論理的に組み合わせて使用される。必ずしも独立しているわけでもなく相互に排他的でもない。

・行動	・活動	・選択肢
・側面	・特徴	・複合要素
・懸念事項	・意思決定者	・意思決定
・事件	・力関係	・未来の検討事項
・目標	・情報	・課題
・必要性	・目的	・計画
・問題	・質問	・役割または当事者
・解法	・戦略	・主題
・傾向	・資源	・その他

　これらのカードは，問題環境の包括的ではあるが概略的な概念図に変換される。問題環境は紙きれカードによって表現される全ての懸念を伝えなければならない。このプロセスの最重要な部分である。境界線があまりにも厳密に定義されていると，重要な選択肢が無視されるかもしれない。

　可能であれば大きな机上または壁上の掲示板などの適切な空間に，紙きれカード群は適切と思われるように群ごとに一時的に配置される。初期の段階では，個々の群編成は非常に小さく，論理的に関連する紙きれカードが3枚から5枚程度（文）だけであろう。プロセスが進むにつれて，群編成の群はますます大きくなろう。この局面において，表示域に図表の形で概念的に配置される。図表は全体性を表して，その中に全ての群は論理的に挿入される。これは，いくつかの着想がより重要性の低い部分に押し込まれて，着想の空白部がいや応なく発見を強いられることになる（詳細さが欠ける重要な部分）。

　個々の群編成がより大きな集合体に形成されるにつれて，任意の紙きれカードの集まりの妥当性が議論されよう。ここでの関心事は，組織の世界観が明らかになる議論を通して対応されることにある。このようなプロセスは反復的である。描画が抽象化されて現実の認識の正確な反映になるまで，すなわち，これらの作業を実践する集団が満足するまで，継続しなければならない。プロセス全体を通して，空白部を埋めるために設計チームが受け入れられる新たな内容が生成される。必然的に，最終的な描画は数百の変数の関係を複雑に翻訳することになり，それらの関係はいずれかの利害関係者が興味をもつことになる。最終的に個々の利害関係者は，最終的な概念図の中に世界を見ることができなければならない。例えば，図 A.1 の都市予算概念図を参照してみよう。これは千葉工業大学の土谷茂久教授が作成したものである。概念図ではトップダウンとボトムアップのシステム分析の結果が容易に認識できる。個々の語句あるいはシンボルは紙きれカードの一つまたは複数の群編成を指している。概念図は，グラフィック設計で「固定図」にされる前に，何回かの反復と再検討を経ている。

　次の有益な助言は，設計者が論理的な組織構造と適切な視覚的外観をもつ概念図を作成することに役立つ。

- 相互作用，階層構造，連関，物理的配置，影響，反応などの問題の要素とその環境との間の関係の特定
- 決定の流れ，資源の流れ，諸活動の流れ，情報の流れ，時間，入力と出力などの問題の要素とその環境との間の流れの特定
- プロジェクト計画周期，予算の期間，研究活動，設計手順，生産プロセス，開発の寿命周期，分析，計画化，研究，問題解決，販売，製造，意思決定，マーケティング，設計，評価などの問題環境内で発生するプロセスの特定

概念図を清書するグラフィック・アーティストは次の項目を担当する。

- 構造の認識が容易になるように要素の主要な群編成の強調
- 主要な流れのプロセスを強調することによって概念図の論理の可視化
- 可能な限り少ない図形要素の使用
- 同じ重要度の要素に同じ大きさと様式の使用
- 同じプロセスまたは流れの要素には同じ技法の利用
- 要素の過密性の回避
- 文章は読みやすい書体（書体名，大きさ，様式）で記述
- 所望する強調を一貫して反映する線種と線幅の選択
- 多すぎる異なる線種と線幅の回避
- できるだけ交差線の回避
- 強調の指定ができないときは囲み枠線の濃淡の利用

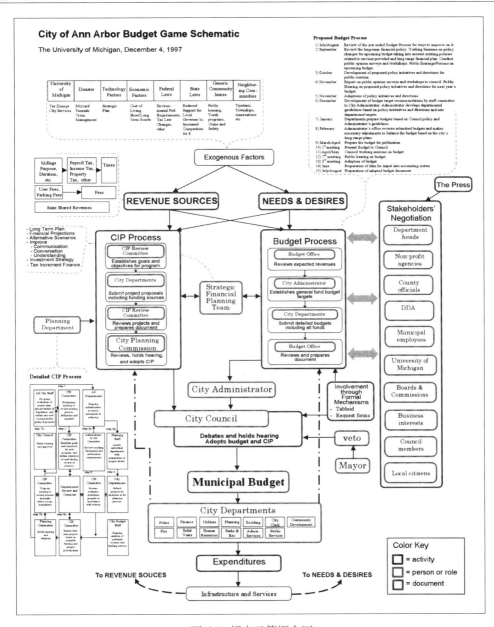

図 A.1 都市予算概念図

段階 13 概念報告書

　概念報告書は演習を構成する全ての要素を定義する。文書の作成に適切な注意が払われれば，標準的なプロジェクト管理の慣例を採用して，構築は高度に組織化された効率的なプロセスにできる。完全かつ承認された報告書なしに構築が行われると，少なくとも非生産的な混乱が予期される。ゲームが大きくなればなるほど，プロジェクト管理計画は複雑になる。意見の相違を解決する

ために適切な手順を備えた明確な階層構造が必要である。決定の定型処理は技術的審査集団の面前
が得策であり，作業の狙いの内部文書の作成は有用である。管理の構造は，人員，予算，一般管理，
早期に解決される主題の内容の責任とともに，一刻も早く確立されるべきである。

　ゲーミング・シミュレーションに豊富な経験を持つ人が少ないために，人選は難しいかもしれな
い。従って，様々な作業の外注を考慮する必要がある。特に，基礎理論や概念図の定義などの困難
な問題を解決するために，コンサルタントを雇うことが重要である。

　予算処置が重要な考慮事項であろう。資金の入手可能日，資金が利用可能な期間，遅延が発生し
たときの延長の可能性，問題に遭遇したときの追加資金調達の可能性に注意を払うべきである。比
較的小さなプロジェクトであっても，全ての可能な支出を列挙した簡単な予算会計システムをもつ
ことは，良い考えである。資金提供機関によって承認された初期の配分表は，毎月の支出，債務，
残高が分かり有用であろう。プロジェクトの規模と特性によってシステムの範囲が決定されるが，
プロジェクトが完了する前の何らかの方策が枯渇する資金の危機を回避することに役立つかもしれ
ない。

　高級なゲームを作るには希望どおりの潤沢な資金がないであろう。このために，開始時点で資源
分配システムを確立して，計画の各々がそれぞれ準拠しているかを定期的に確認することが重要で
ある。基本的な計画として，資金と人事の両方で割り当てられた特定の作業（段階 21 を反映）の
予定表を用意する。ある種の時間管理システムも必要になろう。さらに，慎重な予算編成，作業の
予定表，資源の見積り，頻繁な検査を行っても，不適切な配分が発生する可能性がある。これには
初期の設計を変更する決定が必要かもしれない。

■概念報告書の一般的な骨子

- 概要
- 準備段階
    - 送付状
    - 演習名
    - 依頼者の氏名と住所
    - プロジェクトの名前
    - 謝辞（参加の担当者とコンサルタントの氏名一覧）
    - 設計チーム
    - 目次
    - 図表一覧
- プロジェクトの経営管理
    - 契約書または承諾書
    - 実施作業の概要（提出書類）
    - 担当者予定表など
    - 依頼者と設計者の相互連絡

- 依頼者の責任代理人
- 法的内容（所有権，権利などを確立するために必要かも）。
- 概念報告書審査プロセス
- 依頼者承認手順
- 報告書の本文
  - 問題の定義（演習のために実質的な焦点と内容の提供）
  - 概念図（現実世界のモデル）
  - ゲーム設計の仕様
  - 目標と目的
  - システム複合要素・ゲーミング要素の行列からゲーミング要素の要約
  - ゲーミング技術の目録
- ゲーム構築プロセス
  - ゲームの構築
  - ゲームの試行
  - ゲームの利用
  - ゲームの手順
    * ゲーム事前活動（参加者の入室前）
    * ゲーム実践活動（参加者の在室中）
    * ゲーム事後活動（参加者の退室後）
  - 演習の諸段階
  - 参加者向けの資料
  - グラフィック類
- 報告会（討議）
- 評価の手順
- 期待される結果と実情報告書
- 設計者の概要報告（3頁から5頁程度の紙面で，問題の要点，提案した解決策，期待される結果を述べたもの。これは，ゲームの実施中にゲームがどのように現れるかについて，依頼者に説得力のある説明をする機会になる）

設計上の考慮事項

- 依頼者の期待は明確に記録されているか。
- 依頼者が構築前にゲーム設計を承認しているか。
- 設計プロセスが進むにつれて順守しなければならない主な制約事項は何か（地理的，社会的，時間的枠組み，時間の縮尺，権限または財務の表示）。
- 様々なモデル，複合要素，意思決定の処理手順が事前に指定されているか。
- 開発される参加者間の相互作用の方法，反応の提供などはどのようになるか。

- 望ましい抽象化の水準はどの程度か。
- 特定の専門用語が使用されるか。
- 生産性の証拠が要求されるか，どの段階か。
- 完成した演習に要求される複雑さはどれくらいの水準か。
- 主要な目標と具体的な目的の両方が明記されているか。
- 基盤となるシステム・モデルはどのように表現されるか。
- ゲームは明快な隠喩を提示しているか。
- どのような時間の圧縮が採用されるか。
- 様式の考慮（例えば，内省的共通の問題解決の様式）はどのように解決されるか。
- どの水準の抽象化が要求されるか。
- 利害関係者はどのように代表されるか。
- 演習の役割構造はどんなものになるか。
- 参加者は自己の実際の役割以外の役割を演じる必要があるか。
- ゲームで使用される素材（担当者，計算システムのコンピュータ要件，部屋の大きさ，部屋の配置，設定など）にはどんな制約が課されるか。
- ゲーム設計は根拠がなく愚かに見えるか。
- 設計は視覚化，動的，相互作用的になっているか。
- 簡潔さと品質が作品の設計を左右するか。

最後の事項（言うまでもなく少なくとも）

- 演習中の質疑と討論（集団的洞察）は後日の使用ためにどのように文書化されるか。

段階 14 試作品の構築，試行，変更

　ここでの目的は試作品を構築して改良することである。試作品が試行条件のもとで何回（10 回の法則は優れた経験則）か実施されるまで，ほとんどのゲームは有効であると主張できない。複雑なゲームでは，個別に設計して構築する必要がある多数のゲーミング要素（役割，モデル，シミュレーション，用具，計算システムなど）がある。

■**モデル構築に関する助言**　政策演習のモデル構築には，計算システム，適切なシミュレーションと発見的問題解決の開発が含まれる。最終的に参加者に提示されるときは，多くの複合要素の全ての間で，詳細さ，特性，内容の調和が取られている必要がある。原則として，採用されるシミュレーションは，できるだけ簡素で必要な水準の詳細さを伝えなければならない。あまりにも厳しく限定されたシミュレーションは信用を落すことになり，その信頼性の低下が正確な結果を伝えられない危険もある。詳細の水準に関連する決定は，コミュニケーション目的の内容で行わなければならない。総合的な調和は，個別のシミュレーションの調和よりも全体性が高くなければならない。

　モデルは，ゲーミング・シミュレーションの3形態をとり，計算システム，シミュレーション，発見的問題解決がある。計算システムは，許容可能な水準で，ゲームの文脈で使用する現実の世界の処理能力または変換プロセスの表現である。その結果，計算システムは予測的でも推測的でもない。むしろ，現実の世界でよく知られたプロセスの抽象体であり，ゲーミングの狙いために程よい抽象化を可能にして，十分な明確さで定義されるプロセスの抽象体でもある。例えば，産業界における特定の自動的生産プロセスがあげられる。

　一方，シミュレーションは複雑なプロセスの特徴の理論的推測である。論理は経験的データの一連の評価に基づいており，シミュレーションの出力は科学的に正当化できよう。例えば，国家経済の計量経済モデルがあげられる。これは予測することを意図しているので，起こり得る事態（What if型）の質問の応答を指向しているゲーミング・シミュレーションに非常に役立つ。

　発見的問題解決は，モデルの3番目の形式であり，シミュレーションの代用品である。一時的な措置として，有効なシミュレーションの代わりにゲーミングで頻繁に使用される。発見的問題解決の機能は，入力を受け入れて，シミュレーションに期待される結果と同等な出力を生成する。それらは予測的ではなく，むしろ複雑なプロセスの単純な抽象化である。例えば，複雑な製造プロセスの基礎になる生産関数の近似値として，単純な入出力の行列があげられる。発見的問題解決モデルを使用する大きな利点は，ゲーム内に事前に現象を表現できて，後日にその一時的に選んだ発見的問題解決モデルをより正確なシミュレーションに置き換えることができることにある。この種のモデルの使用は，参加者が発見的問題解決に採用されている変数に直面すること，さらにこれらの考慮すべき事柄を思考や議論に分解することを要求する。

■**計算システムにおける明確な入力と出力の定義**　この目的は，役割間の関係と，それらと他のゲーミング要素（モデルなど）との間の関係を継続的に示す計算システムを構築することである。個々のゲーミング要素を構築する前に，どのような入力が処理されることになるか，そして複合要素がどのような出力を生成することになるかを明確に定義しなければならない。計算システムを開発していると二つの問題に行き当たる。一つは詳細の一貫した水準（個々の複合要素はほぼ同じ水準の情報を提供しなければならない）を維持すべきである。もう一つは，これらの連係による全体的な複雑さの水準が抗しがたくなるのを防がなければならない。

　人間の頭脳は限られた組み合わせしか扱えないが，コンピュータ内では非常に複雑な相互の連関が可能である。この目的は，手近のコミュニケーションの要求に応えるために，これらの複合要素と相互の連関を選択することである。ここでの試行は，特定の連関を含むことが参加者に必須の情報を提供するかどうかである。演習時の時間的制約と人間の理解の限界を考慮しなければならない。

■**複合要素の較正**　複合要素の較正には粗調整と微調整の2段階がある。粗調整段階では，一般的な許容範囲内で，期待どおりに機能していることを確認するために，個々の複合要素を何度も処理しなければならない。様々な複合要素の連係後に，結果が仕様の水準内に収まるようにシステム全体を試行して変更しなければならない。微調整段階では，複合要素間の調和を図る必要があるため

に，より技巧が求められる。この段階では，ゲームは要素の寄集めであり，調整が必要な複合要素
を正確に狙うことは容易ではないであろう。最終作品を手加減する誘惑に負けてはならない。負け
ると，計算システムの論理，構成，データ収集，操作における基本的な間違いを生じさせよう。こ
こで警告をしておこう，コンピュータに支援されたゲームでは，プログラマによる設計者の意図の
誤解から，間違いが発生する傾向がある。

■**データの収集と読み込み**　ある種の政策ゲームには大量のデータが必要である。古典的な鶏と卵
の問題はここでも新らたな装いなる。データがなければ，模倣するシステムの運用面の一般的な概
念を明確にする方法がないことになる。しかし，データの収集は，確立された概念的構造をもたな
ければ，それ自体のために収集されるデータになりかねない。データ問題は，設計者がゲームの構
築理由の目的と特性を考える時点まで，ゲーム設計プロセスを先送りしなければならない。設計プ
ロセスはゲームに必要なデータを定義して適度な調和を保つために役立つ。設計チームはこのゲー
ムに関連するデータ資源にかなり精通していることになろう。

　データ収集のために獲得計画を立てることは重要である。この計画には，データ項目の定義，情
報源の特定，正確性を判断する規則の確立や抽出手順の指針の作成などが含まれねばならない。保
存（または読込）計画には記憶形式の定義と文書を含めること。ゲームの処理の確実な使用を特定
できなければ不要なデータも収集することになる。データが収集されて処理されて適切な機械的形
式に変換されると，最終段階は組み立てられた複合要素（例えば，テーブル，行列，色彩コード，
コンピュータ化されたアルゴリズムなど）への読み込みである。

■**周期と段階の設計 - 時間の考慮事項**　ゲームを実施するために必要な時間を慎重に考えねばなら
ない。ゲーム時間は参加者の制約内で規定されねばならない。実施の時間とはゲームの開始から報
告会の完了までの経過時間である。ゲームの速度は抽象度の水準と参加者に提示される情報の量と
密接に関係している。この速度はおそらく10回の法則（下記を参照）が適用されるまで分からな
いであろう。ゲームの初期の試行が概念報告書に記載されている基準に違反していることを示せ
ば，最初の基準あるいはゲームを変更すべきかを解明するために再検討しなければならない。

■**ゲームの公開に向けて**　ゲームはどのように公開されるか。設計者は，ゲーミング経験が成功す
るように，事前ゲーム，ゲーム自体，事後ゲームの諸活動の全ての活動を予測しなければならな
い。特定の部屋の手配や参加者構成が指定されているか。肩慣らし演習は採用されているか。演習
の様式は開放型かより制限型か，特定の学習理論が強調されているか。演習の周期はいくつか，最
小と最大の回数はいくつか。周期から周期へ進行すると徐々に複雑になるか。複雑さの水準はどの
ように取り決められているか。ゲームは自己学習の環境として最上に見られている。参加者はゲー
ム内で完全な自由度を持つことになるか，あるいは設計者によって制約されることになるか。参加
者は自己の政策の発案を許されることになるか。どのような条件でゲームの手順を変えることがで
きるか。

■**ゲーム性に寄与する要素**　何が良いゲームを構成するだろうか。ゲームの実施に向けて参加者の熱意と意欲を示す「ゲーム性」と呼ばれる難しい特性がある。しかし，ゲーム性は偶然の事件ではない。直覚的反応に恵まれない人々のためには，ゲームの気を配った創作から構築への間のどこかに，頼ることができる手掛かりがある。最終的な分析における「ゲーム性」は設計者の技能に依存しよう。しかし，依頼者が指定するいくつかの考慮事項があるかもしれない。この難しい特性を制限するか指示するかは依頼者しだいであろう。どの程度の参加者の関与が求められるか。強調点は大部分が感情的であるべきか，それとも，ゲームはより知的であるべきか。理想的には，この強烈な熱中の時間はより分離した分析の会合にちりばめられよう。

■**参加者の動機付け**　ブロードウェイ劇場で，ゲームの典型的な参加者集団に事前の練習や台本なしで主役や脇役を示したら，大部分の人々がパニックに陥るのは間違いない。驚くことなかれ，これはゲームで参加者が直面するものと同じである。ゲームの慎重な立上げは，不安を感じる短時間だけで，これを克服できるようにする。いずれのゲームでも最初の試行錯誤の周期は，参加者が他の参加者たちの人前で決定に責任を取らねばならない複雑で異質な環境に遭遇することになり，必然的に不快感を強いることになる。設計者は，参加者の興奮を高めて関心を維持するために様々な技法を採用できる。演習は，参加者がこの機会を最大限に活用して，ゲームとの一体感に挑戦してもらうように動機付けすべきである。参加者はゲーム環境の次の3段階を順に経験することになる。

- 段階1 - 参加者は複雑さに意欲を失う。
- 段階2 - 参加者は自分を統制できる段階に入る。
- 段階3 - 参加者はモデルの洗練度を高める。モデルは戦略的な「多重話」に寄与する参加者を支援する。

　設計者は，協調，競争，板挟みを考慮しなければならない。協調的な状況では，参加者が相互の問題を解決するために議論に参加する必要がある。競争の激しい状況（例えば，ビジネス・ゲーム）では，ある参加者の利益は他者の損失であるかもしれない。その結果，参加者の行動は協力ゲームとは大きく異なる。板挟みでは，行動が肯定的な結果と否定的な結果の両方をもたらす状況に参加者を置く。協調，競争，板挟みの組み合わせを慎重に使用することで，参加者をすばやく関与させて動機付けできる。

■**反復する周期**　ゲームは反復的なものであり，周期に周期が続いている。所与の周期における出来事は，繰り返しながら，その周期に先行するものを補強することになる。ゲシュタルトを伝えるゲームの成功は主に反復性から導かれる。以前に学習のらせん状を話題にしたときに，論理的な完結感を可能にする最初の参照を確立する必要性について述べた。この最初の時点から，付加的な情報は反復する周期を繰り返しながら吸収することができる。ゲームでは，一つの完全な周期を確立して周期を閉じるという枠組みが，ゲームの局面ないし段階である。

　最初の周期は，通常，参加者を環境に適応させるために，以後の周期よりも少し複雑な状況にあ

る。演習はいくつかの周期を経て進行する。個々の周期は演習の段階の手順によって構成される（諸活動が各周期の参加者行動を導く）。演習の諸段階は演習ごとに異なるが，次は典型的な一周期を表している。

- 局面 1 - 組織化の開始
  - 段階 1 - 手引書の読込み，シナリオの更新，出来事
  - 段階 2 - 集団の会合，政策の議論
- 局面 2 - 行動の開始
  - 段階 3 - 今期の目的の設定，政策の賛否
  - 段階 4 - 他のチームとの相互作用，交渉の取り決め
  - 段階 5 - 全ての決定用紙に記入
- 局面 3 - 状況の評価
  - 段階 6 - 計算システム
  - 段果 7 - 結果
  - 段階 8 - 批評

　簡潔さを保証するために，参加者の決定書式は計算システムのデータ入力書式とは異なるものでなければならない。ゲームを簡素化するために，ゲームを損傷することなく省けるもの（手続き，計算行動の規則，用具，人間らしさに欠けるものなど）は省くべきである。

■10 回の法則と試行　反復のプロセスを使って，ゲームは試作品から最終作品に徐々に転換される。これには，10 回の法則を使って素材を試行することが求められる。経験によれば，漸次的に発展していく試作品を繰り返し試行することが重要である。これらの試行は基本規則に従うだけで有効である。早い段階で，ゲームの側面（内容，構造，プロセス）をあまりにも詳細に開発するのは間違いである。これは無駄な努力や悪化を招くことになり，歪められた作品は当初に開発された仕様を満たさない。設計チームは，試作品の 10 回の試行を繰り返しながら，徐々に綿密さを追求する。このプロセスの後半では，何回かのゲームが特に依頼者を対象にして試行される。これらの試行は，開発中の「隠喩」の関連性を依頼者と共に検証するとともに，仕様と対照して作品を評価するために使用される。これらの試行は，導入部から報告会までの全体のゲーム手順を見直すために，思慮深い機会を提起する。さらに，内容，プロセス，技術的懸念の間の調和を漸次的に発展させる。ゲームを順調に試行できれば，次の段階に進む準備ができたことになる。成功させるには，各試行の手順を次のようにしなければならない。

1. 完全ではあるが基本的な試作品の開発
2. 10 回の法則に基づく実施
3. 結果の評価
4. 特定された全ての問題について書面での合意
5. 各問題の解決に同意

  6. 必要な変更を反映するために試作品の修正
  7. 10 回の法則の実施（2 に戻る）

10 回の法則に基づいて，最後の 3 回の試行には，非常に洗練された参加者を導入して，非常に注意深くゲームの進行を行うことが望ましい。特に各周期終了時の批評や最終報告会において，参加者の反応に細心の注意を払うことを意味する。設計チームは，調和，詳細の水準，関連性，採用された専用語，モデル，参加者の関心を維持する能力，演習の速度，その他の領域の意見について，参加者の疑念を深く追求すべきである。ゲームの妥当性については，ゲームによって提起される問題をある程度すでに理解している意識の高い協力者を受け入れるよりも，優れた試行はおそらくないであろう。10 回の法則による個々の試行は，次に示すようにそれぞれ独自の狙いがある。

  1. 口頭進行（演習の口頭による説明の確立）
  2. 徐行進行（1 周期を示しながら素材の初期草案の作成）
  3. 手順の試行（演習手順の 1 段階，少数のゲーム理解者の協力）
  4. 用具の試行（演習手順の 2 段階，少数のゲーム理解者の協力）
  5. 第 1 回試演（3 周期，少数のゲーム理解者の協力）
  6. 第 2 回試演（3 周期，少数のゲーム経験者の協力）
  7. 第 3 回試演（3 周期，適切な人数のいくつかのゲーム経験者の協力）
  8. 第 4 回試演（3 周期．妥当な参加者の協力）
  9. 正規形式試演（3 周期，妥当な参加者の協力）
 10. 依頼者による正式な使用（専門的利用，妥当な参加者の協力）

10 回の法則の利点として，次の五つの肯定的な成果が得られよう。

  1. 時間制御を再検討する。ここでの問題は，技法，プロセス，内容を変更することが多い。この点において早期の試行は特に貴重である。
  2. マクロ問題または概観の表現として，ゲームの「ゲシュタルト」の学習を改善して合意を得る。内容，プロセス，技術的な懸案事項の調和について，最終的なゲームがどのようになるか同意に達することが最も重要である。
  3. モデルの伝達性と関連性を審査する。概念の理解について，ゲーム設計は効果的かつ効率的であるか。それは意図した戦略的探求と討論を創出するために最適な手段になるであろうか。
  4. プロセスの懸念事項を見直せる。ファシリテータには，ゲーム仕様で定義されているよりも多くの技能や技術的知識が必要であろうか。
  5. 用具類を見直せる。素材はゲームの戦略的機能を効果的に支援するか。それらは費用が掛かりすぎるか，扱い難いか，統合化が貧弱か。

■**試行参加者と構築活動**　完成したゲームは実際の参加者と共に試行しなければならない。これは依頼者にとって板挟みを引き起こすかもしれない。ゲーム・プロセスを使用する理由の一つとして，言うまでもなく，参加型プロセスを導入したいという願望がある。実際問題として，経営陣にとってしばしば困難さが付きまとうのは，誰がどの段階にどのような狙いで関与すべきかについて同意することである。「手の内を明かす」こと自体は，経営陣チーム（ゲームの最終利用者として）がゲーム自体を経験する以前であり，容易ではない。概念報告書には，今後の諸段階において情報提供者と試行参加者が関与するために具体的な計画が含まれているべきである。

　試行集団の参加に対する依頼者の責任は，概念報告書に記入しなければならない。初期の試行では，試行者は，おそらく，設計を支援するために割り当てられた人々であるか，ゲームに何らかの権限をもつ利害関係の人々であろう。このような試行者は「思いやりのある参加者」（試行のために困難に遭遇したとしても，引き続き参加し続けることを理解している人々）の範疇に入ろう。試行者とともにゲームの試行の最中は，役割に対する試行者の反応と，特に試行者が学ばなければならないゲーム専用言語の反応を観察するように注意しなければならない。初期の試行では不必要な詳細や独特な方言が明らかになることがある。試行者の意見を聞きながら，素材に関する苦情に特に注意を払おう。いずれにしても，複雑な問題に対応する能力を向上させようとする言語を構築する試みである。10回の法則を適用するために次の三つの基本規則がある。

1. プロセスの不揃いや不完全な素材があっても，常にゲーム手順の全体を完了せよ。
2. 問題を特定するために，常に結果を見直せ。
3. 次の試行を実施する前に，同意された変更を行うために常に適切な措置を講ぜよ。

■**ファシリテータ手引書の設計**　最終資料として作成されるのはファシリテータ手引書である。これは「ゲームの宝庫」と呼ばれる。構築中に開発された全ての手段，助言，技巧，秘密が収められており，各ゲームを成功に導く試金石についても記入されている。異なる人々（ファシリテータ）による促進の一貫性を保証するために，様々な場面で使用されることを考慮する。この目的は，作品が完成したときに依頼者による実際的な利用を確実にすることにある。手引書は，ゲームの使用を管理する条件（望ましいファシリテータの技能，物理的環境，参加者の特質と効用，ゲーム素材の保管場所など）に関して，全ての疑問に応えるために必要である。

　備忘録として，他の全ての手引書（例えば，参加者手引書）に添付された全ての資料が収集される。加えて，ゲームの実施を進行するためにファシリテータに向けた注記を含めねばならない。さらに，ファシリテータ手引書とゲーム前の配付資料には，適切な役割や視点の説明が含まれねばならない。これらは主に必要な行動について参加者に指示する処方箋である。特定の役割は構造的な意味において誰の担当であるか，その役割を特徴づける公的位置，利害，立場，目的などが示されている。役割の割当と参加者の配分を示す図表をファシリテータに提供することも重要である。ファシリテータはこれを手元に持っていなければならない。この行列状の図表は，異なる数の参加者に基づいた役割に，実際の参加者をどのように割り当てるかを示している（予定の参加者が現れ

る保証はない）。

■ゲーム前照合表

- 設備は十分であるか。
- 素材は容易に可搬できるか。
- 情報の読み込みは必要か。
- 開始時の予定表はできているか。
- 適切な財源と担当者は都合がつくか。
- 一般的な設備（机，椅子，黒板，プロジェクタなど）は装備されているか。
- プロジェクタ機器またはビデオ機器が必要か。
- 特別な照明が必要か。
- 部屋の設定はできているか。
- 役割の位置決めする表示法はできているか。
- 部屋の照合表はできているか。
- 出来事の時間割はできているか。

■ゲーム実施照合表

- 立上げ時間はどれくらいか。
- 掲示できる壁面はあるか。
- コンピュータ・ソフトウェアの準備はできているか。
- 消耗品の準備は整っているか。
- 学習のために安全な環境になっているか。
- 注意散漫を避けられるか。
- 手引書，用紙などの準備は（必要に応じて）できているか。
- 素材の準備（用具の一覧表）はできているか。
- ゲームの導入時に必要になる要点は何か。
- 参加者が順守する規則は何か。
- 参加者の数はどの程度か。
- 計算システムに処理される明確な決定は何か。
- 各周期の批評のときに対象になる項目は何か。

■ゲーム後照合表

- 最終報告会はどうするか。
- より大きな目的とゲームを統合できるか。
- どのくらいの片づけ時間が必要か。

- ゲーム終了時の報告会に網羅される項目はできているか。

段階 15 技術的評価

適切な試行手順の選択は重要である。これは，当初の目標，目的，仕様に従って行われるべきである。次の 3 課題に取り組む必要がある。

妥当性 ゲームは「現実の世界」を正確に反映しているか。それは抽象化の適切な水準にあるか。主題（内容）は信頼できるか。

信頼性 演習した結果は比較できて一貫性があるか。依頼者は意図したとおりに繰り返し利用できるか。素材，コンピュータ，時間制御の仕組みは信頼できるか。個々の演習した結果は他の結果と同程度であるか。

有用性 依頼者の目的を達成しているか。利用可能な代替方法と比較して時間と費用が遜色ないか。結果は評価できるか。

ゲームの評価は難しいために，開始時点において基準を定義しなければならない。どの段階で演習を評価するのか，誰が評価を行うのか，運用実績の基準は何か，議論の解決のためにどの手続きを使うかを決定することが重要である（第 6 章を参照）。取り組むべき事柄として，採用される評価方法を特定すること，参加者の反応を後日の評価のために記録するか否かを解決すること，結果の文書化方法の決定することが含まれる。いずれにせよ，目的は最終作品が当初の仕様を満たしていることを保証することにある。

問題の内容に重点を置く主題の専門家が，最終時の演習を評価することが多い。ただし，ゲーミングの専門分野の活動に精通していない可能性がある。その結果，評価は，問題の系統的な考察よりも伝達された詳細な特性に焦点を当てるかもしれない。

ゲーム後の質問表による評価は，参加者が記憶にとどめている事実を測定する傾向がある。しかしゲームは，複雑さを議論して，複雑さの理解を助けるように設計されている。ゲームはコミュニケーションのゲシュタルト方式であるので，適切な代替方法を考慮して最終時の演習が評価されるべきである。

演習の開発はいくつかの段階を経ており，それぞれが評価の対象になるかもしれない。ゲームの再検討が様々な段階で予定されるならば，ゲーム設計チームは必要な情報を獲得されねばならない。これらの評価の各々は，現実の世界システムについて，モデルの全体的な正確さと有効性を向上し得るものであり，また実際に向上もしよう。再検討と評価の機会には次のものが含まれる。

- 問題を探求するために提案された研究方法

- 概念報告書に提示されている設計の評価
- データベースとデータ提示技法の評価
- 選択されたモデルの再検討
- 採用されたコンピュータ・シミュレーションの分析
- データ計算の手順の再検討
- 技術的評価（段階 15）
- 最終の実情報告書（段階 21）

演習に対する参加者の反応には大きな注意が必要である。ゲームが表すと仮定される現実世界のモデルに対して，洗練した参加者のゲームへの反応は何であろうか。何人かの参加者は他の参加者よりも先に上手に諸活動を開始しているか。複数の参加者が同じ情報を同時に取得しようとしているか，資料のために不必要な競合をしているか。参加者の記入書式から計算書式への変換プロセスは単純で分かりやすく誤りのないものか。参加者に適切な時間が与えられるように時間管理は解決されているか，素材を下見できるか，過去の周期の出力を見直せるか，周期内で直面する決定をチーム間とチーム内で議論できるか。周期ごとの批評と最終の報告会のために十分な時間があるか。演習が終わった時点で参加者は不満を感じているか，もしそうなら，原因は何か。参加者はゲーム経験を超えて問題を追求する意欲を持っているか。

ゲームが一度使用されると，参加者から設計者に反応を伝えることは非常に重要である。ゲーム設計者の創造力を刺激するかもしれないので，住所を記載した用紙を配付して，参加者がゲームのあらゆる側面について意見できるようにする。参加者からの反応を入手するもう一つの簡単な方法は，国内および国際学会におけるゲーム設計者の特別な会合である。特定のゲームに興味のある人々は，ゲームの使用について様々な側面の議論ができる。

段階 16 グラフィック設計と印刷

グラフィックスの設計を通して達成される目的が，専門家による体裁を開発することと，ゲーム素材の人間工学的有効性を確保することにある。仕様は最終的な素材の開発責任を扱うべきである（設計チーム，社内作業として依頼者，外注業者）。グラフィック表現の特性を定義する必要があるか（素材は唯一なものか，依頼者仕様に準拠しなければならないか）。次の一覧は，過去の状況で有用であることが証明されているグラフィック設計を示唆している。

- 演習の各段階の壁図
- 次の相互関係の連関
    - モデルから役割へ
    - 役割から複合要素へ
    - 複合要素からモデルへ
    - あるモデルから他の全てのモデルへ

- 所与の役割から他の全ての役割へ
- 特定の複合要素から全てのデータ資源へ

- コンピュータの出力形態
- 周期の様相
- データ・ファイルの構成図
- 計算システムの略図
- ゲームの複合要素一覧表
- 主要な副処理手順
- 人間・機械系の関係
- 適切な地図，写真，図面
- 参加者の活動流れ図
- 参加者の決定書式
- 参加者の支援書式
- 部屋の配置図
- 実践の手順
- 静的と動的な機能的相互作用図
- チームの行列表
- 一般的計算の手順

　忘れないでほしい，参加者はゲーミング素材に慣れるために多くの時間が許されていない。最終的な素材の芸術的品位が参加者の作業を支援することを確認せよ。作品は魅力的に見えるべきであるが，しかし実用性が最高の基準になる。

段階 18 演習の促進 – 未来のファシリテータのために

■ゲーム促進の重要性　ファシリテータはゲームの実施に大きな責任を負っている。資料の「学習」版を読み込んで説明されている手順を守るならば，演習は順調かつ予想どおりに進行することになる。最初の2周期は，参加者の進捗を「演習の段階」によって管理することが非常に重要である（周期1は「歴史」の効果的な総括であり，周期2は参加者に必要な手順を「訓練」する基本的な装置である）。後半の周期から，参加者が自己の役割に慣れ親しむようになると，演習に四つの局面のそれぞれに入るときに演習の諸段階との一致を要求するか，集団が混乱した場合に制御を取り戻すか，あるいは両方が単に必要である。ゲームの促進を始めると，ファシリテータだけが既知のいくつかの事実がある（例えば，計算システムの動態）。これらは「秘密」のままであり，環境を探求するのが参加者の作業である。しかし，ファシリテータは，参加者を安心させるために，適切な場合には「手掛かり」を与えることができる。

　ファシリテータは，ゲームを有効に使うためにゲームの資料に精通しなければならない。ゲー

ムの実施には明確な目的を持っているべきである。ゲームの仕組みについて完全に知らされており，試行時の適切な経験が求められる。ゲームは，観察の可能性が高いことと結果の迅速な反応のために，専門的に実施されねばならない。ファシリテータは，時計を見ながら，必要に応じて時刻を案内して，演習を計画どおりに促進しなければならない。戦略的導入に使われるゲームは非常に頻繁に使われるかもしれない。多くの異なるファシリテータが参加するかもしれず，その場合には「ファシリテータを訓練する」会合を組織する必要があるかもしれない。

■**円滑なゲーム実施の技法**　ゲームの複雑さの水準は，対応するマクロ問題の性質に依存するであろう。他の事柄も同様であり，ファシリテータの役割を演じることも含めて，ゲーミングのあらゆる面で簡素性が求められる。見知らぬよそ者に「新たな方言を学ぶ」ことを求めていることを忘れるな。ゲームに巻き込まれるほど，この目標を達成するときに遭遇する抵抗は高くなるかもしれない。

　ファシリテータが間違えると，当然の結末は参加者側の怒りと不満になる。このような間違いは参加者にゲームの信頼を失わせる可能性がある。参加者が気付く前に，自動的な計算照合は間違いを発見するように設計されねばならない。当然の事ながら，ファシリテータは，計算システムの応答が予想される範囲内にあるかどうかを一目で認識できるはずである。そうでなければ，ファシリテータは，参加者が意図した決定の結果であることを念には念を入れて確かめることになる。参加者が重大な間違いを犯すと（無意識に小数点を省くなど），ファシリテータは自動的に修正しなければならない。可能であれば計算処理の合理化を進めよ。丸め，切り捨て，近似の演算は結果の重要性を変更しなければ適切である。

■**疑念の払拭**　ファシリテータは「疑念の払拭」という概念を念頭に置くことが重要である。これは参加者にゲームに参加中であることを「忘れさせる」ことを要求する。参加者は，新たな選択肢を探求しながら安全を感じる一方で，ゲームへの集中力を壊すような注意散漫から守られていることも感じる必要がある。経験の真の強みを得られるのは，この「繭」の中だけである。これが一度達成されると，参加者は，数カ月または数年に及ぶ仕事が，現実世界の非常に凝縮された環境に参加するという経験に，完全に入り込むことが可能になる。

　疑念の払拭は参加者の関与に最も重要である。参加者は集合し始めると，悪いことが起こるのではないかと心配になろう。この心配は，迫りくる圧力を認識するにつれて増加するであろう（実際は，半時間以内に「演技者」になり，不信を抑制して強い信念を持ってシナリオに入り込む）。迫真性，すなわち，抽象化を通して現実の状況の創発が疑念の払拭のために必要である。不思議なことに，比較的単純な状況では，参加者は現実の代用としてゲームを受け入れることが多い。

■**ゲームの劇的要因を高める装置**　人為的に誘発する「劇的要因」は依頼者の目的を決して上回ってはならない。参加者の熱心な集団の存在はゲーム成功の十分な証拠にならない。ところが，成功のためには熱心さが必要である。参加者の熱心さを高めるには，現実世界の偶発事象をモデル化して，驚きの念と偶発性を控えめに導入することかもしれない。

　参加者が決定を行い，その決定が処理されて，さらにその応答が参加者に返されるまでの時間は，一般的にかなりの持続的な緊張感がある。これは参加者の関与を高めることに使用できる。チーム相互で質問を解決しなければならない時間にもかなりの持続的緊張感になる。また，解決策の最終的な発表は自発的かつ際立った活性騒音（hubbub）をもたらすことが多い。経験豊富なゲーム・ファシリテータは，緊張感の時間に続くコミュニケーションをその時期と認識するであろう。この時期は，ゲームのコミュニケーションの意図を果たす情報の交換の絶頂期にあたることが多い。ファシリテータはこの時間帯を邪魔してはならない。

　この展開と並行して，問題の定義の観点と代替的解法の開発の両方で，参加者が自らの独創力を使用する機会を最大限にする必要がある。これは，周期の進行とともにゲームの自由度が増して，想像力豊かな参加者の反応（例えば，特定の情報の問い合わせ，問題解決のために役割間の連関の新たな努力，ゲームに組み込まれていない問題解決法の参加者即興能力）が奨励されることを意味する。

■**部屋の配置**　参加者は，快適で打ち解けて貢献できるような配置に組織化されるべきである。これはゲームの実施中に参加者が集中的に経験する環境になろう。注意散漫な要素は最小限にする。図表類の視覚物の中心的な配置に集中できるように，机と椅子も配置しなければならない。演習室は，事前に調査して，全てのゲーム要件を満たしていることを確認すべきである。ファシリテータは，頭脳の中で，役割と図表の両方に十分な空間があるように事務備品類を再配置してみよう。演習室が使えることを確認して，全ての資料を事前に配置して，さらに全てを再確認すること。特に夜間は部屋に錠を掛けて保護するように準備せよ。

　個人的な経験からの警告である。夜間に清掃員が部屋を「掃除」しないようにすること。壁面の図表類を捨てたり家具類を並び替えたりすると最悪の事態になりえる。

　演習の狙いとして重要なことは，新たな選択肢の議論を促すことを常に心に留めておくこと。参加者に答えるときは，可能な解決策を検討するために大きな壁面の概念図を参照せよ。これは参加者がゲームではなく「現実世界」に集中することに役立つであろう。

■**参加者関与の制御**　参加者が一度関与すると，ゲームの真正性と関連性が明らかであれば，学習と討論のプロセスが無意識に行われて，ゲーム・ファシリテータの役割は単なる管理者の役割に縮小される。多くのゲーム・ファシリテータは，教育や指導する役割を心地よく感じているので，この重要性の没却を受け入れることは難しい。優れたゲームでは，参加者は自己の意思で提示されたシステムを探求しよう。参加者は自分自身が考え出した質問に対する答えを見つけようとしよう。これはファシリテータの役割が比較的限られることを意味する。従って，ファシリテータの主な役割は，演習の諸段階に従うことと，否応なく発生する技術的と機械的な障害の解消に対応することになる。

　情報の伝達におけるゲームの成功と，達成した参加者の巻き込みの程度との間には，正の肯定的な関係がある。参加者の巻き込みは，三人の法則（後述），協働と競争，自我と自尊，情報読み込み特性，抽象性の水準，責任の要件，反応の仕組みの可視性，実質的内容の妥当性，場の設定（劇

的要因，局面，適時選択）によって，意図的に操作できる。

　演習は，慎重に構築された環境において，慎重に定義された視点（役割）から引き出される着想の自由な交換を意図している。成功を収めるには，ファシリテータは，制御の仕組みとして機能する演習の「構造」と，参加者が作業と取り組むときに現れる「自由な行動」ができて，開放的であり創造力に富んだどの方向性でもよい複数の人々の対話との間で，継続的な妥協点を探らねばならない。ファシリテータは，妥協点のために演習の各局面の適時選択の一般的な感覚を持つべきであるが，演習の主要な諸段階の間に，行動，思考，会話の自由な状態を参加者に認めるほど十分な寛大さになるべきでもある。

■三人の法則　多くの参加者はゲーミング経験がないために居心地が悪い。この不快感を克服する一つの方法は，参加者にゲームの開始時から責任を持たせることであり，三人の法則はこのプロセスを加速する。三人の法則は，所与の意思決定の役割において，3人が一つの役割を果たすように配置されると，最高の質が起こると提唱している（5人と7人が考えられるが，扱い難さが増大する）。3人が共同して意思決定を行うと，固有の不均衡があり，結果として起こる議論の質を高める。意思決定の質は，同じ決定を行う1人の参加者によって得られる場合よりもかなり高い。

■ゲーム前の活動（参加者の入室前）　演習のために参加者を準備させるには，事前に必要な資料を配付することである。ゲーム実施の準備を数日前に完了していれば，予期せぬ状況が発生しても，対応するために十分な時間があろう。資料の配付手順と時期は状況によって異なるが，次のものが含まれよう。

- 次の事項が記載された招待状，すなわち，計画の詳細，演習の狙いの説明，参加者に期待される事項，ゲーム経験に関連する活動の説明，連絡先（電話による追跡調査は正確な人数を確定するのに有益である。電話は，確認が取れた時点で，参加の必要性を強調する機会としても役立つ）
- 参加者を適切な役割に慎重に割り当てる一覧表
- 要約形式で提示される実質的な備忘録（参加者が精通を期待される基本的な資料）
- 適切な参照枠を確立する選ばれた文献類（ゲームによって追求される活動のために）
- 参加者が確実に周期1の決定を行う作業帳（ゲームに参加する前に手順と内容の両方を習熟するために役立つ）

■政策ゲームの活動（参加者の在室中）　ゲーム会合が始まると一連の手続きが進行する。これには導入部や会合の狙いの再説明などが含まれる。ファシリテータは，参加者に演習の一般的な概要を説明した後，ゲームに引き合わせてゲームの手順を解説しなければならない（参加者が事前に提供した資料を読んでいるか覚えているかは問わない）。丸一日分の基本原則を紹介せよ（例えば，一斉のコーヒー休憩はなし，コーヒーは各自自由，出来事の手順の説明，昼食や夕食の時間など）。導入部は，非常に短くする必要があり，「定型的な台本」にすべきである（ファシリテータに指示

するために，いくつかの基本的な着想をあらかじめ印刷した壁紙を使用せよ）。経験の浅いファシリテータのために，説明方法を標準化して導入部を容易にするビデオ録画を利用することもよい。次の二つを網羅すること。

- ゲームは生産的な対話を促進する手段として開発されている。
- ゲームの目的は脅威のない環境を作り出すことにある。そこでは，様々な当事者が視点を交換して，問題を解決する新たな選択肢を探求する。

ファシリテータとしては，ゲームを進行させながら，集団の前でコミュニケーションの目的を明確にすることが重要である。演習は「モデルのモデル」である。建築家が建物の様々な設計で施工主の同意を得るために構造物の3次元モデルを使用するように，ファシリテータは「モデル」を使用してゲーム環境と「現実世界」の間の類似点を引き出さなければならない。

各自を短い時間で紹介せよ，参加者が演じる役割を示せ。ゲームの文脈を確立せよ（参加者は何故ここに居るのか。探究される現実世界の問題は何か。報告会ではこれらの二つの質問の再考を示すこと）。大きな壁の概念図を参照せよ。ゲームが抽象体であることを理解しているかを参加者に確かめよ。それにもかかわらず，抽象体が現実の詳細な認識に基づいていることを確かめよ（概念図で示されているように）。

参加者に演習の構造を習熟させる最善の方法は，最初の手順を「歩かせる」ことである。実際に意思決定を行って全ての手順を進むこと。最初の周期の後，参加者はプロセスに精通し始めており，諸段階の実施に関してより柔軟な姿勢が期待される。

当日に可能であれば，参加者間の争点を参加者全体に戻してみよ。「これは皆さんの問題です。どのように解決したいのですか」と付け加えること。参加者はすでに「専門家」であり，ファシリテータの役目は向上したコミュニケーションの促進である。一般に優れたファシリテータはその場に居るが何も話さないであろう。

演習はいくつかの方法を使って終了することになる。典型的には，設計と時間の制約のために，周期に設定された数だけで終わる。演習は，最終の報告会に十分な時間を割り当てて終わるように，構造化されてなければならない。参加者が自己の感情を発散させて，ゲームによって伝達しようとする内容を強調するために行われる。ゲームは現実の簡潔なモデルである。報告会は，参加者がゲームのいわば「偽」の世界から専門的関心事の「現実の世界」に移行することを助ける必要がある。このために，集団が持つ全ての課題は，ゲーム日の事件ばかりではなく，現実の世界の懸念の観点から言い換えるべきである。ゲームを忘れ去れよ。報告会の終了時は，演習の有効性を測定する評価装置を投入する適切な時期である。依頼者の目的は達成されたか。演習は定められた狙いを達成したか。予期しない所産があったか。

■**ゲーム後の活動（参加者の退出後）**　演習の具体的な追跡計画が策定されるべきである。参加者にゲームの出来事を要約した資料を提供することが多い。これには明らかになった合意あるいは不一致を要約した実情報告書の作成が含まれよう。特定の参加者との追跡会合は，政策文書について

同意に至るときに役立つであろう。これらの「注記」は，演習中に得られた印象を確認するために回覧することもできる。さらに，ゲーム経験から得られた「伝達内容」を強化することによって，プロセスへの参加者のさらなる責任として役立つことができる。また，全体的な状況を説明する方法として，さらに考慮されている新たな政策を説明する方法としても，後続の新たな集団がゲームを演習することは価値があるかもしれない。費やしたゲームの時間と努力のために参加者へ感謝の手紙を送ること。必要に応じて簡単な評価調査表で追跡せよ。

■**ゲームの典型的導入部**　全ての資料と準備活動の詳細な照合表を用意せよ。ゲームに必要な全てのコンピュータ印刷物が印刷されて，必要に応じて配付されていることを確認せよ。全ての資料は役割ごとに同色に統一すべきである。色分けは役割の主要な識別の一つであるために，各役割の資料を綴じた書類挟みの外側に適切な彩色をすべきである。

　周期1の詳細説明は，慎重に準備されて熟考した段階的方法で行う。全ての参加者が傾聴しており，配付した記入用紙の流れに従っていることを確認する。最初に，部屋の配置，様々な役割，各役割の主な責任を簡単に紹介せよ。参加者に最初の周期をできるだけ早く歩かせよ。参加者が知らなけばならない事柄だけを説明せよ。個々の役割の内部作業に固有なことは説明しないこと。各段階の開始と終了は明確に周知して徹底されなければならない。

　ゲームの仕組みを扱う参加者の能力は，周期1の詳細説明の最中に，各役割に割り当てられた「役割助言者」がいれば大幅に向上しよう。これらの助言者は事前に訓練を受ける必要がある。主な機能は，参加者が役割に関連する全ての仕組みとプロセスに慣れることと（できるだけ早く），ゲーム全体の活動の概要について感覚を得ることである。

　参加者が演習の便益を受けられるとすれば，演習の各段階の下で自己の責務を理解して完結することが最も重要である。これらの活動が最初の周期では少し混乱するかもしれないが，すぐに仕組みに慣れて克服しよう。参加者は，依頼者の目標の達成に向けて，自己の行動が意図的であることを確認する必要がある。

■**導入部に向けたファシリテータ照合表**

- 担当者を紹介せよ。
- 参加者を立たせて，集団全体に短い自己紹介させよ。これにより緊張が解けてその日が始まる。参加者はお互いに顔なじみになる（遅刻者の到着するのを待つ時間つぶしにも）。
- 参加者に役割を割り当てて，適切な場所に着席していることを確認せよ。これは，卓布と役割の資料の色が一致しており，色合わせを説明するのに都合のよい時間である。
- 参加者に，建造物縮尺モデルを利用して，ゲームの概念を紹介せよ。
- 混沌のように見えることを説明せよ。ただし，基本的なプロセスと構造が活動にある種の秩序を与えているので，この説明は誤解されやすい。
- 目的は，集団間のコミュニケーションを改善して，代替案を探求することである。
- 問題には多くの解決策がある。「手に入れる」には，チームとして解決法を見つけるように

協働しなければならない。

- 秩序あるプロセスのために規則を順守しなければならない（例えば，時間制約を満たすこと）。
- 政策は参加者の管理下にある。
- ゲーム・ファシリテータの決定は常に最終であることを強調せよ。ファシリテータが提供したデータには挑戦できないことを強調せよ。
- 部屋の配置で主要なモノを示せ（図表，様々な役割の位置など）。
- コーヒーと休憩の案内（演習終了時まで部屋に所在してもらう）。

■各周期末に行う批評の指針　各周期末の最後の活動は批評である。これは，直前の周期を見直して次の周期を開始するために，ファシリテータが管理する討議の場である。この討議は，「ゲーム内」の事象であり，現実の世界ではなく，模倣の場に取り組む。批評は演習の意義を明らかにする体系的な議論であり，いくつかの狙いに役立つ。これは，参加者に一つの周期が終わったことと，一連の新たな着想を探求する新たな機会にすぐに入ることを知らせる。さらに，自己の行動を「発散」させて，明確にさせて，説明するか擁護するかの機会を参加者に与える。最後に，ファシリテータは，参加者を演習の漸次的発展に安心させることを確実にして，参加者との相互作用のために機会をもつ。報告会に関係する課題については，模造紙図表に記録を行って，最終報告会まで議論を行わないこと。批評の間に，参加者は不明瞭な手順の事項について説明を求めることもあろう。また，参加者の集団は，ファシリテータの助言の下で，計算システムの結果について議論しよう。ファシリテータはその他の未解決事項を決定しよう。

■最終報告会討議の指針　報告会と批評の場を混同してはならない。批評の場は，各周期末にあり，非常に簡潔であり，ゲームの仕組みと細目だけを扱う。報告会討議は，非常に異なる狙いがあり，ゲームの人為的な世界から専門的な懸念の現実世界に向けて，参加者の移行を助ける。このために，演習中に提起された全ての課題は，ゲーム日の偶発事からではなく，現実の世界の懸念の観点に転換するために，言い換えるべきである。報告会の最中には，問題環境の大きな概念図を，ゲームの仕組みから焦点を転換するために可能な限り多く使用する。演習の狙いは，新たな認識，代替案，課題の議論を促すことであり，これらを常に心に留めておかねばならない。報告会は次の二つの局面がある。

　ゲームの実績を確認せよ。参加者はゲームの興奮から「脱出」する機会を持つことが重要である。参加者には，うまくいった仕事を祝福すること，失敗を説明すること，さらに時間があれば何をしたのかを説明する機会が必要である。全ての参加者に最低限でも短期間の発言の機会を保証せよ（例えば，遠慮がちな人々には直接の質問をせよ）。この報告会の初期の局面は，重要であり慎重に行わなければならないと同時に，それが演習の主題でなく，手近の政策事項を検討することになる。

　ゲームによって表出した現実の課題を検討せよ。この時点で，ファシリテータは，意図的にゲー

ムから現実世界の懸案事項の議論に転換しなければならない。参加者は「理想郷」に残りたいと抵抗しよう。しかし，ファシリテータが実際の問題の文脈でこの状況を何度も言い直すと，さらに参加者に同じことを要求すると，目前の現実の政策事項の議論に準備が整うことになる。ここで，演習の真の報酬が始まる。協働の探求を計画せよ，この目的のためにかなりの時間を用意せよ。ゲームは「現実のモデル」であることを忘れるな。このようにゲームは議論の基盤として機能することになる。参加者がゲームの実施中に確立した「専門的方言」（訳注 - その場に居る人たちだけが理解できる略語など）を使用すると，着想はより迅速かつ効果的に交換することができる。黒板や模造紙などに記録した主要な着想，同意，不一致を捉えることを忘れるな。

用語（訳語）解説

（訳注 - 見出し語は原文のままとする。訳語は本文と一致しない部分がある）

accounting system　計算システム　ゲーミング要素である。プロセスであり，参加者の決定は記録されて獲得される。続いて，役割の報告義務を確実にするために何らかの方法で処理する。さらに結果が参加者に戻され報告されて議論を引き起こす。

analogy/metaphor　類推・隠喩　ゲーミング要素である。ゲームで採用される直喩であり，参加者が認識して是認する「モデルのモデル」である。

basic referent system　基本指示系　ゲーミング要素である。政策演習の基本となり秩序を与える一つあるいは複数の参照枠である。これらは，演習の設計に関して基本的な決定に影響を与える分野または着想群を反映している。

(multi-party) collaboration　（多人数）協働　プロセスであり，問題の様々な側面を見ている当事者らが，相違点を生産的に探求して，何が可能なのか自己の限られた展望を超えて解決策を探索する（Gray, 1989, p.5）。

commitment to action　行動への責任　意思決定における自発的かつ感情的な要素である。例えば，選択した行動の経路を遂行する意欲である。選択した二者択一に，時間，努力，才能，他の資源の取り消せない配分が必要なときに現れる。

communication　コミュニケーション　媒体を介して送り手から受け手への任意の内容の伝達である。

communication mode　コミュニケーション方式　3要素で構成されており，言語，応答者間の相互作用の様式，採用されている伝達技術がある。

communication technology　コミュニケーション技術　伝達内容を符号化して，送信して，復号化する手段である。

complexity　複雑さ　相互接続された要素で構成されており，要素の非常に入り組んだ配置によって特徴付けられ理解し難くて，扱い難いほど細かく関連し合い錯綜している（Webster, 1989）。

concept report　概念報告書　政策演習を管理する設計の同意文書である。着想群を実施可能な設計図に統合しており，依頼者による契約が必要である。

cone of abstraction　抽象円錐体　異なる当事者のメンタル・モデルの相互関係を示す手段である。当事者の職位と経験に応じて，メンタル・モデルは円錐体上の異なる抽象水準に位置する。

consensus vs. conflict　合意対対立　対立は，認識された利害の違いであり，異なる願望が同時に達成されないという知覚である。合意はそのような認識が存在しない。全ての懸念への対処が試みられて，全ての関係者にそれが知られ理解されているという相互の感情である。

creativity　創造性　プロセスであり，既存の作品の変革によって他に存在しない作品を生み出す。作品は，創造者にとって唯一でなければならず，確立された狙いの基準を満たさなければならない（Isaksen, 1988, p.258 の文献調査から引用）。

debriefing　報告会　演習の段階である。当初の目的を評価するために，演習の終了時にファシリテータが管理する体系的な討議の場である。

decision making　意思決定　意思決定の概念は選択と責任に関係している。狙いや計画が最高として選ばれても，意思決定者がそれに全力を注がなければ，具体的な狙いのために何の決定もなされていないことになる（Noorderhaven, 1995, pp.7-8）。

decisions　決定　ゲーミング要素である。各周期において役割に必要になる様々な具体的な行動である。

design sequence (of a gaming simulation)　設計手順　ゲーミング・シミュレーション設計の体系的プロセスであり，幅広い五つの局面で構成されており，その中には全体で 21 段階がある。

events　出来事　ゲーミング要素である。演習の各周期の最初の時点で，特定の参加者に提示される挿話である。ゲーム化されている実質的な問題の特定の側面に参加者の注意を（再）集中させる。ゲームの進行とともにシナリオを更新するためにも使用されており，計画されたもの，誘発されたもの，無作為のものの 3 種類がある。

format　形態　ゲーミング要素である。ゲームの物理的構成（文書，視覚化体物，加工品など）であり，参加者がゲームで遭遇する様々なプロセスでもある。

future's language　未来を語る言語　多重話の混成型コミュニケーション方式である。複雑な現

実の伝達を強化するために，多くの異なるコミュニケーション形態をいろいろ組み合わせて可能にする。対話に参加している人々が見ると，問題の再構築またはより慎重な明瞭化を可能にするために，形態が一時的であり動的でもある。さらに，運用中に問題の変化する認識に反応する。multilogue も参照のこと。

gaming simulation　ゲーミング・シミュレーション　本書では別名ゲーム（game）でもある。現実のシステムの運用モデルである。システムの行動は役割のある当事者が少なくとも部分的に再現する。「少なくとも部分的に」という意味は，ゲームが，地図，ゲーム点棒（例えば，ポーカー・チップ），コンピュータ・ソフトウェアなど，このシステムを模倣することに役立つ多くの他の要素を含むことができるという事実に基づく。

gaming elements　ゲーミング要素　政策演習（ゲーム）の構築に使用される部分構造である。内容，構造，プロセスの三つの範疇に分類される。

- content - 内容 シナリオ，出来事，主題，類推と比喩，参加者とその決定
- structure - 構造 形態，基本的指示，政策，規則，採点表，演習の段階，モデル，データ，計算システム
- process - プロセス 促進法とゲームの主要3局面，ゲーム加工品（視覚化体と用具類），結果の評価（文書など）

ill-structured policy problem　悪構造化政策問題　多くの意思決定者が関与しており，価値観や目的に対立があり，潜在的に関連性があると考えられる代替戦略や行動の数は無制限である (Mitroff & Sagasti, 1973)。加えて，これらの代替案がもたらす可能性のある所産は不明であり，一定の所産が出現する可能性についての洞察はほとんどない。これらの特質は程度の問題であり，全ての問題は程度の差はあるが悪構造化になる。macro-problem を参照のこと。

image　心象　ゲーミング要素である。ゲームによって伝達される主要な印象である。

indicators　指標　ゲーミング要素である。参加者に演習の結果の反応として提示される計算システムの特定の出力（図式，図表など）である。

knowledge household　知識集合体　論拠，主張，利益，価値の体系であり，政策の選択肢が基礎に置く。さらに，認知地図，メンタル地図，実践の理論，政策理論，メンタル・モデルも参照する。

macro-problem　マクロ問題　次の特徴がある政策問題である（Cartwright, 1987, pp.12-13）。

- 全視野も詳細も理解されていない。

- 様々な要因の間に連関が存在する。
- その連関に集合的に集中すると役に立つ。
- 境界ではなく焦点によって定義される。
- マクロ問題を対応するには柔軟性と適応性が重要である。
- 発見的問題解決の接近法が要求される。
- 意図しない結果や副作用，予期しない副産物を招く傾向がある。

mental model　メンタル・モデル　事実と概念のネットワークであり，現実を模倣している。そこから，経営幹部は，戦略的課題，選択肢，行動の過程，起こり得る所産に関する自己の意見を引き出す（Morecroft, 1988）。knowledge household を参照のこと。

model　モデル　本書では二通りの意味で使用している。まず方法論的な意味の利用がある。システム A に関する情報を得るために，システム A と直接的でもなく間接的にも相互作用していないシステム B を使用する人は，システム A のモデルとしてシステム B を使用する（Apostel, 1960）。次にゲーミング要素の利用がある。ゲームを通して提示される依頼者の環境を部分的に模倣する量的システムである。

multilogue　多重話　手近の話題のより深い理解を追求する場において，複数の当事者間のゲームにおける同時対話である。ゲームが創発する状況固有の「未来を語る言語」は書き言葉だけでなく話し言葉も介して伝えられる。優れたゲームは，参加者間のコミュニケーションを支援する多くの異なるシンボルで構成される。例えば，カード，ゲームの駒，その他の用具が使われる。

network management　ネットワーク管理　ネットワーク内の相互依存性，自律性，多様性の変容と，実質的な一時的な気まぐれ（思い付き）の変化であり，管理する当事者に対して管理の選択肢を創造する。policy network を参照のこと。

paraphernalia　用具類　ゲーミング要素である。ファシリテータがゲームを総合化して実施するために必要な様々の加工品がある。

participation/involvement　参加・関与　政策プロセスの全局面または一部の局面において，関連する利害関係者の生産的であり共感的な作業である。

participatory policy analysis　参加型政策分析　応用社会科学の分野であり，調査，議論，プロセス促進の複数の手法を用いる。問題の価値，定義，原因，解決法に関して，それぞれのメンタル地図を直接的に相互に探求して交換する。そして，課題について，共有される強固な政策理論を必要に応じて効果的に開発して検証する。究極の目標は，全体として，個々の利害関係者と政策ネッ

トワークの問題解決能力を向上させることにある（Geurts & Mayer, 1996, p.17）。

play　遊戯　自主的で余分な活動であり（人は自由意思から入り込む），現実から一時的な行動に踏み出すことに関与する。時間と場所の点で制限されていて，規則は固定されており，整然としたプロセスに従う。新たな異なる社会的集団の形成を促進して，それ自体が目標であり，緊張感と喜び，活動が日常の生活とは異なる気付きを感じる意識が伴う (Huizinga, 1955)。

policy or **policy program**　政策または政策問題　政策ネットワークの当事者に義務を負わせることを意図した政策問題に関して，一連の計画された決定である。

policies　政策　ゲーミング要素である。方略を調整しながら参加者が負う制約である。参加者は，基本的なゲーミング構造内において，これらの手続きを，変更，修正，強化することが可能である。

policy analysis　政策分析　調査と議論の複数の手法を用いる応用社会科学の分野である。政策問題を解決するために，政治的環境で利用される可能性のある政策関連情報を提示して転換する（Dunn, 1981, p.35）。

policy exercise or **policy game**　政策演習または政策ゲーム　政策立案者の戦略的経営の具体的な問題を支援するために系統的に創作されたゲーミング・シミュレーションである。

policy network　政策ネットワーク　主要な定義の要素は次のようになる。

- ネットワークの当事者は個人ではなく組織の一部である。
- 当事者は，異なる利害と権限の発生源に基づいて異なる戦略を追求する。
- ネットワークは政策プログラムを生成する。
- 一人の当事者では，生成されるプログラムの形成と実装を制御することはできない。
- 権限の配分，戦略的情報と知識源の所有権，ネットワークの公式と非公式の規則は，所産に決定的な役割を果たす。

policy theory　政策理論　knowledge household を参照のこと。

problems vs. policy problems　問題対政策問題　問題は，事態の望ましくない状況，または望ましくない未来の発展が予期される状況である。政策問題は，事態の望ましくない状況や魅力的でない発展に対応して，抑制ないし反対について何かを行うか，あるいは行うべきと想定する。従って，政策問題の背後には，影響を受けるという前提がある（Dunn, 1981）。

problem structuring　問題の構造化　課題の定義に影響を及ぼすことを目指して，様々な組織の

代表の諸活動である（Roelofs, 2000, p.173）。

role　役割　ゲーミング要素である。所与の参加者（またはチーム）に与えられた利害，知識，責任の仮想的な組み合わせである。ゲーム上の役割（実際の参加者が決定を下す），シミュレーションによる役割（理論的参加者），擬似的役割（存在するがゲームで決定しない）の 3 種類の役割がある。

rule of three　三人の法則　個々の意思決定者（役割）は控えめに使用すべきである。可能であれば，三つに分割された役割が一つの視点を持つチームを形成する必要がある。この集団は単一の決定をするために協力しなければならない。

rules　規則　ゲーミング要素である。ファシリテータが強要する特定の制約であり，方略を管理する。参加者は規則に従わなければならず，変更もできない。

scenario　シナリオ　本書では二つの方法で使用されている。まず，ゲーミング要素である。演習の筋（履歴，現在，未来）で，ゲームが始まると全参加者に与えられる。次に，可能な未来へのプロセス技法である。来るべき社会システムが直面するかもしれない代替的未来案について，仮説を立てる物語である。

schematic　概念図　ゲーム設計のための手段である。マクロ問題の内外の特徴を視覚的に提示する。潜在的に重要な考慮事項の全ての概要を含んだ壁全体の図解である。

scoring　採点表　ゲーミング要素である。参加者による決定の結果を反映する罰則と報酬のシステムである。

simulation　シミュレーション　システムの中心的な特性を再現する意識的な試みであり，そのシステムの動作を解釈するか，実験するか，あるいは予測する（Duke, 1980）。

steps of play and cycles　演習の段階および周期　政策演習はいくつかの「周期」を経て進む。各周期は演習の諸段階を通る手順で構成される。演習の段階は，演習の各周期の中で参加者が従わなければならない一連の活動である。

strategic management　戦略的経営　戦略を開発して成功裏に実現することを目的とした組織内の全ての活動である。通常，活動は，事前決定戦略分析，意思決定（選択），実行の順番に行われる。

strategic trajectory　戦略的軌道　相互に接続した決定の計画であり，成功を目指す参加型開発

と特定の戦略の実現のために，関連する活動の構成をどのように行うかを示す。これには，通常，適時選択，参加者数，主題の事項，道具，公開討論形式などの多くの設計上の決定が含まれる。

strategy or **strategic policy**　戦略または**戦略的政策**　本書では，マクロ政策問題を目指した政策プログラムである。その実施は関係する組織にとって大きな影響を及ぼすことになる。

systems component/gaming element matrix　システム複合要素・ゲーミング要素の行列　問題のモデルからゲームのモデルにシステム（概念図に表されるように）を変換するプロセスがある。それには，システム複合要素を反映する列とゲーミング要素を反映する行からなる壁面大の行列を使用する。

theme　主題　ゲーミング要素である。ゲームによって対応される議題または実質的な焦点である。

uncertainty vs. risk　**不確実性**対**危険**　不確実性は知識の不足を指しており，危険は不確実性に評価の要素を加える。危険は，不確実性の関数であり，不確実な事象が望ましいか望ましくないかの程度である。

visuals　視覚化体　ゲーミング要素である。演習中に洞察を得る際に参加者を手助けする，図表，加工品，概念図，壁掛け図，机，参加者活動流れ図などがある。

wicked problem　不愉快な問題　macro-problem を参照のこと。

参考文献

Ackoff, R.L. (1974). *Redesigning the future: a systems approach to societal problems.* New York: John Wiley.

Ajzen, I. (1991). The theory of planned behavior. *Organizational Behavior and Human Deision Process,* 50:179-211.

Allison, G.T. (1971). The essence of decision: explaining the Cuban missile crisis. Boston: Little, Brown and Comp.

Apostel, L. (1960). Towards the formal study of models in the non formal sciences. *Synthese,* 12:125-161.

Aretin, W. von (1830). *Strategonon, versuch die Kriegsfuhrung durch ein Spiel darzustellen.* Ansbach: Dollfusz (in German).

Argyris, C.H.& D.A. Schon (1978). *Organizational learning: a theory of action perspective.* Reading, MA: Addison-Wesley.

Armstrong, R.H.R. & M. Hobson (1973). ALEA local overnment gaming smulation exercise. In: *Systems Behavior,* Birmingham (UK): The Open University.

Axelrod, R. (1976). *The structure of decision, the cognitive maps of political elites.* Princeton, NJ: Princeton University Press.

Beach, L.R. (1997). *The psychology of decision-making; people in organizations.* Thousand Oaks, CA: Sage.

Becker, H.S. (1983). Scenarios: a tool of growing importance to policy analysts in government and industry. *Technological forecasting and social change,* 23:96.

Boer, P.C. & J. Soeters (1998). Gaming/simulation in the Dutch Armed Forces. In: Geurts, J.L.A., F. Jolderma & A. Roelofs (eds.) *Gaming-simulation for policy development and organizational change.* Tilburg (the Netherlands): Tilburg University Press, 159-165.

Bongers, F.J. (2000). *Participatory policy analysis and groups support systems.* PhD thesis, Tilburg University (the Netherlands).

Boons, F. (1992). Environmental policy in Europe: mechanisms of internationalization. In: J.J.J. van Dijck & A.A.L.G. Wentink (eds.) *Transnational business in Europe: economic and social perspectives.* Tilburg (the Netherlands): Tilburg University Press, 323-339.

Bovens, M.& P. 't Hart (1996). *Understanding policy fiascoes.* New Brunswick & London: Transaction Publishers.

Brewer, G.D. (1986). Methods for synthesis: policy exercises. In: W.C. Clark & R.E. Munn (eds.) *Sustainable development in the biosphere.* Cambridge: Cambridge University Press, ch.17.

Brewer, G.D. & M. Shubik (1979). *The war game, a critque of military problem solving.* Cambridge, MA: Harvard University Press.

Brews, P.J. & M.R. Hunt (1999). Learning to plan and planning to learn: Resolving the planning school/learning school debate. *Strategic Management Journal,* 20 (10):889-913.

Bruin, J.A. & E.F. ten Heuvelhof (1995). *Netwerkmanagement, stratiëen, instrumenten en normen.* Utrecht: Lemma (in Dutch).

de Caluwé, L.I.A (1997). *Veranderen moet je leren.* PhD Thesis, Tilburg University. The Hague: Delwel Publishers (in Dutch).

de Caluwé, L.I.A. & J.L.A. Geurts (1999). The use and effectiveness of gaming-simulation for strategic culture change, in: D. Saunders & J. Severn (eds.) *Simulations and Games for Strategy and Policy Planning.* London: Kogan Page.

Campbell, J. (1982). *Grammatical man: information, entropy, language and life.* New York:Simon & Schuster. (中島健訳 (1984)『文法的人間』, 青土社)

Caplan, N.S. (1983). Knowledge conversion and utilization. In: B. Hozner, K.D. Knorr & H. Strasser (eds.) *Realizing social science knowledge.* Vienna: Physica-Verlag.

Cartwright, T.J. (1987). The lost art of planning. *Long Range Planning,* 20 (2):92-99.

Casimir, R.J. (1995). *Gaming in information system development.* PhD thesis: Tilburg University (the Netherlands).

Cooperrider, D.L., F.J. Barret & S. Srivastva (1995). Social construction and appreciative inquiry: a journey in organizational theory. In: D.M Hosking, P.H. Dachler & K.J. Gergen (eds.) *Management and organization: relational alternatives to individualism.* Aldershot: Averbury, 157-200.

Coutu, D.L. (2003), Sense and Reliability, a conversation with celebrated psychologist Karl E. Weick, *Harvard Business Review,* (April) 84-90.

Cyert, R.M. & J.G. March (1963). *A behavioral theory of the firm.* Englewood Cliffs, NJ: Prentice Hall.

DeBono, E. (1971). *Lateral thinking for managers.* New York: McGraw Hill AMA.

DeLeon, P. (1988). *Advice and consent; the development of the policy sciences.* New York: Russell Sage Foundation.

Dewey, J. (1910). *How we think.* Boston: Heath.

Dörner, D. (1996). *The logic of failure.* New York: Metropolitan Books.（近藤駿介訳（1999）『人はなぜ失敗するか』，ミオシン出版）

Dror, Y. (1967). Policy analysts: a new professional role in government service. *Public Administration Review,* 27 (3):198.

Drucker, P.F. (1987). Frontiers of management. New York: Perennial Library.

Duke, R.D. (1966). *M.E.T.R.O.–A Gaming Solution.* Lansing, MI: Tri-County Regional Planning Commission.

Duke, R.D. (1974). *Gaming, the future's language.* Beverly Hills/London: Sage.（中村美枝子・市川 新訳（2001）『ゲーミングシミュレーション 未来との対話』，アスキー社）

Duke, R.D. (1980). A paradigm for game design. *Simulation and Games,* 11:364-377.

Duke, R.D. (1981). Development of the Conrail Game. In: I. Stahl (ed.) *Operational gaming, an international approach.* Oxford/New York: Pergamon Press: 245-252.

Duke, R.D. (1987). *Paradigms and Perspectives of Gaming/Simulation,* presented at Simultec Geneva, Switzerland, 10 September, 1987.

Dunn, W.D. (1981). *Public policy analysis.* Englewood Cliffs, NJ: Prentice Hall (2nd edition, 1994).

Durning, D. (1993). Participatory policy analysis in a social service agency: a case study. *Journal of Policy Analysis and Management,* 12 (2):297-322.

Eden, C. & F. Ackermann (1992). The analysis of cause maps. *Journal of Management Studies,* 29:311-324.

Eden, C. & F. Ackermann (1998). *Making strategy: the journey of strategic management.* London: Sage.

Eden, C. , S. Jones, & D. Sims (1983). *Messing about in problems.* Oxford & New York: Pergamon Press.

Elgood, C. (1984). *Handbook of management games.* Worcester (UK): Gower.

Forrester, J.W. (1968). *Principles of systems.* Cambridge, MA: MIT-Press.

Gagnon, J. (1987). Mary M. Birhstein: the mother of Soviet simulation gaming. *Simulation & Games,* 18 (1):3-12.

Geurts, J.L.A. & J.A.M. Vennix (eds.) (1989a). *Verkenningen in beleidsanalyse.* Zeist (the Netherlands): Kerckebosch (in Dutch).

Geurts, J.L.A. & J.A.M. Vennix (1989b). De participatieve modelcyclus. In: J.L.A. Geurts & J.A.M. Vennix (eds.) *Verkenningen in beleidsanalyse.* Zeist the Netherlands): Kerckebosch (in Dutch).

Geurts, J.L.A. & I.S. Mayer (1996). *Methods for participatory policy analysis,* towards a conceptual model for research and development. Tilburg University (the Netherlands): WORC paper.

Geurts, J.L.A., F. Joldersma & A. Roelofs (eds.) (1998). *Gaming-simulation for policy development and organizational change.* Tilburg (the Netherlands): Tilburg University Press.

Geurts, J.L.A., L.I.A. de Caluwé & A. Stoppelenburg (2000). *Changing organizations with gaming-simulation.* The Hague: Elsevier.

de Geus, A. (1988). Planning as learning. *Harvard Business Review,* March-April: 70-74.

Gordon, S.I. (1985). *Computer models in environmental planning.* New York: Van Nostrand Reinhold.

Gray, B. (1989). *Collaborating: finding common ground for multiparty problems.* San Francisco: Jossey-Bass.

Greenblat, C.S. & R.D. Duke (eds.) (1975). *Gaming-simulation: rationale, design, and applications.* New York: Halsted Press/Wiley & Sons.

Greenblat, C.S. & R.D. Duke (1981). *Principles and practices of gaming-simulation.* Beverly Hills/London: Sage.

Guetzkow, H. (1963). *Simulation in international relations: developments for research and teaching.* Englewood Cliffs, NJ: Prentice Hall.

Gyzicki, J. & A. Gorny (1979). *Gluck im Spiel zu allen Zeiten.* Zurich: Stauffacher (in German).

Habermas, J. (1981). *Theorie des Kommunikativen Handelns.* Frankfurt am Main: Surkamp (in German).

Halal, W.E. (1984). Strategic management: the state of the art and beyond. *Technological forecasting and social change,* 25:239-261.

Hanken, A.F.G. & H.A. Reuver (1976). *Inleiding tot de syteemleer.* Leiden (the Netherlands): Stenfert Kroese, 2nd edition (in Dutch).

Hart, S.L. (1992). An integrative framework for strategy-making processes. *Academy of Management Review,* 17 (2):327-351.

Hart, S.L. & C. Banbury (1994). How strategy making processes can make a difference. *Strategic Management Journal,* 15:251-269.

Hawkesworth, M. (1987). *Theoretical issues in policy analysis.* Albany, NY: State University of New York Press.

Heclo, H. (1978). Issue networks and the executive establishment. In: A. King (ed.) *The new America Political system.* Washington, DC: American Enterprise Institute.

Heyen, K. van der (1996). *Scenarios, the art of strategic conversation.* Chichester (UK): John Wiley & Sons.

Heyne, G.A.W.M. (2000). *Participeren met beleid.* PhD thesis. Tilburg University (the Netherlands) (in Dutch).

Hickson, D.J. et al. (1986). *Top decisions: strategic decision-making in organizations.* San

Francisco/London: Jossey-Bass.

Hirokawa, R.Y. & M.S. Poole (eds.) (1996). *Communication and group decision-making.* Thousand Oaks, CA: Sage (2nd edition).

Hirokawa, R.Y., L. Erbert & A. Hurst (1996). Communication and group decision-making effectiveness. In: R.Y. Hirokawa & M. S. Poole (eds.) *Communication and group decision-making.* Thousand Oaks, CA: Sage: 269-300.

Hoogerwerf, A. (ed.) (1992). *Het ontwerpen van beleid.* Alphen aan den Rijn (the Netherlands): Samsom (in Dutch).

Hopkirk, P. (1990). *The great game; the struggle for empire in Central Asia.* London: Murray Ltd., New York: Kodansha.

Horn, R. & A. Cleaves (1980). *The guide to simulation games for education and training.* Beverly Hills: Sage (4th edition).

Huizinga, J. (1955). *Homo ludens; a study of the play-element in culture.* Boston: Beacon Press.

Isaksen, S.G. (1988). Concepts of creativity. In: P. Colemont, P. Groholt, T. Rickards & H. Smeekes (eds.) *Creativity and innovation: towards a European network.* Dordrecht (the Netherlands), Boston & London: Kluwer Academic Publishers: 257-262.

Janis, I.L. (1982). *Groupthink: psychological studies of foreign policy studies and fiascoes.* Boston: Houghton Mifflin.

Jarboe, S. (1996). Procedures for enhancing group decision-making. In: R.Y. Hirokawa & M. S. Poole (eds.) *Communication and group decision-making.* Thousand Oaks, CA: Sage: 345-383.

Joldersma, F. & J.L.A. Geurts (1998). Simulation/gaming for policy development and organizational change. *Simulation & Gaming,* 29 (4):391-399.

Kelly, M. & S. Maynard-Moody (1993). Policy analysis in the post-positivist era: engaging stakeholders in evaluating the economic development districts program. *Public Administration Review,* 53 (2):135-142.

Keys, B. & J. Wolfe (1990). The role of management games and simulations in education and research. *Journal of Management,* 16 (2):307-336.

Kingdon, J.W. (1984). *Agendas, alternatives and public policies.* Boston: Little Brown.

Klabbers, J.H.G., J.L.A. Geurts & P. van der Heijden (1977). *Report on the Conference Global Interactions Gaming/Simulation.* Nijmegen University (the Netherlands): Soical Systems Research Group Report.

Kolb, D.A. (1984). *Experiential learning.* Englewood Cliffs, NJ: Prentice Hall.

Kreitner, R. & A. Kinicki (1995). *Organizational behavior.* Chicago: R.D. Irwin Inc. (3rd edition).

Lane, D.C. (1995). On a resurgence of management simulations and games, *Journal of the Operational Research Society*, 46:604-625.

Lindblom, C.E. & D. Cohen (1979). *Usable knowledge: social science and problem solving.* New Haven, CT: Yale University Press.

Lindblom, C.E. & E.J. Woodhouse (1968). *The policy making process.* Englewood Cliffs: Prentice Hall (third edition, 1993).

Maani, K.E. & R.Y. Cavana (2000). *Systems thinking and modeling, understanding change and complexity.* Auckland (New Zealand): Pearson.

Maclean, N. (1993). *Young men and fire.* Chicago: Univ. of Chicago Press.（水上峰雄訳（1997）『マクリーンの渓谷 若きスモークジャンパー（森林降下消防士）たちの悲劇』，集英社）

Majone, G. (1989). *Evidence, argument and persuasion in the policy process.* New Haven, CT: Yale University Press.

Marsh, J.G. & J.P. Olson (1976). *Ambiguity and choice in organizations.* Bergen (Norway): Universitetsforlaget.

Massie, R.K. (1991). *Peter the Great, his life and his world.* New York: Wings Book.

Mayer, I.S. (1997). *Debating technologies: a methodological contribution to the design and evaluation of participatory policy analysis.* PhD thesis. Tilburg (the Netherlands): Tilburg University Press.

Mayer, I.S. & W. Veeneman (eds.) (2002). *Games in a world of infrastructure, simulation-games for research, learning and intervention.* Delft (the Neterlands): Eburon.

McCall, M.W. jr. & R.E. Kaplan (1990). *Whatever it takes, the realities of managerial decision-making.* Englewood Cliffs, NJ: Prentice Hall.

Meckel, J. (1873). *Studien über das Kriegsspiel.* Berlin: Ernst Siegfried Mittler und Sohn (in German).

Meer, F.B.L. van der (1983). *Organisatie als spel: sociale simulatie als methode in onderzoek naar organiseren.* PhD thesis. Enschede (the Netherlands): Technical University Twente (in Dutch).

Meier, R. L. (1962). *A communications theory of urban growth.* Cambridge, MA: Harvard University Press.

Meier, R.L. & R.D. Duke (1966). Gaming simulation for urban planning. *Journal of the American Institute of Planners.* XXXII, (1):12.

Meinsma, R., C. Termeer & G.J.de Vreede (1998). The impact of animated simulation on communication processes. In J.L.A. Geurts, F. Joldersma & A. Roelofs (eds.) *Gaming-simulation for policy development and organizational change.* Tilburg (the Netherlands), Tilburg University Press: 113-120.

Merton, R.K. (1957). *Social theory and social structure.* Glencoe, IL: The Free Press.

Michael, D.N. (1973). *On learning to plan and planning to learn.* San Francisco: Jossey-Bass.

Mintzberg, H. (1987). Crafting strategy. *Harvard Business Review,* July/August: 66-75.

Mintzberg, H. (1994). *The rise and fall of strategic planning.* Englewood Cliffs. NJ: Prentice Hall.（崔 大龍 他訳（1997）『戦略計画 創造的破壊の時代』，産能大出版部）

Mitroff, I.I. & F. Sagasti (1973). Epistemology as General Systems Theory: an approach to the design of complex decision-making experiments. *Philosophy of the Social Sciences,* 3:117-134.

Moore, O.K. & A.R. Anderson (1975). Some principles for the design of clarifying educational environments. In: C. S. Greenblat & R. D. Duke (eds.) *Gaming-Simulation, rationale, design and applications.* New York: Halsted Press/Wiley & Sons: 47-71.

Morecroft, J.D.W. (1988). Systems Dynamics and microworlds for policymakers. *European Journal for Operational Research,* 35:301-320.

Morecroft, J.D.W. & J.D. Sterman (eds.) (1994). *Modeling for learning organizations.* Portland, OR: Productivity Press.

Noorderhaven, N.G. (1995). *Strategic decision making.* Worhingham (UK): Addison-Wesley.

Nutt, P.C. (2002). *Why decisions fail, avoiding the blunders and traps that lead to debacles.* San Francisco: Berrett-Koelhler.

Osvalt, I. (ed.) (1993). Special issure: Military simulation/gaming, parts 1 and 2. *Simulation & Gaming,* 24 (2 and 3).

Ottenheijm, P.M. (1996). *What's the problem?* MA thesis. Policy and Organization Sciences. Tilburg University (the Netherlands).

Peters, V., G. Vissers & G. Heijne (1996). The validity of games. In: F. Watts & A. Garcia Carbonell (eds) *Simulation Now! learning through experience: the challenge of change.* València (Spain): Diputació de València: 21-34.

Poole, S., M. Holems & G. DeSantis (1991). Conflict management in a computer supported meeting environment. *Management Science,* 37-3(August):926-953.

Pruitt, D.G. & P.J. Carnevale (1993). *Negotiation in social conflict.* Pacific Grove, CA: Brooks/Cole.

Raser, J.R. (1969). *Simulation and society, an exploration of scientific gaming.* Boston: Allyn and Bacon.

Rhyne, R. F. (1975). Communicating holistic insights. In: C.S. Greenblat & R.D. Duke (eds.) *Gaming-simulation, rationale, design and application.* New York: Halsted Press/Wiley & Sons: 15-28.

Rip, A. (1991). Risicocontroverses en verwevenheden van wetenschap en politiek. *Kennis en Methode,* 63-80 (in Dutch).

Rittel, H. & M.M. Webber (1972). *Dilemmas in a general theory of planning.* Berkeley, CA:

University of California: Working paper No. 194 (November).

Roelofs, A.M.E. (1998). The use of a game for quasi-experimentation. In: J.L.A. Geurts, F. Joldersma & A. Roelofs (eds.) *Gaming-simulation for policy development and organizational change,* Tilburg (the Netherlands): Tilburg University Press: 361-367.

Roelofs, A.M.E. (2000). *Structuring policy issues, testing a mapping technique with gaming-simulation.* PhD thesis, Tilburg University (the Netherlands).

Rosenhead, J. (ed.) (1989). *Rational analysis for a problematic world; problem structuring methods for complexity, uncertainty and conflict.* Chichester (UK): John Wiley & Sons.

Ross, J. & B.M. Staw (1993). Organizational escalation and exit: lessons from the Shoreham Nuclear Power Plant. *Academy of Management Journal,* August: 701-732.

Rouwette, E., E. Fokkema, H. van Kuppevelt & V. Peters (1998). Measuring MARCO PO-LIS management game's influence on market orientation. *Simulation & Gaming,* 29 (4):420-431.

Saint, S. & J.R. Lawson (1994). *Rules for reaching consensus, a modern approach to decision.* Amsterdam/San Diego: Pfeiffer & Co.

Savage, G.T. et al. (1991). Strategies for assessing and managing organizational stakeholders. *Academy of Management Executive,* 5 (2):61-75.

Schon, D.A. (1986). Toward a new epistemology of practice. In: B. Checkoway (ed.) *Strategic perspectives on planning practice.* Lexington, MA: Lexington Books:231-239.

Schon, D.A. & M. Rein (1994). *Reforming: toward the resolution of intractable policy controversies.* New York: Basic Books.

Schruijer, S. (ed) (1999). *Multi-organizational partnerships and cooperative strategy.* Tilburg (the Netherlands): Dutch University Press.

Schumpeter, J.A. (1934). *The theory of economic development.* London: Oxford University Press.

Schwartz, P. (1991). *The art of the long view.* New York: Doubleday/Currency.

Senge, P.M. (1990). *The fifth discipline: the act and practice of the learning organization.* New York: Doubleday/Currency.

Shaw, M.E. (1981). *Group dynamics: the psychology of small group behavior.* New York: Mc Graw-Hill (3rd edition).

Shubik, M. (1975a). *Games for society, business and war,* New York and Amsterdam: Elsevier.

Shubik, M. (1975b). *The uses and methods of gaming.* New York and Amsterdam: Elsevier.

Simon, H.A. (1969). *The sciences of the artificial.* Cambridge, MA & London: MIT-press. (稲葉元吉・吉原英樹訳 (1987)『システムの科学』, パーソナルメディア)

Staw, B.M. & J. Ross (1990). Behavior in escalation situations: antecedents, prototypes and solutions. *Organizational Dynamics,* Spring: 419-426.

Sterman, J.D. (1988). Modeling managerial behavior. Proceedings of the *1988 International Systems Dynamic Conference.* La Jolla, CA:334-365.

Sun Tzu (1963). *The art of war.* London: Oxford University Press.

Susskind, L. & J. Cruikshank (1987). *Breaking the impasse; consensual approaches to resolving public disputes.* New York: Basic Books.

Toth, F.L. (1988a). Policy exercises, objectives and design elements. *Simulation and Games,* 19 (3):235-255.

Toth, F.L. (1988b). Policy exercises, procedures and implementation. *Simulation and Games,* 19 (3):256-276.

Underwood, S. & R.D. Duke (1994). *Concept report: policy exercise for the International Joint Commission.* Ann Arbor, MI: College of Architecture and Urban Planning, University of Michigan.

Vansina, L.S., T. Tailleu & S. Schruijer (1998). Managing multiparty issues: learning from experience. In: R.W. Woodman & W.A. Pasmore (eds.) *Research in organizational change and development,* Vol.11. Greenwich, CN: JAI-Press: 159-181.

Vennix, J.A.M. (1990). *Mental models and computer models; design and evaluation of a computer-based learning environment for policy making.* PhD thesis, University of Nijmegen (the Netherlands).

Vennix, J.A.M. (1996). *Group modeling.* Chicester (UK): John Wiley & Sons.

Vennix, J.A.M. (1998). *Kennis geven en kennis nemen, de rol van participatief onderzoek in oganisaties.* Nijmegen: Lauman & Friso (in Dutch).

Vennix, J.A.M. & J.L.A. Geurts (1987). Communicating insights from complex simulation models; a gaming approach. *Simulation and Games,* 18 (3):321-343.

Verburgh, L. (1994). *Participative modeling applied to the health care insurance industry.* PhD thesis. University of Nijmegen (the Netherlands).

Vissers, G.A.N. (1994). *The production of strategy.* PhD thesis. Delft (the Netherlands): Eburon.

Vissers, G.A.N., V. Peters, G. Heyne & J.L.A. Geurts (1998), Validity of games/simulations: a constructivistic view. In: J.L.A. Geurts, F. Joldersma & A. Roelofs (eds.) *Gaming-simulation for policy development and organizational change,* Tilburg (the Netherlands): Tilburg University Press: 353-359.

Vroom, V.H. & P.W. Yetton (1973). *Leadership and decision-making.* Pittsburgh, PA: University of Pittsburgh Press.

Vroom, V.H. & A.G. Jago (1988). *The new leadership: managing participation in organizations.* Englewood Cliffs, NJ: Prentice Hall.

Watt, K.F. (1977). Why won't anyone believe us? *Simulation,* 23 (1):1-3.

Webster's (1989). *Ninth New Collegiate Dictionary.* Springfield, MA: Merriam-Webster.

Weggeman, M. (1995). *Collectieve ambitie ontwikkeling.* PhD thesis. Tilburg (the Netherlands): Tilburg University Press (in Dutch).

Weick, K.E. (1990). The vulnerable system: an analysis of the Tenerife air disaster, *Journal of Management,* 16 (3). Reprinted in : K.E. Weick (2001). *Making sense of the organization,* London, Blackwell: 125-147.

Weick, K.E. (1993). The collapse of sense making in organizations: the Mann Gulch disaster. *Administrative Science Quarterly,* 38 (4). Reprinted in: K.E. Weick (2001). *Making sense of the organization,* London: Blackwell: 101-124.

Weick, K.E. (2001). *Making sense of the organization.* London: Blackwell.

Weick, K.E. & K.M. Sutcliffe (2001), *Managing the unexpected, assuring high performance in an age of complexity.* San Francisco: Jossey Bass.

Weiss, C.H. & M. Bucavalas (1980). *Social science research and decision making.* New York: Columbia University Press.

Whyte, L.G. (1994). Policy analysis as discourse. *Journal of Policy Analysis and Management,* 13 (3):506-525.

Wildavski, A. (1979). *Speaking truth to power: the art and craft of policy analysis.* Boston: Little, Brown.

Wolfe, J. (1993). A history of business teaching games in English -speaking and post-socialist countries: the origination of a management education and development technology. *Simulation & Gaming,* 24 (4):446-463.

索引

著者紹介

　デューク教授とガーツ教授は長年にわたり学界において活躍されている。両教授とも本書で扱われている分野においてコンサルタントと実践者として専門的に従事している。国際シミュレーション&ゲーミング学会の主要な会員であり，両教授ともに会長を務められた。さらに，ヨーロッパ，アメリカ，アジアの多くの国々から政策ゲーミングについて招待されて，専門家会議などで講演されてきた。専門家として広範囲に著作活動を続けられており，本書は両教授の生涯を賭けた研究と実践と教育の所産である。

　本書は，ゲーミング・シミュレーションがヨーロッパとアメリカにおいて活用されている理由と方法について解説している。マクロ問題として形容された困惑と脅威の戦略的問題の特殊な分野において，意思決定の質を高めている。広い見地から，政策ゲーミングの戦略的適用に関する研究事例と極めて優れた組織について解説と分析を行っている。デューク教授とガーツ教授は，30年にわたる実際的かつ理論的な研究を要約しており，マクロ問題の特性をもった状況において，どのような方法で伝統的経営手法が統合化されて補完されるかを明らかにしている。この新たな接近法は，より速くなり，多くの人々を巻き込み，費用も妥当になり，柔軟性があり，内外の要因から導き出す非常に多数の変数を吸収する能力があるに違いない。

著者略歴

リチャード D. デューク　（Richard D. Duke）

　ミシガン大学名誉教授。ミシガン大学建築都市計画学部教授，ミシガン大学ロックハム大学院ゲーミング・シミュレーション認定委員長を経る。

ジャク L.A. ガーツ　（Jac L.A. Geurts）

　ティルブルフ大学組織研究学科政策科学教授。ティルブルフ大学経営大学院教授を兼ねる。

訳者略歴

市川　新　（Arata Ichikawa）

　流通経済大学名誉教授。1971年工学院大学工学専攻科修了，NEAC2200大型システムに従事，同大学助手，流通経済大学経済学部教授を経る。1973年ハワイ州・日米経営科学研究所研修中にハワイ大学東西センターで開催された米日外交政策研究ゲームに遭遇以来，社会システム・ゲーミングの研究開発に従事する。1983年南カリフォルニア大学安全システム管理大学院フルブライト・スカラーとして滞在中にMetoroApexゲームに遭遇，1992年ポートランド州立大学都市研究センター客員教授として滞在中にCommonsゲームに遭遇する。2002年ミシガン大学情報大学院客員教授として滞在中にデューク教授と懇談する。日本シミュレーション&ゲーミング学会会長を務めた。

市川　学　（Manabu Ichikawa）

　芝浦工業大学システム理工学部教授。2009年東京工業大学大学院総合理工学研究科後期課程修了博士（工学），日本学術振興会特別研究員，同大学助教，保健医療科学院健康危機管理研究部主任研究官を経る。人間社会へのマルチエージェント・シミュレーションの適用を研究している。日本シミュレーション&ゲーミング学会副会長を務めている。

戦略的経営のための 政策ゲーム
未来との対話

発行日　2023年4月28日　初版発行

著　者　Richard D. Duke
　　　　Jac L. A. Geurts
訳　者　市　川　　　新
　　　　市　川　　　学
発行者　上　野　裕　一
発行所　流通経済大学出版会
　　　　〒301-8555　茨城県龍ヶ崎市120
　　　　電話　0297-64-1167　FAX　0297-60-1165

ⓒArata Ichikawa, Manabu Ichikawa, 2023

Printed in Japan／アベル社
ISBN 978-4-947553-94-2 C2034 ¥2700E